大数据金融丛书

Prospect Theory

投资决策分析与优化

基于前景理论

龚超 编著

电子工业出版社
Publishing House of Electronics Industry
北京·BEIJING

内 容 简 介

行为金融学作为金融学的一个分支,其重要性正在被越来越多的人所熟知。然而,前景理论作为行为金融学的核心理论,尽管地位很高,但目前仍不为多数人所了解。本书全面介绍了前景理论及其在金融领域中的发展。本书既对前景理论的产生背景、基础理论、心理基础及与传统金融理论的对比分析等内容展开了论述,也对前景理论在金融投资组合优化方面的实证研究进行了详细的介绍。本书给出了必备的数学定义及实操的 MATLAB 代码,为读者提供理论与实操的最大便利。本书具有:前瞻性,直接深入行为金融学核心;综述性,800 余篇参考文献,有效减少资料搜索时间;实用性,金融投资模型分析,快速掌握建模求解技术。

本书既适合对前景理论、投资优化及风险管理等相关知识感兴趣的人员,也适合想迅速掌握基础的人工智能技术在金融投资领域应用的人员阅读。

未经许可,不得以任何方式复制或抄袭本书之部分或全部内容。
版权所有,侵权必究。

图书在版编目(CIP)数据

投资决策分析与优化:基于前景理论 / 龚超编著. —北京:电子工业出版社,2019.2
(大数据金融丛书)
ISBN 978-7-121-35916-3

Ⅰ. ①投… Ⅱ. ①龚… Ⅲ. ①投资决策 Ⅳ. ①F830.59

中国版本图书馆 CIP 数据核字(2019)第 011585 号

策划编辑:李　冰
责任编辑:李　冰　　　　特约编辑:赵树刚等
印　　刷:三河市鑫金马印装有限公司
装　　订:三河市鑫金马印装有限公司
出版发行:电子工业出版社
　　　　　北京市海淀区万寿路 173 信箱　　邮编:100036
开　　本:787×980　1/16　　印张:27.75　　字数:711 千字
版　　次:2019 年 2 月第 1 版
印　　次:2019 年 2 月第 1 次印刷
定　　价:98.00 元

凡所购买电子工业出版社图书有缺损问题,请向购买书店调换。若书店售缺,请与本社发行部联系,联系及邮购电话:(010)88254888,88258888。
质量投诉请发邮件至 zlts@phei.com.cn,盗版侵权举报请发邮件至 dbqq@phei.com.cn。
本书咨询联系方式:libing@phei.com.cn。

事实证明,前景理论是我们做过的最有意义的工作,而且我们的文章是在社会科学领域被引用最多的文章之一。

2002年诺贝尔经济学奖得主 丹尼尔·卡尼曼

卡尼曼和特沃斯基又将文章的名称改为《前景理论》。对我的行为清单来说,这篇文章比《启发法和偏见》那篇文章更加有用。

2017年诺贝尔经济学奖得主 理查德·塞勒

序 言

从东京回到北京,告别海外学习生活还未几日,就听到一则新闻:

瑞典皇家科学院宣布,将 2017 年诺贝尔经济学奖授予 Richard H.Thaler,表彰其在行为经济学方面的贡献。

这是又一次对行为经济学所做杰出贡献的认可,同时也更加坚定了我撰写本书的决心。

行为经济学,从被主流经济学界视为"异端邪说",到逐步被认可,再到现在被主流经济学认为是对主流新古典经济学的有益补充,一路走来风雨几十载,真是相当不易。何为行为经济学?一言以蔽之,就是将心理学融入经济学中,用以研究人们行为与经济规律的一门学科。而行为金融学是行为经济学下的一个研究分支。

2002 年,注定是一个不平凡的年份,诺贝尔经济学奖授予了心理学家 Daniel Kahneman。而 Daniel Kahneman 之所以能够获此殊荣,与他和另一位学者 Amos Tversky 共同提出的前景理论(Prospect Theory)及随后的累积前景理论(Cumulative Prospect Theory)有着密切的关系。

随着中国经济的腾飞,中国在国际金融中所发挥的作用必将越来越大。这不但需要进一步推动金融学理论与实践相结合的创新探索,也对如何在这复杂的国际形势下做出合理决策提出了更高的要求。行为金融学是行为经济学下的一个研究分支,作为经济学中快速发展的新领域,也必将被越来越多的人所熟知。

前景理论是行为金融学中的核心理论之一,所有关于行为金融的专著都无法绕开前景理论。Daniel Kahneman 也曾直言不讳地说:通过前景理论来解决经济中的难题,这样的做法可以说是行为经济学发展过程中的里程碑事件。它应该为更多的人所熟知。然而,据我所知,截至今日,国内仍未有一本系统讲述前景理论的著作。

在日本,我主要从事金融建模及优化方面的研究工作。在机缘巧合之下,我从最初就将基于(累积)前景理论的投资组合优化问题作为研究方向。而就是当时的这个决定给我后续的研究工作带来了极大的"困扰",几度想放弃该方向,但又坚持了下来。"困扰"主要来自研究基于前景理论的投资组合优化问题的两个方面。

- 理论模型的复杂。累积前景理论不算参考点这个重要的组成部分，共计 5 个参数，分别用来测度风险厌恶、风险追求、损失厌恶及正、负区间的概率扭曲。并且对于优化问题而言，其本身就是一个非凸、非凹、非光滑的模型。这给研究带来了巨大的挑战。

- 参考资料的缺少。在金融学研究领域，关于前景理论的文献并不算多。如果进一步细化研究范围，那么基于前景理论的投资组合优化文献更是屈指可数。中文、英文、日文出版的行为金融学书籍相比金融学而言，实在很少。而且在这些书籍中仅将前景理论作为一个章节加以介绍，远远未能达到深入了解该理论的目的。据我所知，在目前整本专门介绍前景理论的金融类书籍中，只有 Wakker（2010）教授所著的 *Prospect Theory for Risk and Ambiguity* 一书。几年前，我还在日本时，曾想翻译 Wakker 教授所著的这本书，然而由于种种原因，并未如愿。那时我就暗下决心，一定要系统地研究该理论，有朝一日出一本关于该理论的专著。这也是我想撰写一本关于前景理论书籍的初心。

本书梳理了数百篇前景理论在经济及金融领域方面的文献，其中很多发表在世界顶级的刊物上。由于涉及太多国外作者，笔者并未将其姓名翻译成中文，英文、日文姓名更加方便文献的查找。另外，考虑到国内对专业术语翻译的不同（如"前景理论"，国内一些文献也将其翻译成"展望理论"或"预期理论"），在专业术语后的括号内均标注了外文。

本书的另外两个特点，一是给出了研究过程中需要涉及的主要数学概念及其定义，二是给出了部分计算的 MATLAB 代码。定义与代码的提供既能方便读者对理论的回顾，也能使读者迅速地上手进行实践。

龚超

2018 年 1 月 31 日于清华园

前　言

0.1　传统金融学、行为金融学与前景理论

距离始于 2007 年那次百年一遇的世界金融危机已经过去了十余年。它是由美国次贷危机（也称次级房贷危机）引发的市场上巨大的经济泡沫，最终爆发了全球金融风暴。

次级抵押贷款机构破产、投资基金被迫关闭、一系列连锁反应席卷美国、欧盟、日本等世界主要金融市场。当时的投资者表现出的是无比的恐慌与无助。

然而，人们似乎总是好了伤疤忘了疼。一个泡沫的破灭总是伴随着新泡沫的产生。十年间，不少泡沫卷土重来。远的不说，最近几年，在区块链概念火热的当下，比特币再次整装出发，更有"一币一别墅"的说法。图 0.1 给出了比特币价格在近几年的走势。从图中可以看到，比特币价格在短时间内起伏巨大，完全超乎想象。

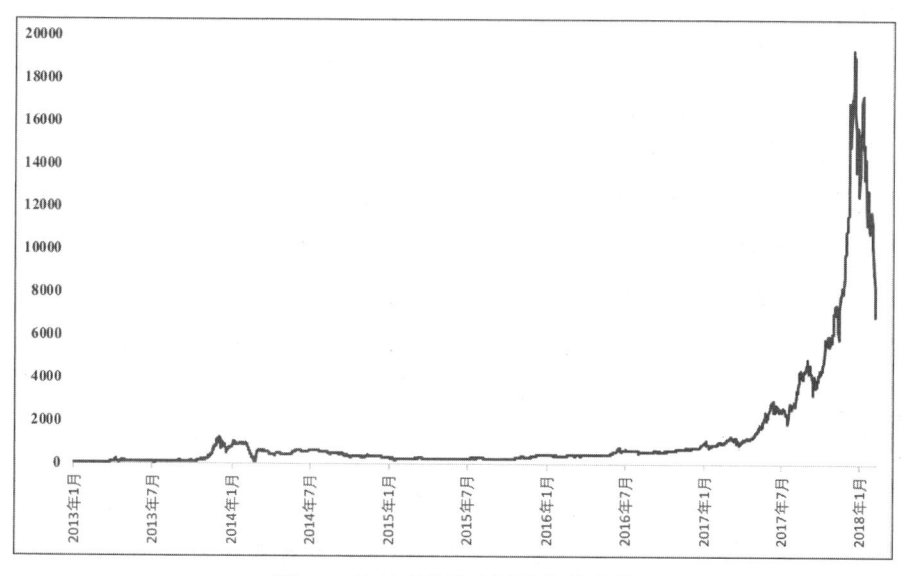

图 0.1　比特币价格在近几年的走势

区区的比特币为何如此值钱？很多人百思不得其解。任何一种物品一旦受到非理性的热捧，就会产生泡沫。纵观历史长河，巨大泡沫破灭的例子比比皆是。通常被认为是第一个有记载的金融泡沫，也是最惨痛的泡沫之一，发生在17世纪30年代的荷兰。现在的人们都无法想象，当时的人们热捧的交易品竟然是郁金香球茎。由于郁金香球茎受到季节的限制，当时的人们甚至构建了一个类似于现代期权和期货合约市场的初级衍生品市场，最终形成了可以全年都进行郁金香球茎交易的模式。

从1634年到1637年年初，郁金香球茎的价格一路飙升，在短短的几个月内，郁金香球茎的平均价格上涨了近200倍。成功的荷兰郁金香球茎交易者都可以在一个月内挣到6万弗罗林。一个郁金香球茎的平均价格在1637年的高峰时期能够抵得上当时一名工匠年收入的10倍之多，并且这还不是当时最好球茎的价格（根据球茎稀有程度定价不同）。最后，因为一位外乡的水手误将郁金香球茎当成洋葱吃了，人们开始反思它是否真值那么多钱。恐慌产生了，不到一周的时间，郁金香球茎就已经变得不再值钱。荷兰经济陷入持续多年的严重危机（Sobel, 1965）。

关于泡沫有很多种说法，但大多是定性的。有一种较为定量的说法可以更好地理解泡沫：在较短的时间里，比如在3~4年的时间内，如果某资产的价格是其最初价格的3倍或以上，就认为产生了泡沫（真壁昭夫，2009）。

正如Dreman（2012）所说，泡沫不会随着时间的流逝而改变。假如真的要说变化之处，那就是泡沫在20世纪60年代之后表现得更为频发，股价的波动性随之增大，并且对美国乃至世界经济和金融系统的破坏性也越来越大。图0.2~图0.4分别给出了中国上证指数、美国道琼斯指数和日本日经指数的走势。根据图中显示的结果，中国上证指数2005—2007年的飙升，美国道琼斯指数1995—2000年的陡增，日本日经指数1985—1989年的峰值，这些数据印证了此言不虚。

随着社会的发展，全球经济变得更加复杂，市场泡沫更加普遍。然而，泡沫的共性源于人们对一些事物的错误（有偏）估计。比如，在下面的横线上，你可以尝试填入不同时期人们非理性热捧的事物（Nofsinger, 2005）：

我们正处于一个新的时代。_____开辟了一种全新的经济模式。那些陈旧的经济模式很快就会被淘汰。那些传统公司的估值技术无法捕捉到这场革命所带来的价值。

每个时代非理性热捧的事物应该都可以填到这条横线上吧！

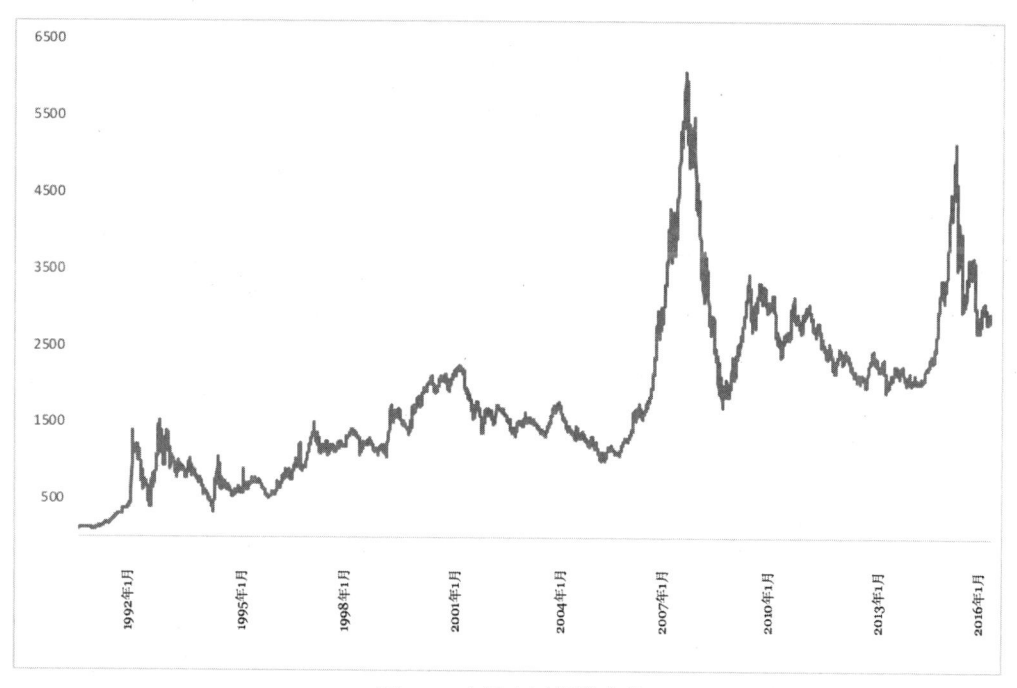

图 0.2 中国上证指数走势

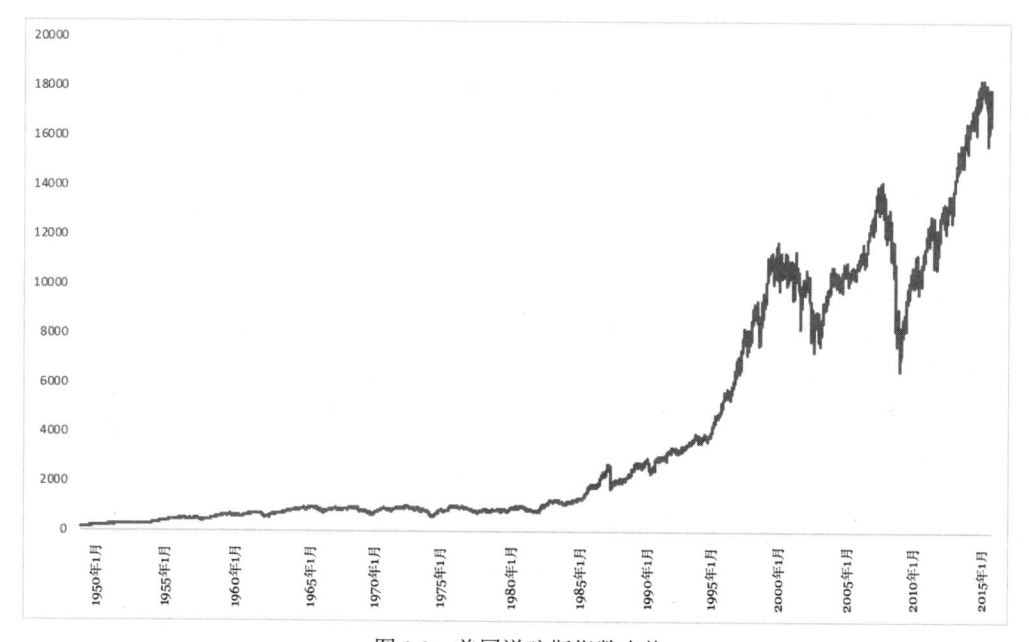

图 0.3 美国道琼斯指数走势

图 0.4　日本日经指数走势

　　传统经济学认为，人们不可能预想到泡沫经济的发生。之所以这么说，是因为这些理论是以"理性人"为前提的。如果人们的行为都是理性的，就不会考虑毫无道理高价的物品。如果谁都不买，就不可能发生泡沫经济。但从这些比比皆是的市场泡沫中可以看出，人不一定是理性的。传统理论忽视了人们非理性的一面。然而，人们在真实的生活当中，很难按照理性人的假设采取合理的行动。

　　在心理学中，也存在"理性"一说。然而，它并不像经济学中的"理性"那样，是一种独立存在的实质理性（Substantive Rationality）。比如，有效市场中假设投资者了解信息的能力是无穷的，或者证券的价格反映了与之对应的所有信息。在现代投资组合理论中，投资者被假设成风险厌恶的。而心理学上的理性是指行为过程中的理性（Simon，1986）。

　　传统金融学是以 Samuelson（1965a）首次提出的有效市场假说（Efficient Market Hypothesis，EMH）为前提的。何为"有效"？价格总是完全反映所有可得信息的市场被称为有效市场（Fama，1970）。在有效市场的环境下，没有免费的午餐。有效市场不允许投资者在低于平均水平的风险下获得高于市场平均水平的收益（Malkiel，2003）。

Jensen（1978）认为有效市场假说经历了广泛的检验，除少数例外的情况以外，是与市场数据一致的，比如，美国及纽约的证券交易所，澳大利亚、英国、德国的股票市场，各种商品期货市场，场外市场，企业和政府债券市场，期权市场等。

但随着更好的数据可获得性增加及计量经济技术的增强，诸多与有效市场假说表现不符的现象频频发生，从而导致有必要仔细审查人们接受有效市场假说和过去研究方法程序的必要性。行为金融学就是在这个背景下萌芽和发展的。

其实，心理在经济学创立之初就已经受到重视。亚当·斯密（Adam Smith）除著名的《国富论》（*The Wealth of Nations*）外，还有一本往往被人们忽略的经典著作——《道德情操论》（*Theory of Moral Sentiments*），该书就提及了心理在经济研究中的重要性。损失厌恶、过度自信及利他主义等行为金融学的元素都能在其中找到雏形。

约翰·梅纳德·凯恩斯（John Maynard Keynes）也认为投资是一种"动物的冲动"或"动物精神"。人们的投资是盲目、冲动的。他曾提出一个选美理论，该理论说明人们在选择美女的时候，往往不是根据自己的偏好进行选择的，而是受到从众心理的影响，根据其他人的选择做出选择的。

华尔街有一句名言：

市场受到两个因素的影响，一是贪婪，二是恐惧。

贪婪催生了巨大的泡沫，而恐惧又加速了泡沫的破灭。从这一点来看，市场在很大程度上受到投资者心理的影响。"股神"巴菲特也曾经说，"别人贪婪时我恐惧，别人恐惧时我贪婪。"由此可见心理因素的重要性。

投资者的心理因素应该是一个无法忽视的问题。并且正如巴菲特所说的那样，一旦你了解了投资者的心理特征，就有可能知道他们在特定环境下的表现，并且避免自己犯下同样的错误。

行为经济学和行为金融学正是从心理学入手，结合经济学、社会学等一些学科的研究成果，从与传统经济学不同的视角来考虑经济和金融行为的。从 2002 年诺贝尔经济学奖之后，越来越多知名大学的经济课程中都开始涉及行为经济学、行为金融学的相关课程。

行为金融学是对金融市场进行研究的一种新的方法，其出发点始于传统金融学对金融市场异象无法进行合理的解释。它假设人们的行为是有限理性（Bounded Rationality）

的。为了使得到的结果更加趋于真实,在行为金融学下需要将一些有限理性行为具体化,因此需要引入心理学、实验经济学等对人们的偏见及决策过程进行分析。

Shefrin（2002）认为行为金融学是一门关于心理如何影响金融行为的研究。Shiller（2003）认为行为金融学是在心理学及社会学这种更广的视野范围下研究金融学的一门学科。Gilson and Kraakman（2003）认为行为金融学可以丰富并加深人们对金融市场制度的理解。

笔者认为,行为金融学与传统金融学的研究存在以下关联。

- 前提假设不同。行为金融学和传统金融学在很多方面都是相通的,只不过后者建立在"理性人（Rational Person）"的前提假设下,而前者则认为人是"实际人（Actual Person）",并加入了很多心理学的元素,同时辅以实验的方法。它们最终的目的都是研究人们在金融环境下的行为（Camerer et al., 2004）。
- 行为准则不同。在传统金融学中,投资者一般都是按照 Markowitz 的现代投资组合理论框架或者期望效用最大化准则进行投资决策的。然而,行为金融学则是按照行动理论进行决策的,最常用的就是前景理论等。
- 复杂程度不同。行为金融学研究的内容往往更加复杂。它需要进一步放宽理性人假设、公理化假设。越是这样,反而对研究的数学建模及求解提出了更高的要求,如模糊数学等。一些原本具有解析解的问题,放到行为金融学下反而只能通过数值方法求解。
- 研究对象都是人们的行为。行为金融学与传统金融学均研究人们的行为。尽管行为金融学的理论能够解释很多异象或者悖论,然而我们可以看到,其本质也是对人们金融行为的研究。很多文献都将传统金融理论与行为金融理论进行对比研究,正是因为它们之间有着密切的关联。因此,不能割裂传统金融理论与行为金融理论的联系。
- 相得益彰。行为金融学是传统金融学的有益补充,而不是替代。虽然它引入了诸多心理学研究成果,并对理性人假设提出了修正,然而最根本的研究方法没有改变,它仍然假定投资者根据已有的信息,在对各种风险资产的未来收益进行分析的基础上,选择最优的投资组合策略,最大化偏好。

行为金融学之所以能够取得如此长足的发展,离不开前景理论。最初的前景理论是由 Kahneman and Tversky（1979）提出的,一些文献也称其为原始前景理论（Original Prospect Theory）（Fennema and Wakker, 1997）,或者初代前景理论（First-Generation

Prospect Theory）（Schmidt et al.，2008）。虽然原始前景理论的提出具有划时代的意义，然而也存在一些不足。为了弥补其中一些不尽如人意之处，Tversky and Kahneman（1992）提出了累积前景理论（Cumulative Prospect Theory），一些文献也称其为第二代前景理论（Second-Generation Prospect Theory）（Schmidt et al.，2008）。

截至 2017 年年底，仅 Kahneman and Tversky（1979）这篇文章就被引用了 46044 次。笔者调研了部分权威期刊中前景理论相关文章的发表情况，如表 0.1 所示。以国际顶尖期刊 *Econometrica* 为例，以"Prospect Theory"为主题的文章数为 12 篇，其中标题（文章名称）中含有"Prospect Theory"的文章有 2 篇。

表 0.1　部分权威期刊中前景理论相关文章的发表情况（1985—2017 年）

期刊名称	主题（Topic）	标题（Title）
Econometrica	12	2
The American Economic Review	37	4
Management Science	133	17

原始前景理论与累积前景理论尽管存在一些不同之处，然而理论的本质特征与模型框架却是基本相同的。因此，当不涉及具体细节时，本书将原始前景理论与累积前景理论统称为前景理论，便于与其他理论区分。用缩写 OPT 与 CPT 分别表示由 Kahneman and Tversky（1979）与 Tversky and Kahneman（1992）提出的原始前景理论和累积前景理论。具备前景理论偏好特征的投资者在本书中统称为 CPT 投资者。

图 0.5 给出了行为经济学、行为金融学与前景理论之间的关系。从图中可以看到，行为金融学是行为经济学的子集，也就是其部分内容；而行为金融学又是以前景理论作为核心内容来思考问题的。可以说，前景理论是行为金融学理论的出发点（真壁昭夫，2009）。

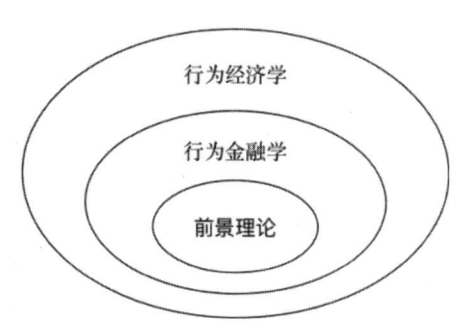

图 0.5　行为经济学、行为金融学与前景理论之间的关系

Barberis（2013）对前景理论 30 年来的发展及运用进行了回顾，并解释了运用前景理论分析问题所带来的挑战。Barberis（2013）针对前景理论在金融、保险、禀赋效应、消费储蓄决策、产业组织、劳动力供给及其他一些领域的运用展开了论述。除此之外，前景理论还在诸多行为决策领域得到广泛的运用。例如，政策影响的行为（Coelho et al., 2012），报童行为（Newsvendor Behavior）（Long and Nasiry, 2014; Nagarajan and Shechter, 2014; Ren and Croson, 2013），出行路径选择行为（Xu et al., 2011），房地产交易市场行为（Buisson, 2016）等。

0.2 本书结构与内容

第 1 章 "概率论与期望值决策" 首先介绍了风险与不确定性的区别，风险是指那些能够用结果及其概率描述的不确定，而不确定性是指那些结果或者概率都无法明确给出的不确定。其次，介绍了集合理论，它构成了研究前景的基础。再次，介绍了状态空间、概率空间及容度等概念。这些概念在前景理论的理论研究中是非常普遍的，因此有必要了解其含义。最后，通过其他定义的引入，介绍了期望值决策理论。它是最早的不确定决策理论之一，规则就是满足期望值最大。然而，这种决策理论存在一些悖论，进一步促成了期望效用理论的产生。

第 2 章 "期望效用理论" 介绍了偏好、风险态度与确定性等价及期望效用函数等概念，从中可以看出期望效用理论是如何解决期望值决策理论中所产生的悖论的。本章还比较了期望效用理论与 Markowitz 的均值-方差模型在投资组合决策中的异曲同工之处。

在第 3 章 "原始前景理论" 中，首先给出了一些违背期望效用理论的悖论，如共同结果效应、共同比率效应、框架效应、Ellsberg 悖论、确定效应、隔离效应。这些悖论的产生开始让人们对期望效用理论的解释能力产生了质疑，尽管有很多学者致力于完善期望效用理论，但是仍有一些学者提出了一些新的解释理论，其中最为有名的就属前景理论。前景理论通过参考点，使得人们的考虑空间出现了负值，而不像期望效用理论那样只有正值。在期望效用理论下，决策人对待风险的态度被假定为风险厌恶型。而前景理论认为，决策人在正值区间的风险态度为风险厌恶型，在负值区间的风险态度为风险偏好型。并且，等量的损失（$-x$）给人带来的不适要大于收益（x）给人带来的愉悦，这就是损失厌恶。最后，前景理论认为决策人不再用客观概率考虑问题，而对概率有一个非线性的扭曲。由于前景理论的贡献巨大，Daniel Kahneman 因此获得了 2002 年诺贝尔经济学奖的殊荣。

第 4 章"累积前景理论"介绍了累积前景理论的发展，有学者也称其为第二代前景理论。由于前景理论存在一些瑕疵，如不能用于大于两个非零结果的前景问题，同时也违背了一些基本的原理，如一阶随机占优，因此 Tversky and Kahneman（1992）在 Kahneman and Tversky（1979）的基础之上，利用一些技术手段，提出了累积前景理论。累积前景理论给出了价值函数及权重函数的函数形式及参数。由于其能够解决任意可数个前景的决策问题，并且不违背随机占优，因此在金融投资中得到了广泛的运用。

第 5 章"前景理论与实验经济学"主要简述了实验经济学的相关知识、问卷设计及分析时的一些基本操作，以及前景理论中的一些实验细节。行为金融学的研究在很多时候离不开实验。一些学者甚至认为，实验经济学在行为经济学中的地位就像计量经济学在传统经济学中的地位一样。进行实验是对现有理论的验证，是发现新现象甚至形成新理论的有效途径。

第 6 章"前景理论与心理基础"介绍了人们的一些心理因素是如何影响投资的。这些心理因素共同形成了前景理论的关键要素，同时也影响着前景理论模型中参数的大小。另外，对于一些过去很难解释的效应，前景理论也给予了很好的解释。总之，本章旨在说明"实际人"（而不是过去的"理性人"）在面对金融市场时，有哪些因素会影响投资者的心理，从而进一步影响其行为决策。

第 7 章"前景理论价值函数"详细介绍了累积前景理论价值函数的相关研究。首先给出了关于前景理论文献中提及或用到的不同价值函数形式及部分学者通过实验得到的参数大小。其次对价值函数中涉及的关键要素，如风险厌恶、风险追求、损失厌恶、参考依赖等进行了详细的阐述。

第 8 章"前景理论权重函数"针对累积前景理论权重函数进行了深入讨论。本章还介绍了一些其他形式的权重函数，并给出了学者对不同权重函数形式下的参数估计结果。

第 9 章"前景理论的完善与运用"对前景理论的一些重要研究突破进行了介绍，例如，前景理论的公理化问题，前景理论是如何实现从最初的只能研究离散型前景问题到能够研究连续型前景问题的等。本章给出了前景理论与传统金融理论的比较研究，如期望效用理论、均值-方差理论、资产定价理论的对比研究。另外，本章还提供了前景理论对金融背景下出现的一些异象、悖论及谜题的解释。

第 10 章"前景理论与随机占优"讨论了随机占优问题。原始前景理论被诸多学者质疑的一个主要原因就是它违背了一阶随机占优。那么,什么是一阶随机占优呢?本章以经济学博弈论中的占优策略作为切入点,对一阶随机占优、二阶随机占优、三阶随机占优及 PSD 随机占优展开了详细的论述。为了便于理解,本章同时给出了案例辅以说明。

第 11 章"前景理论下的投资组合问题"主要讨论了基于前景理论的投资组合优化问题。投资组合理论是金融学中一个重要的研究方向,它告诉投资者面对未来的风险,在已有的资源状况下,如何投资才是最优的。一个投资者现在做出的投资决策(选择哪种股票、具体投资比例等)直接影响着其未来的投资收益。在传统金融理论中,已经有如期望效用理论、均值-方差理论这样的优化决策规则,然而它们都属于基于"理性人"假设前提下的投资组合优化范畴,"实际人"决策原则之一就是使前景理论值最大化。基于前景理论的投资组合优化问题由于前景理论函数的复杂性,目前的文献仍然很少。

第 12 章"前景理论与风险测度"引入了风险测度的概念。在考虑收益的同时,不能不关注风险。早期的传统金融以方差作为一种衡量风险的指标,加入优化模型的约束条件中。随着研究的进一步开展,一些新的风险测度指标和方法也相继出现。本章对风险测度的指标根据其原理进行了分类,一类是风险性风险测度指标,另一类是偏差性风险测度指标。前者主要针对一致性风险测度规则而言,而后者则按照偏差测度的原理进行指标设计。本章详细介绍了两类风险测度下的主要风险测度指标,可以作为研究风险下投资决策问题的参考。

第 13 章"时间序列预测法"介绍了基本的金融时间序列分析方法。金融时间序列研究的是一段时间内的资产估价问题。如果读者从事金融研究,则对一些基础的概念应该有所了解。本章主要介绍了几种收益率的定义,以及平稳性、序列相关、自相关和偏自相关函数的概念。同时介绍了时间序列的一些最基本的模型,如 AR 模型、MA 模型、ARMA 模型、ARCH 模型及 GARCH 模型。

第 14 章"未来情景模拟法"介绍了最常用的几种模拟方法。Bootstrap 法是一种能够利用过去较少的历史数据,通过抽样的方式,产生较多数据的方法。蒙特卡罗模拟法则是一种依靠重复随机抽样和统计分析来计算结果的模拟方法。其核心思想是利用随机性原理去解决确定性问题。它可以系统地研究与每个输入变量相关的全部风险。历史模拟法因为其简单性，也是目前较为常用的方法之一。它基于一个看似非常合理的假设——历史总是惊人的相似，因此根据历史数据总可以产生未来的情景。

第15章"优化算法"介绍了线性规划的工作原理。线性规划是理解优化问题的基础，很多非线性优化的问题都可以通过线性逼近解决。在非线性优化中，介绍了几种最为常用的优化算法，这些算法也是理解机器学习算法的最为基础的内容。本章还讨论了非线性优化的难点，以及分片线性函数在前景理论中的运用。

第16章"遗传算法"详细介绍了遗传算法的历史沿革及其优势；讨论了二进制编码的遗传算法及实数编码的遗传算法的区别；对遗传算法的基本步骤及各算子均进行了详细的介绍。

第17章"前景理论与机器学习"介绍了笔者认为未来最有可能出现在前景理论研究中的几种机器学习算法。近年来，在设计机器学习算法的时候，研究人员也开始嵌入一些人类所固有的偏见及一些非理性的假设。Prashanth et al.（2015）认为累积前景理论很好地模拟了人类决策，并将概率扭曲这一思想引入风险敏感的强化学习的背景下设计算法，用于估计和控制。一些人工智能领域的著名公司，如IBM、谷歌等，纷纷邀请前景理论的创始人Daniel Kahneman举办讲座，以帮助他们更好地理解认知。本章介绍了机器学习中几种最为热门的分类方法，如支持向量机算法、Logistic回归算法及BP神经网络算法等。

第18章"基于前景理论的投资组合优化的实证分析"则融合本书介绍的内容，对CPT投资者的投资组合最优化问题展开了实证分析。

致　谢

首先，要感谢我的父母、妻女及岳父岳母等人。写一本专著太耗费时间与精力，没有家人的理解、支持与付出，我很难完成这本书。我要感谢我的博士生导师徐春晖教授，徐先生的一丝不苟与严谨治学的态度和精神我至今记忆犹新。他敏锐地发现了前景理论这个在金融领域有"前景"的理论，并在我远赴日本攻读博士学位之前就对我进行指导。此后，前景理论在金融投资领域的应用成为我在日本期间唯一的学术研究内容。

感谢王冀，一位文采横溢的理工男博士，在人工智能方面，他对我的研究给予了很多帮助。在日本学习、生活期间，我们一起研究，相互交流，话题不乏行为金融、大数据及人工智能等热门领域，产生了不少新思路。感谢梁雪峰、高惺惟、安藤雅和、喜多村正仁、郑德权、洪一薰、刘丽达、袭向明、毕树人、何云龙、霍艳丽、蒋戍荣、刘永选、刘菁、张孜勉、Kevin Chen 和 Celia Zhang 等教授和学者对本书研究提供的帮助，感谢龚璐对本书绘图方面的建议，感谢邹林静、李龙对部分文献资料的汇总整理，他们的帮助与建议促成了本书的完成。

感谢孟乔然、付希清、王力宾、兰天、聂元昆、吉雪源、胡舜国、陈海、陈军辉、王吉鹏、柳金平、杨百锁等师长对我的教诲与指导。在经济学方面，感谢北京大学经济学院的胡涛老师，他讲授的《经济学原理》让我对经济学产生了浓厚的兴趣，他那生动诙谐的教学风格至今仍在我的心头萦绕。在数学方面，我从北京大学数学学院金融数学系 2002 级的朋友们身上受益匪浅，特别是陈浩、李娜、项翔、卢泸、徐昕、布晓龙、吕则良、姚佩佩、王璐璐和萧箫。感谢陈章金、魏廷超、耿鹏、杨润江、臧晨曦、郭雪峰、朱建军、文秋玲等好友开启了我的金融职业生涯。

我接受了来自三井物产贸易奖励会奖学金的资助。三井物产贸易奖励会的井上大五先生、松本恭子女士给予了我很多关照，对此我深表谢意。正因为有这笔奖学金的资助，我将本应勤工俭学的时间用来参观见学，在日本期间走访了日本 100 余座城市，并在即将回国之际从大阪翻山越岭徒步走回东京，对日本的人文、历史、经济、社会、自然等有了更深入的了解，很多研究灵感来源于此。

在日本学习、生活期间，我得到了诸多日本友人的帮助，尤其是长安信明先生、山田哲夫先生及其夫人、福本泰洋、伊藤美奈等人，他们的热心帮助使我在日本的学习、生活更加便利。

感谢电子工业出版社的李冰、缪晓红及其他编辑，非常感谢他们利用专业的知识，对本书提出了修改意见。

最后，由于知识水平及时间有限，书中的错漏缺点在所难免，恳请各位读者批评指正。

龚 超

2018 年 10 月于清华园

目　录

第 1 章　概率论与期望值决策 ... 1
1.1　概率测度 ... 1
1.1.1　风险与不确定性 ... 1
1.1.2　集合理论 ... 2
1.1.3　状态空间 ... 6
1.1.4　概率空间 ... 7
1.1.5　容度 ... 8
1.1.6　期望 ... 9
1.1.7　主观概率 ... 10
1.1.8　前景 ... 13
1.2　期望值决策理论 ... 14
1.2.1　荷兰赌 ... 15
1.2.2　圣彼得堡悖论 ... 16

第 2 章　期望效用理论 ... 18
2.1　偏好 ... 18
2.1.1　偏好关系 ... 18
2.1.2　偏好公理 ... 19
2.2　函数的凹凸性 ... 21
2.3　风险态度与确定性等价 ... 22
2.4　期望效用函数 ... 26
2.5　正仿射变换 ... 28
2.6　风险厌恶测度 ... 28
2.7　期望效用理论与均值-方差模型 ... 29

第3章　原始前景理论 33
3.1 悖论丛生 33
3.1.1 共同结果效应 33
3.1.2 共同比率效应 35
3.1.3 框架效应 35
3.1.4 Ellsberg 悖论 37
3.1.5 确定效应 38
3.1.6 隔离效应 39
3.2 原始前景理论的赋值 41
3.2.1 反射效应 41
3.2.2 编辑 43
3.2.3 评估 45
3.3 参考点 46
3.4 价值函数 47
3.5 权重函数 48
3.5.1 次可加性 49
3.5.2 次确定性 49
3.5.3 次比例性 50
3.5.4 概率的非线性偏好 51

第4章　累积前景理论 53
4.1 原始前景理论的发展 53
4.2 等级依赖模型 56
4.3 累积前景理论的提出 59
4.4 价值函数 60
4.5 概率权重函数 61
4.6 案例：前景值的补充计算 62
4.7 风险态度的四重模式 63
4.8 累积前景理论的映射 65

第5章　前景理论与实验经济学 67
5.1 实验经济学概述 68
5.1.1 实验经济学的发展 68

| 目录 |

    5.1.2 对实验的质疑 70
 5.2 实验目的与对象 71
    5.2.1 实验目的 71
    5.2.2 实验对象 72
 5.3 实验设计 73
    5.3.1 指导语 73
    5.3.2 控制变量 74
    5.3.3 干扰因素 74
    5.3.4 随机数 74
    5.3.5 数据采集 75
    5.3.6 实验激励 76
    5.3.7 知识偏差 76
    5.3.8 实验计划 77
 5.4 问卷设计与分析 77
    5.4.1 问卷内容与结构 77
    5.4.2 问卷数据分析 79
 5.5 案例：累积前景理论的参数估计 86

第6章 前景理论与心理基础 88
 6.1 是否眼见为实 88
 6.2 定基 89
    6.2.1 心理账户 89
    6.2.2 锚定效应 92
    6.2.3 沉没成本 94
 6.3 偏离 96
    6.3.1 过度自信 96
    6.3.2 回本效应 97
    6.3.3 后悔厌恶 98
 6.4 割舍 98
    6.4.1 禀赋效应 98
    6.4.2 处置效应 99

6.5 简化 100
 6.5.1 暗示与过滤 100
 6.5.2 代表性与熟悉性 100
6.6 情感 102
6.7 外部环境 103
 6.7.1 社会环境 103
 6.7.2 社会比较 103
 6.7.3 语言表达 103
 6.7.4 羊群效应与从众心理 104

第 7 章 前景理论价值函数 105
7.1 价值函数的主要类型 105
 7.1.1 幂价值函数 105
 7.1.2 线性价值函数 106
 7.1.3 二次价值函数 107
 7.1.4 指数价值函数 110
 7.1.5 HARA 价值函数 111
 7.1.6 非参数方法下的价值函数 112
7.2 价值函数的再讨论 112
7.3 损失厌恶 115
 7.3.1 损失厌恶 VS 风险厌恶 116
 7.3.2 情感与损失厌恶 117
 7.3.3 与损失厌恶相关的现象 118
7.4 参考依赖 122
7.5 几类效用函数 128

第 8 章 前景理论权重函数 131
8.1 概率权重函数 131
8.2 Prelec 概率权重函数 133
8.3 两参数模型 134

8.4 概率权重函数的心理学解释 ... 138
8.5 概率权重函数形式及参数总结 ... 139

第9章 前景理论的完善与应用 ... 142
9.1 理论的夯实 ... 142
9.1.1 偏好基础与公理化 ... 142
9.1.2 从离散到连续 ... 143
9.1.3 第三代前景理论 ... 144
9.1.4 不精确风险的测度 ... 145
9.2 与传统金融的联系与区别 ... 145
9.2.1 前景理论与期望效用理论 ... 145
9.2.2 前景理论与均值-方差模型 ... 146
9.2.3 前景理论与高阶矩 ... 146
9.2.4 前景理论与资产定价 ... 148
9.2.5 前景理论与行为预测 ... 150
9.3 对异象、悖论及谜题的解释 ... 150
9.3.1 前景理论与圣彼得堡悖论 ... 150
9.3.2 前景理论与股权溢价之谜 ... 152
9.3.3 前景理论与禀赋效应 ... 152
9.3.4 前景理论与处置效应 ... 153
9.3.5 前景理论与本国效应 ... 155
9.3.6 前景理论与货币幻觉 ... 155
9.3.7 前景理论与近视损失厌恶 ... 156

第10章 前景理论与随机占优 ... 159
10.1 占优 ... 160
10.2 偏好与函数 ... 161
10.3 一阶随机占优 ... 161
10.4 二阶随机占优 ... 162
10.5 三阶随机占优 ... 163
10.6 PSD 随机占优 ... 165

第 11 章　前景理论下的投资组合问题 170

11.1　基于理性假设的投资组合问题 170
11.1.1　期望收益与方差 172
11.1.2　有效边界 174
11.1.3　夏普比率 176
11.1.4　两基金分离定理 177
11.1.5　系统风险与非系统风险 178
11.1.6　资本资产定价模型 179

11.2　基于前景理论的投资组合问题 181
11.2.1　一个复杂的议题 181
11.2.2　前景理论偏好投资者的投资组合目标函数 187

第 12 章　前景理论与风险测度 196

12.1　风险测度 196
12.1.1　风险测度的起源 197
12.1.2　如何测度风险 197
12.1.3　半方差 198

12.2　VaR 199
12.2.1　VaR 的起源与发展 199
12.2.2　VaR 的定义 201
12.2.3　VaR 的计算 203
12.2.4　VaR 的局限与争议 207

12.3　CVaR 208
12.3.1　CVaR 的定义 208
12.3.2　基于样本情景下的 CVaR、CVaR 和 CVaR$^+$ 209
12.3.3　CVaR 的计算 210

12.4　VaR 与 CVaR 的比较 211
12.4.1　优劣势比较 211
12.4.2　优化与约束 212

12.5　VaR 偏差和 CVaR 偏差 212
12.5.1　偏差的定义 212

  12.5.2 偏差测度 214

  12.5.3 VaR、CVaR 与前景理论 215

第 13 章 时间序列预测法 217

 13.1 资产收益率 217

  13.1.1 单期简单收益率 217

  13.1.2 多期简单收益率 218

  13.1.3 算术平均收益率 218

  13.1.4 几何平均收益率 218

  13.1.5 对数收益率 219

 13.2 时间序列的统计量 220

 13.3 平稳性 221

 13.4 序列相关、同方差及异方差 222

 13.5 自相关函数与偏自相关函数 223

 13.6 AR 模型 225

 13.7 MA 模型 227

 13.8 ARMA 模型 228

 13.9 ARCH 模型 229

 13.10 GARCH 模型 230

第 14 章 未来情景模拟法 232

 14.1 Bootstrap 法 233

  14.1.1 什么是 Bootstrap 法 233

  14.1.2 基于时间序列的自助法 234

  14.1.3 标准自助法 235

  14.1.4 移动分块自助法 235

  14.1.5 非重叠分块自助法 236

  14.1.6 实例 237

 14.2 蒙特卡罗模拟法 241

  14.2.1 定义、起源与发展 241

  14.2.2 应用范围 243
  14.2.3 股价变动与随机过程 246
 14.3 历史模拟法 250

第15章 优化算法 253
 15.1 线性规划 253
  15.1.1 线性规划的提出 253
  15.1.2 单纯形法 258
  15.1.3 对偶问题 264
 15.2 非线性规划 265
  15.2.1 无约束优化 267
  15.2.2 约束优化 273
  15.2.3 非线性规划的难点 276
  15.2.4 前景理论与分片线性规划 279
  15.2.5 凸优化 281

第16章 遗传算法 286
 16.1 遗传算法的原理 287
  16.1.1 为什么选择遗传算法 287
  16.1.2 模式与模式定理 288
  16.1.3 积木块假说 288
  16.1.4 探索与开发的平衡 288
 16.2 遗传算法的基本步骤 290
  16.2.1 模型 290
  16.2.2 编码 291
  16.2.3 估值 294
  16.2.4 选择 295
  16.2.5 交叉 297
  16.2.6 变异 300
  16.2.7 收敛及终止 301

| 目录

第 17 章　前景理论与机器学习 ... 304
17.1　支持向量机 ... 306
17.1.1　线性分类器 ... 307
17.1.2　从线性分类器到非线性分类器 ... 309
17.2　Logistic 回归 ... 313
17.3　过拟合与欠拟合 ... 316
17.4　人工神经网络 ... 318
17.4.1　人工神经网络在金融领域的运用 ... 318
17.4.2　神经网络模型介绍 ... 321
17.4.3　感知机 ... 326
17.4.4　前馈传播 ... 329
17.4.5　反向传播 ... 331
17.4.6　实例：BP 神经网络预测 ... 336

第 18 章　基于前景理论的投资组合优化的实证分析 ... 339
18.1　无风险约束的前景理论优化问题 ... 339
18.1.1　参数法——多元正态分布 ... 339
18.1.2　非参数法——前景模拟 ... 346
18.2　含风险约束的前景理论优化问题 ... 347
18.2.1　风险性风险约束 ... 348
18.2.2　偏差性风险约束 ... 349

附录 A　MATLAB 基础快速入门 ... 352
A.1　MATLAB 简介 ... 352
A.2　MATLAB 入门 ... 354
A.3　MATLAB 中的矩阵运算 ... 358
A.4　MATLAB 常用数据格式的导入/导出 ... 359
A.5　MATLAB 中的图形功能 ... 362
A.6　MATLAB 程序设计方法 ... 366

参考文献 ... 370

第 1 章 概率论与期望值决策

1.1 概率测度

1.1.1 风险与不确定性

未来是不确定的，这是一个常识。但是，在经济学或者金融学中，提到不确定性（Uncertainty），往往所说的并不是风险（Risk），而是模糊（Ambiguity）。

风险与不确定性虽然涉及的都是未来的不确定，但在概念上仍然有很大的区别。风险说明的是这样一种情况：可以得知事件最终的各种结果，并且也可以得知各种结果发生的概率，但是哪种结果最终会出现事先并不知情。比如，一副正常的扑克有 54 张牌，从中抽取任何一张的概率均为 1/54。结果及其发生的概率都已经知晓，用数学表述就是可以知道其概率分布。

不确定性是指无法知道未来可能产生何种结果，更不用说结果发生的概率。比如，另有 54 张牌，只知道它不是一副正常的扑克，你无从得知结果，更不用说概率了，因此这种情况就称为不确定性。

按照概率的视角，风险和不确定性的本质区别就在于能否事先得知事件发生最终结果的概率分布。Knight（1921）曾经定义风险为一个能够测度的不确定，不可测度的称为不确定性。

本书在这里事先做出定义：风险是一种能够事先得知概率分布的情形，而不确定性是一种事先无法得知概率分布的情形。将风险和不确定性统称为不确定。

在现实世界中，随着我们所能掌握的信息量的增加，通过概率统计等相关数学知识，我们可以近似发现很多事物的运行规律，此时，不确定性也能向风险转化。这里要澄清一件事情，即风险和不确定性产生的结果均可能带来损失、收益或既无损失也无收益。因此，风险和不确定性是一个中性的词汇，而不是有些人认为的凡是风险、不确定性就是不好的。

对于确定性的结果，只要不与风险结果相差太多，人们往往更喜欢确定的事物。我们将规避风险而偏好确定性的这种行为称为风险厌恶（Risk Aversion）。例如，有如下两个选择。

A：投入 100 元后 100% 的可能性能够得到 120 元的回报。

B：投入 100 元后 30% 的可能性得到 0 元的回报和 70%的可能性得到 200 元的回报。

正是由于存在风险厌恶，有些人会选择 A（表现出对确定性的喜爱及对风险的厌恶）。当然，风险厌恶的程度是因人而异的。当 B 选项中的 30%与 70%分别变为 1%和 99%时，大多数刚刚选择 A 选项的人们可能会改变他们当初的选择。

模糊厌恶（Ambiguity Aversion）指的是在面对不确定性和风险两种情况做选择的时候，人们通常偏向选择风险，即已知结果和概率的一方，而厌恶不确定未知结果一方的一种行为。有这样一种现象，称为母国偏见（Home Bias），说的是投资产品，人们往往会选择本国的投资产品进行投资，而不投或者少投其他国家的投资产品，尽管此时可能投资其他国家的投资产品更为有利。这就是一种模糊厌恶。

有一个经典的例子：在一只盒子中有一些球，当你知道球的颜色比例时，你愿意为摸到某颜色而下注；而当你不知道球的颜色比例时，你不愿为某种颜色的球下注。20 世纪 20 年代 M.Keynes 及 F.Knight 对此就有论述，直到 1961 年 Ellsberg 提出了著名的 Ellsberg 悖论，才引起学术界的重视（Billot et al.，2005）。何为 Ellsberg 悖论？这在以后的章节中会给予详述。

为了避免产生歧义，本书中将风险与不确定性（模糊）统称为不确定，用风险一词定义已知未来结果及其概率的情况，而用不确定性一词定义对未来结果及其概率未知的情况。

1.1.2　集合理论

1. 样本空间

决策需要面对未来多种不同的情形，即前景（Prospect）。前景就是未来可能出现的不同事物的一系列组合。如果需要让决策更加科学，则需要掌握一定的概率与统计的相关知识。可以说，如果不了解概率与统计的原理，那么在不确定背景下的科学决策基本无从谈起。了解概率，先从集合开始，前景的结果即集合。样本空间（Smaple Space）是指一系列可能发生的事件的集合。

在数学中，往往有很多空间的概念，空间的本质就是满足一定相同条件的元素的集合。在研究问题时，涉及很多的实验，在实验前会预计到未来的某些结果，因此我们也将由实验产生的可能结果的组合称为实验下的样本空间。

很多社会、经济、投资、管理等问题无法通过实验解决。然而，通过对规律的了解与掌握，很多时候我们对其发生的结果是能够知晓的，因此它们也构成了一系列可能结果的组合。从这一点出发，我们可以看到，无论是实验也好，还是现实也罢，将要发生的结果往往以一种空间，也可以说是集合的方式存在。集合是指满足一定条件的结果（Outcome）的合集。

让 s 代表样本空间，那么每个可能性的结果 s 可以看成集合中的一个元素，也称为样本点（Sample Point）[①]。显然，$s \in \mathbb{s}$。物以类聚，基本元素按照一定的属性集合在一起，就构成了事件（Event）。

与可能产生的事件相对的是不可能事件（Impossible Event），比如，当我们判断未来股市涨跌情况时，未来的情况分为"涨""跌""持平"三种，除此之外很难再有一种新的情况，也就是不存在可能的结果。在这种情况下称其为空集（Null Set），用符号 $\emptyset$ 表示。空集是任何一个事件的子集。

2. 集合关系

1）包含

如果集合 A 中的每个元素也都属于集合 B，则称集合 A 被集合 B 包含（Containment），数学语言为 $A \subseteq B$ 或 $B \supseteq A$。它要表达的意思是：如果集合 A 发生，则集合 B 一定也发生。因此，也可以说事件 A 是事件 B 的子集（Subset）。假使有一个集合 C，使得 $A \subseteq B, B \subseteq C$，那么一定有 $A \subseteq C$。

假如集合 A 不是集合 B 的子集，也就是集合 A 中至少存在一个元素不在集合 B 中，则称集合 B 不包含集合 A。

如果 $A \subseteq B$ 且 $A \neq B$，即 B 中至少存在一个元素不属于 A，则称事件 A 是事件 B 的真子集（Proper Subset），记为 $A \subset B$ 或 $B \supset A$。

2）等价

如果 $A \subseteq B$ 且 $B \subseteq A$，那么可以得到 $A=B$。这说明互为子集的两个事件其实是等价（Equivalence）的。

---

① 通常我们假设这些元素已经小得无法再分割，故也称这些可能的结果为基本元素。

3. 集合运算

1）并

集合 A 与集合 B 的并（Union）被定义为一个包含集合 A 和集合 B 的所有元素的集合。在数学上表示为 $A \cup B$。任何事件与自身或空集的并集都是自己本身，即 $A \cup A = A$，$A \cup \emptyset = A$。当然，多个事件的并集很容易延展为 $A_1 \cup A_2 \cup \cdots \cup A_n$。或是：

$$\bigcup_1^n A_i \qquad (1.1)$$

2）交

集合 A 与集合 B 的交（Intersection）被定义为一个同时具有集合 A 和集合 B 的元素的集合。在数学上表示为 $A \cap B$。任何集合与自己本身或样本空间的交集都是自己本身，即 $A \cap A = A$，$A \cap \mathbb{S} = A$。与并集一样，多个事件的交集也很容易延展为 $A_1 \cap A_2 \cap \cdots \cap A_n$。或是：

$$\bigcap_1^n A_i \qquad (1.2)$$

3）补

全集 $\mathbb{S}$ 与集合 A 的差集称为 A 的补（Complement），记为 $\bar{A}$。$\bar{A} = \mathbb{S} - A$。

集合 A 与集合 B 互斥，可以认为两个集合之间无交集。假如在这个基础之上，集合 A 与集合 B 的并集为全集，则称集合 A 与集合 B 为对立关系。

4）差

集合 A 与集合 B 的差（Subtraction）被定义为属于集合 A 而不属于集合 B 的所有元素组成的集合。在数学上表示为：$A - B = A - A \cap B = A \cap \bar{B}$。

5）文氏图

文氏图（Venn Diagram）是显示有限集合之间所有可能逻辑关系的一种草图，借助它可以直观显示集合之间的关系。如图 1.1 所示，$C = A \cap B$。

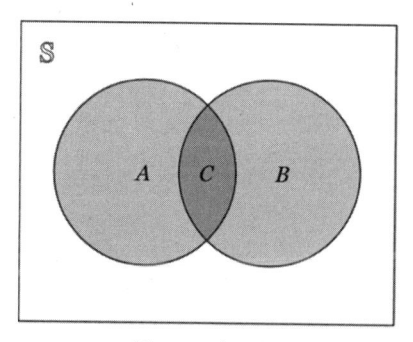

图 1.1　文氏图

4. 集合的运算规则

（1）交换律：

$$A \cup B = B \cup A$$
$$A \cap B = B \cap A$$

（2）结合律：

$$A \cup (B \cup C) = (A \cup B) \cup C$$
$$A \cap (B \cap C) = (A \cap B) \cap C$$

（3）分配率：

$$A \cup (B \cap C) = (A \cup B) \cap (A \cup C)$$
$$A \cap (B \cup C) = (A \cap B) \cup (A \cap C)$$

（4）De Morgan 率：

$$\overline{A \cup B} = \overline{A} \cap \overline{B}$$
$$\overline{A \cap B} = \overline{A} \cup \overline{B}$$

关于集合运算，相关的 MATLAB 代码如下：

```
A=[1 2 2 3 3 4 5 5 6 7 8 ];    % 输入集合 A 中的元素
B=[6 7 8 9 10 11 12 1 3 ];     % 输入集合 B 中的元素
C1 = intersect (A,B);          % 求集合 A 与 B 的交集
C2 = setxor (A,B);             % 给出集合 A 与 B 中互不相同元素的集合
C3 = union (A,B);              % 求集合 A 与 B 的并集
C4 = setdiff (A,B);            % 给出集合 A 中不属于集合 B 的元素的集合
C5 = unique (A);               % 给出集合 A 中不重复的元素
C6 = ismember (A, 8 );         % 判断某个数，如 8 是否属于集合 A，返回数值 0 和
1，0 代表对应位置数值不是 8，1 代表对应位置数值为 8
```

```
% 以下是运行结果
C1 = 6 7 8
C2 = 1 2 3 4 5 9 10 11 12 13
C3 = 1 2 3 4 5 6 7 8 9 10 11 12 13
C4 = 1 2 3 4 5
C5 = 1 2 3 4 5 6 7 8
C6 = 0 0 0 0 0 0 0 0 0 0 1
```

1.1.3 状态空间

在数学上，根据不同属性，会有不同空间。比如，欧氏空间（Euclidean Space）就是定义了内积的 n 维向量空间（Vector Space）。

将未来一系列可能发生的所有状态聚在一起，称为状态空间（State Space），用 $\mathbb{S}$ 表示。状态空间内的具体状态用 $s_i(i = 1,2,\cdots)$ 表示。举一个简单的例子，假如一个人投资股市，那么按照股票价格涨跌的状态进行划分，则有三种情况：s_1 代表股价上涨，s_2 代表股价下跌，s_3 代表股价不涨不跌。当然，如果按照股票价格的状态进行划分，那将有无穷多种情况。但是，有一点需要注意，如果某种情况，比如 $s_2 \in \mathbb{S}$，即股价下跌的状态发生了，则状态空间中的其他状态就不会发生，也就是前文所说的它们之间属于互斥事件（Exclusive Event）。面对不同情景，未来的结果表现出不同的模式。

- 有限离散：结果为离散且有限的情况，比如扔硬币或投骰子，结果不是连续的，并且分别只有 2 种或 6 种情况。
- 可数无限离散：结果为离散且无穷（其实无穷也是一种理想的状态）的情况。
- 连续型：结果为连续的情况，比如某股票的价格或者收益。

状态空间的子集被称为事件（Event），用 IE 表示。根据定义，显然事件也是某种集合。基本事件（Primitive Event）是状态空间中的细到无法再分的最小元素（Element）。

当我们掷一个骰子时，结果为有限离散型{1,2,3,4,5,6}。这里的{1},{2},{3},{4},{5},{6}就是基本事件，即元素。但是我们仍然可以用事件进行再定义，如奇数事件{1,3,5}或偶数事件{2,4,6}，又或者大于 3 的事件{4,5,6}等。显然，这些集合均为状态空间的子集。

补事件（Complementary Event）可以用来形容状态空间中某事件的互斥事件。在上面的例子中，奇数事件与偶数事件就是互斥事件，大于 3 的事件与小于等于 3 的事件也是互斥事件。

在很多情况下,事件往往是定性的,为了便于研究,必须赋予事件一个定量的结果,即分配一个实数x,可以很方便地用函数形式表示事件与其结果的关系。这一点在与"资金"紧密联系的投资、生产等一系列活动中尤为重要。因为在很多情况下,人们往往将许多活动最后与金钱挂钩,一是便于量化,二是为了量纲的统一。

假设某函数$f(\cdot)$赋予每个不同事件一个实数后形成了一个状态空间,则可表示为:

$$(x_1;\cdots;x_n) \tag{1.3}$$

想象你是某公司的投资决策者,你必须决定未来需要投资的对象,对象可以是股票、债券、基金、房地产或其他投资产品,从中获取利润。为了简化分析,假设有两种投资对象与三种情形,在不同情形下损益不同,如表1.1所示。

表1.1 投资的前景与结果

	情形 1	情形 2	情形 3
实物投资	200	150	-100
证券投资	-100	150	200
实物与证券均不投资	0	0	0
实物与证券均投资	100	300	100

此时投资实物的状态为(200; 150; -100),实物与证券都投资的前景为(100; 300)。注意到在表1.1中,如果对实物与证券都不投资,那么无论在什么情形下,均得到同一个前景,就是损益为0,此时为确定性事件。要想了解这方面更多的信息,可以进一步参阅Birnbaum(2008)、Luce(1990)、Luce et al. (2014)[①]。

1.1.4 概率空间

之前讨论了状态空间,但它并未涉及发生这些状态的可能性,即概率(Probability)。概率是针对随机事件而言的。

如果$\mathcal{F}$是由$\mathbb{S}$的某些子集构成的非空集合,并且:

- $\mathbb{S} \in \mathcal{F}$;
- 假如$A \in \mathcal{F}$,则$\bar{A} \in \mathcal{F}$;
- 假如$A_n \in \mathcal{F}$, $n \in \mathbb{N}$,则$\bigcup_{n=1}^{\infty} A_n \in \mathcal{F}$;

[①] 注意此时前景并不是(100; 300; 100)。当结果相同时,往往将其合并,即不看过程(情形不同),而是着眼结果(结局相同)。

则称$\mathcal{F}$为σ域，也称σ代数。$(\mathbb{S},\mathcal{F})$为可测空间（Measurable Space）[①]。

给定可测空间$(\mathbb{S},\mathcal{F})$，P为定义在$\mathcal{F}$上的集函数，假如满足以下三个公理。

公理1：对于每个基本事件s，$P(s_i) \geqslant 0$（非负性）。

公理2：对于一系列可数的基本事件的状态空间，$\sum_{i=1}^{\infty} P(s_i) = 1$（归一性）。

公理3：对于一系列可数的互斥事件S_i，$P(\bigcup_{i=1}^{\infty} S_i) = \sum_{i=1}^{\infty} P(S_i)$（可列可加性）[②]。

则称P是可测空间$(\mathbb{S},\mathcal{F})$上的一个概率测度（Probability Measure），简称概率，$(\mathbb{S},\mathcal{F},P)$为概率空间（Probability Space）。此时的$\mathcal{F}$称为事件域（Field of Events），如果$A \in \mathcal{F}$，则称A为随机事件（Random Event）。

1.1.5 容度

给定可测空间$(\Omega,\mathcal{F})$，其中所有的概率测度的集合记为$\mathcal{P}$。Choquet（1953）把概率测度扩展到非线性测度，给出了与概率测度及期望相容的满足规范性和单调性的非可加集函数和与其对应的积分，后来的学者为了纪念Choquet，将其命名为Choquet容度（Choquet Capacity）和Choquet积分。

集函数$\mu: \mathcal{F} \to [0,1]$如果满足以下条件：

- $\mu(\emptyset) = 0$；
- $\mu(\Omega) = 1$；
- $\mu(A) \leqslant \mu(B)$，$\forall A, B \in \mathcal{F}$，$A \subseteq B$；

则$(\Omega, \mathcal{F}, \mu)$表示容度空间。

容度μ的对偶容度$\bar{\mu}$定义为：$\forall A \in \mathcal{F}$，有

$$\bar{\mu} = 1 - \mu(\bar{A}) \tag{1.4}$$

如果容度μ满足：对于任意$A, B \in \mathcal{F}$，$A \cap B = \emptyset$，如果

$$\mu(A \cup B) \leqslant \mu(A) + \mu(B) \tag{1.5}$$

则称μ是次可加的（Subadditive）。

如果容度μ满足：对于任意$A, B \in \mathcal{F}$，$A \cap B = \emptyset$，如果

[①] 对$\mathcal{F}$中的任何元素经过可列次交、并、差等运算后仍然属于$\mathcal{F}$，也称这种性质为封闭性。

[②] 基本事件都是互斥的，这里假设某些基本事件的集合构成了一些事件集，而这些事件集之间也是互斥的。

$$\mu(A \cup B) \geqslant \mu(A) + \mu(B) \tag{1.6}$$

则称μ是超可加的（Superadditive）。

如果μ既是次可加的又是超可加的，则称μ是可加的（Additive）。

$(\Omega, \mathcal{F})$为可测空间，P为其中的概率，函数$w: [0,1] \to [0,1]$是非减函数，且$w(0) = 0, w(1) = 1$，则$\mu = w$。P为一个容度，称为扭曲概率；w被称为扭曲函数。

随机变量f是（Borel）可测函数，$f(\Omega, \mathcal{F}) \to (\mathbb{R}, \mathfrak{B}(\mathbb{R}))$，其中$\mathfrak{B}(\mathbb{R})$是$\mathbb{R}$的Borel σ-域。所有有界随机变量的全体记为L^∞。

假设$f \in L^\infty$。f在$A \in \mathcal{F}$上关于容度μ的Choquet积分表示如下：

$$(C)\int_A f \, d\mu = \int_0^{+\infty} \mu(A \cap \{f \geqslant t\}) \, dt + \int_{-\infty}^0 \mu(A \cap \{f \geqslant t\}) - 1 \, dt \tag{1.7}$$

其中，等式右边所有积分均是Lebesgue积分。

关于Choquet积分的属性及基于集值Choquet积分的风险度量方法可以参阅王洪霞（2015）的相关文献。Choquet容度和Choquet积分的应用非常广泛，王增武（2012）对其在其他学科中的应用进行了总结，分为统计、博弈论、经济、定价、保险、多准则决策、投资决策及宏观经济领域，感兴趣的读者可以进一步阅读Gilboa and Schmeidler（1994）和王增武（2012）的相关文献。

如果需要对累积前景理论有更深入的研究，那么必须对Choquet容度和Choquet积分的概念有一定的了解。其实，它们主要是针对概率测度的非可加性而言的。比如，在Tversky and Kahneman（1992）最初提出累积前景理论的文章中，就曾利用Choquet容度的概念分析问题。另外，不少学者在累积前景理论的研究中都曾使用Choquet容度或Choquet积分的概念，如Schmidt and Zank（2009）、Jin and Yu Zhou（2008）、李喜华（2013）等的研究。

1.1.6 期望

前文已经定义了概率空间$(\mathbb{S}, \mathcal{F}, P)$，$X(s)$是定义在$\mathbb{S}$上的单值实函数，对于$\forall x \in \mathbb{R}$，有$\{s: X(s) \leqslant x\} \in \mathcal{F}$，称$X(s)$为随机变量（Random Varibale），有时也简写成X。

假如：

$$F(x) = P(X \leqslant x) = P(X \in (-\infty, x]) \tag{1.8}$$

则称$F(x)$为X的分布函数（Distribution Function）。

一旦知道了分布函数，也就了解了该随机变量的全部特征。

对于随机变量X的分布函数$F(X)$，假如存在非负函数$f(x)$，使得对于$\forall x \in \mathbb{R}$，有

$$F(x) = \int_{-\infty}^{x} f(t)\,dt \tag{1.9}$$

则称$f(x)$为随机变量X的概率密度函数（Probability Density Function）。

然而，有些时候我们需要用更加简化的指标去评价一些随机变量。比如，我们想了解不同股票价格的市场收益表现，并不需要了解股票各种不同的价格情况及发生概率，只需要一个数字进行衡量，那就是期望。

以有限离散事件为例，$x_i \in X$表示结果的取值，$p_i \in P$表示该结果概率的取值，那么期望（Expectation）表示为：

$$E(X) = \sum_{i=1}^{\infty} x_i \cdot p_i \tag{1.10}$$

有些人会认为随机变量的期望值一定存在，其实并非这样。当结果为无穷时，往往需要进一步假定级数$\sum_{i=1}^{\infty} |x_i| \cdot p_i$是绝对收敛的，如果不收敛则期望不存在。其实，在绝大部分问题中已经假设期望都是存在的，可以忽略期望不存在的情形。

当随机变量X为连续型时，假如

$$\int_{-\infty}^{+\infty} |x|\,dF(x) \tag{1.11}$$

存在，那么随机变量X的期望为

$$E(X) = \int_{-\infty}^{+\infty} x\,dF(x) \tag{1.12}$$

为什么说期望是一个很重要的概念？因为它是对未来所有不确定情况的一个加权值，而权重就是通过各自结果对应的概率所赋予的。这一点对于面对风险及不确定的未来，如何做出合理的决策起着至关重要的作用。

1.1.7 主观概率

概率论是一门研究随机事件规律的学科。我们在学习概率的时候，经常看见用扑克、骰子、硬币等案例来阐述概率的某些原理。将这些在反复实验下得到的概率称为客观概率（Objective Probability）。

客观概率之所以客观，是因为这一系列实验都是客观决定的，人们无法左右。即便有人出老千，将硬币或者骰子作假，无非就是硬币某面或者骰子某数出现的概率不再是 1/2 或 1/6。但是如果将实验重复无穷多次，那么其结果发生的概率仍然能够以一个稳定的频率出现，所以仍然是客观的。

在现实社会中，很多问题，如经济、管理等往往要求人们对其不确定性进行评估，并在评估的基础上进行决策。这就直接促成了主观概率（Subjective Probability）概念的形成。主观概率是一个人对未来结果的感知。

在讨论未来不确定情形时，人们一般主要面对以下情况：

- 对未来的结果和概率知晓，但是对未来到底会发生什么无法知晓。
- 受到自身的知识、水平、偏好等因素影响，更加偏重于某个结果。
- 信息来源的不稳定。在很多情况下，信息的来源都受到技术受限、统计误差、数据缺失及信息再加工的影响。

比如，在投掷骰子前，基本上没有人会反对任何一个数字出现的概率均为 1/6。但是，随着投掷的次数越来越多，一些人可能就会改变观念了，他们更可能偏向某个数字。在投资时，尽管不少专家所能接触到的信息基本相同，但是他们也会因为自身的知识背景等而做出不同的判断。

概率中有两大学派。一个是频率学派。他们主张概率只有在无穷重复的实验中才有意义。一个事件发生的概率就是其在不断（无穷次）独立且相同实验环境下出现的频率，所以频率学派的结果也只能限于可知的区间。由于实验结果不受人为干涉，因此与实验者的主观信念没有任何关系。另一个是概率的主观学派。之所以如此称呼，是因为同样的事件最终概率会受到不同主体的主观影响而被赋予不同的主观概率。

Ramsey（1931）首次正式阐述了"概率即部分信念"的主观主义概率思想。De Finetti（1970）提出随机变量"可交换性"的概念，并以此为基点得到概率的特征定理，以及给出了著名的意见收敛定理（The Theorem of Convergence of Opinions），从而建构起主观主义的概率解释理论。

信念（Belief）作为一种人们内心世界的反映，真的能够被准确测量出来吗？如果能够测量，又该如何操作呢？Ramsey 和 De Finetti 都认为信念（主观）能够被测量，因为其与人们的行为（客观）有着紧密的联系，是人们内在的主观导致了外在的客观。他们都认为打赌是一种测度人们信念的好方法，但是在关于赌注的问题上存在着分歧。De Finetti 认为赌注是客观存在的金钱；而 Ramsey 则认为赌注是赌局给人们带去的效用，并发展了效用理论。Savage（1971）也认为主观概率是某种自身信念的一种测度（Savage，1972）。

因此，不同社会环境、不同知识结构、不同信息获取、不同心理状态等均会对主观概率产生影响。虽然主观概率是对某不确定事件发生可能性大小的个人主观判断，但是我们仍要清楚主观判断与主观臆测的区别。主观判断是指决策者通过获取信息、分析推理等手段进行的较为合理的判断；而主观臆测则更多指人为、不加太多思索地做出结论。

宏观经济学之父凯恩斯在概率问题上也是功底极深的，概率问题是他入选剑桥国王学院院士的论文主题。凯恩斯同样认为金融和商业环境的特点就是"极端不确定性"，而其中概率是可信度而非频率的表现，人们的思维无法应对未来所有可能事件的概率分布。

H代表一个特定事件，$P(H)$是个人针对这个特定事件假设为真的主观概率，E是能够代表H为真的事件。那么，一个理性人应该如何根据E调整他们对H的概率信仰？

将观察到的事件E和H联合，概率为：

$$P(H,E) = P(H|E)P(E) = P(E|H)P(H) \tag{1.13}$$

其中，要求$P(E) \neq 0$。$P(H|E)$是条件概率（Conditional Probability），给出了在事件E为真的情况下，发生事件H的可能性。

因此，可得

$$P(H|E) = \frac{P(E|H)P(H)}{P(E)} \tag{1.14}$$

式（1.14）为贝叶斯定理（Bayes' Theorem）的形式，它涉及先验概率（Prior Probability）与后验概率（Posterior Probability）[①]。贝叶斯定理之所以重要，是因为它给出了理性个体应该如何利用证据不断更新对某事件的概率。另外，贝叶斯定理被广泛应用在机器学习领域。随着人工智能的推广与普及，贝叶斯定理的重要性将会愈发凸显。

有事件A与事件B，满足$P(A) > 0$，那么在事件A发生的条件下事件B发生的条件概率为：

$$P(B|A) = \frac{P(AB)}{P(A)} \tag{1.15}$$

条件概率$P(\cdot|A)$符合概率的定义。
- 非负性：对任一事件B，有$P(B|A) \geqslant 0$；

[①] 先验概率$P(H)$是指根据以前的常识或者经验，判断求得"因果"中"因"的概率（求先验概率无须利用贝叶斯公式）。后验概率$P(H|E)$是指在根据调查或其他方式获取新信息后，利用贝叶斯公式对先验概率进行修正，从而得出的概率。

- 规范性：对于必然事件$\mathbb{S}$，有$P(\mathbb{S}|A)=1$；
- 可列可加性：设$B_1,B_2,\cdots$是两两互不相容的事件，则$P(\bigcup_{i=1}^{\infty} B_i|A) = \sum_{i=1}^{\infty} P(B_i|A)$。

设$A_1,A_2,\cdots,A_n$为n个事件，$n \geqslant 2$，且$P(A_1A_2\cdots A_{n-1}) > 0$，则

$$P(A_1A_2\cdots A_n) = P(A_n|A_1A_2\cdots A_{n-1})P(A_{n-1}|A_1A_2\cdots A_{n-2})\cdots P(A_2|A_1)P(A_1) \quad (1.16)$$

称为乘法公式（Multiplicative Rule）。

如果$B_iB_j=\emptyset, i\neq j; i,j=1,2,\cdots,n$且$B_1\cup B_2\cup\cdots\cup B_n=\mathbb{S}$，则称$B_1,B_2,\cdots,B_n$为样本空间$\mathbb{S}$的一个划分（Partition）。

假设样本空间$\mathbb{S}$中某一事件为A，假如$B_1,B_2,\cdots,B_n$是$\mathbb{S}$的一个划分，且$P(B_i)>0, i=1,2,\cdots,n$，则全概率公式（Law of Total Probability）表示如下：

$$P(A) = P(A|B_1)P(B_1) + P(A|B_2)P(B_2) + \cdots + P(A|B_n)P(B_n) \quad (1.17)$$

假设样本空间$\mathbb{S}$中某一事件为A，假如$B_1,B_2,\cdots,B_n$是$\mathbb{S}$的一个划分，且$P(A)>0, P(B_i)>0, i=1,2,\cdots,n$，则贝叶斯公式表示如下：

$$P(B_i|A) = \frac{P(B_i)P(A|B_i)}{\sum_{j=1}^{n} P(B_j)P(A|B_j)} \quad (1.18)$$

1.1.8 前景

前景（Prospect）可以简单地理解为一系列含有概率的结果（Consequence）。因此，对于代理人（Agent）来说，所有的概率和结果是已知的[①]。

前景由两个映射转化而成，一个是量化后的结果$\boldsymbol{X} = (x_1,\cdots,x_n)$，另一个是结果发生的概率$\boldsymbol{P} = (p_1,\cdots,p_n)$，$\sum_{i=1}^{n} p_i = 1$[②]。因此，前景中的结果可以看成穷尽（Exhaustive）和互斥（Mutually）的。前景表示如下：

$$\mathcal{E} = (x_1,p_1;\cdots;x_n,p_n) \quad (1.19)$$

一些文献使用如下的前景表示方法：

$$x=(x,y,1)$$

[①] 从这一点来看，前景是针对风险的概念，而不是针对不确定性的概念。因为在不确定性中，至少有一些结果或结果的概率是未知的。

[②] 在本书中，用加粗字母表示向量。

该前景的含义是：以概率 1 出现结果x，而出现结果y的概率是 0。因此，有$(x,y,p)=(y,x,1-p)$。

一个给定的前景显然可以包含其他的一些前景，这样的前景也称为复合前景（Compound Prospect）。可以通过处理概率的方式将复合前景简化成简单前景（Simple Prospect）。复合前景如下所示：

$$((x,y,p),y,p) = (x,y,pq)$$

该复合前景的含义是：以概率p出现结果x，出现结果y的概率是$1-p$。其背后的含义是决策人只会根据最终结果进行决策，而不关注中间的形成过程。

这些表达非常重要，因为它们以一种简化的方式来描述未来的前景，便于简化问题。无论是在即将要讨论的期望值理论中，还是在稍后将要讨论的期望效用理论和前景理论中，学者都是以这种方式来表示基本前景的。为了统一表述前景，本书以式（1.19）的形式表示前景[①]。

1.2 期望值决策理论

未来的决策面临着诸多不同的前景，如何决策才是更加理性的呢？一种理性的决策方式就是根据期望值最大化原则选择前景。对于式（1.19）表示的前景，期望值表示如下：

$$EV = \sum_{i=1}^{n} x_i \cdot p_i \qquad (1.20)$$

考虑如下两个前景：

$$\mathcal{E}_1 = (x_1, p_{x_1}; \cdots; x_n, p_{x_n})$$
$$\mathcal{E}_2 = (y_1, p_{y_1}; \cdots; y_n, p_{y_n})$$

它们的前景值如下：

$$EV(\mathcal{E}_1) = \sum_{i=1}^{n} x_i \cdot p_{x_i} \qquad (1.21)$$

---

① 两种表述分别被不同文献所采用，但是，当结果数量大于两个时，笔者认为式（1.19）更加清晰。

$$EV(\mathcal{E}_2) = \sum_{i=1}^{n} y_i \cdot p_{y_i} \qquad (1.22)$$

其中，p_{x_i}与p_{y_i}分别代表结果x_i与y_i发生的概率。

决策准则为选择期望值最大的前景：

$$\max\{EV(\mathcal{E}_1), EV(\mathcal{E}_2)\} \qquad (1.23)$$

回到表 1.1 中，如果此时对不同情形赋予发生的概率，则三种情形发生的概率分别为 0.5、0.3 和 0.2。定义"实物投资""证券投资""实物与证券均不投资"和"实物与证券均投资"的前景分别为$\mathcal{E}_1$、$\mathcal{E}_2$、$\mathcal{E}_3$和$\mathcal{E}_4$，则：

$EV(\mathcal{E}_1)=200×0.5+150×0.3-100×0.2=125$

$EV(\mathcal{E}_2)=-100×0.5+150×0.3+200×0.2=35$

$EV(\mathcal{E}_3)=0×0.5+0×0.3+0×0.2=0$

$EV(\mathcal{E}_4)=100×0.5+300×0.3+100×0.2=160$

根据期望值决策准则，应该选取前景$\mathcal{E}_4$。

通过EV值与偏好建立联系，当EV(实物与证券均投资)＞EV(实物投资)时，也可以得到偏好"实物与证券均投资"＞偏好"实物投资"；反之亦然。关于这方面的文章，可以进一步参阅 James（1884）、Samuelson（1938）、Stigler（1950a）、Stigler（1950b）、Lewin（1996）、Nau（2001）。

1.2.1 荷兰赌

荷兰赌（Dutch Book）说的是一场庄家必赢、参与者必输的赌博。一个荷兰赌就是一系列赌局，对于其中的每个赌局，参与者都认为它是公平的，但是如果对不确定信念赋值不满足概率论公理，那么参与者在赌局中总是会输的。

客观主义者信奉概率的频率学派，也就是类似于投硬币、掷骰子那样以出现次数确定概率的方法。然而现实中人们很难在相同的情况下通过重复事件来学习概率。主观主义者认为概率可以通过信念来定义。荷兰赌的关键点是，理性人必须对随机事件具有满足概率公理的主观概率，这保证了具有主观概率的人愿意在这些概率的基础上进行公平的投注。

如果这些主观概率不满足概率公理，则可以创建一个"荷兰赌"。一些约束可以使赌局的参与者避免必输的赌局。De Finetti（1937）详细介绍了这一点，并提出一贯性

（Coherence）的概念，说明"赌商（对赌局的判断）"需要一些限制，从而起到合理约束的作用。因为一贯性毕竟是一种合理性约束，并且主观方法中的信念度必须是合理的。Ramsey 则提出一致性（Consistency）的概念。他认为概率本质的含义就是一致性。一个人要想避免荷兰赌，当且仅当其"赌商"满足概率公理。

通过一个只有两个结果的简单例子来说明荷兰赌的问题。有两位投资者，他们对未来股市的涨跌进行对赌。假设他们仅对股市指数是否在某点上下而进行对赌，即大于或者等于某指数称为事件 $\mathcal{E}_u$，小于该指数则称为事件 $\mathcal{E}_d$。

投资者 A 赋予 $\mathcal{E}_u$ 一个 7/9 的"赌商"，因为他坚信未来的形势有利于 $\mathcal{E}_u$。同时，他又赋予事件 $\mathcal{E}_d$ 一个 5/9 的"赌商"，因为最近的新闻有很多关于股市的负面消息。在未来的两种结果中，"赌商之和大于1"，即赌商不一致的现象发生了。此时，投资者 B 如果知道投资者 A 关于事件的"赌商"，那么与投资者 A 对赌此事能够做到稳赢。

由于"信念"的支撑，投资者 A 与 B 最终达成了以下协议：

事件 $\mathcal{E}_u$ 发生，则投资者 B 向投资者 A 支付 200 元，否则投资者 A 向投资者 B 支付 700 元。

事件 $\mathcal{E}_d$ 发生，则投资者 B 向投资者 A 支付 400 元，否则投资者 A 向投资者 B 支付 500 元。

未来无论发生何种结果，投资者 A 注定会有损失，不一致的"赌商"导致了荷兰赌的产生。如果"赌商"满足概率公理，比如，将 5/9 的赌商换成 2/9，就能避免荷兰赌的产生。

现实中的事件远远比上面的例子要复杂很多。从概率统计的视角思考问题，让一系列选择结果的权重之和为 1 往往并不现实。有时并不是人们不理性，而是诸多情况，如信息的不完备或受制于人们对事物的认知能力，使得人们很难完全"理性"。感兴趣的读者可以进一步阅读 Arrow（1954）、Kelsey and Quiggin（1992）、Bradley（2012）等文献。

1.2.2 圣彼得堡悖论

虽然听起来有些滑稽，然而确实是赌博对概率论的发展提供了原动力。由于赌博满足"大量""重复""随机"等一系列研究概率所需要的条件，因此当时很多概率问题无不与赌博密切相关。当赌局大量重复时，"理性"的赌徒往往利用期望值来判断一个赌局是否对自己有利。

第 1 章　概率论与期望值决策

圣彼得堡悖论（St. Petersburg Paradox）是经济学中一个关于利用期望值进行决策而产生的悖论。它基于一个理论上的赌局（现实中无法实现）：尽管未来的赌局结果具有正无穷的期望值，但却没有参与者愿意参加的这样一种现象。

悖论的命名是由 Daniel Bernoulli 在 1938 年根据地名所起的。其堂兄 Nicolas Bernoulli 在 1913 年给 de Montmort, Pierre Remond 的一封信中首先提出了这个悖论。详细描述可以参阅 Bernoulli（1954）、Samuelson（1977）的文献。

圣彼得堡悖论中所描述的赌局如下。

一个赌场提供了一个赌局，玩家利用公平的硬币进行赌博。第一轮赢得到 2 元，第一轮输但第二轮赢得到 4 元……前 n-1 轮输但第 n 轮赢得到 2^n 元。那么，如果要公平地玩这个赌局，玩家需要支付多少资金？

根据数学期望得到的答案为：无穷！

该赌局的数学公式如下：

$$\frac{1}{2} \times 2 + \frac{1}{2^2} \times 2^2 + \cdots + \frac{1}{2^n} \times 2^n + \cdots = \infty \tag{1.24}$$

摆在眼前的是一个赢无穷的问题，但是没人愿意参加。由此产生的悖论就是"有利的事情为什么人们反而不愿意做"。

Daniel Bernoulli 给出的解释是人们根据"道德期望"行动，穷人对钱敏感，一点钱就能使他们满足，而富人得到同样的满足度却需要支付更多的金钱，因此表现出对利益的递减性，并引入对数函数进行解释。这等价于将一种风险厌恶的现象用货币效用的边际递减进行了诠释，因此也有学者认为 Bernoulli 是风险选择理论的创始人（Stearns, 2000）。

根据 Daniel Bernoulli 的解释，式（1.24）变为

$$\begin{aligned}&\frac{1}{2} \times \ln 2 + \frac{1}{2^2} \times \ln 2^2 + \cdots + \frac{1}{2^n} \times \ln 2^n + \cdots \\&= \left(\frac{1}{2} + \frac{2}{2^2} + \cdots + \frac{n}{2^n}\right) \times \ln 2 \\&= 2 \times \ln 2 \\&= \ln 4\end{aligned} \tag{1.25}$$

其中，ln 表示自然对数。式（1.25）表明人们在参与赌局时实际上存在一个上限，该上限就是人们愿意为其支付的赌资。

圣彼得堡悖论仅仅是一个理论上的赌局，因为一个人，乃至一个社会，财富总是有限的。以中国 2015 年 GDP 产值来算，也只能在圣彼得堡悖论的游戏中猜 45 次。

第 2 章 期望效用理论

上一章介绍了风险、不确定性、概率等定义,以及在风险中人们应该如何决策的理论模型——期望值理论。Bernoulli 在圣彼得堡悖论的基础上提出了"道德期望"的解释,但并未引发多大的关注与重视,直到 Karl Menger[①]将其与效用函数联系起来。Neumann et al.(1944)出版的 *Theory of Games and Economic Behavior* 中对效用函数进行了严格的公理化描述,并逐渐受到经济学家的关注。

2.1 偏好

2.1.1 偏好关系

偏好说明的是按照决策主体的意愿,当面临选择时,在不同方案或者事物间进行的一种排序。在决策论中,它是一个非常重要的概念。

用符号 $\geqslant$、$\succ$ 和 $\sim$ 表示偏好关系。偏好关系如下。

1. 严格偏好(Strictly Preference)

$$x_1 \succ x_2$$

其表示在两个偏好中,x_1 要优于 x_2。

2. 弱偏好(Weakly Preference)

$$x_1 \geqslant x_2$$

其表示在两个偏好中,x_1 要优于或等同于 x_2。

3. 无差异(Indifference)

$$x_1 \sim x_2$$

其表示两个偏好之间无差异。

[①] 边际效用的创始人 Carl Menger 的儿子。

偏好关系体现出对问题处理的态度。在经济学中，通常假定选择行为是由偏好决定的。一个人做出了选择，也就假定知道其偏好，这就是显式偏好（Revealed Preference）。

2.1.2 偏好公理

古典经济学假设人们是理性的。为了符合理性人的假设，偏好通常需要满足一些性质。

1. 完备性（Completeness）

假定对未来的两个结果做出比较，必然导致互斥的三个结果之一。

（1）偏好结果 1 而非结果 2：

$$x_1 \geqslant x_2$$

（2）偏好结果 2 而非结果 1：

$$x_2 \geqslant x_1$$

（3）结果 1 与结果 2 之间无差异：

$$x_1 \sim x_2$$

2. 传递性（Transitivity）

假定未来有三个结果，结果 1 与结果 2 相比，结果 1 要好；而结果 2 与结果 3 相比，结果 2 要好，那么结果 1 必然好于结果 3。用符号表示：

如果 $x_1 \geqslant x_2, x_2 \geqslant x_3$，则 $x_1 \geqslant x_3$。

将完备性公理与传递性公理结合，可以得到次序性公理（Ordering Axiom）。

3. 连续性（Continuity）

如果 $x_1 \geqslant x_2$，而 $x_2 \geqslant x_3$，则存在一个 p 使得 $(x_1, p; x_3, 1-p) \sim x_2$[①]。

将次序性公理与连续性公理结合在一起意味着对于前景的偏好可以通过函数 $U(\cdot)$ 表示，该函数将对一个前景赋予一个实值。从某种意义上说，$U(\cdot)$ 也是偏好表示，即：

$$U(x_1) \geqslant U(x_2) \Leftrightarrow x_1 \geqslant x_2 \tag{2.1}$$

因此，式（2.1）表示：一个人将会选择前景 x_1 而不是前景 x_2，当且仅当通过 $U(\cdot)$ 赋予前景 x_1 的值不会小于赋予前景 x_2 的值。

---

① 这里的 $(x_1, p; x_3, 1-p)$ 是一个复合前景，因为 x_1 和 x_3 也是前景。

4．独立性（Independence）

独立性公理，也称替代性公理（Substitution Axiom），即存在前景x_1、x_2和x_3，对于所有的p来说，如果$x_1 \geqslant x_2$，那么$(x_1, p; x_3, 1-p) \geqslant (x_2, p; x_3, 1-p)$。

它的含义是其他结果不会对x_1、x_2产生影响。然而，正是这个公理受到了很多学者的质疑，如非常有名的 Allais 悖论等。

如果上面几个公理成立，那么期望效用偏好可以表示如下：

$$U(X) = \sum_i p_i \cdot u(x_i) \qquad (2.2)$$

其中，X表示任意前景，$u(\cdot)$表示一系列结果的效用函数。

式（2.2）最大的魅力就在于它以一种非常简单的方式同时考虑了结果及其概率，并输出一个用于测度的数值。

5．单调性（Monotonicity）

假如前景中的结果是按照从最坏x_1到最好x_n的顺序进行排序的，对于所有的结果$i = 1, \cdots, n$，如果要使前景$\boldsymbol{p_z} = (p_{z1}, \cdots, p_{zn})$一阶随机占优于前景$\boldsymbol{p_y} = (p_{y1}, \cdots, p_{yn})$：

$$\sum_{j=i}^n p_{zj} \geqslant \sum_{j=i}^n p_{yj} \qquad (2.3)$$

则式（2.3）必须至少有一个i满足严格不等式[①]。

关于偏好关系，还有如下的一些情况。

1．增减性

如果未来的某个状态无论选择与否，都会导致相同的结果，那么这一状态就会增加，且并不影响结果。即：

$$x_2 \geqslant x_1 \Rightarrow x_2 + x_3 \geqslant x_1 + x_3$$

2．占优性

如果未来的某种结果x_1要好于x_2，并且其他所有的结果都与x_2至少一样好，那么x_1占优于x_2[②]。

[①] 单调性是随机占优前景的一种性质，普遍认为任何满意的理论都应体现单调性。然而，Kahneman and Tversky（1979）提出的原始前景理论的不足之一就是无法满足一阶随机占优。

[②] 随机占优性是不确定决策理论中一个重要的概念，本书将用一章的篇幅详细介绍前景理论与随机占优。

3. 稳定性

对于选择问题的不同描述,并不影响人们的选择。这一点与后面即将谈到的前景理论中的"框架效应"形成了鲜明的对比。然而,直觉上如果我们认为x_2优于x_1,那么两方都加上一个同样的结果,也不会改变之前的关系。

4. 自反性

任何结果都至少与其自身一样好,即

$$x_1 \geqslant x_1$$

完备性由于涉及的是两个结果比较,因而通常被大多数经济学家认同,没有太多的异议;而传递性则不然,有一些学者认为其不太令人信服,因此存在争议。

2.2 函数的凹凸性

凹凸性是微积分中的一个概念,在效用函数、期望效用理论及前景理论中,它们往往与决策主体的风险态度相关。在分析决策问题及优化问题时,函数的凹凸性这个话题是无法回避的。因此,这里对函数的凹凸性做一个简单的回顾。

根据严谨的定义,我们来看看什么是凸函数、凹函数、非凸非凹函数。

假设函数$f(x)$在某区间I上连续,如果对于区间I上任意两点x_1、x_2总是存在

$$f(\theta x_1 + (1-\theta)x_2) \leqslant \theta f(x_1) + (1-\theta)f(x_2) \tag{2.4}$$

则称函数$f(x)$为区间I上的凸函数(Convex Function)。

假设函数$f(x)$在某区间I上连续,如果对于区间I上任意两点x_2、x_3总是存在

$$f(\theta x_2 + (1-\theta)x_3) \geqslant \theta f(x_2) + (1-\theta)f(x_3) \tag{2.5}$$

则称函数$f(x)$为区间I上的凹函数(Concave Function)。

如果将式(2.4)和式(2.5)中的"$\leqslant$"和"$\geqslant$"变为"$<$"和"$>$",则称函数$f(x)$在区间I上为严格凸函数与严格凹函数。值得注意的是,在讨论函数的凹凸性时不能缺少"区间"的概念。

数学上的定义往往是最精练的,但是比较抽象。用图形解释往往能够一目了然。如图2.1所示,在区间$[x_1, x_2]$上任意找出不重合的两点,并将其连成线段,此时线段总是位于曲线的下方,因此该函数就是此区间的凹函数;而在区间$[x_2, x_3]$上任意两点连成

的线段总是位于曲线的上方,因此在该区间内函数为凸函数。称x_2为拐点(Inflection Point),它是函数改变凹凸性的临界点。

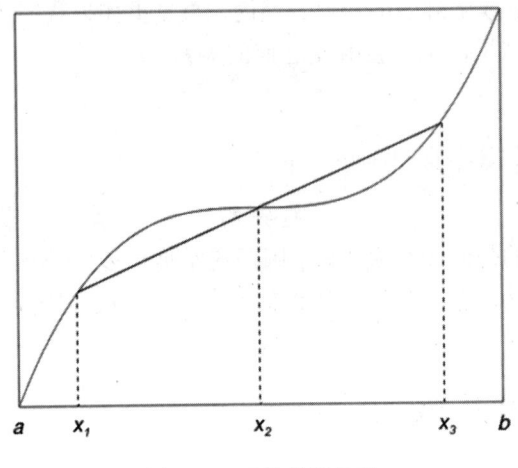

图 2.1　函数的凹凸性

2.3　风险态度与确定性等价

一个前景的确定性等价(Certainty Equivalent,CE)指的是将其转化为一种确定性的结果,即用确定性来分析不确定性。无论是期望效用理论还是前景理论,确定性等价都是一个重要的概念。

考虑最简单的只含两个结果的前景[①]。

A:$(x_1, p; x_2, 1-p)$,其中$x_2 < x_1$。

B:以概率 1 得到c。

则上述情形具有以下结果。

结果 1:$c > x_1$,在这种情况下任何理性人毫无疑问都会选择结果 B。

结果 2:$c < x_2$,在这种情况下任何理性人毫无疑问都会选择结果 A。

结果 3:$x_2 \leqslant c \leqslant x_1$,此时的选择就要视$p$的取值而定了。

当p的取值较大,也就是数值高的结果发生的概率更大时,理性人一般会选择结果 A。随着这种概率减少到一定程度,理性人会选择结果 B。放弃选项 A 而选择 B,或者

---

① 称这种情况为标准赌局(Standard Gamble)。

放弃选项 B 而选择 A 的分水岭在哪里呢？

因此，确定性等价其实就是一个数量，它让决策者认为未来一系列风险选择产生的结果与这个确定的 c 产生联系。一般情况下，我们都在结果 3 的情况下讨论确定性等价。

举一个简单的例子。假设一个决策者要面临收益为 10000 万元与损失为 5000 万元的一个选择，它们发生的可能性均为 50%。这个选择的期望值为 $0.5 \times 10000 + 0.5 \times (-5000) = 2500$。但是，因为未来的结果只有两种可能，面对不小的损失，如果这个决策者拥有参与这个赌局的权利并能将其出售，标价为 1000 万元，那么此时面对这个赌局的确定性等价就是 1000 万元。

风险态度（Risk Attitude）分为三种类型：
- 风险厌恶（Risk Averse）。
- 风险追求（Risk Seeking）。
- 风险中立（Risk Neutral）。

假定某人的初始财富为 10000 元，他正在考虑是否参加一个赌局。假设这个赌局有 50%的机会赢得 5000 元，然而也有 50%的机会输掉 5000 元。因此这一赌局的期望值为：

$$0.5U(15000)+0.5U(5000)=10000 \text{ 元}$$

期望值的效用为 $U(10000)$。此时的期望效用（Expected Utility）为：

$$0.5U(10000+5000)+0.5U(10000-5000)=0.5U(15000)+0.5U(5000)$$

如图 2.2 所示，赌局的期望值的效用 $U(10000)$ 大于期望效用。因此，称此人的偏好为风险厌恶型。此时的函数图形为凹函数。

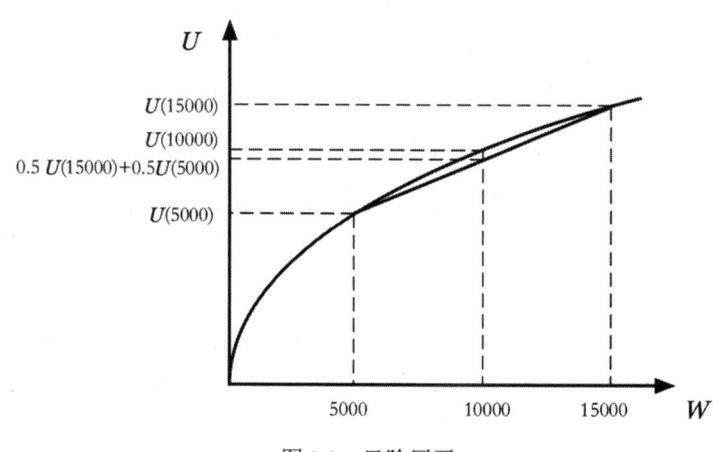

图 2.2 风险厌恶

假设赌局仍然不变,此时赌局的期望值的效用 $U(10000)$ 小于期望效用,如图 2.3 所示。因此,称此人的偏好为风险追求型。此时的函数图形为凸函数。

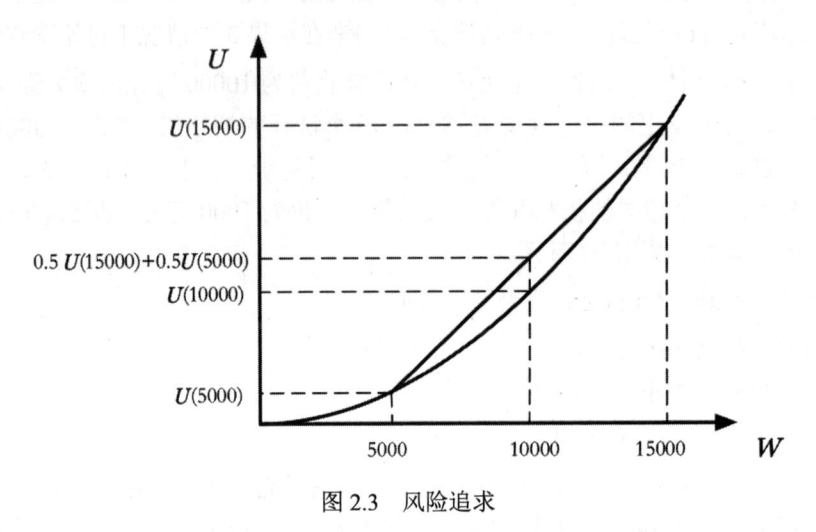

图 2.3 风险追求

假设赌局仍然不变,此时赌局的期望值的效用 $U(10000)$ 等于期望效用,如图 2.4 所示。因此,称此人的偏好为风险中立型。此时的函数图形为线性函数。

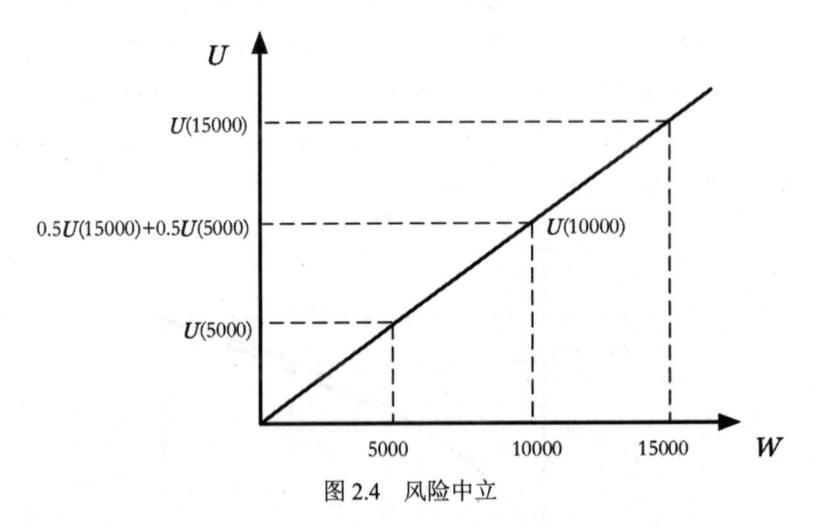

图 2.4 风险中立

也可以通过效用函数的导数(Differentiation)来判断对待风险的态度。导数涉及增量的概念,从几何图形上来说,它是针对某点的斜率。一个函数的导数大于 0,说明随着自变量增大,函数值是增大的;而导数小于 0,则说明随着自变量增大,函数值反而减小；导数等于 0，说明函数值与自变量无关。而导数的绝对值越大，说明函数变化幅度也就越大。

图 2.2、图 2.3 和图 2.4 的一阶导数均大于 0，说明随着财富的增加，人们期望值的效用也随之增加。然而，真正能说明风险态度的是效用函数的二阶导数。二阶导数是对一阶导数再求导，因此它衡量的是一阶导数的变化。图 2.2 中的效用函数二阶导数小于 0，说明偏好为风险厌恶型的人们，边际效用（Marginal Utility）是递减的；图 2.3 中边际效用随着财富增加而增加；图 2.4 中边际效用不变。

假设函数 $f(x)$ 在点 x_0 的邻域内有定义，当自变量 x 在 x_0 处取得增量 Δx 时，相应的函数增量为

$$\Delta y = f(x_0 + \Delta x) - f(x_0)$$

如果

$$\lim_{\Delta x \to 0} \frac{\Delta y}{\Delta x} \tag{2.6}$$

存在，则称函数 $f(x)$ 在点 x_0 处可导（Differentiable at x_0），记为 $f'(x_0)$。

如果导函数 $f'(x)$ 仍然可导，则称 $f'(x)$ 的导数是函数 $f(x)$ 的二阶导数（Second Derived Function），记为 $f''(x_0)$。

利用 MATLAB 求函数 $y = x^2 e^{2x}$ 的一阶、二阶及二十阶导数。

```
>> syms x;                    % 定义符号变量
>> y = x^2*exp (2*x) ;        % 定义函数
>> y1 = diff(y,x)             % 求一阶导数，默认为一阶
y1 =
2*x*exp(2*x) + 2*x^2*exp(2*x)
>> y2 = diff(y,x,2)           % 求二阶导数，括号中的 2 代表二阶
y2 =
2*exp(2*x) + 8*x*exp(2*x) + 4*x^2*exp(2*x)
>> y20 = diff(y,x,20)         % 求二十阶导数，括号中的 20 代表二十阶
y20 =
99614720*exp(2*x) + 20971520*x*exp(2*x) + 1048576*x^2*exp(2*x)
```

上述二十阶高阶导数显然不是最简形式。因为 $2^{20}=1048576$，所以函数 $y = x^2 e^{2x}$ 的二十阶高阶导数为函数 $y^{(20)} = 2^{20} e^{2x}(x^2 + 20x + 95)$，其中 $y^{(20)}$ 表示函数的二十阶导数。

2.4 期望效用函数

一方面，一些事物无法用定量数字表达；另一方面，即便在面临货币这种天生就被量化的标的物的情况下，利用期望价值理论也往往是不合理的，如前文所提及的圣彼得堡悖论。因此，需要找到另一种函数来表达对事物的偏好。

假设用 $u(\cdot)$ 来表示效用函数，则可以将未来的某种结果映射到实数轴 $[0,\infty)$。显然，人们偏好于那些能给他们带来高数值的结果。

如果说效用函数是完成一个映射，那么由 Neumann et al.（1944）提出的期望效用函数就是利用效用函数进行不确定下的理性选择的一个工具。理性人在进行决策时应该按照期望效用理论最大化的方式进行。这种概念属于规范理论（Normative Theory），即描述理性人应该做什么的问题。经济学中还有另一种理论描述，即实证理论（Positive Theory），即主要描述实际是什么的问题。

比如，某项投资使得下一期财富具有两种前景，10000元且发生的概率为0.6，20000元且发生的概率为0.4，则有如下结果：

$$\mathcal{E}_1 = (10000, 0.6; 20000, 0.4)$$

期望效用函数利用概率作为权重。当效用函数为对数效用函数（Logarithmic Utility）时，我们可以得到如下结果：

$$U(\mathcal{E}_1) = 0.6 \times 9.21 + 0.4 \times 9.90 = 9.49$$

当然，通过对不同期望效用函数值的计算，并且根据期望效用最大化原则（Principle of Expected Utility Maximization），可以看出一个人在面临风险时会做出何种选择[①]。

假设此时存在另一种前景：

$$\mathcal{E}_2 = (12000, 0.6; 18000, 0.4)$$

$$U(\mathcal{E}_2) = 0.6 \times 9.39 + 0.4 \times 9.80 = 9.55$$

此时，$\mathcal{E}_2$ 对于决策者来说是更好的选择。

不同的投资者会有不同的效用函数。但在期望效用理论中，由于需要满足非饱和性（Non-satiation）与风险厌恶性这两个性质，因此效用函数为凹函数。

首先，我们考虑如下一个效用函数：

---

① 期望效用最大化原则是指当面对一系列可行的决策方案时，理性人会选择那个能够给他带来最大期望效用值的方案。

$$u(W) = \sqrt{W} \tag{2.7}$$

注意 $u'(W) = 0.5W^{-0.5} > 0$ 且 $u''(W) = -0.25W^{-1.5} < 0$，因此满足期望效用理论对效用函数的要求。

具有该效用函数的人，其初始赌资为 10000 元。假如他可以参加一个通过投硬币来决定输赢的赌局：

硬币正面朝上，得到 5000 元的奖金；

硬币背面朝上，输掉 5000 元的赌资。

如果参加该赌局，则有两种等可能性的结果：硬币正面朝上，最终财富增至 15000 元；硬币背面朝上，最终财富减少到 5000 元。从期望值 $0.5 \times 5000 + 0.5 \times (-5000) = 0$ 来看，这对赌局的双方来说都是一个公平的赌局（Fair Game）。

根据期望效用最大化原则，他会不会参加该赌局？

图 2.5 中 A 点表示遭受损失后的效用，B 点表示赢得奖金时的效用。

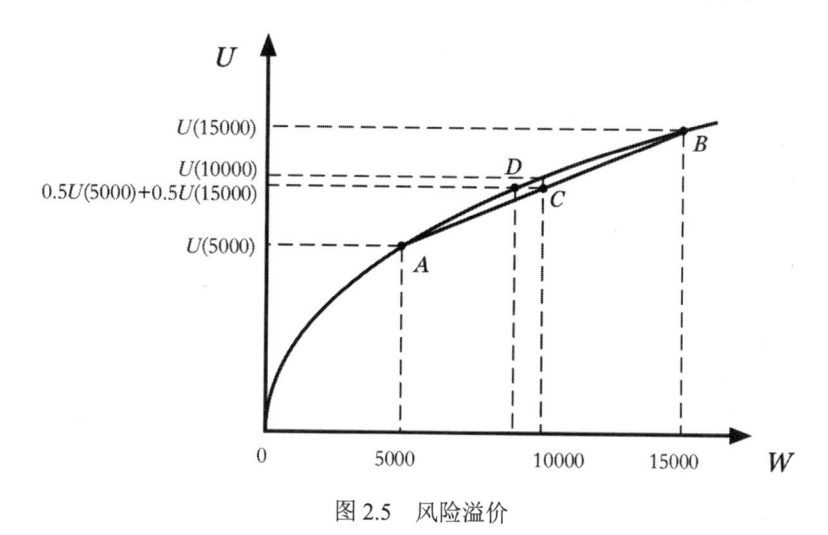

图 2.5 风险溢价

此时期望值的效用等于最初的效用，即 $U(10000)=100$。而这个前景的期望效用（效用的期望值）为 $0.5 \times U(5000)+0.5 \times U(15000)=96.59$。因为这个赌局的期望值的效用（也可以认为是最初财富的效用）大于效用的期望值，所以具有这种效用函数的人不会参加这个赌局。风险厌恶型投资者通常会拒绝一个公平的赌局。

风险溢价（Risk Premium），有时也称风险贴水，是指风险厌恶者为规避风险而愿意付出的代价。当然，面对的风险不同，风险溢价也就不同。

回到刚刚的那个赌局中。假设现在规定必须参加这个赌局，那么，具有式（2.7）所示的效用函数的人愿意付出多大的代价才可以不参加这个赌局呢？

图 2.5 中 C、D 点之间的金额称为风险溢价，表示该人为获得相同的效用而选择风险性与确定性的差额部分。C 点的效用为 96.59，而与 C 点处于同一水平位置的 D 点所对应的财富值为 9330 元，即此人愿意付出 670 元避免参加此次赌局。

2.5 正仿射变换

不同的投资之间的比较往往通过效用函数进行。出于这个原因，可以对效用函数乘以一个正常数（Positive Constant）或者通过加上一个常数（正负均可）进行再衡量。这种转换的方式称为正仿射变换（Positive Affine Transformation）。

有两个效用函数 $u(\cdot)$ 与 $u_p(\cdot)$，存在常数 $a>0$ 与常数 b，使得

$$u_p(w) = au(w) + b \tag{2.8}$$

因为

$$u'_p(w) = au'(w) > 0 \quad \text{且} \quad u''_p(w) = au''(w) < 0$$

所以 $u_p(\cdot)$ 也是一个效用函数，即满足非饱和性与风险厌恶性。

对于如式（2.7）所示的效用函数，可以转换为以下任何一个效用函数：

$$20\sqrt{w} \tag{2.9}$$

$$10\sqrt{w} + 10 \tag{2.10}$$

$$\sqrt{w} - 15 \tag{2.11}$$

$$\frac{2\sqrt{w} + 10}{3} \tag{2.12}$$

2.6 风险厌恶测度

如果决策者是风险厌恶型的，则效用函数是凹函数，并且曲线越凹，风险厌恶程度越强。期望效用函数乘以一个常数，风险行为一般不会因此改变，但是风险厌恶的程度可能会发生变化。那么，是否能够找到风险度量的指标（Varian，1992）？

对于任何效用函数 $u(\cdot)$，考虑其下面的形式：

$$A(w) = -\frac{u''(w)}{u'(w)} \tag{2.13}$$

因为 $u'(w) > 0$ 且 $u''(w) < 0$，所以 $A(w) > 0$。式（2.13）称为 Arrow-Pratt 绝对风险厌恶测度（Arrow-Pratt Measure of Absolute Risk Aversion）。该测度值越大，所要求的风险补偿也就越大。

Arrow-Pratt 绝对风险厌恶测度不仅与效用函数形式有关，也与财富水平 w 有关，它随着 w 的增加而减少。对于 $\forall w$，当 $\frac{\mathrm{d}A(w)}{\mathrm{d}w} < 0$ 时，偏好为递减绝对风险厌恶；当 $\frac{\mathrm{d}A(w)}{\mathrm{d}w} > 0$ 时，偏好为递增绝对风险厌恶；当 $\frac{\mathrm{d}A(w)}{\mathrm{d}w} = 0$ 时，偏好为常绝对风险厌恶。

称 Arrow-Pratt 绝对风险厌恶测度的导数为风险容忍（Risk Tolerance）系数。

$$T(w) = -\frac{1}{A(w)} \tag{2.14}$$

Arrow-Pratt 绝对风险厌恶测度给出了在初始财富相同的条件下，不同风险厌恶程度的投资者行为特点。然而，有一种风险厌恶测度不随 w 变化而改变，即 Arrow-Pratt 相对风险厌恶测度（Arrow-Pratt Measure of Relative Risk Aversion）。

$$R(w) = -w \frac{u''(w)}{u'(w)} \tag{2.15}$$

对于 $\forall w$，当 $\frac{\mathrm{d}R(w)}{\mathrm{d}w} < 0$ 时，偏好为递减相对风险厌恶；当 $\frac{\mathrm{d}R(w)}{\mathrm{d}w} > 0$ 时，偏好为递增相对风险厌恶；当 $\frac{\mathrm{d}R(w)}{\mathrm{d}w} = 0$ 时，偏好为常相对风险厌恶[①]。

2.7 期望效用理论与均值-方差模型

期望效用理论在金融投资组合中的应用非常广泛，以下内容主要介绍期望效用理论与 Markowitz 的现代投资组合理论之间的联系。

在期望效用理论框架下，未来的财富 w 是一个随机变量，设 $u(w)$ 是一个非增凹效用函数，且 $u''(\cdot)$ 是一个非减的函数，比如参数介于 0~1 的幂效用函数、对数效用函数等。

---

① Bernard and Ghossoub（2010）认为，前景理论中利用的是 w 的偏差值，而不是 w 的绝对数量，所以函数的曲率等不能再与函数的边际效用递减挂钩。Arrow-Pratt 相对风险厌恶测度在前景理论背景下并不能测度损失厌恶（Loss Aversion），稍后的章节将进行详述。

将效用函数$u(w)$按期望值泰勒展开（Taylor Expansion），可得：

$$u(w) = u(\mu_W) + u'(\mu_W)(w - \mu_W) + \frac{1}{2}u''(\mu_W)(w - \mu_W)^2 + S \quad (2.16)$$

这里的S代表泰勒展开的高阶项。假如忽略高阶项，取近似可得：

$$u(w) \approx u(\mu_W) + u'(\mu_W)(w - \mu_W) + \frac{1}{2}u''(\mu_W)(w - \mu_W)^2 \quad (2.17)$$

对式（2.17）两边取期望值，可得：

$$E(u(w)) = u(\mu_W) + \frac{1}{2}u''(\mu_W)\sigma_W^2 \quad (2.18)$$

因为效用函数为非减凹函数，因此随着μ_W增加，$E(u(w))$非减；而$u''(\cdot) \leq 0$，则随着σ_W^2增加，$E(u(w))$非增。可以看到，未来的财富与期望值成正比，与方差成反比。这一点与Markowitz的现代投资组合理论是一致的。

对于复杂的函数，往往需要利用一些简单的函数来近似表达，如多项式近似表达函数。泰勒函数就是将在点$x = x_0$处具有高阶导数的函数$f(x)$利用多项式来逼近函数的方法。

带拉格朗日余项的泰勒公式能够给出逼近误差的定量描述。

如果函数$f(x)$在x_0的邻域(a, b)内具有$n + 1$阶导数，则对任意$x, x_0 \in [a, b]$，有

$$\begin{aligned}f(x) = &f(x_0) + f'(x_0)(x - x_0) + \frac{f''(x_0)}{2!}(x - x_0)^2 + \cdots + \\ &\frac{f^{(n)}(x_0)}{n!}(x - x_0)^n + \frac{f^{(n+1)}(\xi)}{(n+1)!}(x - x_0)^{n+1}\end{aligned} \quad (2.19)$$

其中，ξ是x_0与x之间的某个值。

利用 MATLAB 求函数$f(x) = e^x$的泰勒展开式。

```
>> syms x;                    % 定义符号变量
>> f=exp(x);                  % 定义函数
>> T0=taylor(f,x,0)           % 在 0 处泰勒展开
T0 =
x^5/120 + x^4/24 + x^3/6 + x^2/2 + x + 1
>> pretty(T0)                 % 显示答案的书写形式
  5    4    3    2
  x    x    x    x
 --- + -- + -- + -- + x + 1
 120   24   6    2
```

决策者面对未来的前景如果服从正态分布，那么对于任意类型的凹函数，均值-方差分析与期望效用最大化的决策结果是一致的。

假设未来的财富 w 服从均值为 μ_W、方差为 σ_W^2 的正态分布，则密度函数为

$$f(w) = \frac{1}{\sqrt{2\pi}\sigma_W} e^{-\frac{(W-\mu_W)^2}{2\sigma_W^2}} \tag{2.20}$$

令

$$z = \frac{w - \mu_w}{\sigma_w} \tag{2.21}$$

即

$$z \sim N(0,1) \tag{2.22}$$

则

$$w = \sigma_W z + \mu_W \tag{2.23}$$

$$E[u(W)] = \int_{-\infty}^{+\infty} u(\mu_W + \sigma_W z)\phi(z) \mathrm{d}z \tag{2.24}$$

其中，$\phi(z)$ 表示标准正态分布的概率密度函数。将式（2.24）对期望收益求导得：

$$\frac{\partial E[u(W)]}{\partial \mu_w} = \int_{-\infty}^{+\infty} u'(\sigma_w z + \mu_w)\phi(z) \mathrm{d}z \tag{2.25}$$

因为效用函数 $u'(\cdot) > 0$，所以式（2.25）不小于 0，这说明期望效用是关于期望收益的非减函数。

关于期望效用函数对标准差求导得[①]：

$$\frac{\partial E[u(W)]}{\partial \sigma_w} = \int_{-\infty}^{+\infty} u''(\sigma_w z + \mu_w)\phi(z) \mathrm{d}z \tag{2.26}$$

对于任意凹函数，$u''(\sigma_w z + \mu_w)$ 都是负数，因此，式（2.26）不大于 0。即在其他条件不变的情况下，期望效用函数是关于方差的非增函数。

因此，只要是符合期望效用函数要求的凹函数，如果 $u'(\cdot) > 0$ 且 $u''(\cdot) < 0$，那么当最终财富服从正态分布时，其期望效用值是关于财富期望值的非减函数，同时也是关于

[①] 利用分部积分法（Integration by Parts）与标准正态分布的性质，可以得到结果。

财富方差的非增函数，与现代投资组合理论的思想如出一辙。上述思路在讨论投资组合的前景理论值与其期望、方差关系时也有借鉴。Gong（2017）采用类似的思路得出，在未来收益服从正态分布的情况下，在正、负区间内前景理论值是关于期望收益的增函数，方差在正、负区间内分别与前景理论值保持单调性，然而在整个区间内单调性无法确定。

第 3 章　原始前景理论

期望效用理论是风险下行为决策分析的主要工具之一。它被认为是一个理性选择的规范模型，广泛地运用在描述经济、金融行为等方面。Keeney and Raiffa（1993）、Arrow（1974）、Friedman and Savage（1948）都做了详细的叙述。

期望效用理论假设所有理性人将服从一些理论公理。我们即将看到，前景理论与期望效用理论不同，它是基于实验的。然而，笔者认为，期望效用理论与前景理论并不矛盾，更不像一些学者所认为的是一种替代关系。前者解释理性人在风险下如何做出正确理性的选择，后者则是对人如何在风险中完成决策所进行的实际描述。也就是说，期望效用理论解决"应该做"的问题，前景理论解决"实际做"的问题，它们是两种出发点不同的理论。

3.1　悖论丛生

从 20 世纪 50 年代早期开始，不断地有经验研究显示出与期望效用理论不符的行为决策（Schoemaker，1982）。大量的证据指出，实际的选择行为系统性地（Systematically）违背了独立性公理。

3.1.1　共同结果效应

一个关于共同结果效应（Common Consequence Effect）的经典实验是 Allais 悖论（Allais Paradox）。它是 Allais（1953）设计出来的一个关于面临风险，人们如何选择的实验。实验结果与期望效用理论是违背的。

一批受试者同时参加两个不同的实验，每个实验均由两个不同的前景构成。

实验 1

A. 以概率 1 获得 100 万美元。

B. 以概率 0.1 获得 500 万美元；以概率 0.89 获得 100 万美元；什么也得不到的概率为 0.01。

面对这样的实验，多数人选择了 A。用公式表达为：

$$1.00u(1) > 0.89u(1) + 0.1u(5) + 0.01u(0) \qquad (3.1)$$

实验 2

A. 以概率 0.11 获得 100 万美元；什么也得不到的概率为 0.89。

B. 以概率 0.1 获得 500 万美元；什么也得不到的概率为 0.9。

面对这样的实验，多数人选择了 B。用公式表示为：

$$0.89u(0) + 0.11u(1) < 0.1u(5) + 0.9u(0) \qquad (3.2)$$

根据式（3.1）和式（3.2）可得：

$$1.00u(1) < 0.89u(1) + 0.1u(5) + 0.01u(0) \qquad (3.3)$$

此时，出现了式（3.1）和式（3.3）相悖的情况。由于是 Allais 设计的这个实验，因此这种相悖也被称为 Allais 悖论（Allais Paradox）。

如果按照期望效用理论的原则，那么风险厌恶者应该选择实验 1 中的 A 和实验 2 中的 A，而风险追求者应该选择实验 1 中的 B 和实验 2 中的 B。但是大部分人却选择了实验 1 中的 A 和实验 2 中的 B。

是什么情况让人们的选择违背了期望效用理论的准则呢？一个冲突来自期望效用理论中的独立性公理，即等量的结果同时相加到两个结果中，应该对整个实验或者赌局没有影响。

不难发现，实验 1 中的两个结果中同时含有一个"概率 0.89 的 100 万美元"的结果[1]，实验 2 中的两个结果中含有一个共同的结果"概率 0.89 的 0 美元"。如果不考虑这些共同结果（Common Consequence），那么这两个实验就是完全相同的，不会出现所谓的悖论。

将实验 1 与实验 2 再除去共同结果，得到：

A. 以概率 0.11 获得 100 万美元。

B. 以概率 0.1 获得 500 万美元；什么也得不到的概率为 0.1。

Allais 悖论想要说明的就是，期望效用理论中的独立性公理是存在问题的。根据独

---

[1] 回顾前面曾讲到，实验的结果可以分解与合并。

立性公理，当人们面临多个选择时，对加在这些选择上的同一个结果往往是无视的。而在现实中，人们在进行决策时却极少这样。面对突如其来的共同因素，人们往往会改变当初自己的想法。所以，在很多时候，人们很难做到真正的理性，一些学者称这种行为为"有限理性"。感兴趣的读者可以进一步参阅 Allais（1953）、Allais（1979）、MacCrimmon and Larsson（1979）、Slovic and Tversky（1974）、Machina（1982）、Machina（1992）等文献。

3.1.2 共同比率效应

Allais 同时发现了一个与共同结果效应相关的现象，称为共同比率效应（Common Ratio Effect）。

实验 3

A. 以概率 1 获得 300 万美元。

B. 以概率 0.8 获得 400 万美元；什么也得不到的概率为 0.2。

针对这个实验，大部分人选择了 A。

实验 4

A. 以概率 0.25 获得 300 万美元；什么也得不到的概率为 0.75。

B. 以概率 0.2 获得 400 万美元；什么也得不到的概率为 0.8。

针对这个实验，大部分人选择了 B。

在实验 3 中，赢钱的比率为 1∶0.8；而在实验 4 中，赢钱的比率为 0.05∶0.04。因此，实验 3 与实验 4 的赢钱比率是相等的。两个实验赢钱的比率相同，然而大部分人选择的偏向并不相同。

虽然不可能非常精确地预测人们的行为，然而越来越多的预测产生了方向性的系统违背，引起了学者的重视。越来越多的证据显示出独立性公理的不足，从 20 世纪 70 年代后期开始出现了一些针对这些证据进行解释的理论。

3.1.3 框架效应

在传统理论中一般都含有两个隐式假设：一个是过程不变（Procedure Invariance），它意味着对前景的偏好与如何得到偏好的方法无关；另一个是描述不变（Description Invariance），它意味着基于偏好的前景仅仅是一个结果的概率分布函数，前景不会被如何描述这个概率分布函数所左右。

过程不变假设与描述不变假设被经济学家认为是理所当然的事情，然而在实际中，大量的证据表明这两个假设很难成立。

一个众所周知的现象经常被用来描述过程不变假设的无效，那就是偏好反转（Preference Reversal）。这种现象最初是由心理学家 Lichtenstein and Slovic（1971）及 Lindman（1971）观察到的。偏好反转给经济学家带来的疑惑是：从标准的视角来看，两个本质上一样的问题竟然出现了启发过程决定孰优孰劣的现象。

对于产生偏好反转现象的一种解释说明是：选择和估值任务可能引起了对一对前景的不同心理过程，因此，仅仅用一个单独的偏好无法解释这个现象（Slovic，1995）。对于偏好反转还存在另一种解读，即传递性的失效。大量的证据证明了这一点（Loomes and Sugden，1983；Loomes et al.，1989；Tversky et al.，1990a）。

有很多证据显示，在表述或者框架下，一个非常小的变动都会对决策者的选择产生很大影响。这样，描述不变这条假设也就失效了（Slovic and Lichtenstein，1983；Tversky et al.，1990b）。

框架效应是行为经济学中的一个重要概念，一个经典的例子是亚洲病（Asian Disease）问题（Tversky and Kahneman，1981）。当受试者得知一种疾病威胁到600人的生命安全时，他们需要在以下实验的两个方案中做出抉择。

实验 5

A. 确保救活200人。

B. 以概率1/3救活600人；有2/3的概率600人全部死去。

在这样一种积极心态的表述下，多数人选择了 A。

实验 6

A. 必然有400人死去。

B. 以概率2/3死去600人；有1/3的概率不会死人。

在这样一种消极心态的表述下，多数人选择了 B。

其实，这两个实验的结果是完全一样的，只是表述不同。实验 5 中对结果用"生存"来说明，实验 6 中则用"死亡"说明与实验 5 中同样的结果。但因为表述不同，使得很多人的行为发生了改变。

3.1.4　Ellsberg 悖论

Ellsberg 悖论也是决策理论中一个非常有名的案例。如果说前面的 Allais 悖论是从加减一个共同的结果入手的，那么 Ellsberg 悖论更多地关注在选择时结果的概率。人们在选择时往往会产生模糊厌恶（Ambiguity Aversion）。

Ellsberg 悖论是由 Ellsberg 在 1961 年提出的，但是最早注意到类似问题的却是约翰·梅纳德·凯恩斯（John Maynard Keynes）（Ellsberg，1961；Keynes，1973）。Ellsberg 悖论的基本思想就是：当人们在进行决策时，往往对于他们了解的事物赋予更高的权重。这里的了解指的是人们认为对这些事物的结果及其概率是知晓的。对于那些他们不了解的，也就是模糊（Ambiquity）的事物，赋予的权重较低。

Ellsberg 实验如下。

实验 7

假如面对一个装有 90 只球的罐，已知有 30 只红球，黑球和黄球共计 60 只，具体数量未知。现在随机抽取 1 只，并有如下赌局：

A. 如果抽到红球，则得到 100 元。

B. 如果抽到黑球，则得到 100 元。

C. 只要不是黑球，就得到 100 元。

D. 只要不是红球，就得到 100 元。

这个实验超出了概率讨论的范畴。因为黑球和黄球的具体数量不知，也就无法得到具体的概率。前面说过，风险涉及的是那些已知概率的结果。在经济学中，这种无法度量、不可计算概率的情况被称为 Knightian 不确定性（Knightian Uncertainty）[①]。

实验的结果是在 A 和 B 之间选择了 A，而在 C 和 D 之间选择了 D。赋予选择红球、黄球和黑球的事件为字母 R、Y、B，用数学语言表达为：

$$u_R(100) + u_{\bar{R}}(0) > u_B(100) + u_{\bar{B}}(0) \tag{3.4}$$

其中，$u(\cdot)$ 表示效用函数，$\bar{R}$ 表示非红球，$\bar{B}$ 表示非黑球。

因为 $u(0) = 0$，所以式（3.4）的含义就是 $u_R(100) > u_B(100)$。同样：

---

① Knightian 不确定性是根据芝加哥大学的经济学家 Frank Knight 命名的，他在其 1921 年的著作《风险、不确定性与利润》一书中首次提出这个概念，目的就是要区分风险和不确定性之间的关系，具体可以参阅 Knight（2012）文献。

$$u_R(100) + u_Y(100) + u_B(0) < u_B(100) + u_Y(100) + u_R(0) \qquad (3.5)$$

经过化简，可以得知式（3.5）的含义是 $u_B(100) > u_R(100)$。因此悖论出现了，这一点与期望效用理论也不相符。而且此时需要注意的是，期望效用理论中任何形式的效用函数均成立，因为当 $x > 0$ 时，始终存在 $u(x) > u(0)$。

3.1.5 确定效应

除一些非常有名的实验外，还有一些实验也表现出与期望效用理论相悖。

实验 8

A. 以概率 0.45 得到 600 万元。

B. 以概率 0.9 得到 300 万元。

实验 9

A. 以概率 0.001 得到 600 万元。

B. 以概率 0.002 得到 300 万元。

在实验 8 中，多数人选择了 B；而在实验 9 中，多数人选择了 A。实验 8 说明，多数人在选择问题时，对接近于概率 1 的结果要更加青睐；而在面临极小的概率时，人们往往有一种无视概率的感觉，盯着结果，如实验 9 所示。MacCrimmon and Larsson (1979) 对此问题也展开了研究，得出了类似的结论。Tversky and Kahneman (1986) 将观察到的这种对于概率的心理效应称为确定效应（Certainty Effect），并将其引入他们的前景理论中。

考虑一个极端的例子。

实验 10

A. 确定得到 300 万元。

B. 以概率 0.7 得到 500 万元；有 0.3 的概率什么也得不到。

在这个实验中，多数人选择了 A。然而根据期望效用理论，B 的期望效用要大于 A 的期望效用，是概率为 1 的结果让行为产生了质的改变。相对于那些仅仅有可能发生的结果，人们通常会过高估计确定的结果。这种现象被称为确定效应。

确定效应是指从可能性增加到确定性的一种心理反应。在期望效用理论中，对结果的衡量是用概率作为权重的。然而，从实验 10 中可以看到，有时候很小的概率却让决策行为反应可能大相径庭。这不由得使人怀疑用概率作为权重往往有悖事实，这一点稍后提及。

3.1.6 隔离效应

隔离效应（Isolation Effect）说的是人们在进行决策的时候，存在一种简化的机制，往往忽略问题间的共有部分，将焦点集中在它们之间不同的部分（Tversky，1972）。在这种情况下，选择行为可能会导致偏好的不一致性，因为一个前景往往可以有很多种方法进行分解，不同的分解可能会产生不同的结果，这种现象被称为隔离效应。

实验 11

考虑两个前景：一个是有 0.25 的概率得到 3000 元，而有 0.75 的概率什么也得不到；另一个是有 0.2 的概率得到 4000 元，而有 0.8 的概率什么也得不到，如图 3.1 所示，决策人可以在最初就进行决策。

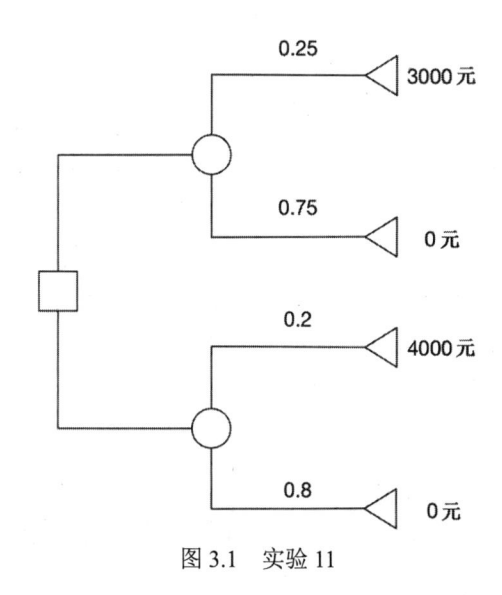

图 3.1 实验 11

实验 12

再考虑另一种前景模式：一个是有 0.25 的概率进入一个决策节点；另一个则是有 0.75 的概率直接得到结果 0 元。在可以决策的节点上，到底选择是肯定得到 3000 元，还是以 0.8 的概率获得 4000 元或以 0.2 的概率得到 0 元，如图 3.2 所示。

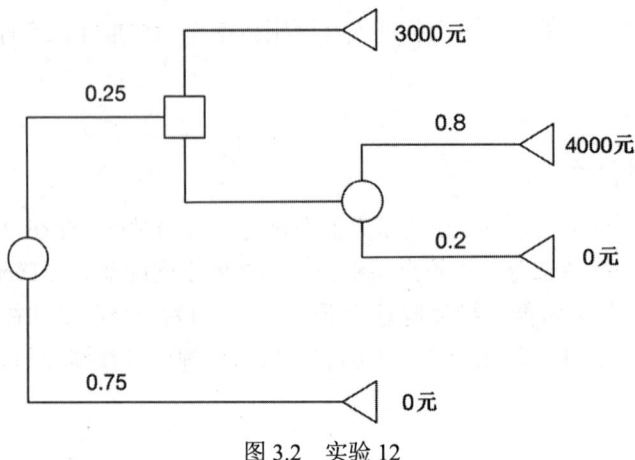

图 3.2 实验 12

在第一阶段，有 0.75 的概率结果为得到 0 元，有 0.25 的概率进入第二阶段。在进入第二阶段后，面临着结果为（4000,0.80;0,0.20）及确定的 3000 元的一个博弈。这个选择必须在博弈开始之前给出。

这两个实验的实质都是到底是以 0.2 的概率得到 4000 元，还是以 0.25 的概率得到 3000 元的问题。然而，由于图 3.2 中存在两个阶段，根据实验的结果，多数人忽略了第一阶段，直接在第二阶段进行决策，将问题视为在前景(3000,1)和(4000,0.80;0,0.20)之间进行选择的问题，因此最终多数人受确定效应的影响选择了(3000,1)这个前景。

造成这种非理性的现象的原因是在决策过程中刻意重视局部，没有全局分析过程。一些学者认为上述的案例需要涉及对最终结果概率的计算，是一个较为复杂的过程，因此非理性在所难免。Kahneman and Tversky（1979）给出了一个涉及结果改变而概率不变的案例，说明即便在最简单、易判断的情况下，人们的决策往往也是不理性的。

实验 13

在意外得到 1000 元后，现在立即面对这样的选择：

A. 有 0.5 的概率得到 1000 元，有 0.5 的概率什么也得不到。

B. 以概率 1 得到 500 元。

多数人在这个实验中选择了确定得到 500 元。这不难理解，从而证实了前面所说的确定效应。

实验 14

在意外得到 2000 元后，现在立即面对这样的选择：

A. 有 0.5 的概率损失 1000 元，有 0.5 的概率什么也不损失。

B. 以概率 1 损失 500 元。

在这个问题中，多数人偏向了选择 A。即多数人害怕确定的损失，面对损失他们宁愿一搏，尽管这样可能会造成更大的损失。

但是，按照理性人的看法，实验 13 和实验 14 是同一个问题，如果整合前面得到的金额，则可以得到下面新的实验。

实验 15

A. 有 0.5 的概率得到 2000 元，有 0.5 的概率得到 1000 元。

B. 以概率 1 得到 1500 元。

之所以理性人与有限理性人的视角不同，是因为后者没有将刚刚得到的意外收入整合到新的决策中，这就出现了刚刚提到的只看局部的情形。另外，上面的实验还说明了有限理性人表现出与期望效用理论假设所不同的情形，他们往往不是盯着自己的最终财富，即不考虑财富总量，而是盯着眼前的财富改变量。

3.2 原始前景理论的赋值

3.2.1 反射效应

前景理论与期望效用理论考虑最终财富（绝对量）不同，它开始以参考点（Reference Point）为基础考虑相对量。正、负区间统一考虑问题是前景理论与期望效用理论的最大不同之一。在不同的区间上，人们通常会有不同的风险态度。

正、负区间与反射效应（Reflection Effect）有很大关系。它们之间的关系可以理解为一种镜像。在期望值与期望效用理论中均没有负数的概念，这可能是因为与金钱挂钩，效用总是从 0 开始的。但自从引入心理学后，开始重视投资人的心理活动。当金钱前面加上心理上的"负号"后，情况又会如何？Kahneman and Tversky（1979）给出如表 3.1 和表 3.2 所示的数据。

表 3.1 正前景的偏好

问题 1	(4000,0.8;0,0.2)	<	(3000,1)
问题 2	(4000,0.2;0,0.8)	>	(3000,0.25;0,0.75)
问题 3	(3000,0.9;0,0.1)	>	(6000,0.45;0,0.55)
问题 4	(3000,0.02;0,0.98)	<	(6000,0.01;0,0.99)

表 3.2 负前景的偏好

问题 1	(-4000,0.8;0,0.2)	>	(-3000,1)
问题 2	(-4000,0.2;0,0.8)	<	(-3000,0.25;0,0.75)
问题 3	(-3000,0.9;0,0.1)	<	(-6000,0.45;0,0.55)
问题 4	(-3000,0.02;0,0.98)	>	(-6000,0.01;0,0.99)

先看表 3.1 中的结果（其中"<"和">"表示偏好的关系）。

当面对有 0.8 的概率得到 4000 元与有 0.2 的概率什么也得不到时，多数人选择了确定的 3000 元，这就是确定效应发挥了作用。如果结果相差不大，并且概率相差也不大，那么大部分人总是偏向于结果稍大的那个前景。

但是将左边的结果加上一个负号，如表 3.2 所示，在多数人身上，选择出现了反转。表 3.2 中的每个问题都是表 3.1 中问题的镜像。因此，这个前景的反射是围绕 0 进行的。故此现象被称为反射效应。

反射效应意味着在正区间（Positive Domain）内风险厌恶，而在负区间（Negative Domain）内风险追求。比如，人们愿意选择接受一个以 0.8 的概率损失 4000 元的结果，而不是一个确定损失 3000 元的结果。毕竟在一定的条件下，很多人总想冒险一搏[①]。

其实，在负的前景下出现风险追求这一现象最早是由 Markowitz（1952b）提出来的。Williams（1966）指出，转换数据结果将会产生一个从风险厌恶到风险追求的显著变化。比如，人们认为(100,0.65;-100,0.35)与(0,1)是无差异的，暗示着风险厌恶；同时他们也认为(-200,0.8)和(-100,1)无差异，意味着风险追求。Fishburn and Kochenberger（1979）也指出在负的前景中存在着风险追求的现象。

Kahneman and Tversky（1979）指出，在正区间内，人们因为风险厌恶，会选择一个确定的收益，即便有可能会有更大的收益产生；而在负区间内，确定效应让人们产生了风险追求的偏好，去追求更大的不确定风险损失，而不是较小的确定风险损失。

反射效应作为一个对确定效应的解释，消除了对不确定性或易变性中的厌恶。比如，偏好（3000,1）高于偏好（4000,0.8），偏好（4000,0.2）高于偏好（3000,0.25），这个明显的不一致性说明存在一种可能性，就是人们更喜欢高期望值且波动小的前景。Allais（1953）、Markowitz（1959）、Tobin（1958）都做出了相应的表述。

前面给出了一些违背理性人假设的实验。这些实验说明，基于理性假设的偏好最大化的传统经济学并没有考虑在人们心理反应下的决策过程；而行为经济学却一直试图通过心理的种种机制对人们决策的非理性进行研究。往往只有认识了是什么原因导致人们

---

① 注意：当讨论负值时，是不能使用期望效用理论的。

决策的非理性,才能找到避免它们的办法。

一些学者试图通过构造人类真实心理的过程来建立行为模型,Starmer(2000)称其为程序理论(Procedural Theory)。理性假设一般对现实做出非常大的简化。然而,相比理性假设,有限理性假设的范围要宽松很多。有限理性一般是指人们在进行决策时往往存在信息不完备、分析能力局限、受心理因素影响,甚至在决策过程中忘记了最初目的等现象。

在正式介绍前景理论之前,我们先要澄清一个观点:任何模型都是有局限性的,是针对之前的理论进行的局部完善,因此,想要找到一个毕其功于一役的模型是不现实的。同样,前景模型也有其局限的一面,而它最大的贡献就是将心理学的洞见引入了经济学模型中(Klüppelberg et al., 2014)。

前景理论将选择过程分为两个阶段:编辑阶段(Editing Phase)及评估阶段(Evaluation Phase)。初期的编辑阶段是前景理论与之前那些决策理论最明显的区别之一,在这个过程中,人们利用各种启发式方法(Heuristic Method)对前景进行编辑。另一个区别就是前景理论按照某个参考点将结果分为正、负区间,即按照收益和损失来评估的。

3.2.2 编辑

1. 编码(Coding)

人们通常将结果视为收益和损失,而不是结果的最终状态。当然,收益和损失是基于某个参考点(Reference Point)给出的。参考点的选择是一个复杂的过程,一个即时的变化也有可能改变参考点的选择,稍后的章节将详细介绍,这里不再赘述。

2. 整合(Combination)

如果在未来的结果中存在相同的元素,那么前景可能会被整合。比如,一个前景(1000,0.3;1000,0.4;0,0.3)就可能被整合成(1000,0.7;0,0.3),然后对整合的结果进行分析。

3. 拆分(Segregation)

一些前景可能会包含无风险部分,而这些无风险部分往往能够拆分出去。上面提到的"有0.5的概率得到2000元,有0.5的概率得到1000元"的前景就能被拆分为确定得到1000元及有0.5的概率得到1000元。在处理损失问题时同样可以利用这种拆分的思路将确定性的结果抽出。

4. 约去（Cancellation）

如果两个前景同时加上或者减去一个同样的结果，那么在期望效用理论中决策不会被改变，因为期望效用理论的独立性公理说明，这种做法不影响决策。但是，通过前面的例子我们已经知道，有限理性的决策者往往会改变其决策方案。前面提到的"隔离效应"也可以用约去进行解释，因为两个实验的第一阶段是共有部分，因此往往被约去了[①]。

5. 简化（Simplification）

前景还可以通过将结果或者概率凑整起到简化的目的。比如，前景(101,0.49)可能就被简化成(100,0.5)。对于一些极端的事件，很可能就被简化成概率为0的事件，而在不少实验中，往往正是利用一些极端事件的极小概率，实验结果才区别于期望效用理论的结果，因此，笔者对这个操作一直是持怀疑态度的。一种解释是简化要在编辑阶段首先完成，否则可能会影响后面的评估。也就是说，编辑这个过程是要分先后顺序的。

6. 占优检查（Dominance Detection）

"占优"这个词在古典经济学的博弈论中经常出现，这里先将它解释为，如果有两个前景，其中一个前景无论是在结果上还是在概率上均优于另一个前景，就称它是占优的。通常情况下会对赌局进行占优检查，以确定该赌局的随机占优地位。如果一个赌局随机占优于另一个赌局，那么人们将会选择前者。后面的章节将对随机占优问题进行详细讨论。

编码、拆分、约去和简化导致了期望效用理论的具体违背行为。例如，通过允许使用值函数，编码可以实现反射效果。约去导致了隔离效应。使用约去意味着从考虑中剔除共同的第一阶段，从而导致观察到的偏好反转。因为这些编辑活动代表了实际决策者通过风险决策的原因，因此它们是一种潜在的、强有力的工具。

前景编辑模型有两大缺点。第一个缺点是，当采用不同的活动顺序时，将会影响对赌博的评估。应用占优检查的编码可能意味着一个不同的决定。作为一个模型，编辑并没有做出非常具体的预测。

考虑下面的实验。

实验16

A. 有0.49的概率获得6000元，有0.51的概率什么也得不到。

[①] 一些文献将 Cancellation 翻译成删除，或者取消。笔者认为这不能很好地表达前景理论中该词的真正含义。因此，这里使用"约去"。约去在数学上是指提取式中的公因式，除去相同的部分。

B. 有 0.50 的概率获得 5999 元，有 0.50 的概率什么也得不到。

注意到，如果我们首先采用简化，对概率进行四舍五入，那么上面的实验变为：

A. 有 0.50 的概率获得 6000 元，有 0.50 的概率什么也得不到。

B. 有 0.50 的概率获得 5999 元，有 0.50 的概率什么也得不到。

对上面的实验进行占优检查，会发现 A 占优于 B，因此我们会选择 A。如果我们先四舍五入结果，则会有以下实验：

A. 有 0.49 的概率获得 6000 元，有 0.51 的概率什么也得不到。

B. 有 0.50 的概率获得 6000 元，有 0.50 的概率什么也得不到。

在这个实验中 B 占优于 A，因此我们会选择 B。类似地，编辑阶段的这些不同方法如果采用不同的顺序，则将会产生不同的结果。

第二个缺点是，编辑很难适用于许多现实世界中的风险决策。假如，在进行股票投资时，没有人告诉你特定结果的概率，并且选择也不可能是在两个或者三个结果之间进行的，结果可能是一个连续的数值。在这种情况下，许多编辑活动变得毫无意义。正因如此，许多基于前景理论的经济应用忽略了除编码以外的编辑下的所有组成部分。

3.2.3 评估

期望值决策准则是选择期望值最大的前景，前景的结果与概率均没有被映射。期望效用理论是用每个客观结果的主观映射乘以该结果发生的概率再求和，决策准则是选择那个能给决策者带来最大期望效用的前景。而前景理论则是将客观结果和概率通过$v(\cdot)$和$\pi(\cdot)$分别进行映射，前者表示结果的主观价值[①]，后者表示决策权重；而前景的值用V表示，代表总价值。

前景理论使用相对值进行评估，因此$v(\cdot)$括号中的点就代表相对值。在$\pi(\cdot)$中的自变量为概率，它对概率进行了扭曲。$\pi(\cdot)$并不是一个概率测度，因为它不满足概率测度的公理。

在前景理论中，前景的表达形式如下：

$$(x, p; y, q) \tag{3.6}$$

式（3.6）意味着在前景理论中最多只能存在两个非 0 结果[②]。假如x、y均大于 0，

[①] 注意：这里不再是效用的概念。
[②] Tversky and Kahneman（1992）提出了累积前景理论，因此将结果扩展到任意个。

且 $p+q=1$，则称这样的前景为严格正（Strictly Positive）；如果 x、y 均小于 0，且 $p+q=1$，则称这样的前景为严格负（Strictly Negative）。如果一个前景的结果既不是严格正，也不是严格负，则称这种前景为常规（Regular），或者混合（Mixed）。

如果式（3.6）是一个常规前景，则前景理论值为[①]：

$$V(x,p;y,q) = \pi(p)v(x) + \pi(q)v(y) \tag{3.7}$$

此时，V 是定义在前景上的结果，而 v 则是定义在结果上的。$v(0)=0, \pi(0)=0, \pi(1)=1$。如果是确定前景，则可以表达为 $V(x,1)=V(x)=v(x)$。

3.3 参考点

理解参考点的决策是解释真实世界中的经济行为重要的一步。参考点可以说是衡量价值的一个支点，但一些经济学家认为参考点本身更多地涉及心理问题而不是经济问题。比如，在一些发达国家中，尽管平均收入增长很快，然而人们却认为不如从前幸福，这种异象也被称为幸福乏味（Happiness Treadmill）。

预期也是参考点形成的重要因素。如果没有达到之前所预期的水平，那么人们往往会感到失望。因此，他们在编码的过程中常常将其视为一种损失。

参考点的形成还受到他人的影响。比如，涨工资往往是一件开心的事情。然而，当听说一个能力不如自己的人工资增长得比自己多时，之前的喜悦可能荡然无存。正如中国有一句古话："不患寡而患不均。"这在理性人假设下是无法得到解释的。

另外，突然发生的损失或者产生的收益对参考点也会有一定的影响。对于一个突然损失了 4000 元的人来说，由于来不及调整沮丧的心理状态，当他面对以下前景时：

A. 以概率 1 获得 2000 元。

B. 以概率 0.5 获得 6000 元，有 0.5 的概率什么也得不到。

他可能将这个前景视为：

A. 以概率 1 损失 2000 元。

B. 有 0.5 的概率获得 2000 元，有 0.5 的概率损失 4000 元。

---

① 即结果要么是 $x \leqslant 0 \leqslant y$，要么是 $y \leqslant 0 \leqslant x$。

3.4 价值函数

Kahneman and Tversky（1979）提出的价值函数（Value Function）仅仅是一个理念。它描绘了价值函数的基本性质，但并未给出具体的函数形式与参数，这些稍后在累积前景理论中将会进一步描述。

Kahneman and Tversky（1979）认为，价值函数的本质特征是一个财富的载体[①]，而财富是不断变化的，因此不再用最终的状态去衡量。但是，有一点需要注意的是，即便是财富的增量（损失为负增量），也不能脱离财富的存量（最终状态）。举一个最简单的例子，5 万元的收益或者损失，对于一下子能挣 1 亿元的人来说，基本是可以忽略的；但是对于一个将全部存款 5 万元用来投资的人来说，可能牵动着他的每根神经。

心理学中的感知也类似于经济学中的效用，即心理反应也是心理变化量的凹函数。凹函数是一种增量递减的函数。也就是说，在价值函数中，靠近原点的 100 要比远离原点的 100 显得更加敏感[②]。Galanter and Pliner（1974）针对这一点对货币与非货币的损失与收益的感知进行了测量。价值函数的特征是：当 $x > 0$（正区间）时，$v''(x) < 0$；当 $x < 0$（负区间）时，$v''(x) > 0$。并且在正、负区间内，总有 $v'(x) > 0$（0 点除外）。因为损失厌恶的存在，价值函数在 0 点处是不光滑的，价值函数的 0 点也被称为节点（Kink）。

Kahneman and Tversky（1979）还给出了一个案例，说明了大部分人不会选择等数值投掷硬币来赌钱，即输赢概率相同，并且损失和收益的绝对值相等。用数学形式表示就是：$v(x) < -v(-x),\ x > 0$。

有了上述的这些描述，可以得到如图 3.3 所示的价值函数的图形。

根据图 3.3，可以看出价值函数有如下基本特征：

- 损失、收益都是相对于参考点来说的。
- 收益区间函数是凹的；损失区间函数是凸的。
- 损失区间函数更加陡峭[③]。

[①] 其实也包含福利等其他要素，但是由于资产、财富便于量化，所以如果没有特别提及，那么我们以后将聚焦在资产、财富等方面。

[②] 注意：此时已经是相对值，并且这个原理适用于正、负区间，总是靠近原点的相对值要更加敏感。

[③] 在坐标 0 点处，价值函数其实是最陡峭的，这一点与 Markowitz 的效用函数有所不同，其在坐标 0 点处反而相对平缓，如图 7.4 所示。

图 3.3　价值函数的图形

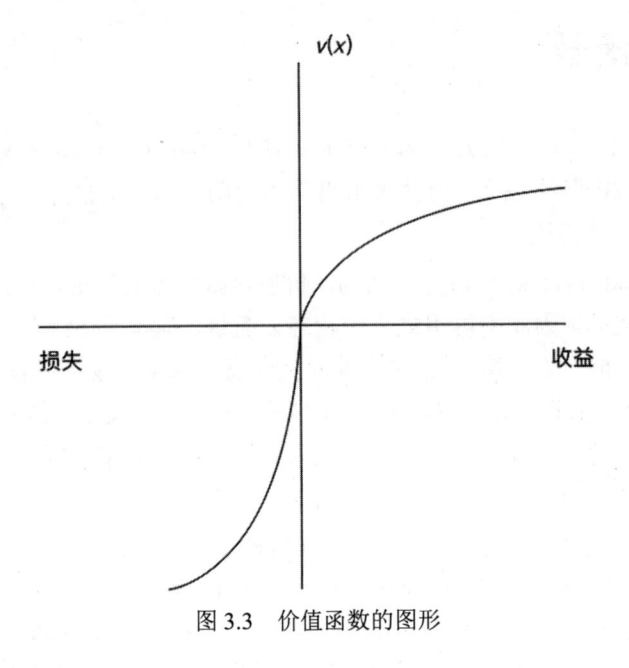

3.5　权重函数

经济学家重效用，而心理学家重概率。

研究的对象不同，结果也就难免存在差异。很多人不是不知道小概率事件基本很难发生，但是由于很多小概率事件毁灭性极强或者诱惑力极大，所以人们对它们的发生往往赋予了很高的权重。

比如，很多人都知道飞机失事的概率很低，但是很多人赋予该概率的权重很高。又如买彩票，很多人明明知道中奖的概率很低，但是赋予该概率的权重很高，往往觉得自己会是下一个中奖的人。

人们往往对概率认识不足。当抛出一枚硬币时，不管前面是何种结果，下一次某面朝上的概率一定是 50%[①]。但当连续出现很多次某面后，比如正面，人们对某面发生的概率的认识就会发生改变。有人会认为下一次出现正面的概率应该不高了，所以此时 $\pi(0.5) < 0.5$；但是也有人会认为，既然出现了这么多次正面，再出现一次正面是极有可能的，所以此时 $\pi(0.5) > 0.5$。

---

① 这里假设硬币从空中落下还能立着的情况不会发生，即硬币落下非正即反。

现在开始转入对权重函数$\pi(p)$性质的讨论。首先，$\pi(p)$是关于p的增函数，并且$\pi(0)=0$，即概率为 0 的事件，在经权重函数变换后仍然为 0；其次，$\pi(1)=1$，即确定事件仍然被赋予 1 的权重[①]。

3.5.1 次可加性

次可加性（Subadditivity）涉及的是小概率的情况。如前文所述，对于多数人而言，前景$(6000,0.001)$优于前景$(3000,0.002)$，数学公式表示为：$\pi(0.001)v(6000)>\pi(0.002)v(3000)$。

然而，根据价值函数在正区间凹性的性质，可知$v(3000)>0.5v(6000)$，因此可得$\pi(0.001)v(6000)>\pi(0.002)v(3000)>\pi(0.002)0.5v(6000)$，约去$v(6000)$后，$\pi(0.001)>0.5\pi(0.002)$。

次可加性的一般形式为[②]：

$$\pi(rp)>r\pi(p), 0<r<1 \tag{3.8}$$

所以，小概率通常被高估，即：

$$\pi(p)>p \tag{3.9}$$

3.5.2 次确定性

次确定性（Subcertainty）可以通过 Allais 悖论的实验进行阐述。Allais（1953）指出，人们会对他们认为确定的事件赋予更高的权重。在本章的实验 1 中，$v(1)>\pi(0.89)v(1)+\pi(0.1)v(5)$；而在本章的实验 2 中，$\pi(0.11)v(1)<\pi(0.1)v(5)$，可以得出$v(1)>\pi(0.89)+\pi(0.11)v(1)$。同时除以$v(1)$得到$1>\pi(0.89)+\pi(0.11)$。因此可以得到次确定性的一般表达式：

$$\pi(p)+\pi(1-p)<1 \tag{3.10}$$

根据图 3.4 可以看出权重函数测度的是对概率偏好的敏感性变化。次确定性使得权重相对于概率是一个退化的过程，也就是说，在前景理论中的决策者对概率的变化没有

[①] 注意：此时函数的自变量是概率，所以自变量的取值范围是 0~1。将自变量也映射到 0 和 1 上，意味着权重的尺度被标准化了。

[②] 尽管给出了一般形式，但是次可加性在概率较大时往往并不成立。

像期望效用理论中那么敏感。图中的虚线表示的其实就是客观概率与决策权重完全相等的情形。当客观概率很低时,实线超出虚线以上,表示对概率赋予较高的决策权重;而当概率增大到一定程度时,表现出对客观概率赋予较低的决策权重。

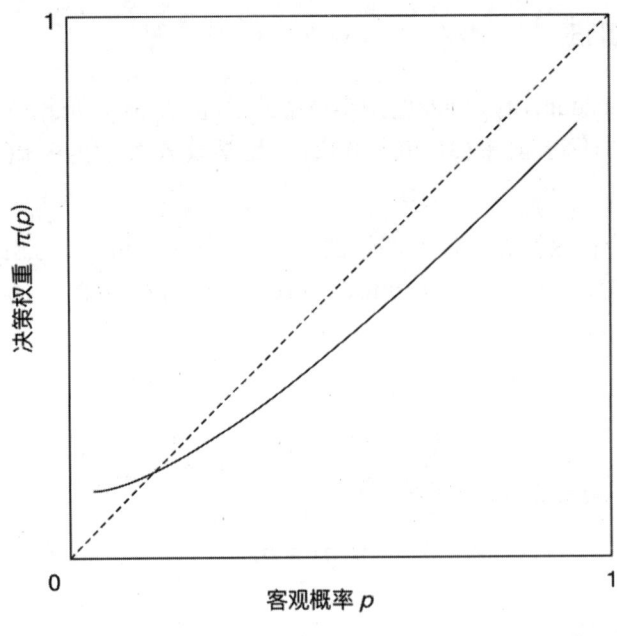

图 3.4 权重函数的图形

3.5.3 次比例性

先来回顾一下之前讨论过的违背期望效用理论中的替代性公理例子,用数学的语言表述就是:

$$\pi(p)v(x) = \pi(pq)v(y) \Rightarrow \pi(pr)v(x) \leqslant \pi(pqr)v(y) \tag{3.11}$$

因此:

$$\frac{\pi(pq)}{\pi(p)} \leqslant \frac{\pi(pqr)}{\pi(pr)}, \quad 0 < p, q, r \leqslant 1 \tag{3.12}$$

次比例性的含义是:当概率的比例不变的时候,在概率很小时相应的决策权重比例要比在概率很大时相应的决策权重比例更加接近 1。

再次回到图 3.4,图中权重函数满足对小概率的高估,也满足次可加性,同时还满足次确定性及次比例性。这些性质使得$\pi(p)$在整个开区间内比较平缓,而在端点处突然发生改变。

3.5.4 概率的非线性偏好

Allais悖论实验挑战了概率的线性偏好的问题。显然概率从0.99增加到1的影响要远远大于概率从0.1增加到0.11的影响。Camerer and Ho(1994a)指出,就算概率不是增加到1这种极端情况,非线性偏好(Nonlinear Preference)也被证实是存在的。

> **资源整合的重要性**
>
> Kahneman因为前景理论获得了2002年的诺贝尔经济学奖。遗憾的是,在此之前,Tversky已经离世,享年59岁。行为经济学之所以能够被认可,并得到长足的发展,一个很大的原因就是其来自前景理论。Kahneman and Tversky(1979)发表前景理论的论文已近40年,它一直被广泛地认为是最好的描述人们如何评估风险的经济模型之一。
>
> 然而,这么著名的一个权威理论却来自资源的整合。这一点与其他很多诺贝尔经济学奖有所不同。前景理论中的很多灵感都来自很多学者长期以来对理性理论修修补补、不断完善所取得的成果。比如:
>
> (1) 参考点。这个概念其实来自Markowitz(1952b)。他认为效用应该被区分为正的和负的两种,而不是最终的资产头寸。Davidson et al.(1957)、Mosteller and Nogee(1951)等学者都展开了相关的研究工作。
>
> (2) 不同的风险态度。前面已经提到,在期望效用理论下是风险厌恶的,而前景理论的风险态度是在正区间(收益)上是风险厌恶的,在负区间(损失)上是风险追求的。即区间不同,风险态度不同。其实,这一点最早也被Markowitz所洞察,他注意到在正的区间上是风险追求的,而在负的区间上是风险厌恶的。尽管与前景理论相反,但是至少根据参考点引入了不同的风险态度。当然,他的出发点也是为了维护传统的经济模型。
>
> (3) 损失厌恶。它所表达的意思是,当一个人面对收益和损失时,如果它们的绝对值相等,那么损失给人带来的痛苦程度要高于收益给人带来的喜悦程度。早在前景理论提出之前,Galanter and Pliner(1974)就已经展开了相关研究。
>
> (4) 概率扭曲。对概率进行映射也不是前景理论首创的。Edwards(1962a)提出对概率进行扭曲,Tversky(1967)、Anderson and Shanteau(1970)等学者

也对这个问题进行了持续的跟进。Fellner（1965）提出了一个相似的模型，并且用决策权重的概念解释了对模糊性的厌恶。Van Dam（1975）也对概率的再度量做出了相应的贡献。另外，质疑概率在理性假设下运用的一些文献也可参阅Allais（1953）、Coombs（1974）、Fishburn（1977）、Hansson（1975）等文献。

（5）累积概率的运用。后面将会提到，前景理论的结果违背了随机占优，因此 Tversky and Kahneman（1992）提出了利用累积概率而不是单个概率扭曲的权重函数，这也来自 Quiggin（1982）、Schmeidler（1989）、Yaari（1987）等文献的启发，尤其是等级依赖效用对他们的帮助最大。感兴趣的读者可以进一步阅读。

当然，Kahneman and Tversky（1979）也有自己的创新，同时整合了众多文献资源。这些文献资源的出发点往往是对传统经济理论的修补，而 Kahneman and Tversky（1979）则另辟新径，最终获得了诺贝尔经济学奖。

第 4 章　累积前景理论

4.1　原始前景理论的发展

在 Kahneman and Tversky(1979)提出前景理论以后,在学术界引起了很大的轰动。但很快有不少学者发现,前景理论仍存在一些不足,因此遭受质疑。当然,前景理论仍得到了不少学者的支持,越来越多的学者用前景理论来解释资本市场中无法用传统理论解释的现象。可以说,前景理论的提出是行为经济或行为金融研究中的里程碑事件,其关注度不断提升。

前景理论一方面由于违背了一阶随机占优,另一方面由于自身的局限性,最多只能分析两个非 0 的结果。在金融投资分析中,这些不足都是无法回避的。因此,Tversky and Kahneman(1992)在借鉴了 Quiggin(1982)、Schmeidler(1989)、Yaari(1987)、Weymark(1981)、Luce and Fishburn(1991)等文献思路的基础上,提出了累积前景理论[①]。

不少严谨的学者在研究问题时,将 Kahneman and Tversky(1979)提出的理论称为原始前景理论(Orignal Prospect Theory),而将 Tversky and Kahneman(1992)提出的累积前景理论仍保持其称谓,将含有原始前景理论、累积前景理论的这套理论体系框架称为前景理论。Tversky and Kahneman(1992)也在文章中表述 1979 年的理论为前景理论的原始版本(Original Version of Prospect Theory)。

因此,本书做出如下约定:

- 前景理论(PT)代表对前景理论整个体系的称呼,便于与其他不同理论比较。
- 原始前景理论(OPT)代表 Kahneman and Tversky(1979)提出的理论。
- 累积前景理论(CPT)代表 Tversky and Kahneman(1992)提出的理论。

[①] 主要借鉴了等级依赖(Rank-Dependent)的思想,不再对原来的单个概率进行变换,而是对累积概率进行变换,这样一来,不但解决了违背一阶随机占优的困扰,而且使得风险前景中不为 0 的个数从两个能够扩展到任意有限个。

在从原始前景理论提出到累积前景理论提出的这段时间里,不少学者针对原始前景理论展开了进一步的研究,涉及方方面面。在原始前景理论得到了很多学者肯定的同时,也有不少学者对原始前景理论提出了质疑。

Schoemaker and Kunreuther(1979)针对保险偏好展开了实验调查,并将期望效用理论与原始前景理论进行了对比分析。结果显示,原始前景理论明显优于期望效用理论。Fishburn and Kochenberger(1979)利用大量的实验评估了财富或者收益变化量在不同函数下的拟合情况,如线性、幂及指数函数,并详细阐述了不同函数的实验结果对风险下的决策制定的启示。Payne et al.(1984)比较了原始前景理论和多属性效用理论,对128名管理者的多属性风险选择行为进行了研究,探讨了管理者如何编码多属性的前景,以及编码与各种独立假设之间的关系。Budescu and Weiss(1987)针对原始前景理论进行了检验,研究了传递性和非传递性偏好的反射效应,结果发现,原始前景理论的反射效应及价值函数的形状都得到了很强的实验支持[1]。

Chang et al.(1987)的研究结果发现,在对逃税行为的分析中,原始前景理论比传统的期望效用理论表现得更好。Loewenstein(1988)研究了赌博中的选择行为,证实了原始前景理论中涉及的框架效应、参考点等因素对赌博行为的影响。D'Aveni(1989)提出了基于原始前景理论的组织破产模型。Fiegenbaum(1990)对由同质产品定义的85个行业、约3300家公司的行为展开了研究,表明原始前景理论可以解释及评估这些组织对风险和回报的权衡。Meyer and Assuncao(1990)利用原始前景理论研究了消费者面对不完备信息如何做出购买行为的决策。Kameda and Davis(1990)对原始前景理论的参考点进行了验证。Camerer and Ho(1994b)及 Wakker(1994)等学者对决策过程中的概率问题展开了深入研究,并为 Tversky and Kahneman(1992)提出累积前景理论提供了借鉴[2]。

Hershey and Schoemaker(1980)对前景理论中的反射效应提出了质疑,并通过实验得到了验证。Schneider and Lopes(1986)在对60名大学生进行的实验中,对反射效应的健壮性进行了分析,研究结果表明,前景理论可能并不能充分解释个人在彩票购买行为中的风险偏好。Fagley and Miller(1987)对前景理论的框架效应提出了质疑,

---

[1] Boorman and Sallet(2009)甚至利用功能性磁共振成像和电生理学研究为原始前景理论提供了证据。

[2] 累积前景理论的文章是在1992年发表的,为什么这里会有两篇1994年的文章出现?因为 Wakker(1994)的这篇文章在1990年就已经完成,并被 Kahneman 等学者注意到了。另外,Camerer and Ho(1994b)文章的思路也在1992年前就已经被知晓,1992年完成,1994年刊登。

研究发现，不确定因素对是否观察到框架效应有很大影响。另外，框架效应可能没有想象中的那样稳健[1]。

累积前景理论的提出解决了很多实际运用问题，这也让该理论的运用取得了长足的发展。在实际运用问题上，笔者认为，累积前景理论相对前景理论来说有以下几个优势：

- 解决了前景理论违背一阶随机占优的问题，运用累积前景理论则不会违背一阶随机占优原则。
- 解决了前景理论中只能有两个非 0 结果的情况，使得累积前景理论能够运用在实际的问题中。
- 给出了前景理论中价值函数的具体函数形式，并且估计出了参数[2]。
- 给出了新的权重函数的形式并估计出了参数，并在其基础上重新给出了决策函数的形式[3]。
- 累积前景理论允许正、负区间有不同的概率权重函数，也就是对符号等级依赖模型的进一步发展。

原始前景理论与累积前景理论确实有些相似。比如，当一篇文章或一本书提到前景理论时，对理论不熟悉的人们很容易混淆。毕竟有很多学者在研究问题时，也只是借用累积前景理论的模型去研究某些背景下的决策问题，往往没有太多的精力将注意力集中在前景理论与累积前景理论的具体区别上。原始前景理论与累积前景理论在思想上其实没有太大区别，后者主要利用一些技术手段进一步完善了原始前景理论。因此，从方法论来看，它们本身是同一事物。

但是，在关于前景理论的文章引用方面，还存在需要注意的地方。在 Kahneman and Tversky（1979）的文章中找不到任何关于价值函数具体函数形式的影子，然而一些学者在引用参考文献时往往不够严谨，明明引用的是 Kahneman and Tversky（1979）关于原始前景理论的文章，函数形式却是 Tversky and Kahneman（1992）累积前景理论中价值函数的形式。另外，权重函数的情况也与之类似，原始前景理论的权重函数与累积前景理论的权重函数大相径庭，也有文献将之混淆。

---

[1] Fagley and Miller（1990）也对框架效应进行了研究，认为其受到多种因素的影响。
[2] 尽管不少学者也提出了很多价值函数形式，并估计出了参数，然而 Tversky and Kahneman（1992）的参数形式是被引用最多的。
[3] 新的权重函数是对累积概率的变形，而不再是单个概率。并且决策函数不再是权重函数本身，而是由权重函数之差构成的。

前文提及，原始前景理论违背一阶随机占优。让我们看看违背是如何发生的。如果$\pi(\cdot)$是非线性的，那么当面对前景$\mathcal{E}_1$随机占优于前景$\mathcal{E}_2$时，可能存在$V(\mathcal{E}_2) > V(\mathcal{E}_1)$的情况。举一个简单的例子，假如：

$$\mathcal{E}_1 \sim (x, 1)$$
$$\mathcal{E}_2 \sim (x - \varepsilon, p; x, 1 - p)$$

如果$\varepsilon > 0$，则$\mathcal{E}_1$占优于$\mathcal{E}_2$。如果$\pi(\cdot)$是凹函数，则概率会被高估，对一些$\varepsilon > 0$来说，将会偏好$\mathcal{E}_2$。如果$\varepsilon < 0$，那么$\mathcal{E}_2$占优于$\mathcal{E}_1$。如果$\pi(\cdot)$是凸函数，则概率会被低估，并且对于一些$\varepsilon > 0$来说，将会偏好$\mathcal{E}_1$。不过，只要占优是明显的，占优启发式（Dominance Heuristic）能够确保不会直接违背单调性。

4.2 等级依赖模型

有证据显示人们不仅仅对结果持有不同的态度，同时对概率也持有主观态度（Subjective Attitudes）。当人们被问到导致死亡的不同原因时，他们倾向于低估相对频发而导致死亡的数量，高估那些不常发生而导致死亡的数量。有很多关于赌马的研究也说明了人们对待概率具有主观性的估计。那些参与赌马的人既对风险大的赌注过度敏感，也对那些最有希望获胜的赌注过度敏感。这些效应揭示了对客观概率的错误知觉，并对概率持有一个主观权重客观概率（Subjectively Weight Objective）（Ali，1977；Thaler and Ziemba，1988；Jullien and Salanié，2000；Starmer and Sugden，1989b；Nakamura，990；Wakker，1989）。

在理论上，这些效应能够被决策权重（Decision Weight）的模型所描述。考虑下面的形式：

$$U_s(X) = \sum_i w_i \cdot u(x_i) \quad (4.1)$$

式（4.1）也被称为决策权重形式（Decision Weighted Form）。

Edwards（1955）和 Edwards（1962a）对决策权重的形式进行了深入的讨论。一些文献利用线性效用函数，即$u(x_i) = x_i$，以及决策权重的形式分析问题，因此被称为主观期望值（Subjective Expected Value）（Wyer，1973）。

Handa（1977）提出利用概率权重函数（Probability Weighting Function），即$\pi(p_i)$，来确定每个结果的决策权重。概率权重函数是通过对每个结果的概率进行变换直接赋予权重的。在很多关于概率权重函数的文献中，假设$\pi(\cdot)$是一个$\pi(0) = 0$且$\pi(1) = 1$的增函数。

主观期望值这种形式并未被普遍使用，然而其允许概率非线性扭曲引起了广泛的关注。

$$V(X) = \sum_i \pi(p_i) \cdot u(x_i) \qquad (4.2)$$

称式（4.2）为主观期望效用，也有一些学者称其为简单决策权重效用（Simple Decision Weighted Utility）。将单个结果的概率直接转换为权重函数，有可能导致$V(X)$不再满足单调性，比如，如果$\pi(\cdot)$为凸函数，则除了一些极端情况，$\pi(p) + \pi(1-p) < 1$，因此也就无法满足 V(X)的单调性。这样就会导致决策者在面对$(x,p;x+\varepsilon)$与$(x,1)$时，往往会拒绝前者。因此，除非$w_i = \pi(p_i) = p_i$，否则不能确保单调性的成立。然而如果这样做，则式（4.2）变为期望效用函数（Fishburn，1978）。

有不少学者认为，这种直接给单个结果的概率加上决策权重函数的方式是不能接受的（Machina，1983）。因此，后续有不少关于如何才能保留这种决策权重思想的研究出现。其中最好的理论之一就是等级依赖期望效用理论（Rank-Dependent Expected Utility Theory），它利用更为先进的方式对概率进行了转换（Quiggin，1982）。

Machina（1994）将等级依赖模型描述为"对期望效用公式最自然并且最有用的修正"。在等级依赖模型下，对概率的变换不仅仅是概率本身，还依赖与等级相关的其他结果的概率。将结果从最差到最好进行排序，也就是x_1代表最差的结果，x_n代表最好的结果，等级依赖期望效用函数可以表述为最大化如下的决策权重形式：

$$w_i = \pi(p_i + \cdots + p_n) - \pi(p_{i+1} + \cdots + p_n), \quad i = 1, \cdots, n-1 \qquad (4.3)$$

$$w_i = \pi(p_i), \quad i = n \qquad (4.4)$$

这将决策权重$w(\cdot)$与概率权重$\pi(\cdot)$之间建立起了联系（Gonzalez and Wu, 1999）。$\pi(\cdot)$中的变量是累积概率（Cumulative Probability），因此是对累积概率进行变换。这样分配权重能够保证$V(\cdot)$是单调的。因此，等级依赖模型既能够满足经验上的要求，也能够满足理论上的要求。

等级依赖模型也有一些不足。该模型的一个特点就是在前景中如果因为一个很小的改变而影响了结果的等级排序，那么可能会对决策权重造成很大的影响。但是如果只是改变结果的数值，而没有影响到等级排序，那么无论结果如何改变，都不会对决策权重产生影响。

等级依赖模型的预测主要取决于$\pi(\cdot)$的形式。比如，如果$\pi(\cdot)$是凸函数，则会产生一系列与凹函数相似的结果。Quiggin（1982）给出了一个更好的形式，既能反映人们对待概率的乐观态度，也能反映人们对待概率的悲观态度。同样的讨论还可以参阅 Yaari（1987）、Diecidue and Wakker（2001）文献。

考虑如下的前景：

$$(x_1, 0.5; x_2, 0.5)$$

按照等级依赖方法，对 x_1, x_2 的决策权重分别为 $w_1 = 1 - \pi(0.5)$，$w_2 = \pi(0.5)$。如果 $\pi(\cdot)$ 是凸函数，则 $\pi(0.5) < 0.5$。对低排序的结果 x_1 赋予的权重要高于对高排序的结果 x_2 赋予的权重。这种对低排序结果的高估可以被解释为悲观。悲观也与风险厌恶有一定的关联，一个悲观的具有凹效用函数 $u(\cdot)$ 的代理人通常是风险厌恶的。另外，即便代理人具有凸效用函数，如果他们足够悲观，那么也有可能表现出风险厌恶（Hong et al.，1987；Chateauneuf and Cohen，1994）。

图 4.1 给出的是概率权重函数的图形。从图中可以看出，当 $p = p^*$ 时，$\pi(p) = p$；当 $p < p^*$ 时，函数是凹的；当 $p > p^*$ 时，函数是凸的。Quiggin（1982）建议 $p^* = 0.5$。原因之一是这样可以对之前违背期望效用理论进行解释。另一个原因是 50-50 公平赌局不会产生概率扭曲。关于这一点，有很多学者持有不同看法，在后面的章节中会进一步讨论。

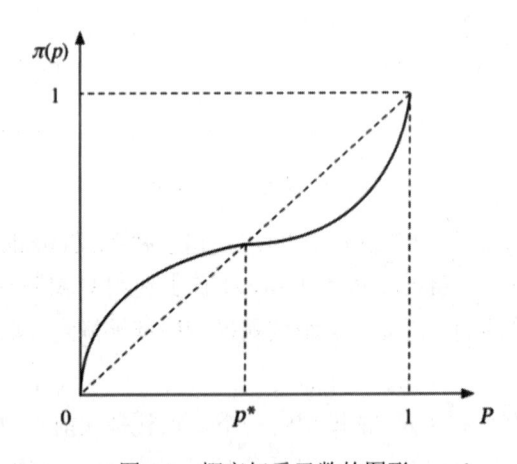

图 4.1　概率权重函数的图形

一些学者研究了等级依赖期望效用理论的公理化（Aximatization）问题。Abdellaoui（2000）、Segal and Spivak（1990）、Wakker（1994）研究了基于线性效用函数的等级依赖效用函数。Wakker et al.（1994）在等级依赖期望效用公理化基础方面一个有用的讨论，并说明了期望效用理论与等级依赖期望效用之间的本质不同，即后者依赖共单调性（Co-monotonic Independence）[1]。

另外，还有很多对等级依赖模型的研究。Green and Jullien（1988）提出了序独立性（Ordinal Independence）公理，这个公理是任何等级依赖模型的必要条件。Starmer and Sugden（1989a）讨论了等级依赖模型的进一步扩展形式，其中一些涉及实际收益和其他实际损失。Tversky and Kahneman（1992）在研究中也区分了收益结果与损失结果。

4.3 累积前景理论的提出

Tversky and Kahneman（1992）在分析累积前景理论时，涉及事件、集合、映射、概率及容度等很多相关的概念。前文虽然给出了对一些基本定义的回顾，但如果想加深理解，请参阅其他相关书籍。

假设$\mathbb{S}$是一个有限的自然状态集，$\mathbb{S}$的子集称为事件。假定恰好未来会有一个状态发生，但是决策者事先并不知道哪个状态会发生。令$\mathbb{X}$是一系列后果的集合，称为结果。在金融学领域，这些结果往往与金钱或者收益率挂钩。

一个具有可数个结果的不确定的前景E是从$\mathbb{S}$到$\mathbb{X}$的函数，用来给每个状态$s \in \mathbb{S}$分配一个结果，即$E(s) = x, x \in \mathbb{X}$。当然，这些结果有正有负。在累积前景理论中，对结果是按照严格增序（Strictly Increasing）进行排列的。假设$\mathbb{X}$包括一个中立结果（Neutral Outcome），即0。将$\mathbb{X}$中的其他元素定义为收益和损失，各自用正数和负数表示。定义结果中的$x_i > x_j$当且仅当$i > j$。

结果分为正部与负部。对于前景中正的结果，用$\mathcal{E}^+$表示；对于前景中负的结果，用$\mathcal{E}^-$表示。假如在累积前景理论背景下存在如下的前景：

$$\mathcal{E} \sim (x_{-m}, p_{-m}; \cdots; x_{-1}, p_{-1}; x_0, p_0; x_1, p_1; \cdots; x_n, p_n) \tag{4.5}$$

则说明已经按照递增的顺序进行了排序，p_i代表结果对应的概率。因此：

$$V(\mathcal{E}) = V(\mathcal{E}^+) + V(\mathcal{E}^-) \tag{4.6}$$

$$V(\mathcal{E}^+) = \sum_{i=1}^{n} \pi_i^+ v(x_i) \tag{4.7}$$

---

[1] 共单调性是指在两个前景中，如果存在共同的结果x，并且结果的概率也相同，那么同时从这两个前景中减去结果x不会影响两个前景的偏好顺序。

$$V(\mathcal{E}^-) = \sum_{i=-m}^{-1} \pi_i^- v(x_i) \tag{4.8}$$

正、负区间结果的概率决策权重 π_n^+ 和 π_{-m}^- 分别被定义为

$$\pi_n^+ = w^+(\cdot) \tag{4.9}$$

$$\pi_{-m}^- = w^-(\cdot) \tag{4.10}$$

在原始前景理论中，决策权重是针对单个概率进行映射的；而在累积前景理论中，则是针对累积概率进行映射的，如下式所示：

$$\pi_i^+ = w^+(p_i + \cdots + p_n) - w^+(p_{i+1} + \cdots + p_n), \quad 0 \leqslant i \leqslant n \tag{4.11}$$

$$\pi_i^- = w^-(p_{-m} + \cdots + p_i) - w^-(p_{-m} + \cdots + p_{i-1}), \quad -m \leqslant i \leqslant 0 \tag{4.12}$$

这里的 w^+ 与 w^- 在单位区间内都是严格递增函数，并且有 $w^+(0) = w^-(0) = 0$，$w^+(1) = w^-(1) = 1$。

将 π_i^+ 和 π_i^- 一并定义为 π_i，则累积前景理论的最终表达式为

$$V(\mathcal{E}) = \sum_{i=-m}^{n} \pi_i v(x_i) \tag{4.13}$$

4.4 价值函数

Tversky and Kahneman（1992）给出了如下的价值函数形式：

$$v(x) = \begin{cases} x^\alpha, & x \geqslant 0 \\ -\lambda(-x)^\beta, & x < 0 \end{cases} \tag{4.14}$$

进一步，Tversky and Kahneman（1992）给出了参数的估计值：$\alpha = \beta = 0.88$，$\lambda = 2.55$。图 4.2 给出了在不同参数下的幂函数价值函数。其中，点画曲线的参数为 $\alpha = 0.6, \beta = 0.9, \lambda = 2$，虚曲线的参数为 $\alpha = 0.2, \beta = 0.24, \lambda = 1$，实曲线的参数为 $\alpha = 0.88, \beta = 0.88, \lambda = 2.25$，短画曲线的参数为 $\alpha = 1, \beta = 1, \lambda = 1$。

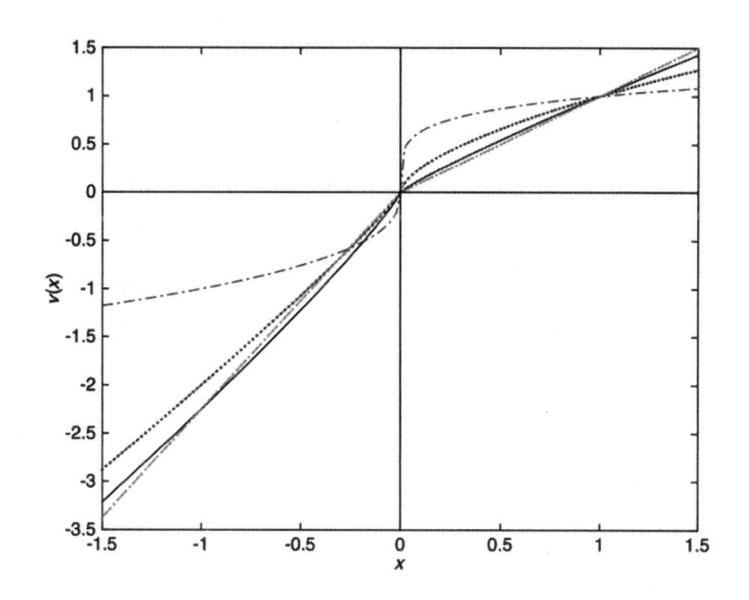

图 4.2　在不同参数下的幂函数价值函数

4.5　概率权重函数

在累积前景理论中，权重函数的形式发生了很大的改变。在原始前景理论中，权重函数在两个端点上是间断的，在整个区间内是递增凸的。然而，在累积前景理论中，权重函数先表现出凹性，当超过某一概率时，再表现出凸性，即反 S 形。并且在正、负区间内各有一个函数形式相同，但参数可能不同的权重函数。

在图 4.3 中，点画曲线的参数为 0.4；虚曲线的参数为 0.61；实曲线的参数为 0.69；实线（对角线）代表客观概率，参数为 1。

概率权重函数遵循边际敏感度递减原理。Tversky and Kahneman（1992）认为敏感度递减原理体现在概率上，也就是说，等距概率对权重的影响随着它远离边界而缩小。如图 4.3 所示，0～0.1 与 0.9～1 的影响要大于 0.5～0.6 的影响。因此，有学者认为，权重函数其实也存在参考点一说，并且还有两个，即 0 和 1。

图 4.3　权重函数

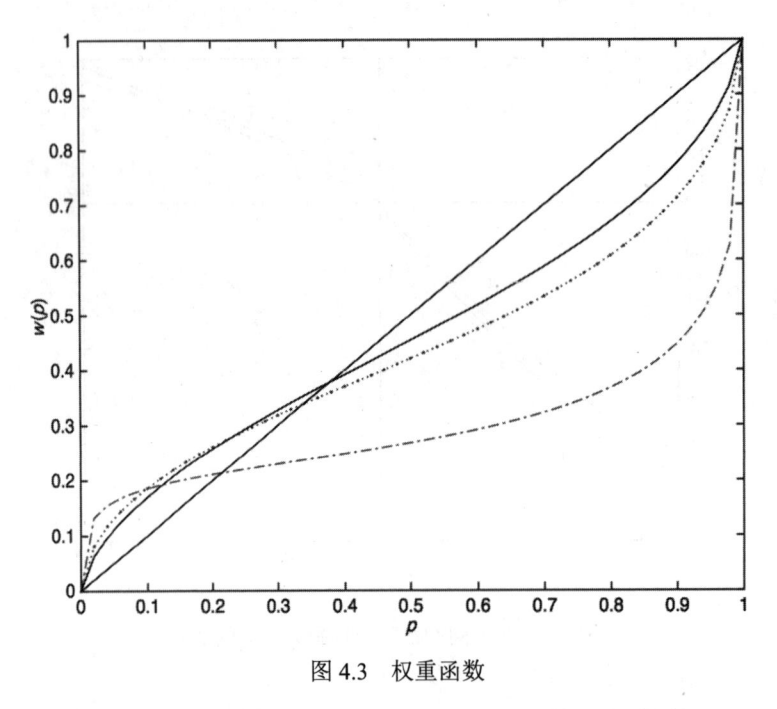

概率权重函数的公式表示如下：

$$w^+(p) = \frac{p^\gamma}{[p^\gamma + (1-p)^\gamma]^{1/\gamma}} \qquad (4.15)$$

$$w^-(p) = \frac{p^\delta}{[p^\delta + (1-p)^\delta]^{1/\delta}} \qquad (4.16)$$

其中，$w^+:[0,1] \to [0,1]$，$w^-:[0,1] \to [0,1]$ 是可导非减函数，且 $w^+(0) = w^-(0) = 0$，$w^+(1) = w^-(1) = 1$。Tversky and Kahneman(1992)进一步给出了参数：$\gamma = 0.61, \delta = 0.69$。

一些学者给出了其他的函数形式，并且认为权重函数可能存在多个参数。这一点在稍后的章节中会详细提及。

4.6　案例：前景值的补充计算

累积前景理论中涉及的结果有正有负。因此，对于 ε 的正部 ε^+，如果 $\varepsilon(s) > 0$，则 $\varepsilon^+(s) = \varepsilon(s)$；如果 $\varepsilon(s) \leqslant 0$，则 $\varepsilon^+(s) = 0$。同样，对于 ε 的负部 ε^-，如果 $\varepsilon(s) < 0$，则 $\varepsilon^-(s) = \varepsilon(s)$；如果 $\varepsilon(s) \geqslant 0$，则 $\varepsilon^-(s) = 0$。

很少有文献给出具体计算累积前景值的方法，Tversky and Kahneman（1992）虽然利用掷骰子的案例给出了计算的方法，然而并未给出具体的结果，这里将其补充完整。

考虑一个掷骰子的赌局：

掷出的骰子结果 $x = 1,2,3,4,5,6$。假如 x 是偶数，参与者将得到 x 美元；假如 x 是奇数，参与者将输掉 x 美元。这个赌局被视为等可能性（结果的概率均相同）前景，前景 ε 如下：

$$(-5, -3, -1, 2, 4, 6)$$

则有

$$\varepsilon^+ = (0, \frac{1}{2}; 2, \frac{1}{6}; 4, \frac{1}{6}; 6, \frac{1}{6})$$
$$\varepsilon^- = (-5, \frac{1}{6}; -3, \frac{1}{6}; -1, \frac{1}{6}; 0, \frac{1}{2})$$

累积前景值为

$$V(E) = V(\varepsilon^+) + V(\varepsilon^-) \tag{4.17}$$
$$= v(2)\left[w^+\left(\frac{1}{2}\right) - w^+\left(\frac{1}{3}\right)\right] + v(4)\left[w^+\left(\frac{1}{3}\right) - w^+\left(\frac{1}{6}\right)\right] +$$
$$v(6)[w^+\left(\frac{1}{6}\right) - w^+(0)] + v(-5)[w^-\left(\frac{1}{6}\right) - w^-(0)] + v(-3)[w^-\left(\frac{1}{3}\right) -$$
$$w^-\left(\frac{1}{6}\right)] + v(-1)[w^-\left(\frac{1}{2}\right) - w^-\left(\frac{1}{3}\right)]$$
$$= 0.2729$$

式（4.17）给出了损失厌恶参数 $\lambda = 1$，即不存在损失厌恶时的累积前景值。如果按照 Tversky and Kahneman（1992）估计的 $\lambda = 2.55$，则式（4.17）的累积前景值为-1.8469。

假设此时参与者对不参加这个赌局的赋值为 0，那么上面的结果说明，当对该赌局不存在损失厌恶时，这个人会参加这个赌局，因为 0.2729>0。然而，如果参与者的损失厌恶为 $\lambda = 2.55$，-1.8469<0，那么他不会参加这个赌局。

4.7 风险态度的四重模式

风险态度的四重模式（Fourfold Pattern of Risk Attitudes）来自实验发现，除 Tversky and Kahneman（1992）提出了风险态度四模式以外，感兴趣的读者还可以阅读 Cohen et al.（1987）、Wehrung（1989）、Hershey and Schoemaker（1980）等文献。风险态度的四重模式（见图 4.4）要告诉我们的是综合了收益、损失与概率的风险态度。

当概率高时，人们对于收益是风险厌恶的，而对于损失却是风险追求的。

当概率低时，人们对于收益是风险追求的，而对于损失却是风险厌恶的。

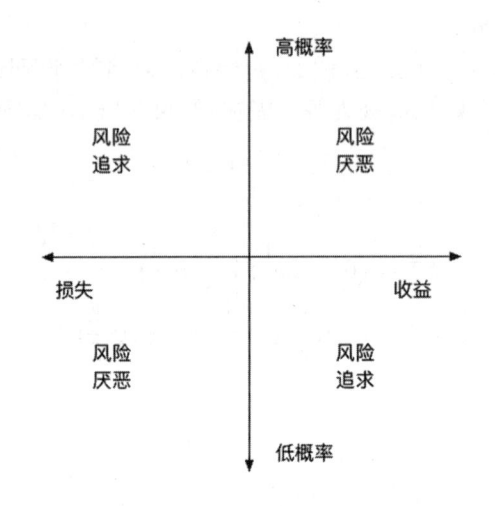

图 4.4 风险态度的四重模式

风险态度的四重模式既考虑了收益与损失因素，也考虑了概率因素，从而使得累积前景理论在解释决策问题时与现实更加贴近。

以 Camerer（2004）为代表的很多学者在对前景理论和其他理论进行比较分析后，认为前景理论的优势是显而易见的。比如，期望效用函数无法解释同一个人既购买保险（风险厌恶）又购买彩票（风险追求）的现象，但是期望效用理论却可以对这一现象进行合理解释。这里面的一个重要原因就是累积前景理论对低概率赋予了较高的权重。

赌徒谬误

赌徒谬误（Gambler's Fallacy），又称蒙特卡罗谬误（Monte Carlo Fallacy）。它的产生是由于人们的一种错误的信念（Brief），人们认为在一系列独立随机发生的事物之间存在着某种联系，用统计的语言表述，就是存在着自相关关系（Autocorrelation）。比如，在扔一枚硬币时（当然，这枚硬币必须是均匀的，以保证公平性），如果连续出现了很多次正面，那么有人认为下一次出现反面的概率非常大。

赌徒谬误产生的原因在于人们对概率论中大数法则（Law of Large Numbers）的错误理解。他们往往将大数法则下的结论运用在赌博当中，殊不知，即便赌博次数再多，也无法达到概率论中对"大数"的要求。也就是说，客观上他们参与的是小样本，但主观上他们认为是大样本。因此，Tversky and Kahneman（1982）把赌徒的这种错误称为小数法则（Law of Small Numbers），它本质上是一种认知偏差。

Terrell（1994）也利用赛马赌博对赌徒谬误进行了检验，发现的确存在赌徒谬误的现象。Shefrin（1999）将赌徒谬误引入对期货市场的解释当中。也就是说，一旦投资者看到一定的趋势成立，那么不同的看法将会在这些投资者之间产生，一些人会认为趋势是连续的，另一些人会认为从下一次开始应该与趋势是相反的。

4.8 累积前景理论的映射

Rieger and Wang（2008）认为，前景理论采用了期望效用理论的基本框架，但是添加了基于真实人在进行决策时的心理元素。

Fennema and Wakker（1997）讨论了前景理论与累积前景理论的区别。结果表明，累积前景理论不仅是对前景理论中某些理论问题的正式修正，而且给出了不同的预测。对 Lola Lopes 做过的一些实验再进行分析，证明累积前景理论优于前景理论。研究结果表明，累积前景理论的数学形式非常适合心理模型的敏感性下降现象。

图 4.5 给出了期望值理论、期望效用理论及前景理论的关系[1]。在图中的一个"类四象限坐标"中，每个象限均代表一种理论[2]。它们遵循一种"内积范式（Inner Product Paradigm）"。

如图中第一象限代表期望值理论（EV），在这个象限里，无论是结果x，还是概率p，均是客观的。然而，当概率通过$w(\cdot)$发生扭曲而结果保持客观时，进入第四象限视角看待问题，这就是从事心理学研究的学者所热衷的模型——主观期望值模型（SEV）。当概率维持客观不变，而通过$u(\cdot)$将结果进行主观赋值后，则进入第二象限视角，即期望效用理论（EUT）。而如果对结果及概率通过$u(\cdot)$和$w(\cdot)$进行主观赋值，则进入第三象限视角，即前景理论（PT）[3]。

---

[1] 当前景只存在两个非 0 结果时，原始前景理论与累积前景理论是一致的。
[2] 之所以称其为"类四象限坐标"，是因为它不是一个真正的四象限坐标，而是一种为了方便数字映射而形成的图形，如第二象限的横轴不再代表负数。
[3] 注意：为了方便比较，这里不考虑前景理论中结果为负的情况。

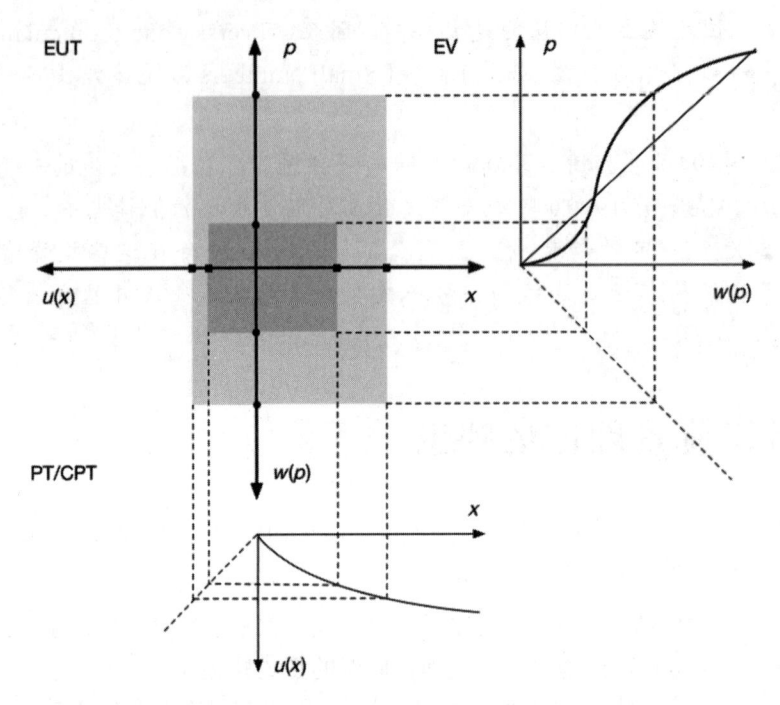

图 4.5　期望值理论、期望效用理论及前景理论的关系

内积（Dot Product），有时候也称点积，指的是两个由实数构成的向量相乘后给出一个实数标量（Scalar）的二元运算，是欧几里得空间的标准内积。

比如，n 维向量 $\boldsymbol{x} = [x_1, x_2, \cdots, x_n]$ 和 n 维向量 $\boldsymbol{p} = [p_1, p_2, \cdots, p_n]$ 的内积定义如下：

$$\boldsymbol{x} \cdot \boldsymbol{p} = \sum_{i=1}^{n} x_i p_i = x_1 p_1 + \cdots + x_n p_n \tag{4.18}$$

第5章　前景理论与实验经济学

相信多数人都会存在这样的疑问：通过一个简单的实验观察所得出的结论是否能够预测这个复杂多变的世界？如果不能进行有效的预测，那么做这些实验又有什么用呢？Samuelson and Nordhaus（1985）说过，经济学中不可能存在实验。不过在后来的著作中，他们却不再提及这样的观点。

有些学者认为一些学科必须进行实验。Plott（1986）认为在政策背景下的实验方法似乎是一门涉及了一些技巧和实验条件的艺术。在一定条件下的实验的结果是经验的来源，这些经验对做出一定的决策是有帮助的。而实验的一个目的就是让人们做出符合他们经验的决策。

行为金融学的发展与实验经济学有着密切的联系。实验经济学重视实验方法在经济学上的应用。实验经济学在行为金融学研究中的地位就像计量经济学在经济学研究中的地位那样重要。早期，行为经济学与行为金融学在很大程度上依赖实验证据。然而，随着行为金融学的日益完善，其对实验经济学的依赖程度逐步降低。

行为金融学与实验经济学属于不同的领域，这一点从2002年的诺贝尔经济学奖中也可以看出（Loewenstein，1999）。行为金融学并不以研究方法和手段为主要目的，而是更多地利用心理学或实验经济学讨论金融问题。而实验经济学家则以研究方法和手段为主要目的（Hertwig and Ortmann，2001）。

总之，行为金融学更加关注投资者心理对金融市场的影响，并将所研究的成果运用到金融问题中，因此会大量采用各种方法与手段，而实验经济学家提出的实验方法仅仅是行为金融学家的关注点之一。然而，人们也决不能忽视实验经济学对行为金融学发展的促进作用。本章将对实验经济学的发展进行一个简要的回顾，介绍一些实验相关知识与问卷调研的分析方法。

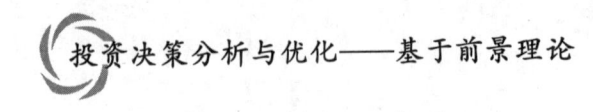

5.1 实验经济学概述

5.1.1 实验经济学的发展

历史上，科学曾被局限于对周围世界的纯粹观察，或者关于事物特征与含义的哲学讨论。大约在 1600 年，Galileo Galilei 首次利用钟摆及落体实验创建了实验数据，这扩充了我们对基本物理定律的理解。随后不到 200 年的时间，Antoine Lavoisier 进行了大量的化学定量实验，提出了质量守恒定律。19 世纪，Gregor Johann Mendel 通过大量的生物实验（豌豆实验），发现了遗传规律、基因的分离规律及基因的自由组合规律，将新的实验方法引入了生物学。

尽管实验成为如物理、化学、生物等自然科学领域广泛接受的方法，然而，它在很长一段时间内却不适用于社会科学。Samuelson and Nordhaus（1985）曾解释说，因为经济学无法像化学或者生物实验那样，对实验过程的其他重要因素进行控制。

最初的实验是为了在个体投资决策背景下研究期望效用理论的含义（Roth, 1995）。实验室实验能够帮助研究者发现违背期望效用理论预测的个体行为决策模式。

2002 年的诺贝尔经济学奖授予了 Daniel Kahneman（心理学家）和 Vernon Smith（实验经济学家）。该奖项承认了经济学的一个重要趋势，即实验作为一种有效的、公认的方法的发展，以及心理研究对这种发展的影响。现在，实验已经广泛存在于金融、博弈论、产业组织、决策论等诸多领域。

实验经济学与心理学研究有许多相似之处。

- 关注的实质性领域类似。比如，实验经济学中的讨价还价和心理学中的谈判，实验经济学中的公共产品供给和心理学中的社会困境。
- 实践方法类似。实验经济学与心理学都使用方便的人群（如本科生）作为实验的受试者。
- 启发来源类似。实验经济学与心理学都从受试者那里得到启发，引起反思并探寻规律。
- 实验设计类似。实验经济学与心理学均避免需求效应和适当的统计分析。

Roth（1983）对一些在经济学中所用到的实验进行了总结及归类。该文章指出，一些在经济学中很难观察到的问题，利用实验则可以有效地解决。在控制的实验室环境中设计实验来检验这些理论是可行的。

Neumann et al.（1944）解决了不确定下的理性选择问题。长期以来，这个理论一直占据着经济学中的重要地位,直到一些学者通过实验进行了质疑,构造了与期望效用理论预测相悖的例子,比如前面提到的 Allais(1953)和 Ellsberg(1961)。一个比较有意思的案例是,一位知名的经济学家被实验诱导,从而违背了他本人提出的公理。事后,这位经济学家承认自己确实犯了一个错误,被直觉所误导。

由于经济理论的研究中充斥着大量的实验,所以经济学与心理学的结合显得愈发紧密。实际上,经济学中的很多实验都是由心理学家完成的。现在仍会有很多人感到困惑,既然经济学中融合了大量的心理学实验,那么经济学中的实验与心理学中的实验有何差别呢?最为重要的一点就是不同学科有不同的目的。心理学实验主要研究的是记忆、推理及决策的思维活动的内在过程;而经济学则通过实验研究在一些特定环境下的行为结果。其次,经济学更加依赖原有的理论体系,一些实验的设计也要以原有的理论为依据。比如,从期望效用理论到前景理论,再到后来的累积前景理论,尽管各不相同,其实各理论背后也有很大的关联。

然而,心理学和经济学实验的目标往往是不同的。经济学实验是为了检验经济理论而设计的;心理学实验是为了解决心理学理论而设计的。经济学家在过去很长的一段时间内都强调以理论为基础,经济学的理论要由已经成立的定理得出。而心理学则认为,如果一些新的理论能够很好地解释某些数据,就会受到重视。

通过有针对性地设计实验,不仅能够获得想要的数据,还可以模拟一些真实的场景来观察受试者的反应。根据 Friedman and Sunder(1994)的分类,经验数据(Empirical Data)既可以是已经发生的事件产生的数据,也可以是实验数据。

对于已经发生的事件产生的数据,通常不能对理论假设进行证伪。SirKarl Raimund Popper 提出,科学是可以证伪的。因此,经济学最大的问题就是没有合适的方法对已有理论进行证伪。

实验数据的特征是在控制条件下有意产生的。实验室实验提供了人工环境,可以最大限度地排除外部因素。潜在的决策参数可以在受控过程中变化,从而对因果依赖关系进行后续分析。这种严格控制的参数允许在其他条件不变情况下的分析。另外,举一反三的结果是实验的一大优势。

一些对实验的担忧主要来自招募的受试者。然而,这并不是对实验本身的根本批判。首先,描述行为的理论在学生作为受试者的情况下也应该成立。其次,可以与其他子群(Subgroup)进行实验,以便对特定的社会经济亚群进行深入的比较。

仅仅因为实验受试者的人数较少,就对实验不具有代表性表示担心,这是没有道理的。因为统计方法既可以用来分析小样本数据,也可以进行大规模实验。对实验室实验的普遍关注点应该放在实验结果的正确性上。内部效度通过适当的实验设计可以保证。

实验者可以创建一个尽量简化的真实世界的实验背景,以聚焦在关键问题和参数上。正如在传统经济学中,描述真实世界与模型的复杂性之间的权衡是所有的经济模型固有的问题。

正如 Plott(1982)所指出的:

虽然实验室过程相对于自然发生的过程来说是简单的,但它们是真实的过程,因为有真实的人参与,并遵循了真正的规则。正因为它们是真实的,所以它们才有趣。

因此,实验室实验为其他实证研究方法提供了有价值的补充,尤其是在分析风险和不确定性下的个人决策时。

5.1.2 对实验的质疑

在实验进入经济学领域的初期,不少经济学家对这种在实验室内产生的结论在实验室外还能应用提出了质疑。比如,当时的实验受试者大部分是学生,有的学者提出一些在社会中身经百战的人是否也会做出同类的决策是值得商榷的。Bohm(1984)认为,即便实验的结果在几个实验中显示有效,人们也无法一定能够保证其在下一个状态下有效。

畅销书《黑天鹅》讲述了在发现澳大利亚的黑天鹅之前,欧洲人长期认为天鹅都是白色的(Taleb,2006)。而每天吃到主人精心准备的食物的那只火鸡,直到被杀的那天,也认为主人是善良的。在完全改变这些状态之前,演绎逻辑学并没有质疑这些总结。就像我们熟知的太阳每天从东边升起一样,几十年、几百年、几千年都是如此,我们也就相信了太阳从东边升起。所以,欧洲人没有错,火鸡也没有错,归纳法的原则就是:只要其他条件不发生大的变化,规则在新的环境中总是存在的。这也就是为什么经济学家总是要加上一句口头禅:"在其他条件不变的情况下……"

Smith(1982b)将这种原理称为平行维度(Dimensions of Parallelism)。也就是说,在实验室的微观经济中被证明了关于个人行为和制度表现的定理,只要在"其他条件相同"的情况下成立,那么该定理也适用于实验室外的微观经济。按照该原理,实验的结果能够推而广之。然而,还是有不同学者结合前人所做实验未考虑到的环节来质疑前人的结论。

在有关前景理论的文章中,也存在一些质疑的声音。Kahneman and Tversky(1979)设计了一系列涉及风险条件下决策的实验选项,研究受试者的实际偏好,进一步提出了价值函数与权重函数。然而,不少学者对这些函数提出了质疑。Li(1995)涉及了 13

组问题，其研究数据分析显示与 Kahneman and Tversky（1979）得出的权重函数的结果并不相符，从而对权重函数的特征是否存在提出了质疑。其实，正如前面所说，Tversky and Kahneman（1992）对其之前的前景理论也进行了修正，提出了累积前景理论。而很多抨击的学者恰恰针对的就是前景理论的一些结果。

由于前景理论是一个开创性的新理论，无论是其背后的思想，还是其分析问题的方法，都具有很大的影响力，所以将其发表在权威杂志 *Econometrica* 上，并成为引用数量最多的文章之一。对细节感兴趣的读者可以进一步参阅 Liang et al.（2007）文献。

5.2 实验目的与对象

5.2.1 实验目的

实验的目的有很多种，它是在设计和进行实验之前必须考虑清楚的事情。只有实验目的明确了，才能将注意力放在主要关注的对象上，从而避免干扰项的干扰。实验目的主要有以下几种：

- 获得数据，进行决策。
- 检验现有理论[①]。
- 找出现有理论无法解释原因的异象背后的规律。
- 进行教学[②]。

在进行实验前还需要避免两种误区。一种误区是认为实验过程真的可以完全逼近现实。世界经济、金融运行是一个非常复杂的体系，在实验中完全模拟是不现实的问题。无论设计了多少细节，仍然会有无数的细节没有被设计。另外，由于受试者知道是在进行实验，心态及行为等与真实场景也会有所不同。比如，很多在模拟炒股时能取得高收益的人，一旦进入真实股市，往往赔得一塌糊涂。

---

① 有些学者认为实验的目的之一是对一个理论进行检验。这对于那些以一系列理性公理、假设为前提，一步步推导的理论可能不太合适，但是对于那些本身利用实验方法得出的理论再合适不过了。毕竟，实验中受访的人群由于不同的风俗习惯所表现出的行为也大相径庭。同时，随着社会的发展，或者自身知识水平等因素的改变，行为也会发生改变，轻则改变理论模型的参数，重则需要对理论进一步完善。

② Chamberlin（1948）最早为了教学而进行实验。现在，经济学教学中所用的实验越来越广泛，在经济学课程中进行实验演示的教师越来越多。

另一种误区就是完全利用理论指导实验，并且数据的获取仅仅利用理论的假设进行一些仿真，完全把现实的规则抛之脑后。这样做也是不可取的，毕竟理论是一个极端简化后的结果。

在进行实验之前，一定要再次明确实验的目的。比如，有的实验是为了得出不同价值函数或者概率权重函数的参数（Tversky and Kahneman，1992；Stott，2006），而有的实验则是为了得到非参数形式的某类函数（Abdellaoui，2000；Bleichrodt and Pinto，2000；Gonzalez and Wu，1999；Hey and Orme，1994；Mellers et al.，1992）。只有明确了实验目的，问卷的设计和实验的过程才能更加有针对性。

5.2.2　实验对象

不同的实验对象往往会产生不同的实验结果。保证完全随机化地选择实验受试者也是一种有效的办法。比如，在选择一些受试者时，如果在同一个地方进行，则很有可能选择的都是那些风俗习惯、知识结构、行为心理类似的人，从而对实验的结论产生有偏的估计。

不过，在很多涉及前景理论的含有实验的文献中，都将某学校或者某班级的学生作为受访对象进行研究。在 Tversky and Kahneman（1992）的实验中，实验对象为 25 名来自伯克利大学和斯坦福大学的研究生，男女比例为 12∶13。在 Abdellaoui et al.（2007）的实验中，实验对象为卡尚高等师范学校的 48 名经济学专业学生[①]。Bleichrodt and Pinto（2000）在他们的研究中招募了 51 名实验对象。Stott（2006）在校园中招募了 96 名受试者。

为什么很多实验研究要将大学生、研究生或者 MBA 的学生作为受试者呢？不外乎以下几个原因：

- 募集相对容易。这一点无须多说，估计没有任何一种实验对象比在大学里集中招募更加方便。
- 时间相对充裕。一些实验可能需要在一段较长的时间里反复进行，而大学里的这些人群在时间上比其他人群有绝对的优势。
- 成本相对低廉。除一些组织实验、研究人员开销及实验设备等耗费的成本外，在实验过程中还需支付实验对象物质奖励。Tversky and Kahneman（1992）曾提到，在中国当时的经济条件下，研究者能够给实验对象提供非常可观的实验报酬，实验对象在一个实验阶段的收入大约是正常月收入的 3 倍。

[①] 4 所著名的法国高等师范学校之一。

- 信息相对较少。很多实验为了不产生固定的偏见，往往需要实验对象掌握的信息较少。很多实验会甄别实验对象是否受到过某些专业训练，或者周围的人是否从事一些与实验有关的工作，这些都会对实验的结果产生干扰。如 Tversky and Kahneman（1992）要求参与累积前景理论实验的实验对象没有经历过决策理论的专门训练。

那么，究竟需要多少实验对象呢？直觉告诉我们，受试者当然越多越好。然而，随之而来的就是成本上升的问题。并且，根据边际递减的原则我们不难想象，当受试者增加到一定的程度后，再增加受试者所带来的收益变化可能为 0，但是成本却一直在增加。因此，很多实验把受试者的数量减少到能够允许的最小范围内。Plott and Sunder（1982）用了 12 名实验对象，并且在每个小组中仅安排了两名实验对象。对于一些少数实验对象参与实验的理论证实，可以参看 Plott（1982）、Smith（1982a）、Friedman（1984）等文献。

5.3 实验设计

5.3.1 指导语

阅读实验的指导语是实验对象在进行实验前的第一步。不仅仅实验的组织者需要明确实验的目的，还需要将这一目的清晰、准确地传递给受试者。指导语中要明确说明这次调查出于何种研究，研究的目的、意义及重要性，以及实验的发起者的单位（如大学或者研究机构），让受试者知道该实验是一件有价值的事情。

除了实验目的，在实施实验之前，还需要向受试者交代清楚实验操作的要求。例如，如何填写相应的选项，告之答案并无对错之分，在实验中可以随时休息等。有些实验还需要向受试者表明该问卷仅仅用于学术，并且是匿名和保密的，以打消受试者在回答问题时的顾虑。

以上这些事项需要编写一段文字内容以便受试者阅读，并更好地掌握实验规则。在一些指导语中，甚至还要包含对概率论等数学知识点的简要回顾。还有一些指导语中甚至包括一些必要的练习题，用来测试实验对象是否理解实验规则。

在一些实验中，指导语由实验人员在实验开始前大声读出，并提供对所有的实验目的及操作的解释，包括应用的图形演示。也有一些实验，指导语是在计算机终端上显示的，甚至在整个实验过程中，指导语会在不同时刻分步骤地呈现给实验对象。

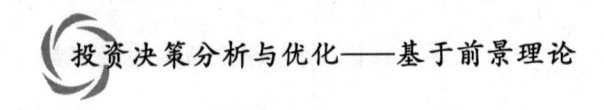

5.3.2 控制变量

在一个实验中存在很多变量。在实施实验之前，一定要搞清楚哪些是核心变量，哪些是非核心变量，甚至是干扰变量。外部环境中有很多变量是在实验中无法控制的，也就是随机的，比如经济的走势、外汇的变动、股票的价格等。对于这样的变量，一定要保证控制变量与它们之间的独立性。通过保持控制变量在某水平上不变可以实现对其的有效控制。一个实验的控制变量越多，实验越简单，所耗费的成本也就越低。

5.3.3 干扰因素

在实验过程中，不少因素都会对实验的结果产生影响。主要的干扰因素有以下几种：
- 经验。假如实验对象对实验的目的甚至内容有所了解，那么他们的行为就会影响实验的结果。
- 受试者的相互影响。在实验或者调研过程中，很多实验对象的想法和行为往往会受到所谓的"意见领袖"的影响，从而影响实验的结果。
- 疲劳感。无论是哪种形式的实验，时间一长，受试者都会产生疲劳的感觉。从疲劳的时刻开始，后面的回答往往并不是出自实验对象本来的意愿，而是为了快点完成实验的一种敷衍。因此，在进行实验前，相关调研人员需要把握调研的时间。比如，在正式展开调研之前，可以先找人估测或自测完成时间。有的实验时间相对较长，还有的实验则需要在不同的时间里反复进行数次（Bleichrodt and Pinto，2000），这就需要实验工作人员做出合理的安排。

5.3.4 随机数

在实验过程中涉及随机数的产生。过去的实验常常使用硬币、扑克、骰子等产生随机数。当然，也可以用随机数表（乱数表）产生随机数。目前使用最多的方法是由计算机自动生成伪随机数。

为了避免个别实验产生的潜在偏差，除所有的实验过程都要遵循相同的标准化程序以外，还需要充分做好实验对象的随机工作。随机分配给实验对象计算机终端。在到达实验场所后，实验对象得到一个随机数字，确定其面对的计算机。因此，相邻实验对象之间的通信是有限的。实验室的所有计算机终端最好配有隔离板，以防止实验对象相互交流。

可以利用MATLAB生成随机数。

```
>> r1=rand(6,1)    % 生成6个（6行1列）在区间（0,1）上服从均匀分布的随机数
r1 =
   2.7603e-01
   6.7970e-01
   6.5510e-01
   1.6261e-01
   1.1900e-01
   4.9836e-01
>> r2=rand(1,6)    % 生成6个（1行6列）在区间（0,1）上服从均匀分布的随机数
r2 =
  9.5974e-01  3.4039e-01  5.8527e-01  2.2381e-01  7.5127e-01  2.5510e-01
>> r3=randn(1,6)   % 生成1行6列服从标准正态分布（均值为0，方差为1）的随机数
r3 =
  -7.4230e-01  -1.0616e+00  2.3505e+00  -6.1560e-01  7.4808e-01  -1.9242e-01
% 也可以用以下命令生成服从均匀分布及正态分布的随机数
>> r4=unifrnd(-5,5,1,6)    % 生成6个（1行6列）在区间[-5,5]上服从均匀
分布的随机数
r4 =
  4.2926e+00  -1.5002e+00  -3.0340e+00  -2.4892e+00  1.1604e+00  -2.6711e-01
>> r5=normrnd(1,2,1,6)     % 生成6个（1行6列）服从均值为1、标准差为2
的正态分布的随机数
r5 =
  -6.0893e-01  2.3932e+00  2.6702e+00  5.1257e-01  1.4313e+00  -1.3317e+00
>> r6=randperm(6,5)        % 将1~6随机排列，并提取5个不同的数
r6 =
      2       1       5       3       6
```

另外，常见的分布随机数生成命令有：chi2rnd()——生成服从卡方（Chi-square）分布的随机数；frnd()——生成服从F分布的随机数；trnd()——生成服从t-Student分布的随机数；lognrnd()——生成服从对数正态分布的随机数；binornd()——生成服从二项分布的随机数；poissrnd()——生成服从泊松（Poisson）分布的随机数。关于这些命令的详细说明请参看MATLAB的帮助文件。

5.3.5 数据采集

实验在什么条件下进行，是采用纸质问卷的形式，还是通过计算机采集数据，与实验目的有很大关系。通过纸质问卷采集数据是实验中采用的主要手段之一。因为纸质问

卷的形式相对灵活，可以方便地对实验设计、所含变量及参数等进行修改完善。而计算机程序除要求实验组织者具备编程能力，或者与编程人员共同完成一套调研的程序外，它的维护成本也是比较高昂的。另外，通过计算机采集数据的灵活性也远远不如纸质问卷。

随着信息网络技术的发展，尤其是大数据科技的兴起，现在越来越多的实验可以利用网络进行，很多用户在上网、购物时可能就参与了某项调研。不过就学术研究目的而言，目前仍然以在某一实验场所内通过计算机采集数据为主（Tversky and Kahneman, 1992; Abdellaoui, 2000; Abdellaoui et al., 2007）。

5.3.6 实验激励

前面已经介绍了很多关于行为经济实验的具体例子。一个比较显著的问题就是货币激励。Tversky and Kahneman（1992）支付了每位实验对象 25 美元。Abdellaoui（2000）支付了每位实验对象约 25 美元。

不少学者也开始致力于进行有激励和无激励的对比实验，如 Tversky and Kahneman（1981）、Pommerehne（1982）、Reilly（1982）等。一些研究结果表明，人们在货币激励情况下往往对理性假设的原则违背更强。然而也有一些学者认为货币激励其实并不重要。其实，这就像后文中要提及的一些关于针对前景理论参数的实验一样，通过不同的方法，得到的参数及形成的结论都存在较大差异，很难辨别真伪。

为什么要支付受试者报酬？一般人肯定认为：天下没有免费的午餐。的确，但是在经济学家的眼中，付给受试者一定的报酬，还能够起到控制实验、增加实验结果可信度等作用（Jamal and Sunder, 1991; Smith and Walker, 2010）。一般情况下支付给受试者的是现金。并且其他受试者所得到的报酬要高出在校生所得到的报酬很多。有时，实验组织者也承诺通过学分的形式支付给学生报酬。

5.3.7 知识偏差

凡是参与过问卷调研的人们可能都有一些印象，一般在答卷之前会被问及是否了解该领域的内容。实验组织者往往找一些不太熟悉该领域的受访者进行实验，以免天然形成偏见。最常见的就是在一些商学院的研究中，往往需要没有经济、金融等知识的受试者进行回答。

知识会帮助受试者了解问卷的目的，从而产生有偏的回答，或者无法达到预期的效果。另外,如果受试者觉得自己对被测试问题非常了解,那么还有可能产生另一种偏差,就是过于自信。这一点在一些大学老师或者其他领域的专家身上表现得淋漓尽致(Mcneil et al.,1982;Lichtenstein et al.,1977)。

5.3.8 实验计划

在明确实验目的后,就可以开始编写实验计划了。实验计划可以说是实验的框架,通过实验计划可以进一步明确完成该实验所需的信息和必要流程。需要将整个实验从始至终的每个事项所需的方法、时间、人员及开支等考虑清楚。

实验计划应该包括以下内容:

(1)实验摘要。在实验摘要中要对整个计划的各个环节进行简单的介绍,并对实验应该能够达到何种预期进行简短的描述。

(2)实验目的。实验的最终目的是什么?它是在什么背景下产生的?有没有类似的实验已经实施?有什么文献可以参考借鉴?

(3)实验对象及其选取方式。实验对象面向何类人群?如何选取实验对象(抽样的手段)?

(4)实验调查方式。实验中通过何种方式获取资料?是纸质问卷,还是计算机操作?

(5)实验质量控制。实验数据的质量如何把控?数据缺失如何处理?如何识别是否是有效问卷?

(6)实验数据分析。实验数据采用的分析方法及对结果的说明。

(7)实验报告撰写。

(8)实验的时间与预算。实验过程中各事项所耗费的时间与成本的估计,包括对受试者支付的报酬物品或金额的估计。

5.4 问卷设计与分析

5.4.1 问卷内容与结构

在前景理论的相关实验中,问题设计一般需要围绕以下几个因素来考虑:
- 问题的说明方式。

- 问题的提问方式。
- 问题的录入方式。

问题中的每句话都要与研究的目的相关,可有可无的内容甚至与研究目的无关的内容都需要删除。问卷中的问题可以通过邀请专家共同讨论,或者安排相关人员预先模拟答卷的方式进行预先测试。Bleichrodt and Pinto(2000)在实施针对概率权重函数有关研究的实验时,就安排高校职员参与了几次试点工作会议。

问题的内容必须明确清晰,避免产生歧义。这一点不仅体现在题干上,也体现在答案中。比如,在某项关于行为金融学实验调查问卷的某些答案中,出现了"不好说"或"说不清"等选项。这些选项与其他选项一起出现,使得受试者并不清楚问题的本意。

在问题中,还要注意尽量不要使用专业术语。并不是所有的受试者都能够理解专业术语的意思,因此,当他们面临专业术语时,可能会影响真实的想法。另外,问题不能带有倾向性,也就是不能在问题中出现暗示或者诱导受试者的字眼,以保证实验的客观性与真实性。

不同的实验往往包含不同的表现形式。比如,在一些研究前景理论的问卷中,出现过以下几种表现形式:

- 开放式。这种形式一般是指受试者可以按照自己的想法填写答案。比如,当出现一个偏好后,受试者可以根据自己的偏好写出其具体的答案。在一些关于前景理论实验的问题中,常常出现"金额"需要自己填写的情况,比如"给你多少钱,你才愿意参加这个游戏",或者"多少钱你才认为这两个选项无差异"。
- 封闭式。这种形式一般是指在问卷中已经包含了问题的答案,受试者只需在已经提供的答案中进行选择即可。这种方式的一大优点就是不需要受试者进行过多的思考,可以大大减少实验时间,为后续的统计提供方便。这种方式在前景理论的实验中出现的频率较高,实验中往往给出一对偏好供受试者二选其一。

在设计问卷问题时,往往还需要注意信度(Reliability)。信度是指利用相同的方式对某问题进行再次测量所得结果的一致性程度。在一些实验中,如果发现某人的回答呈现出随机性及不一致性,那么这样的实验数据往往无效。Tversky and Kahneman(1992)利用重复 3 个非负前景和 3 个非正前景对选择的一致性进行评估。Gonzalez and Wu(1999)直接舍弃了部分数据,就是因为数据出现了不一致性。Bleichrodt and Pinto(2000)舍弃了实验中违背同单调(Comonotonictiy)的受试者的数据。Abdellaoui et al.(2007)不但用 4 个问题对一致性进行了测试,并且还用其他方法进行了一致性的再测试。

无论什么样的问卷形式,都需要实验发起者自测一遍。一个作用是检查问卷是否存在一些逻辑问题或者其他错误，另一个作用则是了解回答一次问卷所需时间，如在 Stott（2006）针对前景理论的调研中就明确指出平均每个问题耗时 11 秒。

在开放式的问题中，如果涉及具体金额或者其他数字，那么在后期录入时相对方便。如果是文字类的，那么还需将全部内容录入，根据关键词重新进行分类后再编码，较为麻烦。而封闭式问题的录入则简单得多，可以根据数字进行编码。

5.4.2 问卷数据分析

1. 频数

在分析前景理论的调研问题时，有一类统计量非常常见，即回答某个问题的比率，并且对比率进行假设检验，并给出其显著性水平（Kahneman and Tversky，1979）。

在进行假设检验时，通常存在原假设和备择假设两种情况。如果接受了为真的原假设，或者拒绝了错误的原假设，则表明做出了正确的选择。显著性就是原假设为真却将其拒绝的概率，一般用 α 表示。$1-\alpha$ 即通常所说的置信水平。一般情况下，α 的取值为 0.05 或 0.01。在 Kahneman and Tversky（1979）文献中将偏好问题的显著性全部设置在 0.01 的水平上。

1925 年，Ronald Fisher 推进了统计假设检验方面的研究，在他的著作 *Statistical Methods for Research Workers* 中提出了"意义（Significance）的检验"。Fisher 建议以 0.05 作为一个拒绝原假设的分隔点。1933 年，Jerzy Neyman and Egon Pearson 将这种分隔点称为显著性水平（Significance Level），并命名为 α。1956 年，Ronald Fisher 在其著作 *Statistical methods and scientific inference* 中提出不应该将显著性水平固定，而应该根据具体的环境进行设置（Cumming，2011；Fisher and RonaldAylmer，1934；Poletiek，2001；Quinn and Keough，2002）。

2. 集中程度

（1）样本均值。它是一组样本数据中所有数据值求和再除以样本个数得出的值，反映了该样本数据的集中趋势和平均水平。

（2）样本中位数。它是将一组样本数据按照从大到小的顺序排列后，位于数列中间位置的那个数据值。如果样本数据个数为奇数，则中位数正好等于中间位置的那个数据值。如果样本数据个数为偶数，则中位数等于中间位置的两个数据值的平均值。

Tversky and Kahneman（1992）在其实验数据分析中选取的就是中位数这个指标。其实，在与前景理论相关的很多实验中，学者都采用中位数而不是均值进行分析。因为在可能出现极端数值的样本数据中,用样本中位数比样本均值更好,样本中位数受到极端数值影响的情况很少。

(3) 样本众数。它是样本数据中出现频率最高的数值[①]。

3. 离散程度

(1) 样本标准差。它是对样本数据相对于样本平均值的分散程度的一种测度方式。如果标准差的数值较大,则说明样本的数值与样本平均值之间的偏差较大;反之则较小。

对一组样本数据中的每个样本值分别减去这组样本数据的平均数的差的平方求和,再除以这组样本个数减去 1 的值,就是该组数据的样本方差。样本方差再开平方就可以得到标准差。

(2) 样本全距,有时也称极差。它是样本数据中最大值和最小值之间的差值,也是反映样本离散程度的一种指标。与样本标准差不同的是,样本全距不能在单位不同的样本数据中进行比较,而标准差则可以。

利用 MATLAB 计算样本均值、样本中位数、样本众数、样本标准差及样本全距。

假如 a 是由 150 个样本值构成的向量,则求解命令如下:

```
>> s1=mean(a)      % 计算样本均值
s1 =
   2.3747e-01
>> o2=median(a)    % 计算样本中位数
s2 =
  -3.9000e-01
>> s3=mode(a)      % 计算样本众数
s3 =
  -1.5600e+00
>> s4=std(a)       % 计算样本标准差
s4 =
   2.7158e+00
>> s5=range(a)     % 计算样本全距
s5 =
   9.6800e+00
```

[①] 众数可能不存在或多于一个。

4. 回归分析

1）线性回归

假设有一组样本集合 $\mathbb{S} = \{(\boldsymbol{x}_1, y_1), (\boldsymbol{x}_2, y_2), \cdots, (\boldsymbol{x}_m, y_m)\}$。线性回归的目的就是通过对这些样本集合的分析，建立起 y_i 与 $\boldsymbol{x}_i$ 之间的线性关联。这里的假设是对每个变量进行 m 次观测，因此 $\boldsymbol{x}_m$ 代表的其实是行向量，即一次观测时各个变量的数值。线性模型要做的事情就是通过这些观测值赋予各变量一个相应的权重，以达到预测的目的。

让 $\boldsymbol{x}_{\cdot 1}, \boldsymbol{x}_{\cdot 2}, \cdots, \boldsymbol{x}_{\cdot n}$ 代表 n 个变量，因此 $\boldsymbol{x}_{\cdot n}$ 表示列向量的取值，可以得到一个 m 行 n 列的观测矩阵：

$$\boldsymbol{X}^0 = \begin{pmatrix} x_{11} & \cdots & x_{1n} \\ \vdots & \ddots & \vdots \\ x_{m1} & \cdots & x_{mn} \end{pmatrix} \tag{5.1}$$

线性回归模型就是通过如下的方程

$$y_i = w_0 + w_1 x_{i1} + \cdots + w_n x_{in} + \varepsilon_i, \quad i = 1, 2, \cdots, m \tag{5.2}$$

建立起因变量 y 与自变量 $\boldsymbol{x}_{\cdot 1}, \cdots, \boldsymbol{x}_{\cdot n}$ 之间的联系的。其中，$\boldsymbol{w}^0 = (w_1, \cdots, w_n)^{\mathrm{T}}$ 是对每个变量赋予的权重；w_0 是截距项；ε_i 是误差，代表第 i 次观测后形成的误差[①]。

多元线性回归的目的就是通过模型的建立，估计出参数向量 $\boldsymbol{w} = (w_0, w_1, \cdots, w_n)^{\mathrm{T}}$ 的值。

如果用矩阵表示式（5.2），则为：

$$\begin{pmatrix} y_1 \\ \vdots \\ y_m \end{pmatrix} = \begin{pmatrix} 1 & x_{11} & \cdots & x_{1n} \\ \vdots & \vdots & \ddots & \vdots \\ 1 & x_{m1} & \cdots & x_{mn} \end{pmatrix} \begin{pmatrix} w_0 \\ \vdots \\ w_n \end{pmatrix} + \begin{pmatrix} \varepsilon_1 \\ \vdots \\ \varepsilon_m \end{pmatrix} \tag{5.3}$$

式（5.3）也可以表示为：

$$\boldsymbol{y} = \boldsymbol{X}\boldsymbol{w} + \boldsymbol{\varepsilon} \tag{5.4}$$

其中 $\boldsymbol{X}$ 就是把矩阵 $\boldsymbol{X}^0$ 在最左边加上一列 1，$\boldsymbol{y} = (y_1, y_2, \cdots, y_m)^{\mathrm{T}}$，$\boldsymbol{\varepsilon} = (\varepsilon_1, \cdots, \varepsilon_m)^{\mathrm{T}}$ 是误差向量。

线性模型的形式较为简单，在实践中也很少采用。因为很多非线性模型都可以通过对线性方程做相应的处理而得到，所以线性问题是理解非线性问题及机器学习的基础。

---

① 在经典回归模型假设中，对误差向量做出了严格的假设，也就是各误差的期望值为 0，方差为一个常数，而不同误差间的协方差为 0。

2）非线性回归

前面介绍了因变量与自变量为线性关系的线性回归，在二维图形上表现为一条直线。如果是非线性关系又该如何呢？

假设存在一个单调可微的函数$g(\cdot)$，使得

$$y = g^{-1}(\boldsymbol{w}^\mathrm{T}\boldsymbol{x}) \tag{5.5}$$

称这样的模型为广义线性模型（Generalized Linear Model）。

下面考虑如何将指数型非线性模型转换成线性模型求解。

$$y_t = a\mathrm{e}^{\boldsymbol{x}\boldsymbol{w}} \tag{5.6}$$

对上式两边同时取对数，得

$$\ln y_t = \ln a + \boldsymbol{x}\boldsymbol{w} + \varepsilon_t \tag{5.7}$$

实际上这仍然是某种意义上的线性关系，只不过多了一个从输入空间到输出空间的非线性映射，如图 5.1 所示。

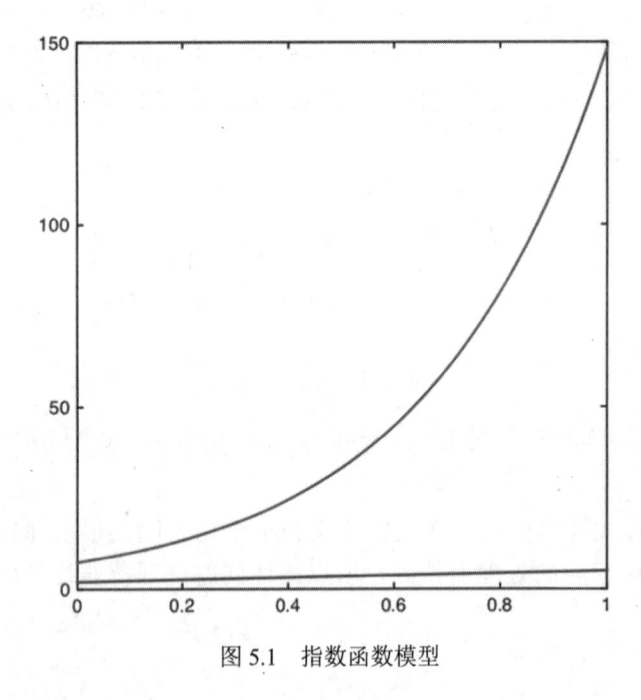

图 5.1 指数函数模型

同理，像对数函数、幂函数、双曲线函数及多项式方程等都可以采用类似的思路转变成线性回归模型，这里就不再一一赘述了。

5. 最小二乘估计

最小二乘估计（Least Squares Estimation）是估计w的一种经典方法。其实可以看到，这种参数估计也是一种求解优化模型的思路。假如共有m次样本观测。如果我们能够事先确定w的一组数值，那么针对每次的观测值，都能够求出一个估计值，由此和实际值之间产生一个误差。

假设误差是一个关于权重的函数，那么这个问题现在变成了在权重空间内寻找误差的最小点。如果将误差看成一个函数，那么首先需要定义何为误差。前面说到误差是实际的输出结果与已知的结果之间的差异。当输出层存在多个节点时是否可以简单地求和呢？答案是不能。比如，一个节点的误差为0，另一个节点为一个误差很大的正值，还有一个节点的误差为与正值符号相反的负值，那么它们的求和为0，也就是求和后不再认为有误差（其实误差很大）。还有一种测度方法，就是将每个节点误差的结果取绝对值，然后相加。这种方法可行吗？可行，但是不够好。因为在这种情况下，对梯度下降法有影响。这里，我们选择对误差的平方进行测度。相比于其他方法，它更适合梯度下降法。相比于前面的误差的绝对值，此时的误差函数是一个光滑且连续函数[①]。

假设估计出来的权重表示为$\hat{w} = (\hat{w}_0, \hat{w}_1, \cdots, \hat{w}_n)$，通过估计出来的权重，可以得到一组残差。

$$\hat{\varepsilon}_i = y_i - \hat{w}_0 - \hat{w}_1 x_{i1} - \cdots - \hat{w}_n x_{in}, \quad i = 1, \cdots, m \tag{5.8}$$

因此，残差的向量可以表示为：

$$\hat{\boldsymbol{\varepsilon}} = \boldsymbol{y} - \boldsymbol{X}\hat{\boldsymbol{w}} \tag{5.9}$$

Carl Friedrich Gauss 在 18 世纪末提出了最小二乘法，它在本质上是一个优化问题，即找到一组权重值$\hat{w}$使得残差的和$\sum_{i=1}^{m} \varepsilon_i$最小。

可以证明多元线性回归问题的最小二乘解为[②]

$$\hat{\boldsymbol{w}} = (\boldsymbol{X}^\mathrm{T}\boldsymbol{X})^{-1}\boldsymbol{X}^\mathrm{T}\boldsymbol{y} \tag{5.10}$$

---

① 为什么绝对值函数不光滑？这需要用到导数的相关知识。如果函数在某点处可导，那么在该点处的左、右导数必须相等，这是判断函数在某点处可导的充分必要条件。举一个简单的例子：对于绝对值函数$y = |x|$，当$x = 0$时，函数的左导数为-1，右导数为1，左、右导数不相等，因此该函数在$x = 0$处不可导。

② $(\boldsymbol{X}^\mathrm{T}\boldsymbol{X})^{-1}$可以看成一种特征去相关、中心化及归一化的变换。其中，$\boldsymbol{X}^\mathrm{T}\boldsymbol{X}$是一个满秩矩阵。之前，在样本量小于变量个数的时候，会导致$\boldsymbol{X}^\mathrm{T}\boldsymbol{X}$不是满秩矩阵；然而，在如今的大数据时代，这种情况基本可以避免。

6. 极大似然估计

假设总体X是一个概率密度为$f(x;\theta)$的离散型随机变量,θ为未知参数[①]。从总体X中随机抽取样本$X_1,X_2,\cdots,X_n$,则$X_1,X_2,\cdots,X_n$的联合概率密度为

$$\prod_{i=1}^{n}f(X_i;\theta)$$

假如样本值分别是$x_1,x_2,\cdots,x_n$,则事件$\{X_1=x_1,X_2=x_2,\cdots,X_n=x_n\}$发生的概率为

$$L(\theta)=P(X_1=x_1,\cdots,X_n=x_n) \tag{5.11}$$

$$=f(x_1;\theta)\cdot f(x_1;\theta)\cdot\cdots\cdot f(x_1;\theta) \tag{5.12}$$

$$=\prod_{i=1}^{n}f(x_i;\theta) \tag{5.13}$$

式(5.11)是联合概率质量函数的定义。式(5.12)表示从同一个总体中随机抽样,抽样时相互独立。式(5.13)为发生的概率,这一概率随着θ的变化而改变,因此,在式(5.11)中,$L(\theta)$是θ的函数。由于通过抽样得出了样本值$x_1,x_2,\cdots,x_n$,所以应该存在一个参数θ,使得该样本值出现的概率最大,即使得$L(\theta)$最大。

称$L(\theta)$为似然函数(Likelihood Function)。最大似然估计(Maximum Likelihood Estimation)就是通过在参数θ的取值范围Θ内选取使得第一个公式达到最大值的参数值$\hat{\theta}$作为参数θ的估计值。

因此,最大似然估计显然是一个求解最大值的优化问题,即:

$$\max_{\theta\in\Theta} L(x_1,x_2,\cdots,x_n;\theta) \tag{5.14}$$

利用MATLAB进行最小二乘估计。

```
function F = valfunneg(x,xdata)   % 在程序编辑窗口中建立负区间的价值函数
F = x(1)*(-xdata).^x(2);

% 以下内容在命令窗口中进行操作
>> xdata=-2:0.01:0;                % 生成 x 轴数据
>> ydata=-2.55*(-xdata).^(0.88);   % 利用前景理论价值函数生成 y 轴数据
>> x0 = [-3;1]                     % 估计一个初始值
>> [x,resnorm] = lsqcurvefit(@valfunneg,x0,xdata,ydata);   % 进行非线性拟合
>> x,resnorm                       % 查看结果
>> x,resnorm
```

[①] 连续型随机变量的分析思路与离散型随机变量的分析思路完全相同。

```
x =
   -2.5500e+00
    8.8000e-01
resnorm =
    4.1896e-16
```

从上面的结果中可以看出,得出的待定系数精度很高,已经接近理论值-2.55 和 0.88。

利用 MATLAB 进行最大似然估计。

```
>> X=normrnd(0,1,10000,1);      % 生成 10000 个服从标准正态分布的随机数
>> [muhat,sigmahat,muci,sigmaci]=normfit(X,0.01)    % 求均值和标准差
的估计值,0.01 为显著性水平
% muhat,sigmahat 分别为标准正态分布的参数的估计值
muhat =
    1.6594e-03
sigmahat =
    9.9148e-01
% muci,sigmaci 分别为置信区间
muci =
   -2.3884e-02
    2.7203e-02
sigmaci =
    9.7372e-01
    1.0098e+00
```

利用 MATLAB 进行曲线回归。

在 MATLAB 的命令行中输入"cftool",打开曲线拟合工具,如图 5.2 所示。

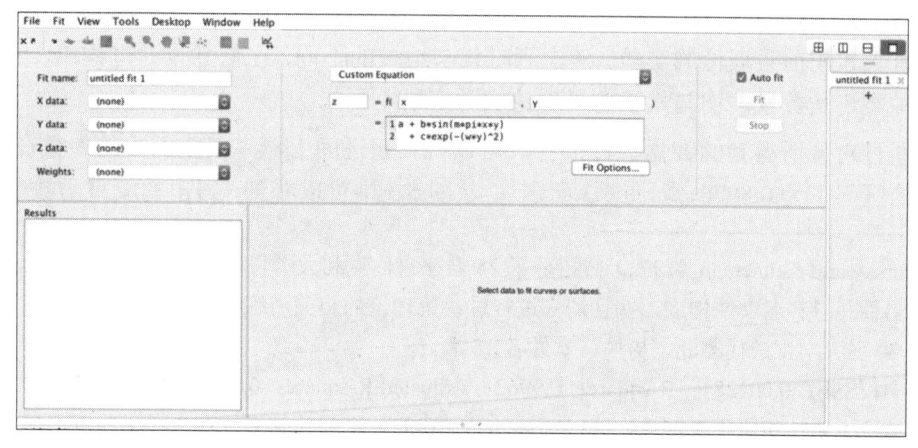

图 5.2　MATLAB 下的曲线拟合工具

选择"Custom Equation"选项,可以定义 Tversky and Kahneman（1992）或其他文献所提及的概率权重函数。

5.5 案例：累积前景理论的参数估计

在对累积前景理论实验进行描述之前,先对以下几个问题做一个简单说明。

（1）在原始前景理论中尽管给出了价值函数的特征,但是并未给出价值函数的具体形式。Tversky and Kahneman（1992）给出了幂函数价值函数形式,并且进一步给出了价值函数的 3 个参数（一个风险厌恶参数、一个风险追求参数及一个损失厌恶参数）。

（2）Tversky and Kahneman（1992）给出了一种关于前景的现金等价（Cash Equivalent）的研究范式,它是一种能够观察到的现金等价方式。比如,在面对一个前景(0,0.9;50,0.1)时,在心理上等价于确定获得 9 元,那么 9 元就是该前景的现金等价。此时,该前景的期望值是 5 元,现金等价大于期望值,即此时愿意支付 9 元的现金等价来获得 5 元的期望值,因此表现出风险追求。

如果现金等价大于期望值,那么不管是收益还是损失,都表现出风险追求;而如果现金等价小于期望值,那么不管是收益还是损失,都表现出风险厌恶。采用这种研究范式能够辨别出人们对风险的态度。

（3）在累积前景理论的实验中,不同的区间（正区间与负区间）均有不同的参数。因此,需要对正、负区间分别进行参数估计。但当估计损失厌恶参数时,需要同时对正、负区间进行评估。

与 Tversky and Kahneman（1992）文献采用的方法一样,笔者对日本在校大学生进行了有关累积前景理论的实验。考虑到时代与地域的不同,在问卷设计过程中,无论是货币种类还是数量,均与累积前景理论实验有所不同[1]。

通过对调研得到的数据进行拟合,可以得到正区间上概率权重函数的参数在 95% 的置信区间下为 0.8076,如图 5.3 所示[2]。从图 5.3 中可以看到,得出的权重函数曲线形

---

[1] Tversky and Kahneman（1992）共招募了 25 名来自伯克利大学和斯坦福大学的大学生,由 12 名男性和 13 名女性构成,并且均未进行过决策理论的相关训练。笔者在日本关东地区选择了 30 名大学生进行测验,男性、女性各 15 名。

[2] 其中,SSE：0.004281；R-square：0.9962；Adjusted R-square：0.9962；RMSE：0.02313。拟合情况说明：相比于 Tversky and Kahneman（1992）文献的结果,日本学生的概率扭曲相对较低。详细的实验过程可参见 Tversky and Kahneman（1992）文献。

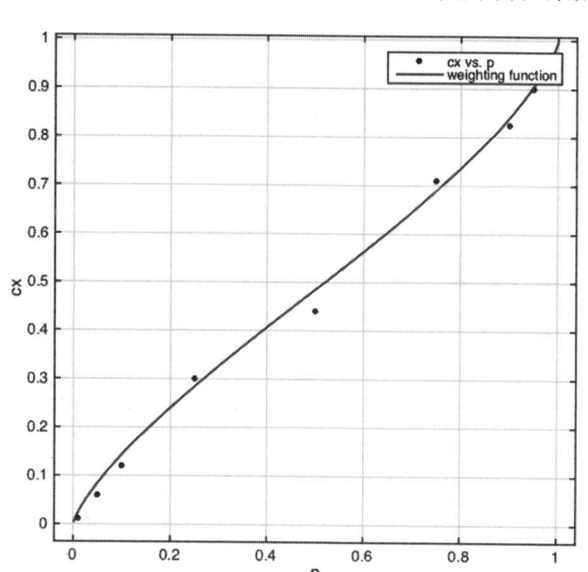

状与 Tversky and Kahneman（1992）文献的结果一致，偏好会在某点后出现反转。

图 5.3　概率权重函数（正区间）的拟合

Tversky and Kahneman（1992）为了简化问题，将价值函数设置为幂函数的形式，通常将这种已知参数形式的实验方法称为参数提取（Parameter Elicitation）。在参数提取法下，很容易通过权重函数的参数得到价值函数的参数[①]。

考虑一个只含有两个结果的前景$(x, p; y, 1-p)$，则有如下公式：

$$v(ce) = w(p)v(x) + (1-w(p))v(y) \tag{5.15}$$

其中，ce 代表现金等价（Cash Equivalent）。

在实验中观察到的是现金等价，这也就是为什么在已知函数形式后，实验估计会大大简化。在式（5.15）中，$v(\cdot)$ 为幂函数，因此很容易估计出正区间价值函数的参数 $\alpha = 0.8963$，与 Tversky and Kahneman（1992）文献中的参数较为接近，说明被访人员表现出关于价值敏感性递减。另外，按照 Tversky and Kahneman（1992）文献第 311~312 页的方法，实验得出损失厌恶指数 $\lambda = 1.67$，这说明日本的这些被访人员，其风险厌恶程度略低于 Tversky and Kahneman（1992）的被访人员。

[①] 然而很多学者对这种方法提出了质疑，并提出了无参数估计法（Parameter-free Elicitation）(Gonzalez and Wu, 1999；Bleichrodt and Pinto, 2000；Abdellaoui et al., 2007)。这种方法最大的好处就是所需的假设更少，缺点是估计中出现的噪声会更大。

第 6 章　前景理论与心理基础

6.1　是否眼见为实

传统金融学曾认为投资决策与心理完全没有关系，因为人们是理性的，理性人做出的决策是无偏的。然而，心理学家很早就已经注意到这些假设的非合理性。人们经常以一种非合理的方式进行决策，对其未来所做出的决策也绝非无偏。现在，对于心理和感情会影响投资决策已经没有异议，经济学家已经认识到投资者是非理性的这个前提。这还要得益于 2002 年诺贝尔经济学奖授予心理学家 Daniel Kahneman 及实验经济学家 Vernon Smith。

俗话说：眼见为实。实际上，这句话不一定正确。实为眼见，但眼见不一定为实。在图 6.1 中有上、下两条横线段，大多数人看到这幅图时都有一种感觉，即上面的横线段要长于下面的横线段。其实这两条横线段是一样长的。即使告诉了这样的正确答案，还是有人将信将疑。这里的玄机就在于横线段两端不同的部分使我们产生了一种"幻觉（Illusion）"。

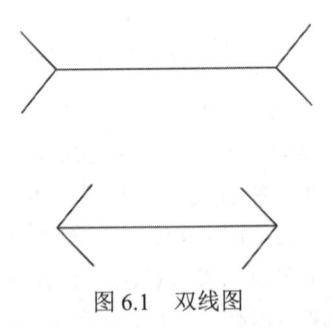

图 6.1　双线图

图 6.2 中有三个各缺少了一部分的圆形和一个线段不完整的三角形。然而，在第一眼看到这幅图片时，还会看见一个并不存在的三角形。尽管实际上并没有三边，然而"幻觉"却让人们认为轮廓是客观存在的，称这样的轮廓为主观轮廓（Subjective Contour）。所以说，眼见不一定为实。

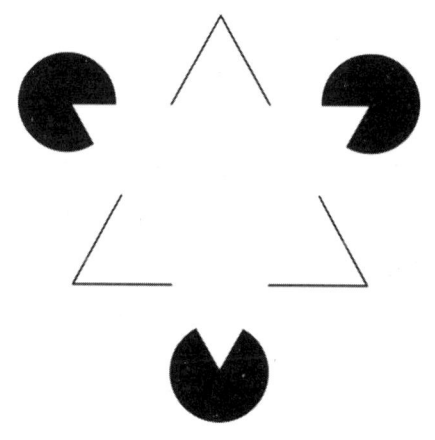

图 6.2　神秘的三角形

人们的大脑有时候会通过一种便捷的方式处理信息，也就是 Kahneman 在其《思考，快与慢》一书中所说的快思考。认识到产生幻觉这一点很重要，因为它会促使我们使用直尺在图 6.1 上进行测量，进而可以发现两条横线段其实是一样长的。如果将目光从图 6.2 的中间移开，聚焦在某个不完整的圆上，则可以发现圆形的周围并没有产生主观轮廓。利用慢思考的方式，人们就能理性地对待问题。

前景理论还有一个特征，就是投资者往往会为了跟踪收益和损失而将每个投资分别对待，并且定期检查头寸。这种将账户分离的方式涉及心理账户（Mental Account）。另一种投资心理是将投资偏见（Bias）根据来源（Source）进行分类（Thaler, 1985）。一些认知错误（Cognitive Error）来自自欺欺人（Self-deception），这种思想的来源是人们常常认为比真实的自己要好。另一个偏见的来源是启发式简化（Heuristic Simplification），它是由于人类受到自我认知能力的限制，比如一个人的记忆力、注意力、理解力等，不得不将某些问题简单化。

6.2　定基

6.2.1　心理账户

人们通常用心理预算（Mental Budgeting）构建出自己的心理账户（Mental Account）来管理收益（损失）与喜悦（痛苦）。人们往往喜欢现收现付制（pay-as-you-go），因为这种制度在购买的收益与成本之间提供了一种更为紧密的匹配。

Shefrin and Thaler（1988）认为人们倾向于将个人收入按照来源分为三类：

- 薪资收入。
- 资产收入。
- 未来收入。

这样划分的结果导致人们在使用资金时会按照不同的方式对待这三类账户的资金。传统金融理论认为金钱之间是完全可替代的，这显然与传统的金融理论不符。

这一点可以在前景理论中得到合理的解释。期望效用理论认为，无论通过几次得到的资金之和，与一次给予相同数量的资金所产生的结果都是一样的。然而在前景理论中，人们更喜欢通过分次而不是一次获得同样一笔资金。

图 6.3 中的情形 1 是指分别得到两笔资金 x 和 y 的价值函数值分别为 $v(x)$ 和 $v(y)$，它们的和要大于一次得到 $x+y$ 的价值函数值，即 $v(x)+v(y)>v(x+y)$。因此，假如你需要支付别人一笔钱，则可以考虑分次支付，这样带给他们的心理感觉要更好一些。

图 6.3 中的情形 2 是指分别支付（损失）两笔资金 x 和 y 的价值函数值分别为 $v(-x)$ 和 $v(-y)$，它们的和要小于一次支付（损失）$-x-y$ 的价值函数值，即 $v(-x)+v(-y)<v(-x-y)$。因此，假如你让他人"掏腰包"，那么最好让他一次完成，因为两次（或多次）给他们带来的心理感觉要比一次更加不爽。

图 6.3 中的情形 3 是指得到一笔资金 x，与支付（损失）一笔资金 y，数量上 $x>y$。从价值函数曲线中可以看到 $v(x)+v(-y)<v(x-y)$。对于这一得一失，人们希望一次完成，这样心理感觉会更加舒适。因此，假如你对他人赋予一个大的收益和一个小的损失，则应该一次完成。

图 6.3 中的情形 4 是指得到一笔资金 x，与支付（损失）一笔在数量上稍大于资金 x 的资金 y，或者与支付（损失）一笔在数量上远大于资金 x 的资金 z。

从价值函数曲线中可以看到：

- $v(x)+v(-y)<v(x-y)$，即如果损失稍大于收益，那么应该偏向于一次完成损失与收益的过程。
- $v(x)+v(-z)>v(x-z)$，即如果损失远大于收益，那么应该偏向于分次完成损失与收益的过程。

(a) 情形 1 　　　　　　　　　(b) 情形 2

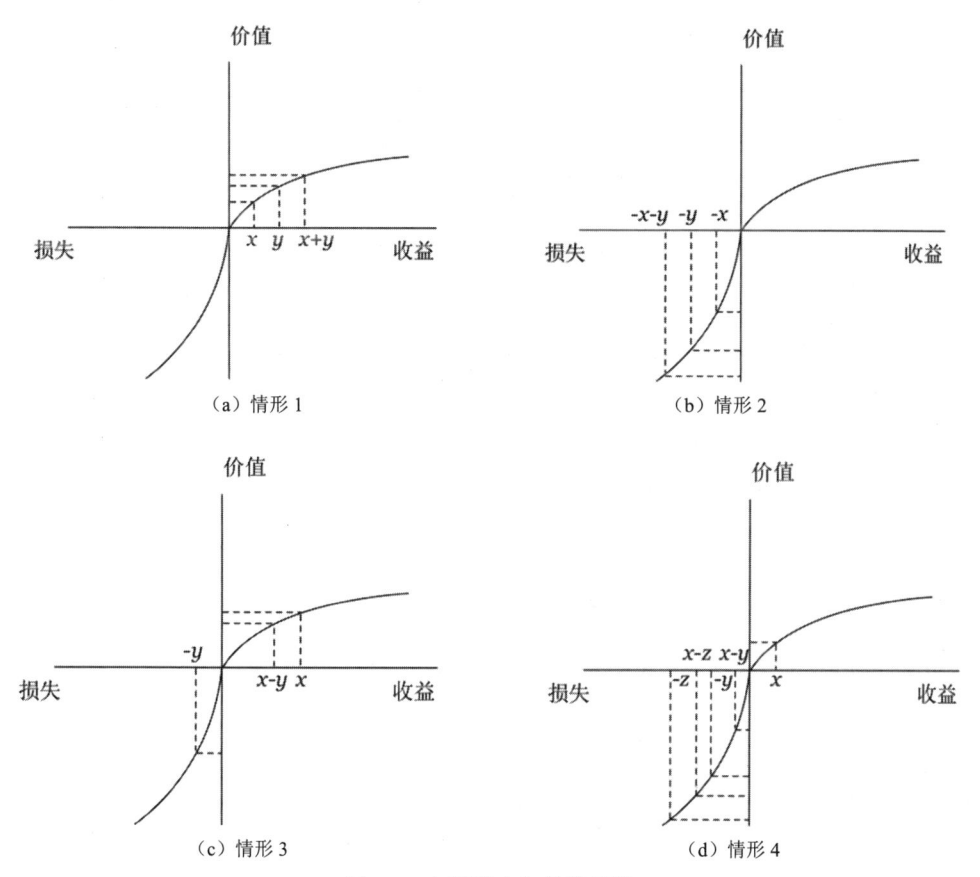

(c) 情形 3 　　　　　　　　　(d) 情形 4

图 6.3　心理账户与价值函数

Prelec and Loewenstein（1998）研究了关于支付时间的如下问题。

问题 1：假设从现在开始的 6 个月里，你计划购买一台洗衣机和一台烘干机，共计花费 1200 美元。现在你有两种支付方案。

方案 A：在得到电器前的 6 个月里，每月支付 200 美元。

方案 B：在得到电器后的 6 个月里，每月支付 200 美元。

你会选择方案 A 还是方案 B？每种选择的总成本是一样的，只是支付的时间不同。

在 91 名受访者中，84%回应他们更偏爱方案 B，这也符合心理预算中成本与收益必须匹配的原则。

问题 2：假设你计划利用 1 周的时间去加勒比海度假，旅行需要花费 1200 美元。现在你有两种支付方案。

方案 A：在旅行前的 6 个月里，每月支付 200 美元。

方案 B：在旅行后的 6 个月里，每月支付 200 美元。

在 91 名受访者中，60%回应他们更偏爱方案 A。

问题 1 与问题 2 付款的时间、方式均是一样的，只是购买的商品或者服务有所不同。它们的区别在于，电器可以长时间地一直使用，而享受旅游的时间只有 1 周。

人们相信为度假预付资金要比度假之后再付资金感到更加舒适，因为度假后由于支付而产生的不适也就随之结束了。如果度假后再支付，那么度假产生的快感会逐渐消失，而后续支付产生的不适则一直持续。因此，他们的行为常常与传统经济学理论不符，因为一个理性人应该考虑的是资金的时间价值，也就是尽量地晚支付资金。

决策者倾向于将每个决策放入单独的心理账户中。比如，在投资组合中，投资者每购买一只股票，通常都会为它再建立一个心理账户，而投资组合中的这些心理账户很少能够同时考虑收益和损失，也就是不考虑股票之间的相互作用，如果彻底卖掉某只亏损股票，那么所建立的心理账户也随之消失，损失使得心理上产生强烈的悔恨，这是投资者应极力回避的。

常言道，时间能够抚平一切。即使购买的股票变成沉没成本，时间也会冲淡痛苦的记忆。与之前更早的时间相比，处置损失及悔恨心理将不再那么严重。

另外，还有一种现象就是长痛不如短痛，即一次痛个够。人们可以将造成痛苦的多种决策放在很短的时间范围内一次处理完毕，避免以后悔恨多次出现，也就是同时一次关闭多个受损的心理账户。

Lim（2006）研究了 1991 年 1 月至 1996 年 11 月 158034 个账户的每日交易行为。研究发现，投资者倾向于同一天处理掉多只损失的股票。与之相反的是，如果投资者在某天已经卖出一只盈利的股票，那么他卖掉其他盈利股票的可能性就很小。因此，投资者可以分批处理收益，使得愉悦程度达到最大；而一次处理全部痛苦，使得痛苦程度最小。

心理账户的狭窄框架（Narrow Framing）特征可以解释为什么即便股票有很高的收益，很多人也不去投资股市（Barberis et al.，2003，2006）。由于狭窄框架的存在，人们不但不会考虑股票之间的相互作用，也不会将股票与其他风险资产同时考虑。

6.2.2 锚定效应

锚定（Anchoring）是一种认知偏差（Cognitive Bias），描述了人们在进行决策时，过度倾向于依赖第一条信息，即所谓的"锚"。在决策过程中，锚定在个体使用初始信息做出后续决策时产生。一旦锚定产生,其他决策都会与这个锚进行比较,并且对能够解释锚的信息具有明显偏见。锚定是一种聚焦效应(Focusing Effect),或者聚焦幻觉(Focusing Illusion)是一种认知偏差,当人们过于重视某一事件的某一方面时,就会产生一种认知偏差,从而导致错误地预测未来结果的效用。

锚定是一种心理启发式,影响人们直觉评估概率的方式。根据这种启发式方法,人们从隐含建议的参考点——锚开始,对其进行调整,以达到其估计值。一个人的决策从第一个逼近(锚)开始,然后根据附加信息进行增量调整。这些调整通常是不够的,最初的锚对未来的评估有很大的影响。

Tversky and Kahneman(1982)首先提出了锚定和调整启发式的理论。在他们的一个研究中,一组参与者(高中生)被要求在 5 秒内估计以下乘积:

$$8\times7\times6\times5\times4\times3\times2\times1$$

而另一组参与者则对以下乘积进行了评估:

$$1\times2\times3\times4\times5\times6\times7\times8$$

该实验需要验证的是:人们为了快速回答这些问题,可能会执行一些计算步骤,并通过外推或调整来估计乘积。由于调整通常不足,所以这一过程应该导致低估。另外,由于前几个乘积的影响比较大,因此在降序乘积的那组中人们对结果的估计要比在升序中的大。这两个预测均被证实。上升序列的中位数估计为 512,而下降序列的中位数估计为 2250。而正确答案是 40320。

Tversky and Kahneman(1982)通过实验发现,实验开始的随机数字也会对受试者产生影响。锚定的心理特征就是人们在进行决策时常常看重那些明显的、难忘的及最近出现的事物,而这些又会影响人们在进行决策时的参考点选择。因此,锚定心理是一个非常重要的概念,对前景理论中参考点的选择有着很大的影响。

在投资股票时,投资者往往利用历史价格作为未来价格的锚定。他们往往会认为未来价格围绕某个价格进行波动。然而,很多研究表明这种做法毫无根据。锚定不仅仅是一种意识行为,有时甚至是一种潜意识行为。一项针对美国《财富》500 强的研究表明,这些企业的 CEO 几乎都是白人,并且平均身高几乎近 1.82 米。美国人口中有近 4%的人身高高于 1.88 米,而在 CEO 人群中的占比达到 1/3。这就是董事会的一种潜意识的偏见,认为身材高大的白人男性更能承担 CEO 的职责[①]。

关于锚定形成的原因,目前存在几种解释。尽管一些解释比较常见,但是也无法证

---

① http://www.ftchinese.com/story/001074629?archive。

明它们就一定优于其他的解释（Furnham and Hua，2011）。Strack and Mussweiler（1997）对形成锚定的可能原因进行了研究，认为证明锚定相对容易，但是解释锚定的原因依然很难。Epley and Gilovich（2005）认为有很多原因导致了锚定，并且所谓的锚定实际上也是几种不同的效应。

当前主要有两种理论解释锚定效应的产生机制：锚定调整启发模型和选择通达模型。在最初的研究中，Tversky and Kahneman（1992）提出了一个观点，后来被称为锚定调整启发模型。尽管人们刚开始会形成锚定，然而会不断地进行调整。由于人们调整得不够充分，导致最后的调整无法摆脱锚定影响。一些文献也发现了支持锚定和调整解释的证据（Tversky and Kahneman，1992；Epley and Gilovich，2001）。一些学者对锚定这种调整的理论提出了质疑。他们认为，只有当锚定的值在决策者的接受范围之外时，决策者才可能进行调整。假如锚定的值在决策者的接受范围之内，那么决策者将很难调整。不过就这一点，也有学者提出了质疑。Mussweiler and Strack（1999）认为锚定的产生不是因为调整导致的，而是由两次问题传达的信息形成的，由此提出了选择通达模型（Selective Accessibility Model）。

6.2.3 沉没成本

传统经济学理论认为人们在进行决策时只应该考虑当前与未来的成本，而不应该将已经产生的成本作为一个决策因素，即只有前瞻性成本与投资决策有关。前瞻性成本是指如果采取某项行动可能产生或改变的未来成本。

然而在现实中人们往往并非如此，这种考虑过去成本的情况也被称为沉没成本效应（Sunk Cost Effect）。在经济和商业决策中，沉没成本（Sunk Cost）是已经发生且无法收回的成本。沉没成本使人们在进行决策时更倾向于那些已经付出了金钱、时间的项目（Arkes and Blumer，1985）。

沉没成本有时与前瞻性成本（Prospective Cost）形成对比。在这方面，沉没成本和前瞻性成本可能是固定成本或可变成本。经济学家认为，如果将沉没成本视为固定成本或者可变成本是错误的，那么理性经济行为者不应让沉没成本影响他们的决策。

行为经济学的证据表明，如果不考虑沉没成本，则可能无法预测现实世界的行为。事实上，大量证据表明沉没成本确实会影响行为决策，因为人们很容易受到损失厌恶和框架效应的影响（Arkes and Blumer，1985；Arkes and Hutzel，2000）。

沉没成本不同于经济损失。例如，当人们购置了一件新的商品后，由于某种原因希望将其转售，一般而言，它不可能以高于或者等于原来的购买价格销售，这之间的差额可以看成一种经济损失。无论售价是多少，最初支付的金额都不应该影响转售决策，否则就是不理性的行为。因此，沉没成本多是没有确切数量的成本。

研究发现，沉没成本有两个重要的维度：大小和时间（Gourville and Soman，1998）。一般地，沉没成本越大，对行为的影响程度越大，反之则越小；沉没成本发生的时间离决策时点越近，对行为的影响程度越大，反之则越小。

考虑下面的情况，你会选择哪个？

你提前买好了即将上映的某热门电影的优惠电影票。当你看完预告片后，感觉并没有当时想象中的那么好，但是这种电影票无法退票，你可以有以下两种选择。

A：继续选择观赏电影。

B：放弃观赏电影去做另外想做的事情。

这里为电影支付的钱就是一种沉没成本。经济学家认为，在做出理性决策时，不要考虑沉没成本的影响，即已经支付了票价不该影响未来决策。因此，选择 B 是经济学家认为的理性选择：在两种选择下都已经花了钱，但是选择 A 还会花费时间（机会成本）。然而，仍有不少人最终还是选择了 A。

一些学者认为以沉没成本来考虑问题是符合实际的，因为一旦所有的决策因素都考虑在内，沉没成本通常可以理解为一种"理性"的行为。比如，因为声誉、责任等一些约束问题，考虑沉没成本是应该的（Mcafee et al.，2010）。

前景理论的两个特征可以对沉没成本效应进行解释。首先，当出售投资被考虑时，投资者的价值位于图 6.4 中的原点。当发生了不成功的投资时，投资者的价值位于点 A 的位置。然而，位于点 A 意味着即使再有损失，也不会导致价值出现更大的减少，然而，相对于收益来说，价值的增幅是递增的。因此，位于点 A 的投资者将会用一个小损失的代价获得潜在大的收益。相对于原点，在点 A 处的人更有可能做出考虑沉没成本的决策。前景理论解释沉没成本的第二个特征就是确定效应（Certainty Effect）。确定效应会使得人们对那些确定收益估价过高而对那些确定损失估价太低（Thaler，1980；Arkes and Blumer，1985）。

Garland and Newport（1991）通过两个实验对前景理论进行了验证，尽管对本科生及 MBA 学生分别进行了测试，然而结论却非常一致。正如前景理论所预测的那样，研究发现心理账户使得决策过程存在沉没成本效应。感兴趣的读者可以进一步阅读 Garland and Newport（1991）及相关文献。

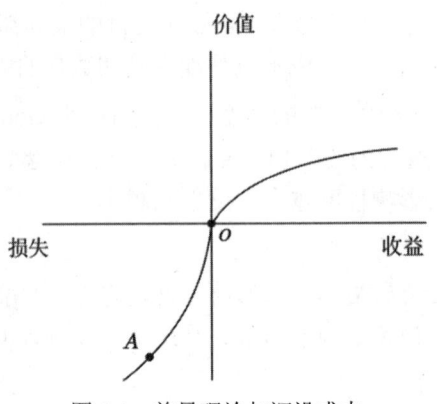

图 6.4　前景理论与沉没成本

另外，决策者的形象也是对沉没成本效应的一种解释。决策者不想让人产生朝三暮四的感觉。如果改变了原先的计划，则等于承认了错误或者被认为失败。如果计划始终如一，则能够赢得他人的尊重，同时自我肯定的心理也能得到满足。

6.3　偏离

6.3.1　过度自信

人们往往会对自己的知识和能力过度自信（Overconfidence），从而低估未来的风险，以及夸大对未来的掌控力。

在考试前笔者曾问不少日本学生：你觉得这次考试的成绩应该如何？能否高于班上的平均水平？大部分日本学生在每次被问及这类问题时，都对自己的能力表示自信。显然，这就是一种对自己能力的高估。

还有一种现象，就是过度自信也能提高自己的期望水平，即提高参考点的数值。尽管很多事情之间没有显著的联系，但一些决策者也喜欢将很多事情之间赋予某种联系。在对一些公司提供战略咨询时，笔者注意到很多企业家往往将过去的盈利看成自己公司实力的壮大，在决策时盲目自信。有时候的成功可能是外部环境非常有利的结果。某些企业的利润增长有可能还会低于同行水平，但是这些企业家由于过度自信，因而在制定战略时调高了未来的预期，一旦外部环境发生变化，企业将面临巨大的危机。

在牛市中，投资者将炒股赚钱看作他们对股票投资能力的提升，这使得他们进一步过度自信。过度自信的后果往往是增加交易量及投资高风险的股票（Gervais and Odean,

2001；Daniel et al., 2001)。在20世纪90年代后期经历的一轮牛市中, 投资者比之前交易得更多。另外, 投资者也将他们的资产投资于那些风险很高的股票上, 甚至不惜通过借贷投资那些初创公司的股票。随后股票遭遇了熊市, 投资比以往更少 (Barber and Odean, 2001)。

过度自信会使投资者执着于他们的决策, 尽管此时已经对信息的准确性产生了有偏的估计, 然而他们仍坚信自己能够对股票的走势进行正确的判断 (Barber et al., 2006)。另外, 当人们购买彩票时, 往往也存在过度自信的现象, 比如, 一些人往往认为他们已经掌握了彩票摇奖的规律。根据概率论的知识, 在公平的摇奖情况下, 任何一组数字的中奖概率都是一样的。

根据心理学的研究, 男性往往表现得比女性更加过度自信 (Beyer and Bowden, 1997; Prince, 1993)。而这种过度自信往往会产生投资中的过度交易 (Over Traded)。研究发现, 网上交易比现场交易更容易产生过度自信的心理。而过度自信及过度交易会降低投资者的收益率 (Odean, 1999)。

那么, 过度自信的来源是什么呢？一些学者认为知识幻觉 (Illusion of Knowledge) 是导致过度自信的部分原因。人们往往认为, 掌控了越多的信息, 即随着对某事物了解的加深, 就能增加对未来预测的精度。因此, 这些知识促使人们做出了某些不正确的决策 (Peterson and Pitz, 1988)。比如, 很多老彩民通常会认为比那些刚开始购买彩票的人具有更多的知识。

6.3.2 回本效应

由于损失厌恶的存在, 一个人不太愿意选择一个如下的赌局：

$$(1000, 0.5; -1000, 0.5)$$

然而, 有时候我们发现, 上述的这个人有时也会选择该赌局。同样的赌注、同样的预期, 为什么决策会完全不同呢？一定存在某种因素让这个人对风险的态度发生了改变。

当人们经历收益或者损失时, 他们更倾向于冒险, 这就是赌场盈利效应 (House Money Effect)。比如, 在赌场里赌博时, 一些赌博的新手并不会将那些赢来的钱当成自己的钱, 因此更容易拿赢来的钱再去冒险。

在经历了损失后, 一些人往往变得不爱冒险, 他们害怕下一次再发生损失, 有时候也称这种现象为风险厌恶效应 (Risk Aversion Effect)。然而, 也有人选择继续冒险, 想挽回损失。在赌场中不乏输光后借钱、抵押等孤注一掷的翻本行为，这种现象被称为回本效应（Trying-to-Break-Even Effect）。

受过专业训练的人员是否也无法规避这些效应呢？Coval and Shumway（2005）对芝加哥期货交易所内的数百名专业人士的交易行为进行研究发现，如果他们在上午处于亏损状态，下午就有可能提高风险追求，以填补亏空。

6.3.3 后悔厌恶

后悔通常是指在做出错误决策后的一种心理上的痛苦。后悔的感觉更甚于损失，因为这意味着自己对损失还要承担责任。心理学认为，人们会避免那些事后带来后悔的行为，而去寻求事后感到自豪的行为。

很多人有这样的购买彩票经验：他们根据一些标准选出一组号码，然后每期均买这些彩票，却一直未中奖。此时，往往会有老彩民让你购买一组他们研究了很久的号码，那么会有以下情形。

A：老彩民说的号码中奖了，你开始后悔没有听从他们的建议。

B：老彩民说的号码没有中奖，反而是你原来的那组号码中奖了，你开始后悔听从他们的建议购买了新号码的彩票，而放弃了原来的那组彩票。

在以上情形中，哪种后悔的感觉更加痛苦呢？第二种情形的可能性更大一些。一种解释是对之前一直购买的那组彩票投入了更多的情感。

在现实中，后悔厌恶可能使得投资者对未来的决策产生偏差，使得投资行为畏首畏尾。另外，后悔厌恶可能会导致从众心理。因为如果与其他人一起犯错，那么，尽管遭受了损失，但是因错误决策的负罪感就会大大减少。

6.4 割舍

6.4.1 禀赋效应

在心理学和行为经济学中，禀赋效应（Endowment Effect）是一种对剥夺权利或资产的厌恶情绪，是与所有权效应有关的一种心理。禀赋效应假设人们仅仅因为拥有某些事物而主观赋予这些事物更多的价值（Beggan，1992；Morewedge et al.，2015），因此人们都希望以比买入价更高的价格出售一件商品（Thaler，1980）。

这种效应通常用两种范式来说明：在评估范式中，人们倾向于付出更多的代价来保留自己拥有的东西，而不是在没有原因的情况下获得自己不拥有的东西；在交换范式中，人们不愿意把已经得到的东西换成另一个类似价值的东西。例如，参与者首先得到了巧克力，他们一般不愿意用它来交换等值的咖啡杯；而第一批得到咖啡杯的参与者，一般也不愿意用咖啡杯交换等值的巧克力。

针对禀赋效应，最著名的实验就是 Kahneman et al.（1990）文献中有关咖啡杯的例子。在实验中，随机给一半的受试者杯子，然后让其售卖，结果平均卖价接近平均买价的两倍，即杯子拥有者不愿意出售杯子。并且实验中的交易数量远远小于科斯定理（Coase Theorem）预测的交易数量。更多的关于禀赋效应的有趣案例，可以参阅 Hossain and List（2012）、Harbaugh et al.（2001）、Venkat et al.（2008）文献。

因此，假如你先告诉一个人好消息，再告知他这个好消息其实是骗他的，真实的情况是坏消息，那么，这将比直接告诉这个人坏消息还要让其痛苦，因为这样做增加了人们的期望，失望也就越大。

人们还有一种心理，就是持有他们已经拥有的东西，而不是拿它去交换其他物品，这就是现状偏差（Status Quo Bias）（Samuelson and Zeckhauser, 1988）。关于针对禀赋效应的实验细节，可以参阅（Kahneman et al., 1990, 1991）文献。

禀赋效应和现状偏差都会使得投资者产生持有已有事物的投资倾向（Samuelson and Zeckhauser, 1988）。研究显示，随着可供投资选择数量的增加，现状偏差的影响会随之加强。也就是说，如果决策越来越复杂，那么决策者更有可能选择什么也不做。

6.4.2 处置效应

Shefrin and Statman（1985）分析了避免后悔及寻求自豪这种心态对投资决策的影响。他们指出，正是该心态使得人们更加倾向于卖出赚钱的股票太早而持有亏损的股票太长，并称这种现象为处置效应（Disposition Effect）。无论是股票市场还是房地产市场，只要存在投资，就有可能存在处置效应。

处置效应除了能够说明人们往往卖出盈利的股票及持有亏损的股票，还可以说明人们对盈利的股票卖得太快，而对亏损的股票持有的时间很长。很多股票投资者都有这样的经历：当卖掉盈利的股票后，股票价格往往还在不断上涨；而当持有亏损的股票希望其价格反弹时，等来的却是股价一直下跌。这也是由于对后悔的恐惧及对自豪的追求的心态造成的。

Nofsinger（2001）研究了消息与处置效应之间的关系。当市场上出现了对某家公司的好消息后，这家公司的股票价格会上涨，从而导致投资者卖出这家公司的股票；而针对某家公司的坏消息则并不一定会导致投资者卖出这家公司的股票。这一点与处置效应一致。然而，如果不是针对某家公司，而是针对总体经济环境的好消息，那么，尽管这个好消息带来了股价的上涨，也不会导致投资者卖掉公司股票；同样，尽管坏消息使得股价降低，也不会导致投资者卖掉公司股票。这一点与处置效应是不一致的。

关于上述的不一致，也可以利用后悔的特征给出解释（Clarke et al., 2010）。当承担损失时，如果这个决策是由自己做出的，那么决策者往往会因为后悔而感觉到巨大的痛苦。然而，如果决策者能够将决策失误的责任归于其他事物，那么这种后悔产生的痛苦将会少很多。因此，上述的整体经济环境好与坏就是投资者最大的借口。另外，企业之所以找那么多的顾问进行咨询，可能也是基于这个原因的。

损失与收益影响着投资者的行为，而参考点的大小又对损失和收益的形成起着至关重要的作用。

6.5 简化

6.5.1 暗示与过滤

针对过去所发生的事情，人们还存在一种回忆偏差（Recall Bias）的情况。如果经历了不愉快的事情，那么人们可能会不停地暗示这件事情的不好。因此，随着时间的流逝，人们对这种不好的感觉会越来越糟。同样的事情也会发生在经历了某件好事上，人们对其的感觉会越来越好。这些均会对我们未来的决策过程产生不好的影响。

人们对痛苦的回忆是过滤的。Kahneman et al.（1997）利用水温实验得出了峰终定律（Peak-End Rule）。研究发现，人们对体验的回忆是由峰值和终值决定的，往往利用它们的平均值作为体验的估值。峰终定律无论是在行为决策还是在管理领域均具有很深远的意义。

另外，记忆也会左右一个人的决策。人们的信念可以改变得与过去一致。人们可能会为了维持之前的某些形象，甚至可以忽视、过滤掉与之冲突的新信息（Akerlof and Dickens, 1982）。因此，风险厌恶与风险追求可能都与人们生存的外部环境有很大的关系。

6.5.2 代表性与熟悉性

心理研究显示，大脑用捷径减少分析信息的复杂性。这些捷径允许大脑生成对问题答案的估计而不会用到全部的可用信息量。代表性（Representativeness）与熟悉性（Familiarity）是这些捷径的典型代表。捷径能够使得人们在很短的时间内处理大量信息，但是它对于分析新信息而言很难实现，可能会导致决策错误。

大脑假定具有相似特征的事物是相似的。代表性是一种基于陈规的判断。考虑下面的问题。

Smith 是一个酷爱旅游的阳光少年。他是美国某知名大学历史学专业的本科生。他刚刚结束了日本之行[①]。那么，Smith 最有可能去了：

A. 京都。

B. 京都和奈良。

C. 东京。

笔者在日本曾经询问了不少本科生，他们中的绝大多数选择了答案 B，因为 Smith 所学的是历史学专业，他们不假思索地认为 Smith 肯定会去京都、奈良这样的历史名城参观。并且很多学生告诉我，选项 B 也是他们推荐的旅游胜地。之所以选择答案 B，是因为 Smith 所学的专业是历史学，而他们认为学习历史的人应该去京都和奈良。然而，实验关注的是 Smith 去哪儿的可能性最大，而不是应该去哪儿。

答案 A 比答案 B 的可能性更大，因为答案 B 是答案 A 的子集，如果答案 B 成立，则答案 A 必然成立，所以在答案 A 与 B 之间应该选答案 A。选择答案 B 的人也被认为犯了结合谬误（Conjunction Fallacy）的错误，因为如果按照可能性来说，那么答案 B 的可能性肯定小于答案 A 的可能性。

其实，最好的答案应该是 C，因为日本国土交通省观光厅 2016 年的旅行观光数据显示，外国游客中去东京的占比超过 50%，而去京都和奈良的占比分别不足 15%与 8%。因此，一名外国游客到日本后去东京的概率远比去京都或者奈良的概率大很多。然而，因为去东京"历史"的代表性没有去京都和奈良"历史"的代表性强烈，与我们大脑做出的捷径不符，因此很少有日本本科生选择答案 C。

在资本市场上，人们也会由于代表性而做出错误的决策。一个例子是，人们会混淆好公司（Good Company）与好投资（Good Investment）（Solt and Statman, 2009）。好公司是指那些高销售增长、高管理水平的公司；而好投资是指股票价格增长很快的那些公司。好公司的股票不一定就是好投资。

[①] 日本京都有着许多历史遗迹，是日本的历史文化名城之一。奈良的古寺和神社非常有名，有着"社寺之都"的美誉，是日本古代文化的发祥地。

人们更偏向于他们熟悉的事物。当人们面对两个风险选择时，往往更加偏好了解的那个。比如，有两个赌局，赢得相同金额的概率是一样的，人们往往会选择他们所了解的那个赌局。实际上，有时即便是熟悉的赌局赢钱的概率相对较低，人们通常也会选择参加熟悉的赌局（Lakonishok et al., 1994）。

Huberman（2001）发现，如果算上很多海外投资，那么美国市场上有上万种潜在的股票和债券。然而，投资者通常会选择他们比较熟悉的股票和债券进行投资。有时候，相对于外国的公司，投资者更偏好于投资本国的公司，称这种现象为母国偏见（Home Bias）（French and Poterba, 1991）。

当对某一事物熟悉的时候，对该事物的认识就可能产生扭曲。比如，美国人相信美国的股票市场要比德国的股票市场表现更好，而德国人同时也认为德国的股市表现得最好（Kilka and Weber, 2000）。大脑经常用熟悉性这种快捷方式估计投资，因为投资者往往会将太多的资金投资于自己所熟悉的公司，但这样做违背了传统金融理论中的资产多元化原理。

6.6　情感

情感（Emotion）已经被证明了对决策起着重要的作用。无关的感觉和情绪也可能会影响决策。比如，一个人在上班途中因与他人发生争执导致心情不好，可能会影响他之后的投资决策。研究发现，越是复杂和不确定的环境，这种情绪越会影响决策（Forgas, 1995）。Hirshleifer and Shumway（2003）研究发现，阳光明媚与乐观情绪相关，从而进一步影响投资决策。阳光与每天的股票回报有着强烈的正相关关系。

神经学的研究发现，情感是决策不可分割的一部分（Spence, 1995）。心理学的研究发现，情感会左右人们对未来事件发生概率的看法，使得人们对概率变化不够敏感。通常，当时场景的心态也会影响到投资决策，称这种现象为错误归因偏差（Misattribution Bias），好的心情也许会增加风险投资的概率，而坏的心情可能会降低投资风险资产的可能性。

乐观主义（Optimism）与悲观主义（Pessimism）会使人偏离信念和判断。并且乐观与悲观的情绪是随着时间改变的。投资者一般会在市场高点过于乐观，而在市场低点过于悲观，有时也称之为市场情绪（Market Sentiment）。过度乐观的投资者会将更多精力放在利好消息一方，并对这些消息赋予较高的权重；而过度悲观的投资者则正好相反。

6.7 外部环境

6.7.1 社会环境

交流使得人们快速地交换信息、意见和情感。研究发现，人际圈也会对投资决策产生影响。你身边的人的信念、品位、谈论的话题等，都将潜移默化地改变你。试想一下，假如你身边不乏整日和你谈论股票投资的朋友，久而久之，对于他们所关心的问题，你也会去关注。这就是所谓的物以类聚、人以群分。

媒体占据了社会环境的很大一部分。然而，有些媒体并不以传递严肃的信息为己任，他们要做的是如何提高收视率、发行量及点击率等，即所谓的"眼球经济"。因此，很多信息都会被经过加工处理，有些媒体甚至还会推波助澜，使得人们利用这些信息产生决策偏差。

其他人的行为也能改变自身的行为。Slater（2005）文献中给出了一个实验案例。该实验主要是针对群体行为对自身行为的影响而设计的。在一个房间中释放无害的气体，模拟一些紧急的状况。尽管受试者已经察觉到了危机，然而由于其他几人（事先被告之情况的托儿）的故作镇定，受试者仍然不慌不忙地填写问卷。研究发现，几轮实验下来，受试者并未在第一时间采取行动。这说明即使面对危险因素，人们也会考虑自身的行为举止是否得体。

6.7.2 社会比较

人们总是会与其他人进行攀比，比如家庭、学历、工作、薪水等。人们就是通过不同的比较来进行自我社会定位的，心理学称之为社会比较（Social Comparison）。社会比较理论是由 Festinger（1954）提出的。假如人们没有一个对自己的明确定位标准（参考点），就会以其他人作为参照进行比较。有一个成语是"比上不足，比下有余"，说的就是人们常常会与其他人进行比较，可见从古至今人们的比较都是由自己做出的行为。Dakin and Arrowood（1981）认为信息搜寻对社会比较非常重要。人们在进行社会评估之前，必须有他人与自己的充分信息。人们选择他们自认为合适的群体或个人进行比较。每个人都会进行比较，只不过在比较的频率、范围、程度上有所不同。

6.7.3 语言表达

研究发现，语言表达也会对人的决策产生影响。一些学者调查了正面词汇对牛市与负面词汇对熊市的影响，结果发现词汇的使用与股市表现相关。另外，投资者更加容易被生动的信息所打动；与之相反，那些普通的、抽象的、数据性等很强的信息相对来说则不容易打动投资者（Nisbett and Ross，1980）。

现在的外部环境中到处充斥着有关的金融新闻与投资分析，投资者很容易受到这些新闻和专家建议的影响。除了这些，投资者也容易受到口碑（Word of Mouth）的影响。当投资对象被赋予了更多的细节而被身边的亲朋好友介绍时，往往会比从其他渠道得到的信息更加容易使人信服。

6.7.4 羊群效应与从众心理

股市等金融市场上的羊群效应（Herd Effect）是指投资者根据他人的建议或者行为而改变自己当时决策的一种跟风行为。羊群效应的实证证据最早由 Friend et al.（1970）提出，他们发现当时共同基金有跟随其他成功管理人员的选择来构建投资组合的趋势。然而羊群效应的当事人并不会意识到自己在跟风。

Keynes（1936）认为，股票市场就像选美比赛一样，评委最后关注的不是谁漂亮，而是推测其他评委的意见。最终，选举偏离最初的目的。股票市场也是如此，投资者最后关注的不是股票所代表的公司价值本身，而是其他投资者对股票走势的看法。

很多情形都会产生从众心理（Herd Mentality），进而产生心理偏差。比如，当面临的问题难度很高、群体规模较大及群体凝聚力较强时，个体从众现象就会愈发严重。

另外，声誉（Reputation）也会影响人们的决策。在某些情况下，一个人的声誉对其未来的发展和收益有很大的影响，因此其决策必须权衡是否对其声誉造成影响。这就促使其去模仿他人的行为，通过"责任共担"的从众方式避免声誉受损。那些为投资者点评的投资专家也不例外（Scharfstein and Stein，1990；Trueman，1994；Ottaviani and Sørensen，2000）。

第 7 章 前景理论价值函数

前景理论是风险决策中一个著名的决定理论（Deterministic Theory）（Luce，1991；Tversky and Kahneman，1992；Stott，2006）。前文已经提及，它主要涉及两种映射：一种是针对价值进行的映射；另一种则是针对客观概率进行的映射。一些学者，如 Birnbaum and Chavez（1997）、Camerer and Ho（1994b）及 Gonzalez and Wu（1999），都试图找到前景理论中价值函数的最好形式。本章将主要讨论前景理论中与价值函数形式相关的内容。

7.1 价值函数的主要类型

前景理论根据参考点将结果分为收益和损失。价值函数 v 的定义如下：

$$v(t) = \begin{cases} v^+(t), & t \geq 0 \\ -v^-(-t), & t < 0 \end{cases} \qquad (7.1)$$

其中，$v^+: \overline{\mathbb{R}}^+ \to \overline{\mathbb{R}}^+$ 和 $v^-: \overline{\mathbb{R}}^- \to \overline{\mathbb{R}}^-$ 是可逆、二次可导且递增的函数，并且 $v(0) = v^+(0) = v^-(0) = 0$，$v^+(+\infty) = +\infty$，$v^-(-\infty) = -\infty$[①]，$t$ 是价值函数中的结果值。

价值函数（7.1）是一条 S 形曲线，说明其捕捉到了以下特征：在收益时是凹函数，在损失时是凸函数，并且对于相同的数值，损失表现得比收益更加敏感。

不少学者针对前景理论价值函数的相关内容进行了研究，提出了多种价值函数。然而在这些价值函数当中，最常用的要属幂函数的形式，其次是线性价值函数、指数价值函数及二次价值函数等。

7.1.1 幂价值函数

幂函数也称 Cobb Douglas 效用函数。Cobb Douglas 效用函数在 20 世纪初首次被引入经济学。一些学者描述了 CPT 理论中的幂函数的魅力（Luce，1991；Tversky and

---

① $\overline{\mathbb{R}}^+$ 代表 $\mathbb{R}^+ \cup \{+\infty\}$，$\overline{\mathbb{R}}^-$ 代表 $\mathbb{R}^- \cup \{-\infty\}$。

Kahneman，1992；Wakker and Tversky，1993a）。该价值函数被认为是原始价值函数，是由前景理论创始人 Tversky and Kahneman（1992）提出的，因此有文献也称其为 K-T 价值函数，其形式如下：

$$v(t) = \begin{cases} t^{\alpha}, & t \geq 0 \\ -\lambda(-t)^{\beta}, & t < 0 \end{cases} \tag{7.2}$$

其中，$0 < \alpha, \beta \leq 1, \lambda \geq 1$。

- α 代表对于收益的风险厌恶。
- β 代表对于损失的风险追求。
- 参数 λ 代表损失厌恶。

7.1.2 线性价值函数

线性效用在理论和实证研究中有着悠久的传统，部分原因在于它的易处理性。Schmidt and Zank（2007）将损失态度和线性效用相结合，通过基于累积前景理论框架的相应偏好进行公理分析，得到 Yaari 对偶理论的双边变体，也就是非线性概率加权也存在于线性效用中，并且运用模型研究了投资组合与保险需求问题。结果显示，带有线性效用的 CPT 相对于对偶理论具有更真实的含义。线性价值函数的形式如下：

$$v(t) = \begin{cases} t, & t \geq 0 \\ \lambda t, & t < 0 \end{cases} \tag{7.3}$$

线性价值函数其实是幂价值函数在 $\alpha = \beta = 1$ 处的一个特例。如图 7.1 所示，图中实线部分为线性价值函数。为了便于比较，在图上用虚线给出了在参数 $\alpha = \beta = 0.88$，$\lambda = 2.25$ 下的幂价值函数图像。

很多人可能认为线性价值函数过于简单。然而，不少学者曾经在诸多权威杂志上讨论过线性价值函数在前景理论应用中所发挥的作用。Luce（1991）研究了一个二元博弈问题中加权线性效用函数的表现。Benartzi and Thaler（1995）利用带有线性价值函数的前景理论模型，对股权溢价之谜（Equity Premium Puzzle）给出了一种全新的解释。

Barberis et al.（2001）利用带有线性价值函数的前景理论模型系统地研究了资产定价问题，并解释了股票收益的高均值、过度波动和可预测性。Barberis et al.（2001）和 De Giorgi et al.（2007）提出了新的算法，用来计算带有线性价值函数的基于前景理论的资产分配问题，通过引入变化的风险厌恶扩展了对股权溢价之谜的解释。Schmidt and Zank（2008）和 He and Zhou（2011）研究了基于前景理论的线性价值函数问题。在金融以外的领域，线性价值函数也被很多学者所采用，比如 Liu et al.（2013）利用线性价值函数研究基于 PT 理论的单期离散随机需求的库存问题。

图 7.1 线性价值函数的图形

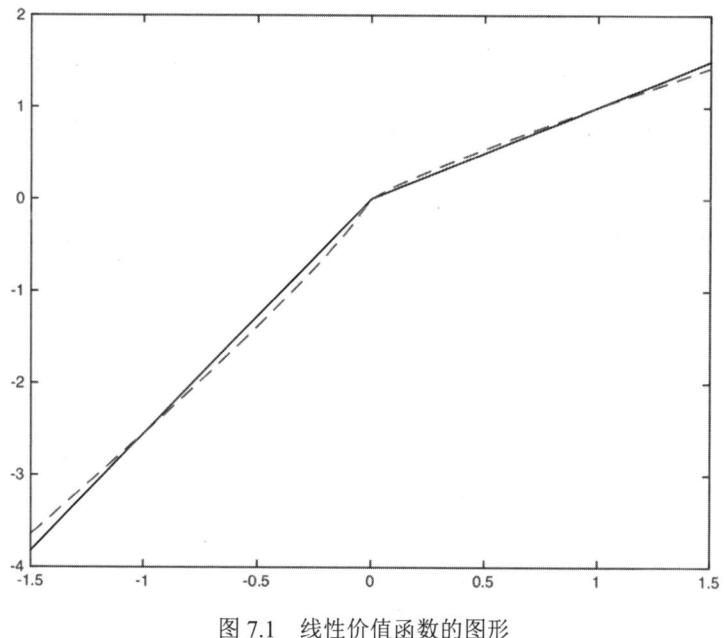

7.1.3 二次价值函数

相比于幂价值函数，二次价值函数在前景理论中使用得较少。它的形式如下：

$$v(t) = \begin{cases} t - \dfrac{\alpha}{2}t^2, & t \geqslant 0 \\ \lambda(t - \dfrac{\beta}{2}t^2), & t < 0 \end{cases} \quad (7.4)$$

二次价值函数在金融中发挥着重要的作用。Bell（1995a）和 Bell（1995b）探索了不同的效用函数与金融风险收益解释兼容性，并指出二次变换的一个特性是它对前景评价可以根据前景的统计均值和方差进行重述。因此，也可将二次效用与金融中传统的风险测度联系起来。图 7.2 给出了二次价值函数的图形，图中实线部分为二次价值函数。为了便于比较，我们在图上用虚线给出了在参数 $\alpha = \beta = 0.88$，$\lambda = 2.25$ 下的幂价值函数图像。

在二次价值函数的情况下，均值-方差偏好是前景理论的一个特例（在 $-\beta = \alpha$ 的情况下）。然而，使用这个函数有一个缺点，就是需要保证函数在一个非减的区间内（Zakamouline and Koekebakker，2009；Rieger and Bui，2011；Hens and Bachmann，2008）。

图 7.2 二次价值函数的图形

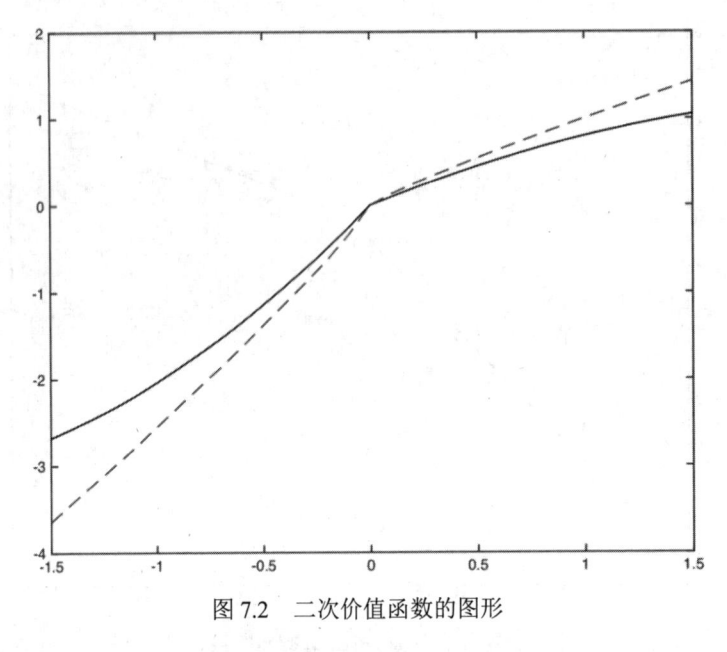

值得注意的是,式(7.4)可以通过变换参数转换成不同的函数形式,如图 7.3 所示。

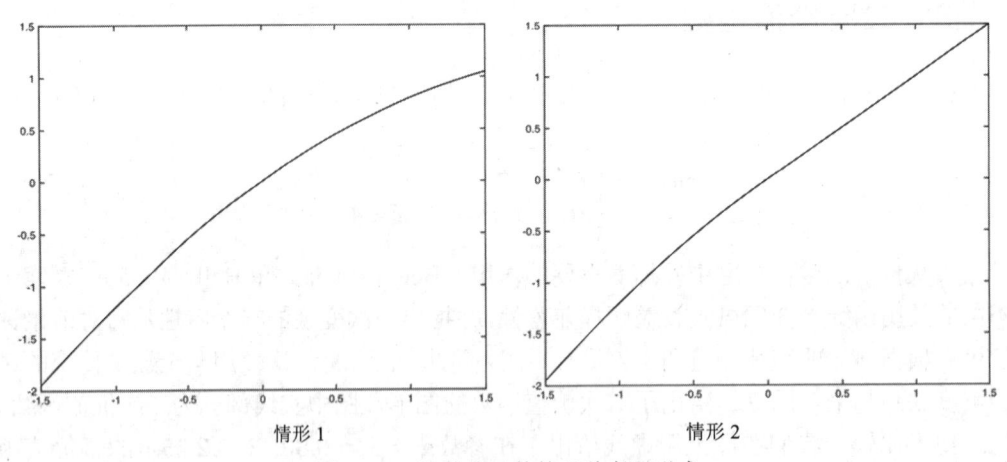

情形 1　　　　　　　　　　　　情形 2

图 7.3　二次价值函数的几种表现形式

情形 3　　　　　　　　　　　　　　情形 4

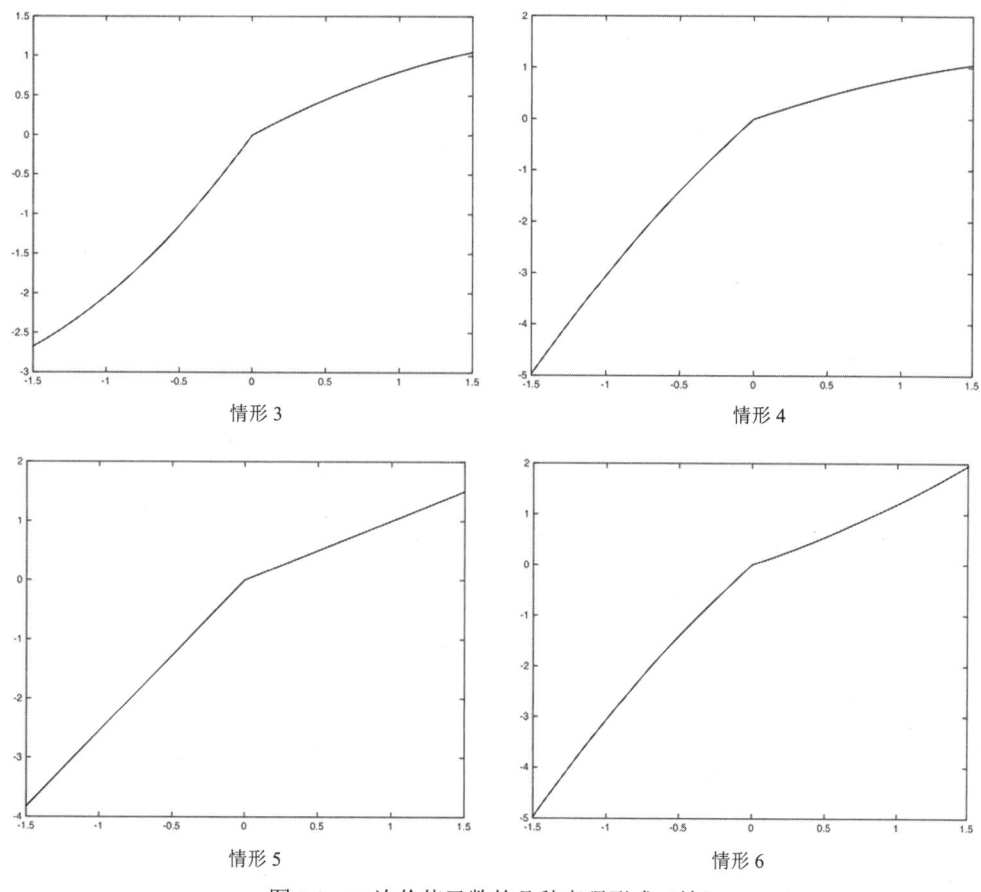

情形 5　　　　　　　　　　　　　　情形 6

图 7.3　二次价值函数的几种表现形式（续）

图 7.3 中的情形 1 表示的是当 $\lambda = 1$ 并且 $\alpha = \beta > 0$ 时的二次分段价值函数。此时的函数与 EUT 框架下的效用函数是一致的。

图 7.3 中的情形 2 表示的是当 $\lambda = 1$ 并且 $\alpha = 0, \beta > 0$ 时的效用函数。此时，这个效用函数与 Markowitz 的均值-半方差效用函数及 Fishburn（1977）的效用函数是一致的。决策者具有损失厌恶的特征，在收益区间内是风险中立的，而在损失区间内是风险厌恶的。

图 7.3 中的情形 3 表示的是当 $\lambda > 1$ 并且 $\alpha > 0, \beta < 0$ 时的效用函数。此时，这个效用函数与前景理论的价值函数是一致的。决策者具有损失厌恶的特征，在收益区间内是风险厌恶的，而在损失区间内是风险追求的。

图 7.3 中的情形 4 表示的是当 $\lambda > 1$ 并且 $\alpha > 0, \beta > 0$ 时的效用函数。决策者具有损失厌恶的特征，在收益区间和损失区间内均表现出风险厌恶。

109

图 7.3 中的情形 5 表示的是当 $\lambda > 1$ 并且 $\alpha = \beta = 0$ 时的效用函数。决策者具有损失厌恶的特征,在收益区间和损失区间内均表现出风险中性。此时就是分段线性价值函数。

图 7.3 中的情形 6 表示的是当 $\lambda > 1$ 并且 $\alpha < 0, \beta > 0$ 时的二次分段价值函数。决策者具有损失厌恶的特征,在收益区间内表现出风险追求,在损失区间内表现出风险厌恶。这种特征的效用函数最早是由 Markowitz(1959)提出的。

7.1.4 指数价值函数

De Giorgi et al.(2004)考虑使用以下的价值函数:

$$v(t) = \begin{cases} -\lambda^+ e^{-\alpha t} + \lambda^+, & t \geq 0 \\ \lambda^- e^{\alpha t} - \lambda^-, & t < 0 \end{cases} \tag{7.5}$$

其中,$\alpha \in (0,1)$,$\lambda^- > \lambda^+ > 0$,损失厌恶系数 $\lambda = \frac{\lambda^-}{\lambda^+}$。

指数形式在风险文献中经常被引用(Abdellaoui et al., 2005; Camerer and Ho, 1994b; Fishburn and Kochenberger, 1979),然而早期的学者注意到该形式在期望效用理论框架下一些不具吸引力的特性。Luce and Fishburn(1995)表明,指数价值函数更加符合前景理论的框架。Wakker and Tversky(1993a)注意到,如果在对结果加上一个正的常数时,偏好是不变的,那么前景理论的价值函数应该是一个指数价值函数。

Giorgi and Hens(2006)研究了有关前景理论在投资组合及资产定价中的应用问题,并且论证了前景理论如果想应用在投资组合选择问题上,就需要重新建模。因为前景理论在处理投资组合选择问题上具有一些劣势,在一些情况下,Tversky and Kahneman(1992)提出的幂价值函数会导致投资者的最优投资组合是无解的。他们建议用分段指数价值函数替换掉由 Tversky and Kahneman(1992)提出的分段幂价值函数。这两种函数的主要不同就在于处理大量结果方面。实际上,这两种函数均被假设有一个节点和凸-凹形状,分段指数价值函数展现了更多的曲率,因此会阻止极端的风险承担。研究还发现,指数价值函数形式与实验数据不但是兼容的,还有一些 Tversky and Kahneman(1992)提出的幂价值函数所没有的优势,比如:

- St. Petersburg Paradox 不会出现有限的期望值的赌局问题。
- 不会引发无限杠杠问题。
- 存在不同类型的投资者的 CAPM 均衡。
- 可以同时处理资产定价之谜、股权溢价之谜、价值之谜及规模之谜。
- 能够解释处置效应。

Giorgi and Hens（2006）认为，St. Petersburg Paradox 催生了期望效用理论。它解释了对于一个具有无限期望货币价值的赌局 lotteries 来说，人们更愿意支付有限的金钱。这个观察使得 Bernoulli（1738）假定人们对赌局 lotteries 的定价是因为人们将货币价值看成期望效用，而不是期望货币价值，利用对数效用解决了 St. Petersburg Paradox。

然而，对于任何一个无边界的效用来说，一个赌局仍然会导致对货币支付的无限估值。因此，Bernoulli（1954）建议仅仅处理一些特殊的悖论[①]。也就是说，仅仅承认那些有限期望货币价值的赌局。Blavatskyy（2005）和 Rieger and Wang（2006）均指出这样的方法不能充分排除那些针对前景理论的悖论。如果利用分段指数价值函数可以弥补这方面的不足，则不会在前景理论中出现这种问题。

Benartzi and Thaler（1995）指出前景理论可以解决股权溢价之谜。然而，基于 Tversky and Kahneman（1992）的价值函数却同时加深了价值之谜（Value Puzzle）和规模之谜（Size Puzzle）（Basu，1977；Banz，1981）。利用分段指数价值函数不但可以解释股权溢价之谜，也能够解决价值之谜和规模之谜。

另一种带有风险-收益形式的函数是 Bell 提到的"线性+指数"形式的价值函数。Bell and Fishburn（2000）和 Bell and Fishburn（2001）进一步发现了在期望效用和等级依赖效用框架下对这些函数在规范性上的支持。

7.1.5 HARA 价值函数

HARA 价值函数的形式如下：

$$v(x) = -(b+x)^a \tag{7.6}$$

HARA（Hyperbolic Absolute Risk Aversion）偏好最初出现在期望效用理论中。它指的是在给定一个偏好的情况下，如果绝对风险厌恶随着财富的增加而增加，或者绝对风险厌恶随着财富的减少而减少，那么该形式的价值函数可以衍生出其他形式的价值函数。比如，当 a 趋近于 1 且 $b=0$ 时，则转化为线性价值函数；当 $a=2$ 时，为二次价值函数；当 $b=0$ 时，为幂价值函数；当 a 趋近于 0 时，为对数价值函数；当 a 趋近于负无穷时，为指数价值函数。

[①] 该文最早由 Bernoulli Daniel 于 1738 年发表在 *Commentarii Academiae Scientiarum Imperialis Petropolitanae* 上，文章名称为 *Specimen theoriae novae de mensura sortis*，后将其翻译成英文。

7.1.6 非参数方法下的价值函数

另外，非参数方法也被很多学者使用在前景理论的价值函数的应用当中。非参数方法也颇具吸引力，在利用这种方法时不需要假设特别的价值函数形式。对于非参数方法的附加参数是否合理仍然是一个值得研究的问题。也就是说，非参数方法是否能够提取出噪声，一些具体的前景理论函数是否因为已经存在的参数而错失了一些重要的维度，另外，函数是否需要利用参数形式进行表示等，这些都是值得进一步讨论的。对于非参数方法下的价值函数的研究，可以参看（Abdellaoui，2000；Bleichrodt and Pinto，2000；Gonzalez and Wu，1999；Hey and Orme，1994；Mellers et al.，1992）文献。

7.2 价值函数的再讨论

关于人的偏好模式违背期望效用理论预测的实验性数据频频出现，因此，利用前景理论而不是期望效用理论分析问题的呼声越来越高。研究表明，在各种背景下，前景理论模型确实比期望效用模型能够更准确地预测个人的偏好。

那么，在有关描述性行为的模型中，前景理论是否应该取代效用理论？前景理论作为一种描述性模型的优越性不能仅通过一般的数学模型来构造，也不能通过其可以解释期望效用模型不能解释的偏好来证明。

Currim and Sarin（1989）给出了在风险决策下的前景模型对比分析，即对前景模型和效用模型进行实证比较。研究结果表明，这两种模型具有高度的一致性。在一些反常的现象上，在预测精度上前景模型优于效用模型。然而，对于常规的情况，这两种模型的预测能力几乎没有差别。研究对这些模型的外部有效性或预测能力提供了有效的洞察。

Smidts（1997）通过对农夫的风险决策进行研究，得到了风险态度和偏好强度的评估，这种设计可以调查固有风险态度（Intrinsic Risk Attitude）的时间稳定性（Temporal Stability）。研究结果发现，风险态度和偏好强度是两种不同的因素。从数据分析中可以得出，指数效用的拟合效果要好于幂效用的拟合效果。

Camerer and Ho（1994b）利用元分析（Meta-Analysis）的方法，通过三个不同的价值函数和 Tversky and Kahneman（1992）文献中的权重函数对前景理论价值函数进行了研究①。他们发现，相对于其他价值函数，幂价值函数提供了更好的拟合效果。其中，指数价值函数的作用是最弱的。

Zank（2001）利用累积前景理论的线性函数、指数函数、幂函数及多元线性模型，对不确定性下的决策问题进行了研究。同样，Blondel（2002）对各种理论测试了幂价值函数、指数价值函数和对数价值函数的能力，其中采用的也是Tversky and Kahneman（1992）文献中的权重函数。结果显示，指数价值函数在拟合数据方面显著地好于幂价值函数，而对数价值函数则是最弱的。Birnbaum and Chavez（1997）测试了CPT的几个参数形式，只不过权重函数不再是Tversky and Kahneman（1992）文献中的权重函数。他们发现，权重函数在拟合数据方面要优于指数函数。

Stott（2006）考察了CPT各种函数形式的解释性，并针对在何种情况下函数形式是适当的这一问题提出了一些建议。很多学者都发表了一些关于CPT形状及这些形状所具有属性的研究。然而他们认为，CPT的非参数形式显然是适合的。因为虽然它可能不是分析参与者数据的最具预测性的手段，但它仍然是进行描述性调查的唯一无偏见的方式。

Schmidt and Zank（2005）给出了一种损失厌恶的行为定义，分析了其对原始前景理论及累积前景理论的影响。原始前景理论与新的损失厌恶条件是一致的，并且抓住了所有损失厌恶的影响。而在累积前景理论中，损失厌恶在价值函数和权重函数中均有体现。

一些学者对比较不同的前景理论函数解释能力比较感兴趣。根据他们的实验，提出了不同于其他学者的"更好的"函数形式，或者同一函数形式下不同的参数。甚至还有

---

① 元分析是一种结合多种科学研究成果的统计分析。其背后的基本原理是：所有在概念上相似的科学研究背后都有一个共同的真理，但在个别研究中却有一定的误差。因此，可以利用统计学的方法收集、整理及分析之前的学者所做的众多研究，然后找出针对这个问题的明确关系。本质上，所有现有的方法都能从单个研究的结果中得出一个加权平均值，不同的是这些权重的分配方式，以及在生成的点估计周围计算不确定性的方式。除了提供对未知常识的估计，元分析有能力对比不同研究的结果，确定研究结果中的模式、这些结果之间的分歧来源，或者在多种研究的背景下可能发现的其他有趣的关系（Littell et al.，2008）。该方法的一个主要好处是利用信息整合的方法，能够产生比原个案研究更高的统计能力和更可靠的点估计。然而，在进行元分析时，研究者必须做出可以影响结果的选择，包括决定如何搜寻研究，选择基于一组客观标准的研究，处理不完整的数据、分析数据，以及解释或者不选择解释那些发表偏倚（Publication Bias）（Walker et al.，2008）。

一些学者通过实验否认前景理论的存在。然而，笔者认为，在前景理论中，函数的具体形式，或者同一函数形式下的参数大小，仍然是一个有待解决的问题。

前景理论相关实验会受到不同地域、不同文化、不同职业，甚至受试者当时的情绪等诸多因素影响。因此，在某些实验下看似良好的结果真的能够用于另一组实验吗？这是一个值得商榷的问题[①]。

Rieger and Bui（2011）观察到 Tversky and Kahneman（1992）文献中的价值函数不能描述简单彩票中的高风险厌恶选择，这使得它很难适应实验数据。然而使用指数价值函数可以解决这个问题，并允许包含整个风险厌恶行为的范围。对指数价值函数的进一步支持来自对在彩票偏好上的一项大规模调查的数据的评估，在这种情况下，指数价值函数会产生最合适的结果。研究结果增强了对古典价值函数中彩票的潜在问题的认识。

Rieger and Bui（2011）进一步指出，在许多实验中，两种类型的实验（两种正结果或结果值很大）都缺失了，实验价值函数的优点常常被忽略。这些研究结果对前景理论的设计和测度具有一定的实际意义，并为指数价值函数提供了进一步的理论和实证支持。混合博彩的例子不值得关注，因为损失中的风险追求和收益中的风险厌恶在一定程度上相互抵消了，而损失厌恶可以解释在这种情况下为何存在大的风险厌恶。

对于病人来说，当病情恶化到危及生命安全时，往往会做出一些冒险的决策。这种情况无法用传统的决策理论，如期望效用理论进行解释。Rasiel et al.（2005）利用前景理论对上述现象展开了研究。研究结果表明，病人健康状况的参考点是决定病人选择哪种治疗方案的关键因素。同时，他们还对在什么环境下更容易做出更高的风险决策进行了研究，并预测患者在什么情况下会选择常规疗法，或者不接受治疗。理解了这种对病人的治疗选择可能随着时间的推移而变化的现象，并将预期寿命变化和病人当前情绪状态看成一种函数关系，就能更好地了解病人可能寻求风险选择的情况，这对临床研究人员有很大的价值。尽管他们的研究属于医学领域，然而思路及方法对金融领域中的投资决策具有一定的借鉴意义。

Kliger and Tsur（2011）运用前景理论对组织层面风险与收益之间的关系进行了研究。他们建议采用另一种方法来推断参考点、测度风险，以及在考虑到公司状态的时间

---

① 曾建敏（2007）通过对国内的 38 名受访大学生进行研究发现，累积前景理论中提出的风险态度的四重模式也是存在的。然而，相对于 Tversky and Kahneman（1992）的美国实验，中国实验在风险厌恶方面表现出了完全相反的结论，即在面对中、大概率时，关于损失的风险追寻总是比收益时的风险回避更加明显。并且，实验指出幂价值函数的指数甚至可以大于 1，因此提出研究者在应用累积前景理论时需要对其做出适当的调整。

表、状态依赖的行为和结果的情况下,对风险回报关系进行不同的表述。之前,也有研究基于时间序列数据估计了公司的参考点及风险和收益头寸,然而此种方法的一个暗含假设就是公司的行为是不会随着时间而改变的。不过,很多学者也认为这种做法并不是很合理的,因为收益并不是一个常数,这也就意味着在一段时间范围内,公司的决策行为存在状态依赖(State Dependent)。经过研究发现,那些在参考水平(以前年份的产业中位收益)之上的公司所承担的风险比那些在参考水平之下的公司所承担的风险要小。

7.3 损失厌恶

损失厌恶是行为科学中最为著名的概念之一,它现在被认为是一个具有特定神经表现的稳定个体差异(Rick,2011)。

损失厌恶是一个相对于参考点来评价结果的概念,也就是说,对于偏离参考点的敏感,在同等的单位下,损失要比收益更为敏感[①]。损失厌恶是公认的对期望效用模型最为典型的背离之一,通常被认为是一种非理性的偏见。在对损失厌恶进行研究的过程中,不少学者发表了自己的看法,比如 Camerer(2005)提出,损失厌恶往往是一种在恐惧下夸张的情绪反应。

Abdellaoui et al.(2007)比较了文献中损失规避的不同定义。他们认为由 Kahneman and Tversky(1979)和 Köbberling and Wakker(2005)提出的定义从某种程度上来说是最符合要求的。

Kahneman and Tversky(1979)提出损失规避的定义是:当 $x > 0$ 时,$-U(-x) > U(x)$。这说明损失厌恶系数可以定义为

$$-\frac{U(-x)}{U(x)} \tag{7.7}$$

的均值(或中位数)。Tversky 和 Kahneman(1992)文献中给出了损失厌恶的参数值 2.25,这个数字被相当多的文献所采用。

Wakker and Tversky(1993b)定义损失厌恶如下:

$$U'(-x) \geqslant U'(x), \quad x > 0 \tag{7.8}$$

对这个定义想深入了解的读者,还可以关注 Schmidt and Traub(2002)和 Schmidt(2003)文献。

[①] 损失厌恶与一阶风险厌恶有关,可以参看 Epstein and Zin(1990)文献。

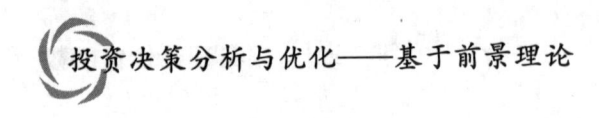

Neilson（2002）给出了损失厌恶的弱条件，即需要

$$\frac{U(x)}{x} \geqslant \frac{U(y)}{y}, \quad x < 0 < y \tag{7.9}$$

Bowman et al.（1999）在 Neilson（2002）的基础上给出了损失厌恶的强条件，即需要

$$U'(x) \geqslant U'(y), \quad x < 0 < y \tag{7.10}$$

Köbberling and Wakker（2005）定义

$$\frac{U'_\uparrow(0)}{U'_\downarrow(0)} \tag{7.11}$$

其中，$U'_\uparrow(0)$ 和 $U'_\downarrow(0)$ 分别代表 U 在参考点处的左、右导数。

Köbberling and Wakker（2005）提出的定义考虑了 Tversky 和 Kahneman（1992）文献中 x 趋近于 0 的情况。Benartzi and Thaler（1995）也提出了类似的定义。

Abdellaoui et al.（2008）提出了一种在前景理论下新的有效测量效用和损失厌恶的方法。他们受到两个结果前景确定性等价物的启发，最小化了衡量效用的启发所需的数量和受试者的认知负担。他们提出的方法可以在个体层面上直接测量决策者的风险偏好，也可以通过合并数据在总体水平上进行衡量。他们还获得了两个新发现：首先，通过对不同概率的研究，他们测试了前景理论的有效性，发现测量结果是可靠的，为前景理论提供了支持；其次，找到了凹效用和风险追求的证据。而这一点在之前没有被其他学者所观察到。

7.3.1 损失厌恶 VS 风险厌恶

损失厌恶和风险厌恶有着一定的关联，但又有所区别。在 Kahneman 和 Tversky（1979）的前景理论框架中，损失厌恶不同于风险厌恶。风险厌恶主要针对分布中的分散程度而言，而损失厌恶主要体现与收益相比的损失的心理影响。比如，即使一个人在纯粹的收益和纯粹的损失中处于风险中性（价值函数此时是分段线性函数），那么此人如果对损失非常厌恶，则仍然可能拒绝一个有 50% 的机会赢得 2000 元和有 50% 的机会损失 1000 元的赌局。

还有一种说法：之所以不愿接受混合的结果彩票，是因为可以用一般的风险厌恶态度来解释，而损失厌恶本身似乎与古典理性的风险决策理论相容，尤其是预期效用框架。但是，Rabin（2000）的研究结果表明，在期望效用理论的框架内，基本上不可能在不假设一个高得离谱的更大赌注的情况下描述这种厌恶行为。

此外，即使没有涉及风险，损失厌恶仍提供了一个强大的框架来解释广泛观察到的行为模式，如沉没成本谬误、禀赋效应、现状偏差、默认偏好和买卖价差。损失厌恶在这种参照依赖的偏好中起着至关重要的作用，而这很难用风险态度来解释（Camerer, 2000; Camerer, 2004; Kahneman, Knetsch, & Thaler, 1990; Kahneman et al., 1990; Thaler, 1980; Tversky & Kahneman, 1992）。

7.3.2 情感与损失厌恶

证据表明，情感在损失厌恶中起着关键的作用。实验表明，脑部"情感区"病变患者往往比对照组的损失厌恶性小得多。神经成像研究提供了进一步的证据，不对称的收益和损失的反应确实有神经基础。

尽管情感对失去潜意识下的损失厌恶有很大的影响，但大多数人也能通过情感调节控制情绪。例如，情绪调节的一种可能方法是通过认知重新评估，也就是说，从不同的角度看待问题，这使得接受损失变得更容易。

在一项实验中，要求参与者在更广的背景下考虑投资选择，就像创建一个"投资组合"，大大降低了损失厌恶的等级（Sokol-Hessner et al., 2009）。这与 Benartzi and Thaler（1999）的研究结果一致，即大多数人在面对长期股票回报时都不那么在意损失。

损失厌恶几乎无处不在，它与环境和个人特征有着密切的关系（Novemsky & Kahneman, 2005a）。在调查中可以通过两个简单的货币彩票来测量损失厌恶，以使情境差异最小化，并将重点放在识别损失厌恶的跨文化差异方面。

个人主义和集体主义文化的区别在于它们对人际关系的不同看法。在一个高度集体主义的社会中，个人认为自己是社会群体的一部分；而在个人主义社会中，个人价值和个人成就被认为是更重要的。

Maddux et al.（2010）指出，由于自我增强和独立在个人主义文化中更加突出，所以西方人受到的禀赋效应会比东方人受到的禀赋效应更强。由于损失厌恶常常被用来解释禀赋效应，因此他们的研究结果可以作为对损失厌恶的跨文化差异的间接证据。

从情感管理的角度来看，因为人际关系对一个集体主义社会来说更重要，所以人们更有可能通过某个事件以更全面的视角来重新评估自己所处的社会环境。如果群体范围更大、时间范围更长，那么某个事件造成的损失会显得更小。

此外，根据"缓冲假说"，来自群体内网络的社会支持为潜在的金融损失提供了"缓冲"，从而降低了人们的感知风险，减少了风险厌恶行为。社会支持也可以是应对情绪困难的最有效方法之一，它可以减少损失的负面影响，感兴趣的读者可以进一步参阅

Thoits（1995）、Cohen and Wills（1985）、Hsee and Weber（1999）、Benartzi and Thaler（1999）、Nisbett（2004）、Matsumoto et al.（2008）、Arkes et al.（2010）文献。

独立文化倾向于鼓励积极的自我形象，幸福快乐是人生的主要目标之一。相反，相互依存的文化倾向于对情感持有中庸的思想，从而认为幸福和悲伤之间的权衡要比最大化纯粹快乐更可取（Miyamoto and Ma，2011；Miyamoto et al.，2014）。在个人主义文化中，流露出负面情绪是不被社会接受的，因为那很可能被看成个人失败的信号（Eid and Diener，2001）。

研究发现，快乐和不快乐之间的净差异是个人主义者幸福的一个很好的预测因素（Suh et al.，1998）。西方人倾向于强调积极的情绪，淡化负面情绪，以使自己感到更快乐；而东方人则无须这样做，因为最大的积极情绪并不是他们的目标（Kitayama et al.，2000；Miyamoto and Ma，2011；Miyamoto et al.，2014）。与个人主义者相比，集体主义者更容易接受收益和损失，认为生活中的收益和损失是混合在一起的，比如"祸兮福之所倚，福兮祸之所伏""塞翁失马，焉知非福"等。

Wang et al.（2017）认为，由于社会规范对情绪调节的影响，拥有集体主义文化的人更有能力应对损失，因此也获得了更多的社会支持，这使得他们认为损失不那么严重，从而对损失的敏感度也降低了。他们通过研究，提出了几个关于损失厌恶的假设：

- 个人主义会增加损失厌恶。
- 权利距离（Power Distance）会增加损失厌恶[①]。
- 男性气概会增加损失厌恶（Masculinity increases loss aversion）。
- 对不确定的回避会增加损失厌恶。

7.3.3 与损失厌恶相关的现象

损失厌恶与现实经济、金融中的很多现象有着密切的联系，比如：

- 股权溢价之谜（Benartzi and Thaler，1995；Mehra and Prescott，1985）。
- 股市不参与现象（Stock Market Nonparticipation Phenomenon）（Barberis et al.，2006）[②]。

[①] 权利距离用来测度组织或者机构中权利较少的成员接受和期望权利的程度，也就是对人们对组织中权利分配不平等情况的接受程度和期望权利不平等分布的一种测度。

[②] 尽管股市的平均回报率很高，且与其他家庭风险的相关性较低，但许多家庭历来不愿将钱投入其中。Barberis et al.（2006）认为，将损失厌恶和狭隘框架效应结合起来将会更容易解释。

- 处置效应（Odean，1998；Weber and Camerer，1998）。
- 禀赋效应（Kahneman et al.，1990；Thaler，1980）。
- 现状偏见（Status Quo Bias）（Samuelson & Zeckhauser，1988；Weber and Camerer，1998）[①]。
- 不对称的价格弹性（Asymmetric Price Elasticity）（Hardie et al.，1993）。
- 养猪农民的购买策略（Buying Strategies of Hog Farmers）（Pennings and Smidts，2003）。
- 框架效应（Framing Effects）。
- 房地产市场卖方行为（Genesove and Mayer，2001；Stephens and Tyran，2012；Kahneman et al.，1990）。
- 劳动力供给决策（Camerer et al.，1997；Fehr and Goette，2007；Crawford and Meng，2011；Camerer et al.，1997；Fehr and Goette，2005；Crawford and Meng，2011a）。
- 损失厌恶的顽固效应（Pope and Schweitzer，2011）[②]。

当然，也有不少学者对损失厌恶提出了质疑（Ert and Erev，2013；Gal，2006；Morewedge et al.，2009）。Gal（2006）认为不愿意接受输赢机会相等的赌局不应被理解为损失厌恶的作用，而是受现状偏见的影响。Ert and Erev（2013）使用了一系列赌局估计损失规避风险的选择，他们通过操纵关键赌局的排名位置，产生了一个不存在绝对损失厌恶的证据的环境。

Walasek and Stewart（2015）利用 Tom et al.（2007）文献中的例子对他们的实验进行了设计，并对损失厌恶的起源提供了一种新的心理学解释。在这种情况下，损失厌恶来自人们对收益和损失的分配的差异。通过简单地操纵可能的损益范围，找到了损失厌恶（Loss Aversion）、损失中立（Loss Neutrality），甚至损失厌恶反转（Reverse of Loss Aversion）等偏好。

Andersson et al.（2016）提供的证据表明，替他人做决策可以减少损失。也就是说，管理他人的风险在各个方面都有其显著的优缺点，缺点是从而引发的道德风险（Moral Hazard）。通过采用一种含有损失与不含损失对比的调研方法，他们发现，在没有损失

[①] 绝大部分真实的决策者不像经济学书中假设的那样，更偏向于他们当前或者之前所做出的决定。也就是说，他们更喜欢满足现有状态，因为由于变化可能带来的潜在损失所造成的痛苦要大于变化可能带来的收益所形成的幸福感。

[②] 指的是即使后天经过了大量的学习和训练，也仍然无法摆脱损失厌恶这种偏见。比如，职业高尔夫球员在 PGA 巡展上的证据表明，即使是经验、竞争和高风险的结合，也不足以消除这种偏见。

的情况下，无论是替自己做决策，还是替他人做决策，结果是没有什么区别的。然而，如果支付中包含损失，那么自己做决策和替他人做决策之间有着很大的差异。这说明一个道理：当人们处于从他人角度考虑问题的情况时，往往能够做出不带感情、更加理性的决策。由于损失厌恶的存在，人们往往会回避一些有利可图的投资，因此损失厌恶的代价通常很高。在人们自己做出选择的时候，损失后的那种感觉在其脑海中显得尤为突出。但是，当替别人做选择时，损失后的那种感觉就没有那么突出了，因此人们就会做出更加理性的选择。这种解释与神经经济学的最新研究结果一致（Sokol-Hessner et al. 2009，2012）。

一般情况下，通过实验结果的中位数或者平均数对函数的参数进行估计。一些学者基于 Tversky and Kahneman 的累积前景理论，提出了测量个人损失厌恶的方法。对这方面感兴趣的读者，可以参阅 Köbberling and Wakker（2005）；Fehr and Götte（2007）；Gächter, Johnson, and Herrmann（2007）；Kotonya,Lock,and Mariani（2012）文献。

Looney and Hardin（2009）注意到，随着企业继续放弃养老金，转而支持员工管理的退休计划，未来退休人员的决策能力将面临巨大的需求。对于大多数员工来说，建立一个退休储蓄账户意味着从年轻时就要开始，这是一个漫长的过程。为了让员工最大限度地提高他们的退休储蓄，他们明显可以选择一组在退休时收益明显的产品进行投资。那么，为什么长期投资者倾向于持有过于保守的投资组合呢？毕竟，在典型的退休计划生命周期中所提供的回报并不是很高。

对于未来退休时点的收益来说，决策不仅是跨长期的，而且还充满了风险和不确定性。投资者必须随着时间的推移动态分配风险和回报。

由于认知的局限性（Miller，1994），决策者在应对日益复杂的问题时，倾向于根据容易程度来进行决策。因此，个体采用启发式解决问题的方法。然而这种方法会激起认知偏差，从而导致不理想的结果（Payne et al，1993；Bazerman，2008；Tversky and Kahneman，1974）。

鉴于启发式解决问题的普遍性和重要性，跨期选择（Intertemporal Choices）的不确定性选择引起了相当多的研究兴趣（Frederick et al.，2002）。在跨期选择中，涉及跨期后结果的不确定性和时期的长度两个因素，因此，它们均会导致认知偏差（Keren and Roelofsma，1995）。一个是确定效应，另一个是即时效应（Immediacy Effect）。确定效应是指人们往往更容易选择确定的结果而不是带有可能性的不确定结果。而即时效应是指人们倾向于当前的一种对现在有偏向的偏好，即相对于延期的结果，更加偏好当前的结果（Benzion et al.，1989；Kahneman and Lavallo，1993）。

Benartzi and Thaler（1995）率先对股权溢价之谜给出了一种理论上的解释，那就是短视损失厌恶（Myopic Loss Aversion，MLA）。MLA 依赖于两个概念的相互作用，即损失规避和心理账户。

心理账户（Thaler，1985）涉及的是个体认知框架决策问题的范畴。根据心理账户，投资的频率受到投资范围是过窄还是过宽的影响。而决策频率的不同又导致了未来结果及其发生的概率也不相同。

正如前面所述，个人投资者往往持有过于保守的投资组合，而随着时间的推移，投资组合只能提供微薄的回报。因此，人们越来越担心，当雇员退休时，绝大多数退休账户可能资金不足。考虑到大多数退休计划现在可以在线管理，一种潜在的解决方案是设计一个基于网络的决策支持系统来帮助未来退休人员做出更有利的投资组合管理决策。因此，他们利用心理学的方法来设计决策支持系统，实验涉及 159 名退休计划参与者。此时，Benartzi and Thaler（1995）提出了短视损失厌恶（Myopic Loss Aversion）这一心理反应。短视损失厌恶这种心理助长了投资者持有过于保守的投资组合的心态。短视损失厌恶认为，如果含损失厌恶偏好的投资者不去频繁评估他们的投资绩效，则他们会更愿意承担风险。也就是说，评估期越长，风险资产的吸引力越大，风险溢价也就越低。

Looney and Hardin（2009）设计了旨在提高投资者"冒险"意愿的总体设计战略。研究结果表明，当决策支持系统在长时间范围内提供一个潜在的可能收益及概率时，投资者的保守性降低。相反，短期信息范围是投资者的主要绊脚石。不过，在面对短期信息范围时，可以通过决策支持系统来限制决策的频率或建议相对积极的投资组合，从而成功地规避风险厌恶。这些发现具有重要的理论和实践意义。

Köbberling and Wakker（2005）率先提出了一种以行为为基础的损失厌恶指数，来控制收益与损失效用单位之间的转换，并将风险态度分解成三个不同的组成部分：基本效用、概率加权和损失厌恶。

Sun（2009）定义了损失厌恶指数作为位置的函数，以反映收益对损失的比较。这个指标与 Köbberling and Wakker（2005）所定义的不同，它可以用来充分描述损失厌恶的特征，而不需要对效用函数做出强有力的假设。

无论是在个人水平还是在总体水平上，许多实证研究都提供了对损失厌恶的定性支持。然而，很少有研究对损失厌恶进行定量估计。为了衡量损失厌恶，收益和损失的效用必须同时测量。正如前面提到的那样，几乎没有方法来执行损失厌恶的测量而不强加额外的假设。衡量损失厌恶的另一个复杂之处是没有对损失厌恶的定义达成一致。

Grüne and Semmler（2008）认为，在资产定价上使用标准的偏好，并不能很好地抓住资产价格的特征。而行为金融学提出的更加符合现实的偏好，尤其是损失厌恶等，可能会重塑资产定价。在 Benartzi and Thaler（1995）和 Barberis et al.（2001）的激发下，他们对行为金融学下的资产定价进行了系统的研究。他们研究了在生产经济中基于损失厌恶的资产定价。同时采用随机增长模型，并使用一种随机的动态规划方法，结合自适应网格方案来计算上述资产在偏好中损失厌恶的资产定价。研究结果证实了以损失厌恶为基础的模型比单纯的基于消费的资产定价模型要好得多。

Andries（2011）在以消费为基础的资产定价模型中，将损失厌恶合并在了递归偏好中，并以封闭式的方式解决资产价格问题。损失厌恶增加预期回报与标准递归实用程序模型有很大的关系。文中提出的模型的一个特点是提高了模型在资产价格上匹配的能力。此外，损失厌恶会将重要的非线性因素引入预期的超额回报中，作为对消费冲击风险敞口的一个函数。Andries（2011）通过提出的经验证据支持了考虑损失厌恶定价模型具有更好效果这一论断。

Fortin and Hlouskova（2015）提出了基于二次损失厌恶的模型对资产分配问题进行研究。在通常情况下，很多学者在研究问题时，损失厌恶都是作为一个线性损失厌恶被处理的。然而，有学者认为，真实的投资者可能对损失呈现出一种递增的厌恶趋势，而不是固定的边际水平，因此二次形式的损失厌恶可能更为适合。因为与线性损失厌恶相比，对大的损失厌恶的程度会更加严重。

7.4 参考依赖

参考依赖的概念最早由 Markowitz（1952）引入经济学，并由 Kahneman 和 Tversky（1979）正式提出。他们提出的前景理论之所以受欢迎，是因为前景理论能够解释一些期望效用理论所不能解释的异象。然而，无论是 Kahneman and Tversky（1979）的原始前景理论，还是后面 Tversky 和 Kahneman（1992）的累积前景理论，都没有说明参考点是如何形成的。

过去 30 多年的实证研究证实，受试者在做决策时受到参考点的影响很大。在心理学的研究中，参考依赖有着悠久的历史。Kahneman 和 Tversky（1979）成功地将其引入经济学中。

学者逐步开始认识到，决策者似乎不是根据当前的财富，而是根据财富的改变量做出决策的。在决策过程中，参考价格起着非常重要的作用。因为损失厌恶的存在，当消费者发现价格昂贵时，他们会对价格更敏感。在金融领域，由于配置效应的存在，投资者不愿意卖掉损失的股票。而处置效应是通过前景理论的反射效应进行解释的,因为0点也是一个潜在的参考点(Barberis and Xiong,2009)。

心理学家允许对参考点做出灵活的解释,无论是决策者的现状、预期(Expectation)还是抱负水平(Aspiration Level)(Lewin et al.,1944;Siegel,1957;Tversky and Kahneman,1992)。当一个问题存在多个参考点时,就会变得复杂起来。然而,这样的情况又是很普遍的,比如,在谈判中,参考点既可以来自社会比较,也可以来自参考价格(Novemsky and Schweitzer,2004;Boles and Messick,1995;Bazerman,1991)。

Schmidt et al.(2008)提出了一种新的不确定性下的决策理论——第三代前景理论,称为PT^3。其不但保留了以前版本中前景理论的预测能力,而且允许参考点是不确定的。在第三代前景理论中,有三个关键点:

- 参考依赖(Reference Dependence)。
- 决策权重(Decision Weights)。
- 不确定的参考点(Uncertain Reference Points)。

一些模型假设参考点是抱负水平和一些关键点的函数(March,1988;March and Shapira,1992)。随着时间的推移,消费者观察到多种价格,并且根据一些参考价格进行比较。在一些带有习惯信息的效用模型中,参考点代表了一些消费的习惯水平,具体可以参看Lattin and Bucklin(1989)、Putler(1992)、Wathieu(1997)、Bell and Lattin(2000)、Baucells and Sarin(2010)文献。所有这些模型都有一个共同的假设,即适应性(Adaptation)。

适应性是指参考点是过去信息的函数,通常是过去信息的加权平均值,因此存在递归性(Recursivity),即新的参考点是之前参考点及前面信息的函数。这一点已经在实验数据中得到了验证(Helson,1964;Lant,1992)。

Hardie et al.(1993)利用前景理论的价值函数,提出了一个关于参考依赖选择的多属性分对数信息模型,在估计和预测方面提供了更好的结果,同时也证实了损失厌恶非常明显。另外,他们还发现,当参考价格等于最新购买价格时,会得到最佳拟合。在金融学中,参考价格也被假设成过去金融资产购买价格的一个函数(Shefrin and Statman,1985)。

一些学者将加权平均购买价格用作参考价格的一个替代(Odean,1998;Grinblatt and Keloharju,2001;Feng and Seasholes,2009)。也有一些学者将第一次购买价格或者最近的购买价格当作参考点(Weber and Camerer,1998;Frazzini,2006)。另外,还有一些非购买价格也主要被用作参考点,如历史价格,尤其是历史最高点价格(Heath et al.,

1999；Core and Guay，2001）。然而，也有一些学者出于稳妥的目的，建议采用最高、初次和最近一次购买的价格作为参考价格。

　　Baucells et al.（2011）对参考点的决定因素的理论和实验工作进行了回顾，认为在许多情况下，人们已经充分意识到参考点的多样性，如何体验这样的结果，如何思考参考点，这样的问题不断增加。然而，在行为决策研究中似乎很少讨论这些问题。Baucells et al.（2011）对参考价格如何成为一个初始集进行了测度及建模，并在观察到一系列价格后进行了更新，从而填补了这一空白。参考价格可以通过观察选择行为而间接测量到。他们通过询问受试者关于价格的感觉这种基于情绪的问题研究参考点的变化。

　　除对实验数据进行分析外，Baucells et al.（2011）还提出了一个非递推公式来预测参考价格。随着价格信息的展开，使用该公式可以对参考价格进行动态预测。该公式基于加权函数，可以用三个参数来描述：

- 内置利润（Built-in Profit）[①]。
- 曲率（Curvature）。
- 标高（Elevation）。

　　研究发现，当价格达到历史峰值时，人们倾向于卖出他们的头寸或变现他们的股票期权（Heath et al.，1999）。Baucells et al.（2011）提出的模型不但可以直接用于预测投资者的情绪，也可以用于预测任何价格历史记录的收益和损失的变化。通过这些预测，再加上配置效应，就可以预测出最近价格的变化将如何影响对资产的需求。前景理论的一个中心特征是参考依赖，即价值函数取决于相对于现状的收益和损失，而不是期望效用理论中的最终财富位置。绝大部分关于前景理论的理论研究都只考虑了一个固定的现状。然而，在这种情况下，参考依赖和价值函数（参考点已知）对最终财富位置的依赖是等价的概念。

　　对于劳动力供给，Johannes Abeler and Huffman（2011）和 Gill and Prowse（2012）的实验研究表明，当受试者有更高的期望报酬时，他们会做出更大的努力。Crawford and Meng（2011）表明，纽约出租车司机的劳动力供应决策受到过去样本平均收入和目标时间的强烈影响。当参考点基于期望时，风险态度也会受到影响。Post et al.（2008）通过一项人气游戏节目中的数据发现，在经历意外的大收益和损失之后，参与者的风险厌恶程度较低；但在经历较小的收益和损失后，风险厌恶程度更大。Sprenger（2016）的实验研究表明，使用随机期望作为参考点通常会降低受试者的风险厌恶感。

---

① 内置利润是一个附加的因素，包含了对价格增长或更高期望的一些预期，对理解参考点的演变有潜在的重要应用。

Neilson（1998）研究了在一系列风险决策过程中效用函数是如何变化的。当然，效用函数的载体是相对财富而非期望效用理论中的绝对财富。大多数学者的注意力集中在效用函数在收益上是凹函数，在损失上是凸函数，而且等量的损失明显比收益更加陡峭上。然而 Neilson（1998）认为，两参数效用函数（Two-Argument Utility Function）不能满足实验文献中规定的其他两种模式，即赌场盈利效应（House Money Effect）和收支平衡效应（Break-Even Effect）（Thaler and Johnson，1990）。

为了适应这两种更加复杂的效应，需要一个新的效用函数。当一个人面对一系列的决策时，效用函数需要有三个参数：

- 参考财富。
- 到目前为止的收入。
- 当前决定的结果。

Neilson（1998）确定了三参数效用函数的性质，该函数允许偏好显示赌场盈利效应（House Money Effect）和盈亏平衡效应，同时保留了收益时表现出风险厌恶而损失时表现出风险追求的基本模式[1]。该模型的有效性可以通过将其应用于处置效应的分析中得到证明。在处置效应的标准分析中只考虑了资产的前期表现是亏损还是收益。而他们的分析表明，相对于资产持有的潜在损失或收益，如果先前的损失或收益相对于潜在的未来收益来说是巨大的，那么赌场盈利效应就开始发挥作用。如果先前的损失或收益相对于潜在的未来收益是小的，那么盈亏平衡效应开始发挥作用，并预测相反的行为。

Köszegi and Rabin（2006，2007）结合内生与外生两种思想，提出了全新且简洁的框架，并使用了一个既内生又随机的参考点。Köszegi and Rabin（2006）和 Köszegi and Rabin（2007）提出了参考点形成模型。在他们的模型中，消费者关心的是消费效用（超过最终财富），以及收益对损失的效用（效用偏离参考点）。参考点是决策者关于即将面临的选择集而做出的一种概率信念（Belief），即根据未来预期做出的选择来确定参考点。由于预期决定了参考点，所以他们提供了一个解决方案，可以内生地确定期望。他们的模型激发了很多学者的研究热情（Heidhues and Kőszegi，2008；Heidhues and Koszegi，2014；Sydnor，2010；Herweg et al.，2010；Johannes Abeler and Huffman，2011；Card and Dahl，2011；Crawford and Meng，2011a；Pope and Schweitzer，2011；Masatlioglu and Raymond，2016）。

---

[1] 赌场盈利效应也称私房钱效应，指人们会以不同的态度，即消费偏好、风险偏好等，对待赌博赢来的钱与工作赚来的钱。也就是当人们使用比较容易获得的钱去投资（投机）时，更愿意冒风险；而对工作赚来的钱往往精打细算，表现出风险厌恶。也就是轻易得到不易珍惜。

研究参考依赖选择一般假设参考点是一个外生（Exogenously）固定的常数值。一些学者在研究风险选择时，利用了内生（Endogenous）或随机的参考点，比如决策者当前的财富值。Shalev（2000）允许将参考点作为决策者优化问题的一部分进行内生的确定。Sugden（2003）允许参考点是一个随机变量，而不是一个常数，也可以参看 Schmidt, Starmer, and Sugden（2008）文献。

Köszegi and Rabin（2006）的模型基本上建立在失望理论（Disappointment Theory）的基础上（Bell，1985；Loomes and Sugden，1986；Gul，1991；Delquié and Cillo，2006）。它假定决策者将给定前景的所有可能结果与参考点的所有可能结果进行比较。如果在某种特定状态下的结果低于在其他事件下参考点的结果，那么决策者就会感觉到损失，因而产生失望的情绪。

相比之下，Sugden（2003）的模型建立在后悔理论的基础上（Loomes and Sugden，1982；Bell，1982，1983）。决策者只在相同的状态下，而不是在不同的状态下对前景和参考点进行比较的，只有当预期的结果低于同一状态下参考点的结果时，才会有损失（遗憾）。如果研究的是金融问题，那么状态依赖偏好（State-Dependent Preference）好像比基于失望（Disappointment-Based）或者状态独立（State-Independent）更加合理。基金经理的投资业绩通常是相对于标准普尔 500 指数等高风险的基准投资组合来衡量的，而不是一个固定的目标收益率。在这种情况下，给定状态下的投资组合值的相关参考点似乎是相同状态下的市场指数的值，而与其他状态下的相关参考点的值不那么相关。实际上，现代投资组合理论和许多投资组合管理者的相关的工具都有一个明显的状态依赖（State-Dependent）结构。

Köszegi and Rabin（2009）提出了一个广义参考依赖效用动态模型。该模型假设效用依赖当前和未来消费中合理信念中的最新变化，并且坏消息所带来的痛苦要大于好消息所带来的快乐。他们认为，在适应环境和其他领域的心理学证据中，人们往往低估了环境变化对他们的偏好的影响程度。在以预期为基础的参考依赖的背景下，这可能意味着决策者低估了预期的变化会在多大程度上改变他在未来的感觉。如果将这种偏好错误预测纳入模型中，那么通过改变当前预期动机来管理未来的收益-损失效用的任何结果将可能被削弱。

Giorgi and Post（2011）开发并应用了一个新的引用依赖模型，该模型结合了一个基于状态的偏好结构和内生选择的参考点，并允许局部调整参考点。虽然他们在很大程度上遵循了 Kőszegi, Botond, and M. Rabin（2006，2007）的假设，但是 Giorgi and Post（2011）提出的模型应用更加普遍。

Kotonya et al.（2012）分析了基于价格不确定性、损失厌恶和期望的参考点的消费者选择模型。研究对参与者对两种三明治的味道和损失厌恶程度有不同的看法分别进行了测量，并且提出了一种将实验数据与现实消费数据相结合的方法。实验发现的损失厌恶程度很可能与实验室以外的厌恶程度有关，因为它适用于消费选择。然而，现实世界的消费数据往往是动态的，这样消费者也会有变动的参考点。Kotonya et al.（2012）使用现实世界的消费数据补充目前的研究，以评估基于期望的损失厌恶的设置，包括形成时间参考点的可能性的相对重要性。对于动态参考点的问题，还可以参阅 Rajendran and Tellis（1994）文献。

Zank（2010）认为，损失厌恶不仅仅是对正负效用的不相对称的敏感性的一种测度，也应该包括对收益或者损失发生的概率权重的不相对称的一种测度，也可以参看 Birnbaum（2008）文献。为了能够正确地预测决策行为，需要考虑在同等数量级的情况下，是否存在关于损失的决策权重明显地不同于关于收益的决策权重的情形。对概率加权的实证研究发现，收益的概率加权函数与损失的概率加权函数之间存在显著差异，而这些差异来自权重结果的符号。一些学者也讨论了概率感知对加权结果的潜在依赖，可以参看 Edwards（1962b）、Einhorn and Hogarth（1985）文献。

Wang et al.（2017）基于文化、情感（Emotion）和损失厌恶的关系，根据他们的假设及对世界上 53 个国家所做的调查，得出了文化能够影响损失厌恶程度的结论。情感在损失厌恶中起着重要的作用，对这个话题感兴趣的读者，可以参阅 Martino et al.（2010）、Sokolhessner et al.（2013）文献。情感又在很大程度上取决于文化的影响。因此，他们进行了一项国际调查，并收集了 53 个国家的损失厌恶参数的测量值，用于研究不同文化和地区的损失厌恶的系统差异。尽管样本显示几乎所有国家都显示出一定程度的损失厌恶，但跨国差异相对较大。

Song（2015）进行了一项受控的实验室实验，以测试多大程度上的预期和现状决定参考点。通过外生改变滞后信念的波动，实验明确地操纵了预期，并测试了预期是否会对风险态度产生影响。实验也外生地改变了接收到新信息的时间，并且测试了是否存在，以及多长时间范围内实验者调整他们的参考点来适应新的信息。该研究推导并测试了一种新的理论预测，以区分两种基于预期的参考模型：固定参考点和随机参考点。研究结果发现，预期和现状都显著地影响着参考点。研究对象快速调整参考点，进一步证实了预期作为参考点的作用。此外，简化模型和结构估计都支持随机参考点模型，反映了预期结果的完全分布，而不是一个固定的参考点。

前景理论的重要特征是参考依赖，即价值函数是相对于参考点来定义收益和损失的，而不是像在期望效用理论中根据最终财富值来定义收益和损失的。Schmidt（2003）研究发现，所有的理论工作都仅仅考虑了固定的参考点。如果我们考虑一个可以变化的参考点，并且允许价值函数随着参考点的变化而变化，那么参考依赖显然是对最终财富头寸的纯粹依赖性的概括。为了确定这两个概念之间的区别，他们给出了一种可以改变现状的累积前景理论的公理，为前景理论中的参考点从常量变成一个变量提供了分析基础。

前景理论中关于参考点的几个不同的议题已经得到了研究，比如现状（Status Quo）、滞后现状（Agged Status Quo）等。这些方法解释了很多与经典的边际效用递减理论不一致的风险态度，但是这些解释之间彼此也存在矛盾。在现状下，损失厌恶预示了大量的对涉及收益和损失的适度规模的厌恶，敏感性递减预示了在高概率损失下的风险偏好。在滞后现状下，敏感性降低预示着愿意采取不利的风险来恢复到以前的现状。这种"配置效应"与一种现状模型所预测的相对于与当前现状相关的收益和损失的赌局的风险厌恶相矛盾。Köszegi and Rabin（2007）扩展了 Köszegi and Rabin（2006）的参考依赖效用模型，使其能够在一个滞后结果中运用去研究货币风险的偏好。在该模型下，将参考点等同于对结果的最近概率信念，它预测了环境对适度规模风险态度的具体影响。

Allen et al.（2014）利用马拉松完成时间的大数据对参考依赖性进行了测试。他们认为，马拉松跑步有几个原因使其成为观察参考依赖的最佳环境。前景理论中的参考依赖偏好模型可以预测在某个参考点上完成时间的聚束。利用整数参考点可以产生明显的群聚效果。

另外，参考点调整得快与慢也会对投资的收益及损失产生影响。Meng and Weng（2017）研究发现，即使当前的股票价格保持不变，调整参考点也能够预测一个基于历史效应的股票持有情况。投资者能够越快地调整他们的参考点，他们在最初的购买决策中就越不保守。通过研究发现，当参考点调整缓慢时，投资者更有可能实现较小的收益和损失；然而，当参考点调整迅速时，则会出现与之相反的情况。

7.5　几类效用函数

本章主要介绍了具有式（7.1）特征的几种价值函数形式，即在正区间上为凹函数，在负区间上为凸函数，负区间比正区间上的函数形状陡峭[①]。以下介绍一些其他的效用函数形式，了解这些效用函数形状的出处及分析问题的方法，对于研究前景理论下的价值函数问题有着很大的帮助，如图 7.4 所示。

[①] 尽管在 Kahneman and Tversky（1979）中 $v(\cdot)$ 被称为价值函数，然而笔者认为其仍然是具有前景理论偏好的行为人的一种效用，正如在很多研究中也多次将 "value function" 写成 "utility function" 一样。

(a) 期望效用理论的效用函数

(b) Friedman-Savage 效用函数

(c) Markowitz 效用函数

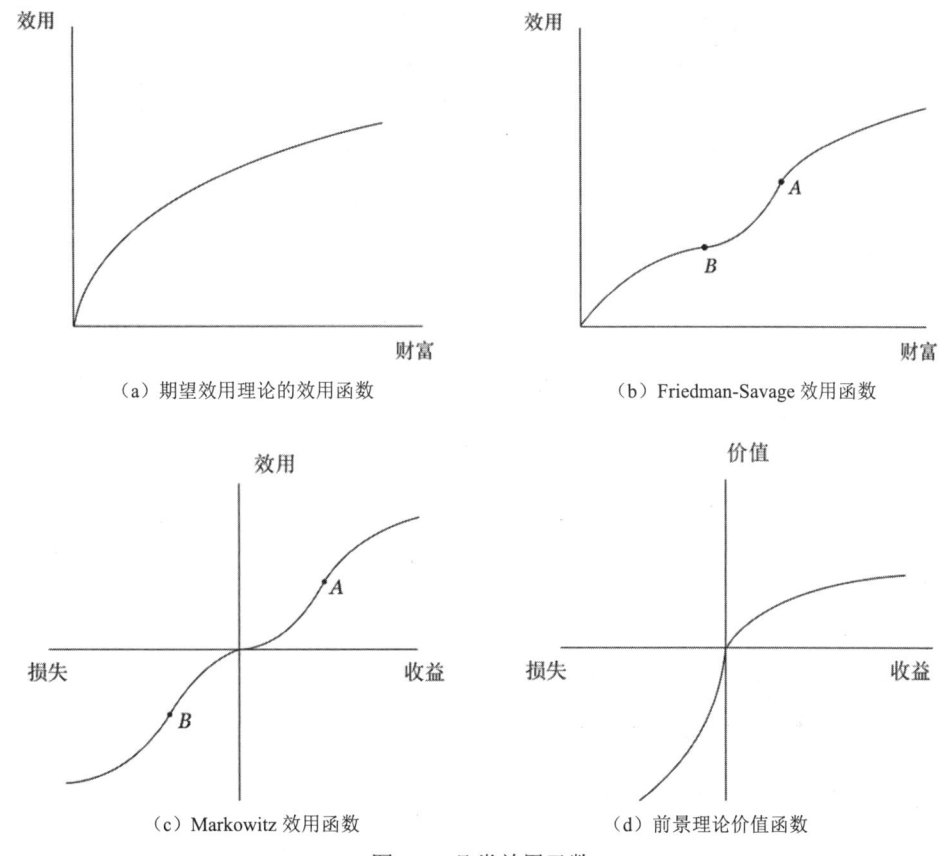

(d) 前景理论价值函数

图 7.4　几类效用函数

如图 7.4（a）所示，Neumann et al.（1944）提出的期望效用理论的效用函数在其区间内是凹形的，因为这样的形状符合边际效用递减规律[①]，因此，无论财富水平是何状态，具有期望效用的投资者都不会参与一个公平的赌局。然而这一点却与 Friedman-Savage 之谜不符[②]。

---

① 在区间内效用随着财富的增加而增加，即单调递增（效用的导数大于 0），然而效用的二阶导数却是小于 0 的，也就是说效用函数的增量是递减的。

② Friedman-Savage 之谜说的是人们往往在同一时间既购买彩票又购买保险这一现象。而彩票与保险属于期望及风险完全不同的两种商品。一个人如果购买了保险，则说明其是风险厌恶型的；但同时却购买彩票，说明其是风险追求型的。因此，这与期望效用理论中总是风险厌恶型的不符。之后，行为经济学中的心理账户理论对其进行了解释说明，认为购买保险与彩票被划入了不同的心理账户。

图 7.4（b）是 Friedman and Savage（1948）提出的效用函数。他们注意到，基于传统的凹函数无法解释 Friedman-Savage 之谜等现象。为了解释这些现象，他们提出了一个新的效用函数。该效用函数由三部分构成，中部为凸函数，两边为凹函数。凹部与购买保险相一致，而凸部与购买彩票相一致。但是，Markowitz（1952b）指出，只有少数的 Friedman-Savage 效用投资者会既购买保险，又购买彩票。此外，Markowitz 指出，Friedman-Savage 效用函数意味着穷人永远不会购买彩票，而中等收入的人永远不会为自己的损失购买保险。

为了解决这些问题，Markowitz（1952b）通过加入一个拐点（Inflection Point），即习惯财富（习惯财富是一种现状财富）对 Friedman-Savage 效用函数进行了修改。图 7.4（c）给出的是 Markowitz 效用函数。如之前所说，参考点的概念最早是由 Markowitz 提出的，因此在其效用函数中当然也包含被参考点分开的两类数值。然而，与前景理论价值函数不同的是，Markowitz 效用函数无论是在收益区间上，还是在损失区间上，均呈现出 S 形。细心研究可以发现，在两区间内靠近参考点的部分，函数是反 S 形的[①]。函数图形所表示的含义如下：

- 对于小的收益，人们表现出风险追求。
- 对于大的收益，人们表现出风险厌恶。
- 对于大的损失，人们表现出风险追求。

图 7.4（d）给出的是前景理论价值函数，前面已经详细论述，这里就不再赘述了。

---

① 在 Neilson（1998）文献中对该效用函数做了进一步的研究，感兴趣的读者可以参阅该文。

第 8 章 前景理论权重函数

8.1 概率权重函数

研究发现，一个好的决策描述模型应该包含收益和损失的非对称性，以及概率的非线性，前景理论很好地包含了这两个方面。而 Wu and Gonzalez（1996）却认为，很多关于概率非线性的实验均存在一些缺点。很多实验没有被直接设计成测度概率权重函数的实验，而是被设计成违背期望效用理论的实验。

如果只考虑正区间部分，那么累积前景理论与等级依赖期望效用理论（Rank-dependent Expected Utility）是一致的（Quiggin，1982，1993；Quiggin and Wakker，1994；Yaari，1987；Green and Jullien，1988）。假如仅考虑有两个结果且其中一个结果为 0 的情形，那么原始前景理论与累积前景理论是等价的。但实际上，除非 $\pi(p+q) - \pi(p) = \pi(q)$ 对于所有的 p 和 q 都成立，否则原始前景理论与累积前景理论不是同一个事物[1]。

在估计权重函数的时候采用了各种各样的方法论。Tversky and Kahneman（1992）通过一系列问题最终得到了现金等价，并且在价值函数为幂函数的情况下，对单参数的模型利用非线性回归的方法进行了参数估计[2]。Camerer and Ho（1994b）利用与 Tversky and Kahneman（1992）同样的函数形式，采用了最大似然估计的方法，估计出正区间概率权重函数的参数为 0.56。

然而，这种估计的方式也存在一定的缺陷。比如，两篇论文均是在已知价值函数和概率权重函数形式下进行的参数估计。而且，用于研究问题的前景过于简单。因此，如果想对概率权重函数做进一步的研究，那么必须克服这两个问题。

Wu and Gonzalez（1996）在研究概率权重函数时，进一步放宽了假设，将概率权重函数曲线看成连续且二阶可导的进行研究。他们的研究也支持概率权重函数从最开始

---

[1] 这种情况只有当累积概率权重为线性函数时才能成立。
[2] 模型中仅有一个参数，稍后的内容会提及，有些学者认为模型值应该不止一个参数。

的高估小概率及低估大概率,到更为明确的针对小概率事件凹性,以及针对大概率事件凸性这一变化。

为了更好地解释概率权重函数,Kilka and Weber(2001)扩展了一个两阶段方法,并从风险延展到不确定性中。在面对不确定性的情况下,对概率的变形是可以依照事件的模糊性程度而随之改变的。因此,决策权重就分解成了概率判断与概率扭曲两个过程。对这种两阶段方法感兴趣的读者可以进一步参考 Wakkar(2004)文献。

利用决策权重分解可以更好地理解一些经济现象。比如,在跨文化的研究中,Manchein et al.(2000)要求美国和德国的受试者对美国和德国未来股票价格的产生概率进行估计。他们发现,受试者如果觉得更加有能力应对,则会更加乐观;反之,越是感到能力不足,越觉得悲观。这种对概率来源依赖的判断能够被二阶段模型所解释。因此,在解释决策人的行为时,还要充分考虑到这些情形。

前面已经介绍,绝大多数学者在研究概率权重函数时,一般是通过对受试者的实验而得出的。然而,人都具有差异性,甚至在不同性别等情形下受试者也各不相同[①]。因此,将概率权重函数运用到个人水平(Individual Level)上是很重要的,也是必要的。理论上尽管可行,但是这在实际执行过程中将面临很大的难度,不仅需要大量的样本,对统计相关知识也提出了更高的要求。另外,还面临着参数形式确定的选择。比如,Fehrduda(2006)在 Fehrduda et al.(2006)的研究基础之上对概率权重函数的曲率和个人的头寸感觉控制点进行了研究。

通常,人在做决策时往往存在即时情绪(Immediate Emotion)。Loewenstein and Lerner(2003)认为,有两种不同的即时情绪影响着我们的决策:先行情绪(Anticipatory Emotion)和偶然情绪(Incidental Emotion)。先行情绪是指我们在做决策时事先思考决策产生的结果,因此需要结果的特征及这些特征之间的相互作用,这样对概率并不是很敏感。偶然情绪的影响因素有很多,如果一个人在做决策的时候受到偶然情绪的影响,那么很容易影响他的决策,从而使得概率权重函数发生变化。比如,一次偶然的飞机失事事故可能就会影响人们的决策。

Fehrduda(2006)认为,从价值函数层面上来讲,影响是不敏感的;而在概率权重函数层面上,影响往往要大。情绪能够在很大程度上改变人们对概率的看法。比如,好情绪在危急关头显得很重要,相对于那些情绪不好的时候,人们在情绪好的时候往往更加小心谨慎。如果对概率的评价保持乐观,或者本身就是一个乐观、积极向上的人,那么人们往往更容易做出风险追求的行为。

---

① Fehrduda et al.(2006)是少有的根据性别不同对决策中的投资函数进行研究的学者。根据他们的研究结果,发现女性对待概率的改变相对男性而言不太明显。

8.2 Prelec 概率权重函数

前面的章节已经对 Allais 悖论进行了解释，它反映的是相同的结果产生了不同的偏好，故称为同结果效应（Common-Consequence Effect）。不少学者在 Allais 悖论实验之后进行了大量重复实验，发现支持这一悖论假设。Kahneman and Tversky（1979）提出了与同结果效应类似的同比率效应（Common-Ratio Effect）。两个效应的不同源自标的物的不同，一个是以金钱，即结果为对象的；而另一个则是以概率为对象的。Kahneman and Tversky（1979）最早将概率权重函数看作一个关于概率的凸函数，并且这样的函数具有次比例性。Tversky and Kahneman（1992）提出的概率权重函数是反 S 形函数。Prelec（1998）从偏好公理中得出了概率权重函数可以观测到的属性。

- 退化性（Regressive）：与对角线相交，并且前段在对角线之上[①]。
- 非对称性（Asymmetric）：拐点位于约 1/3 的位置。
- 反 S 形（Inverse S-shaped）：在开始的区间表现为凹函数，然后表现为凸函数。
- 反射性（Reflective）：针对收益或损失概率，指派同样的权重函数。

上面这几个属性均对风险态度有着不同的影响。比如，风险四重模式就来自退化性。非对称性是指拐点位于 $p = 0.5$ 之下的情形，它进一步减少了不确定结果的权重，并增加了对收益的风险厌恶及对损失的风险追求。反 S 形说明在概率上的等量改变随着远离端点而逐渐变得缺乏影响力。

Prelec（1998）提出了一个满足上述 4 个条件的概率权重函数：

$$w(p) = \exp(-(-\ln p)^\alpha), \quad 0 < \alpha < 1 \tag{8.1}$$

式（8.1）具有一个固定不变的交点，即 $p = 1\backslash e = 0.37$。它与幂价值函数是对应的。因此，通过新引入一个参数 β，将式（8.1）推广到一般形式，不再受交点 $1/e$ 的影响，公式如下：

$$w(p) = \exp(-\beta(-\ln p)^\alpha), \quad 0 < \alpha < 1 \tag{8.2}$$

图 8.1 给出了 Prelec 概率权重函数的图形，并用点画线表示 Tversky and Kahneman（1992）的权重函数，同时还给出了不同参数下的 Prelec 概率权重函数。实曲线为式（8.1）中 $\alpha = 0.61$ 的情形，这样可以与 Tversky and Kahneman（1992）同一参数下的权重函数进行对比。

[①] 不少学者研究发现，交点约位于 $p=0.30$ 处（Preston and Baratta, 1948；Mosteller and Nogee, 1951；Edwards, 1954）。

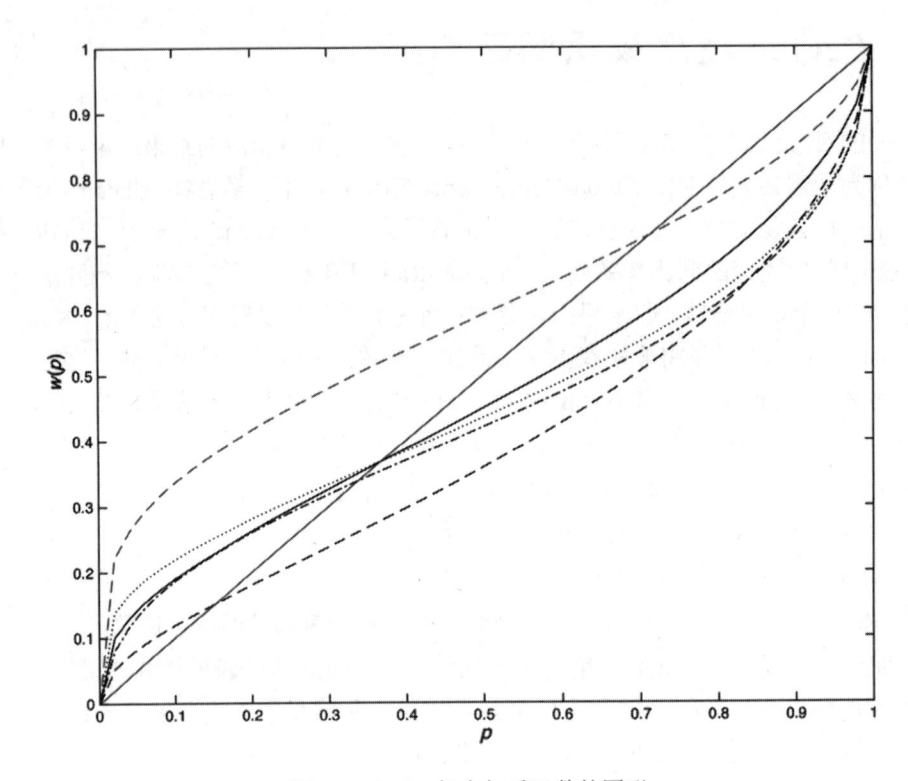

图 8.1 Prelec 概率权重函数的图形

可以看到，在概率较大（凸部分）时，参数相同的不同函数差距要更大一些。点曲线为式（8.1）中 $\alpha = 0.50$ 的情形。与参数 $\alpha = 0.61$ 的情形相比，Prelec 概率权重函数的拐点是固定的，均为 $p = 0.37$。而且，α 越小，则说明权重函数的次比例性、衰退性及反 S 形等越明显[①]。

图 8.1 给出了式（8.2）下 $\alpha = 0.61, \beta = 0.5$（在对角线上部较多的虚线）和 $\alpha = 0.61, \beta = 1.5$（在对角线下部较多的曲线）两类不同参数的图形。由此可见，参数 β 改变了交点的位置。

8.3 两参数模型

Tversky and Kahneman（1992）给出了单参数的权重函数形式，并进一步估计了参

---

① 此时，Tversky and Kahneman（1992）的权重函数（$\gamma = 0.61$）交对角线于 $p = 0.34$ 处。

数。而与此同时，Lattimore et al.（1992）也给出了另一种两参数的权重函数形式，认为决策权重函数是一个如下形式的有理函数（Rational Function）[①]：

$$\pi_i = \frac{\alpha p_i^\beta}{\alpha p_i^\beta + \sum_{k=1}^n p_k^\beta} \tag{8.3}$$

其中，$i, k = 1, 2, \cdots, n, k \neq i, \alpha, \beta > 0$。

注意：如果 $\alpha = \beta = 1$，此时简化成概率，即

$$\pi_i = \frac{p_i}{\sum_{i=1}^n p_i} \tag{8.4}$$

这种方法与预期效用理论一致（Quiggin，1982；Yaari，1987）。但是，预期效用理论改变的是累积概率而不是单个概率，这种方法能够避免违背随机占优。参数 β 决定与客观概率（对角线）的交点，它的大小决定了对待小概率的态度，即到底是高估还是低估。

如果 $\alpha = 1$，那么概率经权重函数映射后的结果加总为 1。假如未来的随机变量的概率服从均匀分布，那么这个交点（概率权重函数与客观概率对角线的相交）发生在 $1/n$ 处。如果 $n = 2$，则交点在 0.5 处，此时 $\pi(0.5) = 0.5$，并且权重函数是关于 $p = 0.5$ 对称的。

另外，对于两结果的例子，式（8.3）等价于 Karmarkar,U.S.（1978）提出的主观权重效用函数，并且与 Quiggin,J.（1982）提出的预期效用理论一致，因为：

$$\pi(p) = 1 - \pi(1-p)^2 \tag{8.5}$$

假如此时固定 α 不变，比如令 $\alpha = 1$，当 β 从 0 趋向于 1 时，扭曲的概率权重曲线会变为客观概率对角线。参数 α 决定了与客观概率对角线的交点位置，随着其不断改变，交点位置也在不断改变。

另外，如果 $\alpha < 1$，那么 π 是次确定性（Subcertain）的，即 $\sum_{i=1}^n \pi_i < 1$。次确定性在某种程度上可以看成对前景的悲观。Kahneman and Tversky（1979）当时提出将次确定性作为概率权重函数的一种属性，但是这也将导致对随机占优的违背。实际上，次确定性的属性基于 Fishburn（1978）对 Handa（1977）的确定性等价模型的评论。

如果 $\alpha > 1$，那么 p_i 是被高估的，因此可能存在一个对未来前景的乐观估计。在这种情况下，权重是超确定（Supra-Certain）的，也就是 $\sum_{i=1}^n \pi_i > 1$。

当 $\alpha < 1, \beta < 1$ 时，式（8.3）也可以被认为是一个对概率权重连续性的逼近。当然，

[①] 这两篇论文的共同点是均将价值函数视为幂函数的形式。

此时在点 0 和点 1 处是不连续的。假如 $\alpha = \beta = 1$，则说明决策者对概率的改变是等比例的，即当 $\pi_i = p_i$ 时，对于任何的概率权重函数，均有 $d\pi/dp = 1$。

Preston and Baratta（1948）很早就对概率权重函数建模做出了贡献。他们观察到权重函数是退化（Regressive）的，即对于概率是高估与低估并存的。当然，他们的研究中也存在一些问题。首先，他们假设的是一个线性价值函数，然而非线性价值函数通常能够提供更好的拟合[①]。其次，就算 Preston and Baratta（1948）利用了非线性价值函数，他们也无法得到权重函数唯一的估计，原因就在于他们使用的是只含一个非零结果的赌局。

在一个非零结果赌局下估计价值函数和概率权重函数时，只能利用幂函数的情形（Gonzalez and Wu，1999）。需要分离出价值函数与概率权重函数至少有两个非零结果的赌局。

Gonzalez and Wu（1999）给出了如下的形式：

$$w(p) = \frac{\delta p^\gamma}{\delta p^\gamma + (1-p)^\gamma} \tag{8.6}$$

在式（8.6）中，γ 主要控制的是概率权重曲线的曲率（Curvature），而 δ 主要控制的是概率权重曲线的高度（Elevation）（Karmarkar，1978，1979；Goldstein and Einhorn，1987；Lattimore et al.，1992；Tversky and Wakker，1995；Birnbaum and Mcintosh，1996；Kilka and Weber，2001）。

图 8.2 给出了在式 8.6 中的 $\delta = 0.6$ 的水平下，γ 从 0.2 开始以 0.2 为步长到 1.8 结束的概率权重曲线。从图中可以看出，所有曲线均交于 $p=0.5$ 处（0 与 1 除外），此时 $w(p)=0.375$。并且在 $p=0.5$ 左右，概率权重曲线的曲率从上往下依次为 0.2~1.8。可见，当固定参数 δ 时，改变 γ 能够让概率权重函数从先凹后凸函数变为先凸后凹函数，从而对待概率的态度及敏感度均发生改变。

图 8.3 给出了在式（8.6）中的 $\gamma = 0.6$ 的水平下，δ 从 0.2 开始以 0.2 为步长到 1.8 结束的概率权重曲线。从图中可以看出，曲线在（0,1）上均无交点。概率权重曲线的高度从下往上依次为 0.2~1.8。可见，当固定参数 γ 时，改变 δ 仅仅改变概率权重函数的高度，所有曲线仍然是先凹后凸的。然而，高度的变化也说明对概率的高估或低估发生了显著的改变。

[①] 线性价值函数假设在利用前景理论分析问题时是一个很重要的假设，早期对圣彼得堡悖论的解释就用到了非线性的概率权重函数和线性的价值函数（Arrow，1951）。

式（8.2）也属于两参数模型，其对应的图形的曲率与高度也随着参数变化而变化。

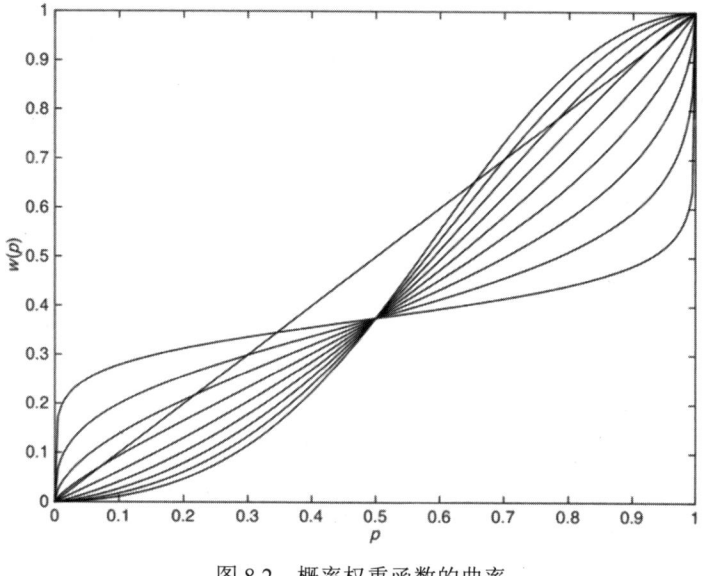

图 8.2　概率权重函数的曲率

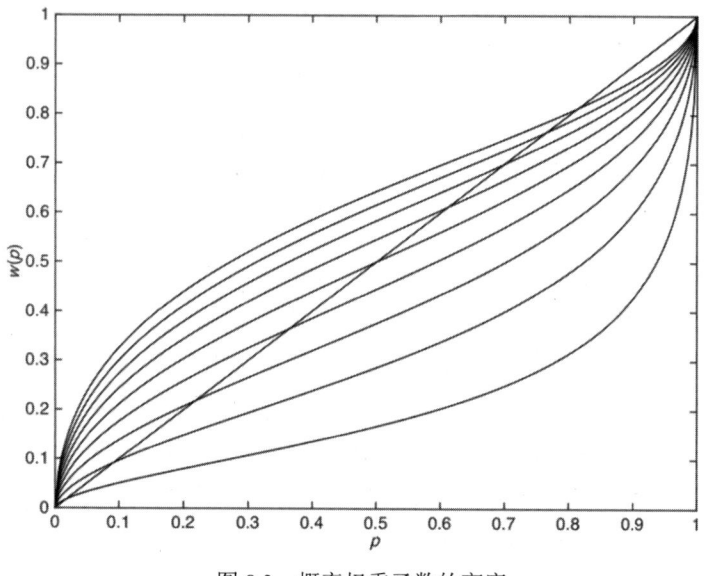

图 8.3　概率权重函数的高度

8.4 概率权重函数的心理学解释

上文的内容提到了概率权重函数的两个特征：一个特征是概率权重函数的曲率，能够用辨识力（Discriminability）来解释；另一个特征是概率权重函数的高度，能够用吸引力（Attractiveness）来解释。

在 Tversky and Kahneman（1992）之前，研究对建立概率权重的心理学基础并无太大的进展。Tversky and Kahneman（1992）提出了一个很重要的心理学概念，就是递减的敏感性。即人们对待概率的变化随着远离参考点而逐渐变得不敏感。

前文中已经介绍，概率权重函数有两个参考点，即 0 和 1。参考点 0 表示确定什么都不会发生，而参考点 1 表示确定将要发生。根据敏感性递减原理，对于同样的增量（Increment），端点处的影响变化要大于在中部的影响变化。

递减的敏感性也说明了概率权重函数是一条反 S 形曲线，即先凹后凸。反 S 形曲线能够解释 Preston and Baratta（1948）的结果。对这部分内容感兴趣的读者可以参考 Camerer and Ho（1994b）、Tversky and Kahneman（1992）、Wu and Gonzalez（1996）、Abdellaoui（2000）、Tversky and Fox（1995）、Birnbaum and Mcintosh（1996）文献。这些学者用不同的方法对概率权重函数的反 S 形曲线进行了实验估计。

敏感性递减在某种意义上是相对于辨识力这个概念来说的，它往往涉及一个概率权重函数，也就是单位变化对该概率权重函数的影响。那么，什么是辨识力呢？辨识力可以定义为两个概率权重间的比较。假设存在两个概率权重函数，分别用 w_1, w_2 表示，如果说在区间 $[p_1, p_2]$ 内 w_1 比 w_2 更具有辨识力，则表示如下：

$$w_1(p+\varepsilon) - w_1(p) > w_2(p+\varepsilon) - w_2(p) \tag{8.7}$$

上式对所有该区间下的 p 均成立，即 $p + \varepsilon \in [p_1, p_2], \varepsilon > 0$。

回到图 8.2，比较一下曲线交点左方最上面的一条曲线。从图中明显可以看出，除了 0 与 1 两点的附近，曲线相对于客观概率的直线，变化要相对不敏感。也就是说，除非是确定的不发生或确定性的发生，否则概率权重函数的数值基本不发生变化[①]。这是一个较为极端的例子，Piaget and Inhelder（1975）发现 4 岁小孩属于这种类型。一些专家在他们的研究领域中进行决策时，拥有相对线性的权重函数。也就是说，这些专家对待概率更为客观一些（Thaler and Ziemba，1988；Fox et al.，1996）。

虽然敏感性递减能够解释概率权重函数的曲率，但是无法解释绝对权重的水平。递

---

① 在有的文献中也称这种曲线为阶梯函数（Step Function）的逼近。

减的敏感性仅仅能预测概率权重函数是先凹后凸的,但是相对于是高估了客观概率还是低估了客观概率,则是无法进行判断的。如图 8.2 与图 8.3 所示,概率权重函数仍有可能完全在客观概率曲线下方。所以需要一个变量来控制概率权重函数的高度。

假设在图 8.3 中的曲线代表不同参与者对同一个赌局的概率权重函数,最上面的曲线与其近邻的曲线在 p=0.4 处的概率权重函数的参数值分别为 0.56 和 0.59。因此,我们说拥有最上面那条概率权重曲线的人觉得该赌局更有吸引力,因为它被赋予了一个比客观概率更高的权重。

其实,图中最上面的那条曲线除 0 和 1 以外,全部位于所有曲线上方,并且曲率与高度无关。换一种说法,假如图 8.3 中所有的曲线均是同一个人对于不同活动的概率权重,那么他会发现最上面的那个活动对他更有吸引力。

比如,彩票的种类有很多,但是对于某人来说,某种彩票的吸引力要更大;又如,在购买彩票时,有人喜欢自己中意的号码,有人喜欢随机选择号码。有学者也将这类情况称为控制幻觉(Illusion of Control)(Langer,1975)[①]。

Lopes(1987)曾用安全态度(Security-Minded)来形容概率权重曲线为凸的,并且处处在客观概率对角线的下方;用潜在态度(Potential-Minded)来形容概率权重曲线为凹的,并且处处在客观概率对角线的上方;用谨慎的希望(Cautiously-Hopeful)来形容反 S 形概率权重曲线。但是通过对概率权重曲线的两个特征进行研究发现,用辨识力与吸引力来解释要显得更具有说服力。

8.5 概率权重函数形式及参数总结

在目前已有的涉及前景理论的文献中,大部分学者利用的是 Tversky and Kahneman(1992)所提出的概率权重函数。但是,正如前文所述,也存在其他形式的概率权重函数。为了保证研究的便利性,以下对概率权重函数做一个简要的总结回顾。

- 客观概率权重函数。

$$w(p) = p \tag{8.8}$$

客观概率权重函数就是客观概率,也可以认为是概率权重函数的一种最为特殊的形式。在图 8.1、图 8.2 及图 8.3 中表现为对角线。

[①] 之所以能够对控制幻觉进行解释,是因为概率权重函数,而不是主观概率或价值函数。

- 线性概率权重函数。

$$w(p) = \alpha + (1 - \alpha - \beta)p \tag{8.9}$$

Loomes et al.（2002）在文中提及这种函数，$0 < p < 1$。

- 指数概率权重函数。

$$w(p) = p^\gamma$$

- Goldstein-Einhorn 概率权重函数（Goldstein and Einhorn，1987）。

$$w(p) = \frac{\delta p^\gamma}{\delta p^\gamma + (1-p)^\gamma} \tag{8.10}$$

如表 8.1 所示为 Goldstein-Einhorn 概率权重函数的参数。

表 8.1　Goldstein-Einhorn 概率权重函数的参数

γ	δ	参考
0.77	0.69	Tversky and Fox（1995）
0.68	0.84	Wu and Gonzalez（1996）
1.59	0.31	Birnbaum and Chavez（1997）
0.44	0.77	Gonzalez and Wu（1999）
0.96	0.21	Birnbaum et al.（1999）
0.60	0.65	Abdellaoui（2000）
0.55	0.82	Bleichrodt and Pinto（2000）
0.71	0.88	Brandstätter et al.（2002）
0.96	1.4	Stott（2006）

- Tversky-Kahneman 概率权重函数。

$$w(p) = \frac{p^\gamma}{(p^\gamma + (1-p)^\gamma)^{1/\gamma}} \tag{8.11}$$

Tversky and Kahneman（1992）提出的概率权重函数被绝大多数学者在研究相关问题时所引用[①]。如表 8.2 所示为 Tversky-Kahneman 概率权重函数的参数。

---

① 在研究概率权重函数的过程中，有可能会在一些文献中涉及累积分布函数（Decumulative Distribution Function）的概念，如 Shefrin and Statman（2000）与 Bernard and Ghossoub（2010）文献。这个概念在一般概率统计书中出现很少，它的形式为 $P\{X \geqslant x\}$。

表 8.2　Tversky-Kahneman 概率权重函数的参数

γ	参　　考
0.61	Tversky and Kahneman（1992）
0.56	Camerer and Ho（1994a）
0.71	Wu and Gonzalez（1996）
0.60	Abdellaoui（2000）
0.67	Bleichrodt and Pinto（2000）
0.96	Stott（2006）

- Wu-Kahneman 概率权重函数。

$$w(p) = \frac{p^\gamma}{(p^\gamma + (1-p)^\gamma)^s} \tag{8.12}$$

该函数可以在 Wu and Gonzalez（1996）文献中进一步查阅。如表 8.3 所示为 Wu-Kahneman 概率权重函数的参数。

表 8.3　Wu-Kahneman 概率权重函数的参数

γ	s	参　　考
0.72	1.57	Wu and Gonzalez（1996）
0.75	1.4	Brandstätter et al.（2002）

- Prelec 单参数概率权重函数。

$$w(p) = \exp(-(-\ln p)^\alpha), \quad 0 < \alpha < 1 \tag{8.13}$$

Wu and Gonzalez（1996）、Bleichrodt and Pinto（2000）、Stott（2006）所估计的参数分别为 0.74、0.53、0.94。

- Prelec 双参数概率权重函数

$$w(p) = \exp(-\beta(-\ln p)^\alpha), \quad 0 < \alpha < 1 \tag{8.14}$$

对于 Prelec 单、双参数概率权重函数，可以参阅 Prelec（1998）文献。

- 指幂概率权重函数。

$$w(p) = \exp\left(-\frac{\gamma}{\delta}(1-p^\delta)\right) \tag{8.15}$$

对指幂概率权重函数感兴趣的读者可以进一步参阅 Luce（2001）和 Prelec（1998）文献。

- 双曲概率权重函数。

$$w(p) = (1 - r\ln p)^{-s/r} \tag{8.16}$$

关于双曲概率权重函数，可以进一步参阅 Luce（2001）和 Prelec（1998）文献。

第 9 章　前景理论的完善与应用

自从 Tversky and Kahneman（1992）提出累积前景理论后，前景理论在金融中的运用得到了长足的发展。前文已经提及累积前景理论相对于原始前景理论的几个优势，如不违背随机占优，能够处理任意有限个结果，以及其更加明确的函数形式。本章主要分为三部分：第一部分主要讲述为了能够使前景理论更好地服务于金融分析，在理论本身层面上学者做出了哪些方面的研究；第二部分梳理了前景理论与传统金融的联系与区别；第三部分描述了前景理论如何解释金融市场异象、悖论及谜题。

9.1　理论的夯实

9.1.1　偏好基础与公理化

偏好基础给出了一个决策模型的充分必要条件。然而，对于当时风险和不确定性下最流行的决策模型，前景理论和偏好基础最初只能提供有限数量的前景。并且对于很多著名的风险决策模型而言，偏好基础仍然只能在有限的值的背景下进行分析。

对于原始前景理论来说，缺乏任何偏好基础将会导致一些错误的信号。其实，在 Kahneman and Tversky（1979）的附录中，作者也认识到了偏好基础的重要性。然而他们只得到了部分偏好基础，不能识别他们模型的全部实验意义。偏好一般是指决策模型所必需的充分条件。因为偏好是可以直接观察到的，所以偏好基础决定了模型的经验意义。

原始前景理论存在一些缺点：首先，它只能处理单个的概率扭曲的问题；其次，它只能处理风险问题，而不能处理不确定问题；最后，它只能应对两个非零的结果。

Quiggin（1982）为第一个问题找到了解决方法。Schmeidler（1989）找到了同样的解决方法，并且还将这种方法扩展到不确定性上。Gilboa（1987）解决了上述第二个问题。尽管 Quiggin 可以处理大于两个非零结果的任意有限个结果，Schmeidler 可以处理任意的有界前景，然而他们共同的不足就是不能处理参考依赖和损失厌恶，因此他们只能将损失和收益分开对待，也就是不能处理混合博彩。Tversky and Kahneman

(1992)将参考依赖和损失厌恶引入 Quiggin 和 Gilboa-Schmeidler 模型中，提出了累积前景理论[①]。

有很多学者在其偏好公理体系中进行了深入的研究，但是所有这些公理化只考虑了不确定条件下的决策。当时仍然没有为在风险下进行决策提供公理化研究的文献。Wakker and Tversky（1993b）提出，累积前景理论是原始前景理论的经验现实主义（Empirical Realism）与 Quiggin（1981）的等级依赖效用理论相结合的优良产物。Wakker and Tversky（1993b）研究了累积前景理论公理化的问题，结果显示，基于风险决策的累积前景理论公理化的问题要远比在不确定性决策下的累积前景理论公理化的问题简单很多。

Chateauneuf and Wakker（1993）认为，尽管一些学者对偏好公理化展开了一定的研究，然而所有的这些公理只考虑了不确定性下的决策，并没有为风险下的决策提供公理化。也就是说，在他们之前没有学者研究概率下风险决策公理化的问题。他们对其展开了研究。研究结果表明，基于概率背景下所得到的公理化比基于不确定性背景下所得到的公理化要简单得多。

Wakker and Tversky（1993b）提出了一种在不确定性条件下对各种模型（包括期望效用和累积前景理论模型）进行公理化的方法，该方法支持价值差异排序一致的情形。等级与符号依赖偏好模式的例子被用来激励模型和描述它们的"权衡一致性"公理。进一步，他们对比研究了累积前景理论中的价值函数的敏感性递减和损失厌恶的性质与期望效用的边际效用递减原理。

9.1.2 从离散到连续

无论是 Kahneman and Tversky（1979）还是 Tversky and Kahneman（1992），均没有将他们的理论延伸到连续分布上。然而，在金融领域，连续分布的应用非常广泛，未来财富或收益率通常是一个连续型随机变量，因此很有必要建立连续分布下的分析基础。

比如，当未来的收益率服从连续分布时，是不可能直接通过式（4.6）、式（4.7）及式（4.8）对前景理论偏好值进行求解的。在稍后的章节中将给出连续分布背景下前景理论偏好值的求解方法。

Kothiyal et al.（2011）为连续分布下的前景理论提供了一个偏好基础，并给出了风险即不确定性情况下有关前景理论连续性的研究。Rieger and Wang（2008）为原始前景

[①] Wakker（1993）延伸了 Quiggin（1982）和 Schmeidler（1989）的研究结果至连续型前景及可能的无限前景。

理论在金融学及其他领域构建了一个基础。他们借鉴 Karmarkar（1978）文献，即一个具有结果x_i的抽彩的价值，每个概率p_i都由下面的公式表示：

$$PT = \frac{\sum_{i=1}^{n} w(p_i) v(x_i)}{\sum_{i=1}^{n} w(p_i)} \tag{9.1}$$

与 Kahneman and Tversky（1979）文献不同，式（9.1）中的前景理论（PT）值已经被求和后的概率标准化了。该研究进一步说明了在研究大量或无限数量的结果时，为什么需要这种标准化。

一些学者对基于连续型前景理论问题进行了研究，如 Wakker and Tversky（1993a）、Davies and Satchell（2003）、Rieger and Wang（2008）和 Wakker（2010）。

9.1.3 第三代前景理论

Schmidt et al.（2008）提出了一种新的不确定性下的决策理论——第三代前景理论，称为PT^3。同时，他们称 Kahneman and Tversky（1979）提出的原始前景理论为第一代前景理论，Tversky and Kahneman（1992）提出的累积前景理论为第二代前景理论。在第一代前景理论中提出了参考点、正负区间、价值函数及权重函数的概念。在第二代累积前景理论中主要针对第一代前景理论违背一阶随机占优的现象，对权重函数做出进一步调整，即不再利用单个的概率进行扭曲，而是对累积的概率进行扭曲形成权重函数，然后得出决策值。并且，在第二代累积前景理论的工作中通过实验，对价值函数、权重函数的参数进行了估计。

Schmidt et al.（2008）认为，第一代与第二代前景理论有一个共同的局限：参考点被假设成常数。如果参考点被解释为禀赋或现状位置，那么第一代和第二代前景理论均不能应用于解释决策者被赋予彩票，并有机会卖出或交换的问题。第三代前景理论保留了之前那些变量的所有预测能力，而且还提供了一个框架，用于确定一个代理人在彩票中所处的货币估值。他们的研究结果表明，第三代前景理论预测了人们所观察到的对彩票的估价，即对彩票的接受意愿的估价要大于对其支付意愿的估价[①]。值得一提的是，

[①] 主流经济学家曾对禀赋效应存在很多的质疑。主流经济学认为，在存在充足替代品的情况下，人们的支付意愿（Willingness to Pay，WTP）应该等于卖掉这个同样的东西的接受意愿（Willingness to Accept，WTA）。在经济学中，接受愿意是一个人愿意接受放弃一件商品或者忍受负面事物所需付出的最少的钱；支付意愿是个人愿意为获得利益或避免不受欢迎而牺牲的最大金额。因此，任何货物交易的价格都是买方愿意支付的价格与卖方愿意接受的价格之间的任何一点。WTP 与 WTA 之间的净差额是商品交易产生的社会剩余。

当第三代前景理论通过来自现有的实验证据使用简单的函数形式和参数值进行操作时，它预测到了偏好反转（Preference Reversal）。

9.1.4 不精确风险的测度

Savage（1954）提出的主观期望效用理论是众所周知的和广泛承认的规范模型。Ellsberg's（1961）实验却显示不明确的情况经常导致决策者违背 Savage 确定事件原则（Savage's Sure-Thing Principle）。Choquet 期望效用（Choquet Expected Utility，CEU）理论给出了一个有吸引力的解决 Ellsberg 悖论的方法。通过放松主观概率的可加性，证明一个期望效用准则与容度相关。但是 Ellsberg 悖论并不是实验者所观察到的唯一系统性偏差；受试者似乎对他们相对于参考点的相对价值做出了回应，而不是绝对的收益和损失。为了应对这一问题，累积前景理论利用了两种容度，一种针对收益，另一种针对损失。从这个意义上说，累积前景理论模型是 Choquet 期望效用模型的进一步推广，并且具有更大的灵活性。

尽管 Ellsberg 悖论说的是在概率分布无法得知情况下的决策，但是它也可以通过考虑全部可用信息来解决问题，比如，通过一组可能以其上、下包络为特征的概率。这种情况称为不精确风险（Imprecise Risk）。必须指出，它是一种相当普遍情况的实例，因为不确定情况下的信息往往以概率区间量化。不精确风险结合期望效用理论，则发展成 EUIR 模型（Expected Utility Under Imprecise Risk Model）。

Philippe（2000）研究了累积前景理论模型和 EUIR 模型的一致性，并且提供了关于容度的解释[①]。研究结果表明，当且仅当 CPT 的两种容度都与客观概率一致时，CPT 和期望效用理论并不矛盾。两种模型在不精确风险下的一致性显示出 CPT 中每个容度和客观数据之间的联系，并且 CPT 下的两种容度之间本身也存在联系。

9.2 与传统金融的联系与区别

9.2.1 前景理论与期望效用理论

基于代理的模拟可能是在风险决策中模拟人类社会行为的一种方法。传统金融学一般利用期望效用理论模拟代理人的行为决策。前文中也提及，期望效用理论的一些局限无法很好地诠释"现实人"的一些经济行为，而前景理论则能相对较好地描述。那么，

---

① 尽管 CPT 和 EUIR 模型同时解决了 Ellsberg 悖论，但它们却是截然不同的理论。

面对同一个金融市场，基于传统经济的代理人与基于前景理论的代理人，表现不同之处到底在哪里呢？一些学者试图通过研究提供一个更好的描述。

Levy and Wiener（2013）通过引入对风险的临时态度和永久的风险态度来解决前景理论与期望效用理论之间的矛盾问题。他们构建了一个模型，融合了前景理论和期望效用理论。对风险的临时态度和永久的风险态度概念解释了最近的实验结果和观察到的股价反应过度，证明了带有递减的绝对风险厌恶正的风险溢价与前景理论中的 S 形价值函数一致。

Castro et al.（2016）在一个特定的风险环境中对基于前景理论的投资行为进行了模拟研究，提出了一个基于前景理论的代理人体系结构。他们利用 20 年间不同资产的历史数据模拟前景理论和传统代理人的人工市场（Artificial Market）。研究结果表明，基于前景理论的代理人模型提供的行为更加接近真实的市场数据。因此，基于前景理论的代理人模型可以更好地模拟风险环境中的代理人行为。

9.2.2　前景理论与均值-方差模型

Levy and Levy（2004）发现，前景理论与均值-方差模型分析的基础有明显的矛盾，当但允许资产多样化时，均值-方差模型的有效集和前景理论的有效集几乎重合。因此，可以采用均值-方差模型优化的算法构建有效的前景理论有效集合的组合。Giorgi and Hens（2009）指出，在客户咨询过程中引入前景理论而不是均值-方差分析，可以获得可观的收益。

Hens and Mayer（2014）基于累积前景理论比较了资产分配的两种不同方法：一种是在均值-方差有效边界上最大化前景理论值；另一种是无须在均值-方差有效边界上最大化前景理论值。研究发现，正态分布收益率的不同可以忽略不计，但是使用标准资产分布数据的养老基金却是不同的。对于看涨期权（Call Option）这样的衍生品，如果采用均值-方差有效边界的限制，则会导致预期收益和期望效用的相当大的损失。他们提出了一种数值优化方法解决前景理论偏好投资者的多资产投资组合问题。他们利用数值优化方法对之前一些学者的假设进行了验证，并且对基于原始前景理论和累积前景理论的投资组合优化问题进行了对比。最后，他们的数值测试还为前景理论下投资者喜欢偏度这一特征提供了证据。

9.2.3　前景理论与高阶矩

研究发现，金融收益率分布经常是偏态和肥尾的，正态分布无法对其进行解释。因为只需均值和方差就可以完全确定一个正态分布,所以正态分布并不涉及高阶矩问题。

在前景理论偏好下涉及高阶矩将是一个无法回避的问题。由于损失厌恶的存在,在收益和损失之间出现了不对等的偏好,再加上概率权重函数对收益分布尾部进行了放大,因此在前景理论中偏态、肥尾问题是存在关联的。

Kraus and Litzenberger(1976)提供了一个无条件三阶矩 CAPM 模型,发现了既有标准凹效用的投资者喜欢偏度。这个结果与 Arditti(1967)的结果一致。Arditti(1967)证明大部分标准凹效用函数意味着喜欢偏度的偏好,因为它们满足非增绝对风险厌恶的条件。

Ågren(2005)通过在收益中引入条件异方差,从而提供了一种技术扩展了 Benartzi and Thaler(1995)的工作,同时表明前景理论效用对收益分布是敏感的,尤其是偏度。Ågren(2006)在讨论前景函数与高阶矩的关系时,使用了正态逆高斯分布(Normal-Inverse Gaussian Distribution, NIG)。

正态逆高斯分布是一个连续的概率分布,属于广义双曲线分布的一个子类(Barndorff-Nielsen,1977,1978)。正态逆高斯分布由 Barndorff-Nielsen(1997)作为一个随机波动模型正式引入金融领域,它是一个具有参数依赖高阶矩期望属性的四参数分布。Forsberg et al.(2005)对正态逆高斯分布的参数进行了有益的变换,使其概率密度可以表示为前4个累积量(Cumulant)的函数。对正态逆高斯分布感兴趣的读者可以进一步参阅 Forsberg et al.(2005)、Ågren(2006)文献。

Ågren(2006)的研究结果表明,如果不考虑权重函数,那么偏度通常对效用有一个负的影响。然而,一旦概率发生了扭曲,对偏度的喜爱又会明显出现。也就是就,前景理论偏好投资者会通过权重函数对偏度产生偏好。当投资者利用客观概率分析问题时,效用与峰度存在正相关关系;然而,当对概率发生扭曲时,这种正相关则会变成"倒驼峰(Inverse Hump Shape)"关系。

连续随机变量X的k阶原点矩如下:

$$E(X^k) = \int_{-\infty}^{\infty} x^k f(x) \, dx \tag{9.2}$$

一阶原点矩被称为均值,有时也表示为μ_x。

连续随机变量X的k阶中心矩如下:

$$E[(X - \mu_x)^k] = \int_{-\infty}^{\infty} (x - \mu_x)^k f(x) \, dx \tag{9.3}$$

二阶中心距也被定义为方差,表示为σ_x^2。

只需要一、二阶中心矩就可以定义一个正态分布。

三阶中心矩测度的是随机变量X对均值的对称性。四阶中心矩测度的随机变量的尾部行为。在统计学中，偏度（Skewness）和峰度（Kurtosis）是关于高阶矩的统计指标。

偏度的公式为：

$$S(x) = E\left[\frac{(X-\mu_x)^3}{\sigma_x^3}\right] \tag{9.4}$$

峰度的公式为：

$$K(x) = E\left[\frac{(X-\mu_x)^4}{\sigma_x^4}\right] \tag{9.5}$$

有这样一种说法：超过3的峰度为超额峰度（Excess Kurtosis），正态分布的峰度系数都是3，因此，正态分布的超额峰度为0。如果一个分布的超额峰度为正，则表示这个分布是肥尾（Heavy Tail），有时也称为尖峰（Leptokurtic）。超额峰度小于0的分布称为短尾（Short tail），有时也称为低峰（Platykurtic）。

是什么导致了市场回报中的"肥尾"和"极端事件"？一种可能性是市场价格准确地反映了潜在的商业风险，而商业风险自身虽然罕见，但却以极端的概率出现。这种可能性是在市场收益统计模型中一个隐含的假设。商业风险被认为能够反映在市场过程中。另一种可能性是市场过程本身可能会增加极端风险的可能性。

Maymin（2009）考察了投资者心理的标准行为模型，以及决策对重复二项赌博序列的评价是否会产生新的极端事件。研究结果表明，在累积前景理论下，即使没有收益区间的风险厌恶，也没有损失区间的风险追求，同时也没有对极端事件的概率扭曲，损失规避和心理账户也能够产生极端事件[①]。这说明，可能正是投资者的活动造成了极端事件，而并不一定是潜在的商业风险。

9.2.4 前景理论与资产定价

资本资产定价模型（Capital Asset Pricing Model，CAPM）是传统金融学中最基础的核心理论之一，在金融领域得到了广泛的应用。然而这个理论也是最具有争议的理论之一，因为它无法解释金融中的诸多异象，比如，Friedman and Savage（1948）提出的为什么一个人同时购买彩票和保险两种完全不同风险态度的商品，以及为什么实际投资中对风险资产的选择具有多样性。

[①] 损失厌恶和心理账户都是行为金融学中比较热门的研究方向。

Barberis and Huang（2008）研究了当投资者按照累积前景理论做决策时的金融资产定价问题。他们的一个目的是想看看一个在实验中效果不错的理论，是否能够帮助理解真实的金融市场行为。由于先前有关前景理论的定价研究主要集中在价值函数那个节点（Kink）的含义上，或者价值函数凸部分的含义上，所以他们将注意力集中在了累积前景理论的概率权重函数上。模型假设时间跨度为单期，证券收益率服从多元正态分布，同质（Homogeneous）投资者。研究发现，即使当投资者根据累积前景理论评估风险时，资本资产定价模型依然能够成立。在多元正态分布下，累积前景理论的定价含义与期望效用理论的定价含义没有区别。然而，如果放宽多元正态分布假设，那么累积前景理论会产生异常的定价预测。在累积前景理论效用的决策背景下，偏态证券价格可能会被高估。

Barberis and Huang（2008）认为，即使具有同质的偏好和信念（Belief），当面对证券收益率分布为偏态时，往往没有唯一解，因此他们会持有不同的投资组合。由于概率权重对概率的扭曲，CPT投资者会展现出对偏态的偏好。早期的一些文献已经证明了证券间的协偏度（Coskewness）能够被定价，Barberis and Huang（2008）证明了协偏度能够被定价，证券本身的偏度也能被定价（Kraus and Litzenberger, 1976）。

Giorgi et al.（2010）指出，如果投资者具有分段幂函数的累积前景理论偏好，就不需要存在金融市场均衡。这是由于累积前景理论的价值函数的边界行为引起的无限卖空问题造成的。也就是说，在投资者具有像前景理论假设的那样的偏好时，金融市场均衡的存在与否不能得到保证。他们研究了基于前景理论偏好下的市场均衡问题。即便一个非负的约束加入最终财富上，因为非凸的 CPT 偏好，可能导致投资者的需求函数不连续，因此非均衡也可能发生。他们的研究结果对深度理解资产定价的含义有一定的贡献。

在后续的研究中，De Giorgi et al.（2011）分析了 Tversky and Kahneman（1992）提出的累积前景理论是否与资本资产定价模型一致。研究发现，在正态分布的假设下，Tversky and Kahneman（1992）提出的累积前景理论与资本资产定价模型是一致的，并且存在资本市场均衡且证券市场线定理（Security Market Line Theorem）成立。De Giorgi et al.（2011）的研究还发现，Tversky and Kahneman（1992）提出的累积前景理论在一些特殊形式下确实不存在资本市场均衡。因此，他们进一步提出了一个替代性的函数，这个函数既可以符合 Tversky and Kahneman（1992）的实验数据结果，又能满足资本市场均衡存在的要求。

在导出 CAPM 的时候，Sharpe、Lintner 和 Mossin（Sharpe, 1964; Lintner, 1965; Mossin, 1966）假设的是在风险厌恶下的期望效用最大化。Levy et al.（2012）对前景理论与 CAPM 体系中的共存关系展开了研究，证明了虽然前景理论与期望效用理论不同，并且不满足 CAPM 的基本假设，但是 CAPM 下的证券市场线定理在前景理论框架

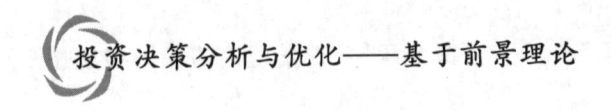

下却是毫发无损的。因此，CAPM 在前景理论框架中也是成立的。也就是说，虽然累积前景理论挑战了期望效用范式，然而 CAPM 和前景理论的估值公式却是共存的。

9.2.5 前景理论与行为预测

投资者根据前景理论评估风险是否能够帮助他们更好地理解资产定价及资产收益方面的数据？Barberis et al.（2016）用新的证据给出了答案。他们对一个假设进行了检验，即：当思考如何分配资金到股市的时候，投资者在心理上用其过去收益的分布来表现股票，然后基于前景理论的方式来评估这种分布。在一个资产定价的简单模型中，如果投资者以这种方式思考，就会发现一只过去收益分布具有高（低）的前景理论值的股票，随后的回报率平均会偏低（高）。他们利用美国市场及其他 46 个国家的截面股市数据进行分析，证实了这一点。

9.3 对异象、悖论及谜题的解释

9.3.1 前景理论与圣彼得堡悖论

前文已述，圣彼得堡悖论反映的是一个违背期望值原理的赌局，这个赌局共有 2^n 个结果，结果对应的概率为 2^{-n}，其中 $n \in m$。尽管该赌局有一个无限的期望值，然而对这个赌局还是没人愿意出高价。

期望效用理论对圣彼得堡悖论现象进行了诠释。然而，作为期望效用理论的补充解释的前景理论，是否能够解释圣彼得堡悖论呢？

Blavatskyy（2005）认为累积前景理论不能解释圣彼得堡悖论。累积前景理论中对小概率的高估反而可能造成圣彼得堡悖论。为了避免出现这种情况，需要对幂价值函数和权重函数的参数做进一步的研究。

假设 L 是圣彼得堡悖论中无限大的期望值，Blavatskyy（2005）给出了在累积前景理论下个人对 L 的估值公式：

$$u(L) = \sum_{n=1}^{+\infty} u(2^n) \cdot [w(\sum_{i=n}^{+\infty} 2^{-i}) - w(\sum_{i=n+1}^{+\infty} 2^{-i})] \qquad (9.6)$$

$$= \sum_{n=1}^{+\infty} u(2^n) \cdot [w(2^{1-n}) - w(2^{-n})]$$

其中，$u: \mathbb{R}_+ \to \mathbb{R}_+$。

当 $n \to +\infty$ 时，Tversky and Kahneman（1992）提出的概率权重函数 $w(p) \approx p^\gamma$，因此：

$$u(L) \approx (2^\gamma - 1) \sum_{n=1}^{+\infty} 2^{(\alpha-\gamma)n} \tag{9.7}$$

即：只有当 $\alpha < \gamma$ 时，才能从赌局中得到一个有界的效用。因此他们提出，为了能够满足圣彼得堡悖论，前景理论偏好投资者必须在 $\alpha < \gamma$ 的限制条件下对 CPT 参数进行估计。

Blavatskyy（2005）并没有考虑参考点这一前景理论中的重要元素，从而也就没有将正、负区间结合在一起考虑，更不会涉及另一个重要的元素——损失厌恶。前景理论之所以能够解释很多问题，正是因为其在参考点的分割下同时对正、负区间进行赋值，并且由于损失厌恶的作用使得负区间的值更为敏感，再通过不同区间的权重函数给出权重。

Rieger and Wang（2006）发现累积前景理论会导致一个奇怪的结果：一个具有有限期望值的彩票可能具有无限的主观价值。这一现象发生在 Tversky and Kahneman（1992）及后续的研究中。然而，在期望效用理论中却不会出现这种情况。为此，他们提出了 4 种可能修正这一问题的解决方案。

Pfiffelmann（2011）针对之前学者提出的累积前景理论无法解决圣彼得堡悖论的问题进行了研究，旨在在累积预期理论框架下寻找解决圣彼得堡悖论的方法。首先，确定了与文献中提出的权重函数的形式化和参数化有关的解决方案。如果对权重函数进行修改，则概率权重不够强到弥补价值函数的凹性。因此，在这种情况下，前景理论无法兼顾赌博和保险行为。其次，提出了一个新的权重函数的规范，它可以在不引入新困难的情况下解决无穷主观效用问题。此时的权重函数在 0 点处的斜率不应该是无限的。因此，在这种情况下，任何前景的主观价值不会无限高。然而，为了维护风险态度的四重模式，他们设定了一个规范，对小概率的高估逆转了由价值函数产生的收益时的风险厌恶行为及损失时的风险追求行为。累积前景理论仍然可以很好地描述风险下的个人行为。

很多学者在研究累积前景理论的过程中，出于简化的目的，既不考虑参考点（没有损失区间），也不考虑损失厌恶（没有损失区间或令损失厌恶）。笔者并不反对这样的做法，然而，如果割裂一个理论的某些关键元素，得出该理论无法解释某些现象，或者得出有缺陷的结论，则是值得商榷的。正如 Giorgi and Hens（2006）也曾说：

有一些问题不会发生在 S 形的价值函数中，因为那些研究仅仅考虑了正的结果。

9.3.2 前景理论与股权溢价之谜

Mehra and Prescott（1985）提出了著名的股权溢价之谜（Equity Premium Puzzle），即合理的相对风险厌恶系数不能解释美国股票市场 1889—1997 年间（S&P500 指数）的年收益率为什么比无风险债券（如国库券）的年收益率高出 6.18%（Siegel，1998），这个差额被称为股权溢价。在其他时期、其他国家也发现了类似的结果。

为何美国股票市场有这么高的股权溢价？一种解释是股票比债券风险高，因此需要相应的风险补偿，即高风险带来高收益。然而，根据学者利用传统资产定价模型的研究发现，只有股市中的投资者具有相当高的风险厌恶水平，才有可能出现这种溢价现象[①]。假如这种相当高的风险厌恶水平成立，那么古典的基于消费的定价理论就无法正常运行了（Lucas，1978）。

自从 Mehra and Prescott（1985）提出股权溢价之谜后，不少学者试图提出各种理论模型和实证方法，希望给其一个合理的解释。这些解释主要包含以下几个方向：

- 利用更加复杂的效用函数。
- 引入非理性因素放宽传统经济学的假设。
- 市场摩擦。
- GDP 的增长相关。
- 行为金融学。

前景理论中的狭窄框架效应（Narrow Framing Effect）及损失厌恶可以对股权溢价之谜进行解释。想进一步了解股权溢价之谜的相关内容及前景理论发挥的作用，可以参见 Pdf（2008）、Mehra and Rajnish（2008）、Mouna et al.（2012）、Mehra（2015）、Hamelin and Pfiffelmann（2015）等文献。

9.3.3 前景理论与禀赋效应

诺贝尔经济学奖得主 Richard Thaler 曾发现很多关于禀赋效应的案例，然而当时一直没有找到一个合理的解释。直到他在一次会议上通过 Daniel Kahneman 的学生们了解到前景理论，才对他那些禀赋效应的案例有了合理的解释。比如，前景理论中的参考点，或者损失厌恶等（Kahneman，2011）。

[①] 一种说法是风险厌恶水平要达到 20% 以上，才可能有这种程度的溢价情况发生。但在一般情况下，风险厌恶水平约为 2%。

图 9.1 给出了图形的解释。当一个人的参考点位于点 O 时，需要多少价值才会让他愿意接受出售 x 单位（从点 O 移动到点 B）的补偿远比得到 x 单位（从点 O 移动到点 A）的收益所获得的价值大得多。显然，需要更大的补偿来弥补等单位损失，因此，A-O 和 B-O 之间的差异解释了禀赋效应。

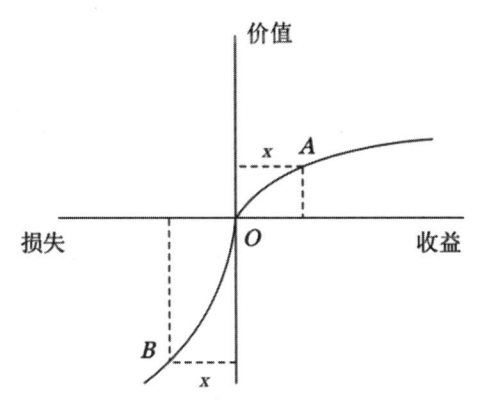

图 9.1 前景理论与禀赋效应

前景理论还说明，禀赋效应还取决于具体状态下的参考点。假如某人已经拥有某物，考虑的就是因为放弃该物品而表现出的痛苦；如果某人还没有拥有某物品，考虑的就是得到该物品所体现的快乐。由于存在损失厌恶，所以上述由同一个物品所带来的痛苦与快乐并不相等。

9.3.4 前景理论与处置效应

处置效应（Disposition Effect）是金融学中的一种异常现象，指的是投资者出售价格上涨的股票太早，同时保留价格下跌的股票太长的现象（Shefrin and Statman, 1985；Odean, 1998；Weber and Camerer, 1998；Boebel and Taylor, 2000）[①]。

处置效应的实证测度是以平均购买价格为基准来定义股票价格的涨跌的。因此，大多数研究仍然假设效用的参考点是初始财富。Odean（1998）研究了期望效用对赢家和输家之间不对称的解释，发现投资组合再平衡、交易成本、税收和合理预期的均值回归

---

① 这一现象正好符合在收益时表现出风险厌恶，而在损失时恰恰表现出风险追求。之所以出现这样的情况，是因为前景理论的敏感性递减假设。然而，Barberis and Xiong（2009）认为，损失厌恶常常使得人们更多地出售股票，如果这种厌恶大到了可以压倒敏感性递减的程度，就可能会出现处置效应反转的情况。

无法解释观察到的不对称。他们为处置效应构造了一个经典度量。首先通过比较当前购买价格和平均购买价格来计算交易收益和损失，然后定义收益比例（the Proportion of Gains Realized，PGR）为实现收益的数量除以实现的数量和账面收益，定义损失比例（Proportion of Losses Realized，PLR）为实现损失的数量除以实现的数量和账面损失。如果 PLR < PGR，则存在处置效应[①]。

Weber and Camerer（1998）也发现，与错误的信念有关的均值回复（Mean Reversion）不能解释处置效应。而前景理论被认为是用来解释处置效应的流行理论之一。Barberis and Xiong（2009）将处置效应描述为"关于个人投资者交易的最强的事实"。他们注意到这个效应已经被可用的大型个人投资者交易数据库所记录了，并且这个效应与重要的定价也相关。另外，在其他领域，如在房地产或者期权市场上也存在处置效应。Barberis 还指出，处置效应这种不合理的行为往往对股市影响很大。比如，合理的行为应该是持有那些最近价格上涨的股票，卖掉最近价格下跌的股票，但是个体投资者恰好做出相反的行为。

虽然有证据表明，人们会根据参考点来评估结果，但很少有人知道是什么决定了它们。Marzilli Ericson and Fuster（2011）进行了两项实验，证明参考点至少部分是由期望决定的。在一项交换实验中，他们赋予实验对象一个项目并随机化他们被允许交易的概率。那些不太可能交易的对象更可能选择保留他们的项目。然而 Heffetz and List（2014）发现，不同的交易机会的概率不影响主体的趋势交易，受试者倾向持有被分配的物品，被分配到物品才是最重要的事情。

关于前景理论能否解释处置效应，是一个仍存在争议的话题。Meng and Weng（2017）首次用参考点的含义对处置效应进行了研究。与其他很多学者一样，为了简化问题，他们并未考虑概率的扭曲这一重要的特征。他们研究了基于前景理论的损失厌恶和敏感性递减，建立了个体交易行为的动态模型，将理性预期作为参考点，模型与 Barberis and Xiong（2009）的背景假设类似，对处置效应进行了研究。研究结果表明，在个人偏好均衡原则（Preferred Personal Equilibrium，PPE）下，当以滞后期望最终财富作为参考点时，前景理论往往能预测处置效应；然而当以最初财富作为参考点时，往往不存在处置效应。在个人偏好均衡原则下使用没有滞后的参考点，或者用失望厌恶（Disappointment Aversion）决定参考点的模型是不能解释为什么投资者开始购买股票的。

---

① PGR/PLR 比是一种比 PGR-PLR（差分）更有效的处理方法，因为该比率不受投资组合规模和交易频率等混杂因素的影响。

参考点的调整弱化了处置效应,导致更激进的初始股票购买策略并预测股票持有的历史依赖。

9.3.5 前景理论与本国效应

许多经济学家已经注意到,尽管国际间的投资壁垒已经大幅下降,但外资对某国股票的持有比例仍然非常有限,远远小于之前如果不存在国际投资壁垒的预期(French and Poterba,1991;Cooper and Kaplanis,1994;Tesar and Werner,1995;Kang and Stulz,1997;Dahlquist et al.,2003;Covring et al.,2007;Graham et al.,2009;Yi,2010;Pownall et al.,2014;Lin and Viswanathan,2016)。

特别是,如果投资者只关心他们投资财富的实际回报的平均值和方差,并且国际投资的障碍像许多观察人士所认为的那样小,那么投资者就会认为,作为第一个近似,投资者将持有全球股市的投资组合。所有关于股票所有权的数据显示,至少对美国和日本等国家而言,股票主要由国内居民持有。在投资组合中,对这种所谓的"家庭偏见"有几种解释,但到目前为止还没有任何解释被普遍接受。

Stracca(2002a)使用前景理论试图对投资组合分配和消费选择中的本国偏见现象进行解释。研究发现,不仅在国际间金融市场上缺乏多元化及在消费风险分担(Consumption Risk Sharing)方面存在本国效应,而且在其他市场和情景下也存在。他们论证了无论何时,前景理论偏好投资者恐惧的不是事件冲击的大小,而是事件本身,而这又会影响他们分散化的决策。即越发关心冲击事件出现的可能性,而不是冲击事件的规模本身,就越有动力规避多元化。

9.3.6 前景理论与货币幻觉

在经济中,货币幻觉(Money Illusion)是一种人们利用名义货币值看待问题,而不是利用实际货币值看待问题的现象,这显然是错误的。

Fisher(1928)首次提出了"货币幻觉"一词。货币幻觉受到了货币经济学家的争议,因为他们声称人们会理性(以实际价格)地看待财富(Bertrand et al.,2004)。Shafir et al.(1997)对该效应是否存在提供了经验证据,证明了在各种实验和真实世界的情况下均存在货币幻觉,并且总结了货币幻觉影响经济行为的几种主要方式。

其实,名义货币与真实货币之间的差异也能够用心理账户的原理解释。正如 Shafir et al.(1997)所说:

人们通常能够意识到真实货币与名义货币之间存在差异，但是因为在时间的某一节点上，或者在一个很短的时间内，货币是一个最重要的自然单位，所以人们经常在名义项上思考交易。

He and Zhou（2014）在前景理论投资组合选择背景下测试了货币幻觉，认为只有当代理人有一个与无风险收益无关的参考点时，货币幻觉才会起作用。在这种情况下，参考点与无风险收益的偏离在名义美元和实际美元中是不同的，从而导致不同的最优分配。他们的研究表明，如果没有货币幻觉，那么股权溢价会更高。

9.3.7 前景理论与近视损失厌恶

近视损失厌恶（Myopic Loss Aversion，MLA）理论是由 Benartzi and Thaler（1995）提出的。该理论建立在两个重要的行为金融学理论之上，一个是心理账户（Mental Accounting），另一个是累积前景理论（Cumulative Prospect Theory）。

Christensen-Szalanski and Beach（1984）做出了一个更强的假设，他们声称利用学生进行实验是有偏见的。因为主要异象的实验结果基本上使用了学生作为受试者，而那些雇用专业人员的少数研究的结果更符合主流理论。一些其他的研究也有相同的观点（Frederick and Libby，1986；Bonner and Pennington，1991）。Locke and Mann（2005）进一步讨论了这个问题，认为"普通"个体不太可能对市场价格产生重大影响，因为他们与价格发现过程相差太远。如果真实的经济参与者是那些非常有市场经验的人，那么在无风险决策领域中的市场异象会减少，其中主要的原因就是这些专家受到过系统的培训（Burns，1985；Locke and Mann，2005）。

Haigh and List（2005）认为近视损失厌恶是存在的。他们在研究时利用大学生作为实验参照组（Control Group），并从芝加哥商品交易所招募了54名专业的期货和期权交易员，使用一种与现存文献相一致的实验方案，发现专业人士确实有不同于本科生的行为。然而，这种差异并不是显示行为与近视损失厌恶不符，而是专业的交易者所表现出的行为与近视损失厌恶的一致程度要远高于本科生。

传统金融理论认为，理性投资者是否在投资期内评价投资的收益不会影响下一步的投资策略。然而前景理论认为，投资者在投资期内对投资损益的关注都将影响投资者的效用，进而影响投资决策。因为前景理论偏好投资者是损失厌恶的，所以每次的收益和损失所带来的效用无法简单地加总。

Samuelson（1963）曾经做过这样一个实验。

第 9 章 前景理论的完善与应用

你是否愿意接受下面的赌局：

有 50% 的机会赢得 200 美元，有 50% 的机会输掉 100 美元。

他的同事认为，如果只能赌一次，则不会参加，因为损失 100 美元的不适超过赢得 200 美元的喜悦。但是如果能够连续赌 100 次，他就非常乐意参加。

Samuelson（1963）利用前景理论对同事的这种反应进行了解释。如果投资者是损失厌恶的，那么他对投资关注得越不频繁，就越愿意接受风险资产。Benartzi and Thaler（1995）利用近视损失厌恶解释了股权溢价之谜[①]。然而，他们在进行投资组合分析时并没有基于解析法或者数值法，而是在证券和股票之间通过等比例的搭配，利用图形提供了一种优化分配的做法。

De Giorgi et al.（2004）、Barberis and Huang（2008）、Bernard and Ghossoub（2010）及 He and Zhou（2011）等对 CPT 单期背景下的投资组合问题进行了研究。Gomes（2005）、Barberis and Xiong（2009）、Berkelaar et al.（2004）、Jin and Yu Zhou（2008）及 Jin and Zhou（2010）研究了动态多期 CPT 投资组合优化的相关问题。

Benartzi and Thaler（1995）认为，如果损失厌恶的投资者不去频繁评估他们的投资绩效，则他们会更愿意承担风险，即评估期越长，风险资产越有吸引力，风险溢价也就越低。然而，现实的客观和主观因素导致投资者的评估期总是有限的。例如，从客观因素来讲，资产收益的概率分布并不是长期稳定不变的，有时甚至还会发生破产、财务危机等巨变，投资者需要根据所获取的信息重新评估资产收益概率分布的变化，以调整投资决策。这样，资产收益的概率分布的稳定性及可获取信息的频率（如年报等定期报告）就会影响投资者的评估期。

此外，投资者的消费计划、风险偏好等主观因素也会影响其自身的评估期选择。在这种情况下，MLA 理论能够对投资者的行为予以合理的解释。1999 年 2 月，以色列最大的共同基金管理人 Hapoalim 银行宣布改变其披露政策，将每月披露一次业绩改为每三个月披露一次业绩。这就使得那些依赖从银行获得业绩信息的投资者获取信息的频率下降，从而使投资者更愿意持有其基金。银行的理由是"投资者不应该被偶然的价格下跌所干扰"。这也成为 MLA 理论的一次实践应用。关于近视损失厌恶，还可以进一步参阅 Thaler et al.（1997）、Gneezy and Potters（1996）、Gneezy et al.（2003）文献。

在这些问题的基础之上，He and Zhou（2014）利用 He and Zhou（2011）的投资组

[①] Brennan（2001）及 Barberis et al.（2001）等对这一问题进行了后续的研究，感兴趣的读者可以进一步参阅。

合选择模型及 1926—1990 年纽交所的股票和美国国债收益率，重新研究了近视损失厌恶理论。研究发现，除代理人的损失厌恶和评估期外，投资者的参考点对最优资产配置也有显著影响。并且证明了当前景理论偏好投资者具有合理的损失厌恶程度、评估周期和参考点时，其行为对股票的最优配置与市场观察一致。同时，股票的最优配置对这些参数是敏感的。他们同时研究了货币幻觉对资产配置的影响，并将模型扩展到动态设置。

第 10 章　前景理论与随机占优

随机占优规则是用来将所有的可行集（Feasible Set）划分为有效集与非有效集的一种规则。它假设投资者已知收益分布情况。统计学中的矩常用来描述随机变量的分布，以及比较不同随机变量的分布差异。本章将要介绍的随机占优就是将统计学中矩的概念与偏好相结合的一种产物。

在金融分析中，随机占优是一个非常重要的概念。在 Kahneman and Tversky（1979）提出原始前景理论不久后，不少学者指出原始前景理论违背了一阶随机占优。这引起了他们的注意，因此 Tversky and Kahneman（1992）专门针对此问题进行了修正。

在函数形式和参数都已知的情形下，全序关系的比较是有可能的。此时，随机占优也就无从谈起。然而随机占优可以在不假设具体效用函数（如幂效用函数、指数效用函数或其他效用函数）的情况下进行偏序比较。

随机占优的概念可以追溯到更早的时期。Karamata（1932）提出了一个非常类似于二阶随机占优的理论。此后，也有不少学者在随机占优这个问题上继续研究，如 Hardy et al.（1934）、Sherman（1951）、Lehmann（1955）、Quirk and Saposnik（1962）。Hadar and Russell（1969）在经济领域中首先正式提出了一阶随机占优（First Degree Stochastic Dominance）和二阶随机占优（Second Degree Stochastic Dominance）的概念。就在同一年，用来选择一个有效投资组合并类似二阶随机占优的概念也由 Hanoch and Levy（1969）发表。

不久，对一阶随机占优和二阶随机占优的扩展——三阶随机占优（Third Degree Stochastic Dominance）由 Whitmore（1970）发表。再加上文献 Rothschild and Stiglitz（1970），这 4 篇发表在 1969—1970 年的文章被认为是随机占优在经济和金融领域的文章鼻祖。感兴趣的读者可以进一步参阅 Levy（1992）文献，它对随机占优和期望效用理论进行了详细的比较分析。

10.1 占优

占优（Dominant）是经济学中博弈论的一个词语，它指的是在两人或多人（也可以是企业或组织）博弈的过程中，不管其他对手的策略如何，此人（企业或组织）的某个策略都要优于其他所有的策略，那么这种策略就被称为占优策略（Dominant Strategy）。

考虑这样的几种情形：

（1）如果企业 A 与企业 B 均不做广告，则两家企业的利润均为 5 个百分点。

（2）如果企业 A 不做广告，而企业 B 做广告，那么企业 B 的利润为 6 个百分点，而企业 A 的利润只有 1 个百分点。

（3）如果企业 A 做广告，而企业 B 不做广告，则企业 A 的利润为 6 个百分点，企业 B 的利润为 1 个百分点。

（4）如果企业 A 与企业 B 同时做广告，则两家企业的利润均为 2 个百分点（陷入广告战）。

上述的结果可以用支付矩阵（Payoff Matrix）来表示，它是一种决策分析工具，以表格的形式总结决策的利弊，如图 10.1 所示。

	企业B 做广告	企业B 不做广告
企业A 做广告	2, 2	6, 1
企业A 不做广告	1, 6	5, 5

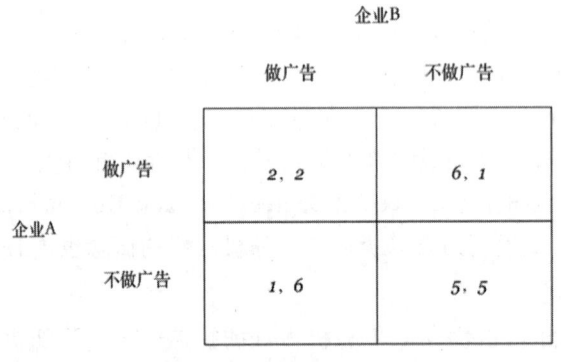

图 10.1 支付矩阵

假如企业 B 选择做广告，那么企业 A 选择做广告是最好的选择，因为这样能够得到 2 个百分点的利润；假如企业 B 选择不做广告，那么企业 A 也应该做广告，这样可以得到 6 个百分点的利润。同样，企业 A 选择做广告，企业 B 也应该做；企业 A 选择不做广告，企业 B 也应该做广告。即对于两家企业而言，无论竞争对手做什么决策，选择做广告就是一个占优策略。其实，当两家企业均选择做广告时，它们面对的是囚徒困境（Prisoner's Dilemma）。

随机占优是随机变量之间的一个偏序（Hadar and Russell，1969；Bawa，1975）。它是随机排序的一种形式。这一概念出现在决策理论和决策分析的情况下，利用这个概念可以判断一个前景的排序是否优于另一个前景的排序。它基于对可能的结果集合及其相关概率的共同偏好。随机占优没有给出一个全序（Total Order），它只是一个偏序（Partial Order）。

10.2 偏好与函数

Levy and Wiener（1998）定义了4种偏好集合，也可以说是效用函数集合。假如t代表相对财富或收益率，则偏好集合表示如下：

$\mathbb{U}_1$是一个递增效用函数的集合，代表着理性投资者。假如存在$U \in \mathbb{U}_1$，则说明$U'(t) \geqslant 0$对于所有的t均成立。

$\mathbb{U}_2$是一个递增凹函数的集合，代表着风险厌恶型投资者。假如存在$U \in \mathbb{U}_2$，则说明$U'(t) \geqslant 0$且$U''(t) \leqslant 0$对于所有的t均成立。

$\mathbb{U}_3$是一个递增凸函数的集合，代表着风险追求型投资者。假如存在$U \in \mathbb{U}_3$，则说明$U'(t) \geqslant 0$且$U''(t) \geqslant 0$对于所有的t均成立。

$\mathbb{U}_p$是一个S形的效用函数，形如Kahneman and Tversky（1979）所提出的价值函数。假如存在$U \in \mathbb{U}_p$，则说明对于所有的t，$U'(t) \geqslant 0$均成立，并且对于所有的$t > 0$，$U''(t) \leqslant 0$；对于所有的$t < 0$，$U''(t) \geqslant 0$。这说明在面临收益时表现为风险厌恶，而在面临风险时则表现为风险追求。

10.3 一阶随机占优

对两个随机变量的分布进行比较，可以得出随机占优关系。假设$F(X)$和$G(X)$是两个风险选择的累积分布函数，那么对于所有的X，$F(X)$一阶随机占优于$G(X)$当且仅当

$$F(X) \leqslant G(X) \tag{10.1}$$

中至少存在一个t_0使得严格不等式的情况成立。

也就是说，对于任何的t，至少存在一个t_0让下式成为严格不等式：

$$P(X > t) \geqslant P(G > t) \tag{10.2}$$

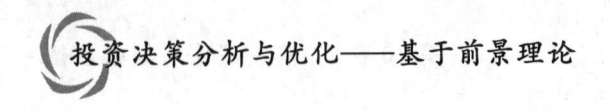

为了表示方便，用符号 $\geqslant_{FSD}$ 表示一阶随机占优关系，即 $F(X) \geqslant_{FSD} G(X)$。

上述公式表达的意思是：如果 $F(X) \geqslant_{FSD} G(X)$，则对于相同的结果来说，$F(X)$ 始终位于 $G(X)$ 的下方。因此，如果 $F(X) \geqslant_{FSD} G(X)$，则相对于 $G(X)$，$F(X)$ 具有更高的期望值，但反之并不成立。

考虑两个前景：

$$F_1: (1000, 0.5; 2000, 0.5)$$
$$G_1: (500, 0.5; 2000, 0.5)$$

其分布如图 10.2 所示。其中，虚线代表 $G(X)$ 的累积分布，而点画线则代表 $F(X)$ 的累积分布。不难看出，$F(X)$ 的累积分布并没有超出 $G(X)$ 的累积分布。Ross（2013）给出了针对一阶随机占优的引理及证明，另外 Huang and Litzenberger（1988）也对一阶随机占优的内容给出了详细的介绍，对证明感兴趣的读者可以进一步阅读。

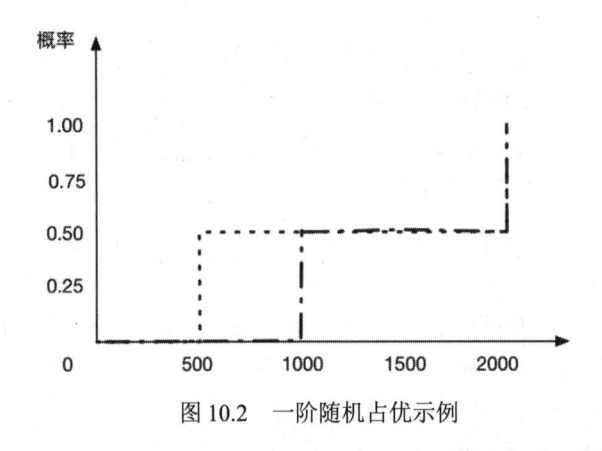

图 10.2 一阶随机占优示例

10.4 二阶随机占优

假如对于一部分结果，有 $F(X) < G(X)$，而对于另一部分结果，有 $F(X) > G(X)$，此时一阶随机占优就不成立了，但 $F(X)$ 仍有可能二阶随机占优于 $G(X)$。假如 $F(X)$ 和 $G(X)$ 均为非减的凹函数，且 $E(F(X)) \geqslant E(G(X))$ 成立，则称 $F(X)$ 二阶随机占优于 $G(X)$，即：$F(X) \geqslant_{SSD} G(X)$。二阶随机占优用公式表示就是

$$\int_{-\infty}^{x} [G(t) - F(t)] \, dt \geqslant 0 \tag{10.3}$$

中至少存在一个t_0使得严格不等式成立。

根据式（10.3）可知，在任何区间内，只要$G(X)$的积分均大于$F(X)$的积分，那么上述的二阶随机占优成立。为了更加清楚二阶随机占优的含义，考虑两个前景：

$$F_2: (1000, 0.5; 1500, 0.5)$$
$$G_2: (500, 0.5; 2000, 0.5)$$

如图10.3所示，两个分布间围成的区域有正有负，如果要保证二阶随机占优成立，那么围成的面积之和要大于等于0。二阶随机占优实际上探讨的是一个关于凹效用函数（一阶导数大于0，二阶导数小于0）的问题。

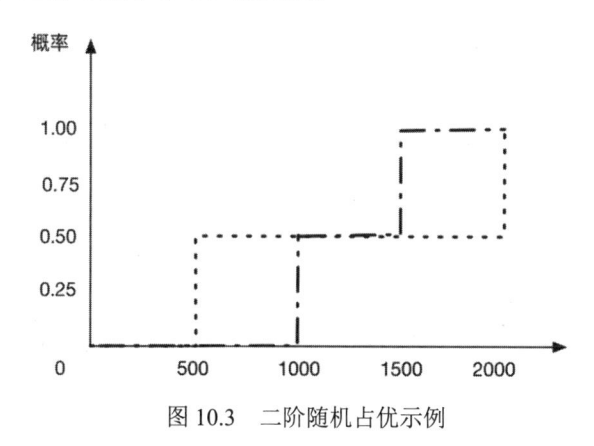

图10.3 二阶随机占优示例

10.5 三阶随机占优

三阶随机占优相比于一阶随机占优和二阶随机占优，稍微有些复杂。考虑两个前景$F_3: (1000, 0.75; 2000, 0.25)$和$G_3: (500, 0.25; 1500, 0.75)$，如图10.4所示。从图中很容易看出，这种情况一阶随机占优是不满足的。另外，假如图中两个分布所围的面积（$G(X) - F(X)$的积分）之和也是负的，那么二阶随机占优也不存在。此时，我们可以进一步判断三阶随机占优。三阶随机占优是指

$$\int_{-\infty}^{x} \int_{-\infty}^{v} [G(t) - F(t)] \, dt \, dv \geqslant 0 \tag{10.4}$$

中至少存在一个t_0使得严格不等式成立。

根据式（10.4）可知，三阶随机占优需要判断的是两个分布所围成的面积的积分对于积分区间内任何数字的积分值是否大于等于0，此时的积分值如图10.5所示。在图中，

第一个围成的面积的积分值是大于 0 的，并且它的面积不会被接下来负的面积所超越。

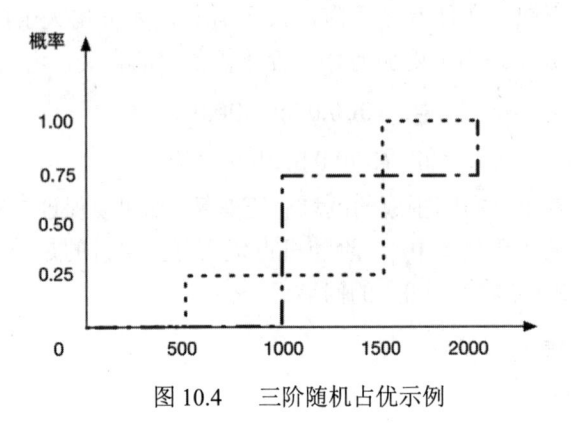

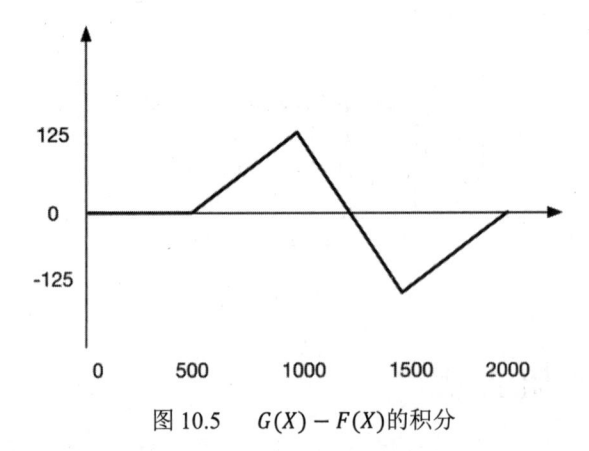

图 10.4　三阶随机占优示例

图 10.5　$G(X) - F(X)$ 的积分

那么，一个三阶随机占优的随机占优代表什么意思呢？它等价于一阶导数大于 0，二阶导数小于 0，三阶导数大于 0 的一种偏好（说明其是一个凸边际效用函数）。

随机占优的偏序也意味着矩之间的比较（Fishburn，1980）。

- FSD：$\mu_{F(X)} > \mu_{G(X)}$。
- SSD：$\mu_{F(X)} > \mu_{G(X)}$，或者 $\mu_{F(X)} = \mu_{G(X)}$ 且 $\sigma_{F(X)} < \sigma_{G(X)}$。
- TSD：$\mu_{F(X)} > \mu_{G(X)}$，或者 $\mu_{F(X)} = \mu_{G(X)}$ 且 $\sigma_{F(X)} < \sigma_{G(X)}$，又或者 $\mu_{F(X)} = \mu_{G(X)}$ 且 $\sigma_{F(X)} = \sigma_{G(X)}$ 且 $\text{Skew}_{F(X)} > \text{Skew}_{G(X)}$。

然而，这些结论反过来并不一定成立。也就是说，即便一个随机变量的均值再高，也不一定意味着是随机占优的。

10.6 PSD 随机占优

PSD 随机占优决策准则由 Levy and Wiener（1998）提出。在介绍这个占优决策准则之前，先简单介绍一下均值-方差准则（MV 准则）。仍然考虑分布 $F(X)$ 和 $G(X)$，假如投资 F 通过均值-方差准则占优于 G 当且仅当

$$\mu_{F(X)} \geqslant \mu_{G(X)} \text{ 且 } \sigma_{F(X)} \leqslant \sigma_{G(X)}$$

中至少一个是严格不等式时。

在正态分布假设下的风险厌恶与期望效用最大化保持一致。进一步假设 $\sigma_{F(X)} = \sigma_{G(X)}$，则：

$$\text{MV} \Leftrightarrow \text{FSD}$$

如果分布服从正态分布，则 MV 准则与 SSD 准则是一致的，即：

$$\text{MV} \Leftrightarrow \text{SSD}$$

其实，期望效用理论假设风险是规避型的，如果再加入正态分布假设，则 MV 是一个优化准则。

Levy and Wiener（1998）针对 Kahneman and Tversky（1979）提出的 S 形价值函数，提出了一个新的随机占优。Levy and Levy（2004）将这种随机占优命名为前景随机占优（Prospect Stochastic Dominance，PSD）。

假设 $F(X)$ 和 $G(X)$ 是两个随机收益的累积分布，存在一个 S 形价值函数，那么 $F(X)$ PSD 随机占优于 $G(X)$ 当且仅当

$$\int_{l}^{u} [G(t) - F(t)] \,\mathrm{d}t \geqslant 0, \qquad l \leqslant 0 \leqslant u \tag{10.5}$$

中至少存在一个值 t_0 使其满足严格不等式。

为了说明 PSD 规则，考虑如下两个前景：

$$F: (-1000, 1/4; 200, 1/4; 1300, 1/4; 1500, 1/4)$$

$$G: (-2000, 1/6; 200, 1/6; ; 500, 1/6; 1000, 1/6; 1500, 1/6; 2000, 1/6)$$

考虑 Tversky and Kahneman（1992）提出的价值函数，参数 $\alpha = \beta = 0.88, \lambda = 2.55$。可以计算出 CPT 函数的值如下（这里暂时假设概率权重函数的参数为 1，即概率不发生扭曲）：

$$\begin{aligned} \text{CPT}_F &= \frac{1}{4}(-2.55)(-(-1000))^{0.88} + \frac{1}{4} 200^{0.88} + \frac{1}{4} 1300^{0.88} + \frac{1}{4} 1500^{0.88} \\ &= 41.59 \end{aligned}$$

$$\text{CPT}_G = \frac{1}{6}(-2.55)(-(-2000))^{0.88} + \frac{1}{6}200^{0.88} + \frac{1}{6}500^{0.88} + \frac{1}{6}1000^{0.88} +$$
$$\frac{1}{6}1500^{0.88} + \frac{1}{6}2000^{0.88}$$
$$= 26.35$$

从数值上看，$\text{CPT}_F > \text{CPT}_G$，具有前景理论价值函数偏好的人们更加偏好前景 F，尽管此时前景 G 的期望值更大[①]。我们也可以用图形来描述上述的随机占优。图 10.6 中封闭区域的数字代表不同区间两个分布的积分差，其中，正数代表该区间内 $G > F$，负数代表该区间内 $F > G$。PSD 条件说明 F 通过 PSD 随机占优于 G 当且仅当全部区域内被围的面积之和为正。

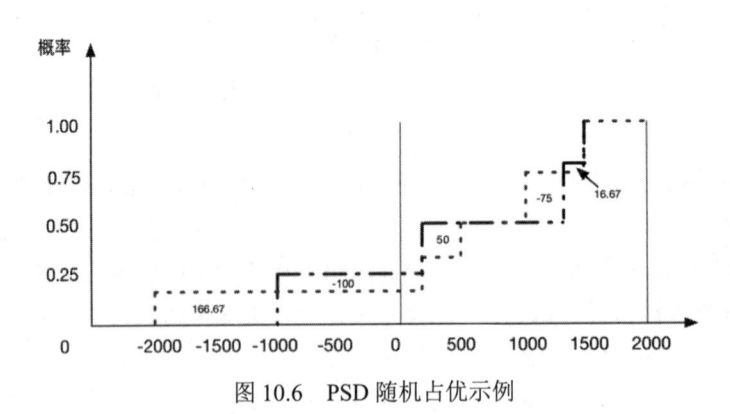

图 10.6　PSD 随机占优示例

如果存在两个明确的前景，那么只需要知道该人的偏好符合 S 形价值函数，而不需要知道具体的函数形式和参数，也能通过公式和图形知道哪个前景是其所青睐的。

需要格外注意的是，上面的一阶随机占优、二阶随机占优及三阶随机占优显然都是与初始财富水平无关的。这一点在 PSD 随机占优中显然也是成立的。而且，前景理论本来就是用于衡量财富的改变量的，因此与初始财富总量无关。

Levy and Wiener（1998）对随机占优于主观权重函数的关系进行了细致的研究。这个研究来源于这样一个事实：不同的主体对相同的一对随机变量评价不同，也就是说，他们会赋予这对随机变量的分布函数不同的权重。这才有了 Kahneman and Tversky（1979）提出的概率权重函数及 Tversky and Kahneman（1992）对它升级版的提出。人们会对客观概率进行误判或者主观修改。

[①] $E(F(X))=500, E(G(X))=533.33$。

一个问题接踵而至：既然不同的人有不同的评价，那么随机占优是否会面临一种英雄无用武之地的尴尬局面呢？毕竟，不同的人有属于自己的主观可行集（Subjective Feasible Set）。事实上，Markowitz（1952a）所提出的均值-方差准则分析也面临着这样的困扰。如果对所有的分布都是客观的评价，那么所有的选择将指向同一个结果；而主观评价如果存在，则不同的人会有不同的结果出现。

针对上述问题，Levy and Wiener（1998）给出了几个随机占优之间的关系，其中一个与前景理论相关，即：

$$\text{FSD} \Rightarrow \text{PSD} \tag{10.6}$$

式（10.6）说明 PSD 有效集是 FSD 有效集的子集。

如果满足以下假设：

（1）收益率服从正态分布。

（2）投资组合的形成不受约束。

（3）没有两个资产是完全相关的。

则无论是在客观概率的情况下，还是在经概率权重函数扭曲后的情况下，前景理论的 PSD 有效边界都是 MV 有效边界的一个子集（Levy and Wiener，1998）。

这些结论为什么这么有用？因为我们可以大大缩小在前景理论背景下投资组合优化的搜索范围。也就是说，使得前景理论值的最大值也一定出现在 MV 的有效边界上。当然，拥有不同 CPT 参数的投资者，其最终选择的那个点也不一定相同[①]。

在图 10.7 中，S 点是最小方差点，M 点是从无风险利润点开始的射线与有限边界的切点。如果前景理论中采用的是客观概率，那么 PSD 有效边界则是 MV 有效边界中不含 SM 曲线的部分；如果前景理论中的客观概率经过了扭曲，那么 PSD 有效边界就是 MV 有效边界中不含 SW 曲线的部分。

---

① 可以证明存在一些特殊情况，使得拥有不同函数形式或者相同函数形式但参数不同的人们仍有选择同一点的可能性。

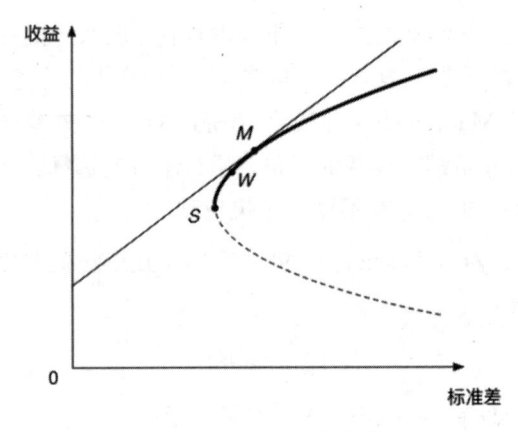

图 10.7　PSD 有效边界

利用 MATLAB 求解定积分。

计算区间[0,1]内曲线$y_1 = \sqrt{x}$与坐标横轴以及曲线$y_2 = x^2$与坐标横轴所围成的图形面积，并计算[0.5,1]区间内$y_1 - y_2$和$y_2 - y_1$所围成的图形面积，如图 10.8 所示。

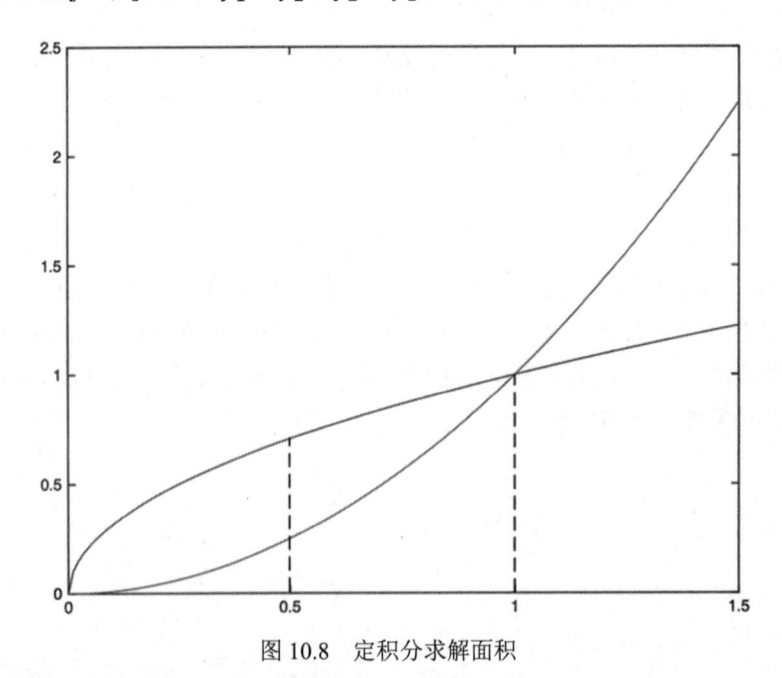

图 10.8　定积分求解面积

```
>> syms x;
>> I1=int(x^0.5,0,1)
```

```
I1 =
2/3
>> I2=int(x^2,0,1)
I2 =
1/3
>> I3=int(x^0.5-x^2,0.5,1)
I3 =
3/8 - 2^(1/2)/6
>> vpa(I3,20)          % 变量精度计算,20表示精度为小数点后20位
ans =
0.13929773960448415853
>> I4=int(x^2-x^0.5,0.5,1)
I4 =
2^(1/2)/6 - 3/8
>> vpa(I4,20)
ans =
-0.13929773960448415853
```

第 11 章 前景理论下的投资组合问题

投资组合的理论告诉我们一个事实：不要将所有鸡蛋放在一只篮子里。并且，资产的数量增加，在一定程度上将会分散风险。在以前景理论为背景的投资组合文章中，几乎都与现代投资组合理论（Modern Portfolio Theory，MPT）进行比较分析，可见即便在行为金融学的背景下，依然无法完全忽视现代投资组合理论的内容。因此，本章的目的就是对现代投资组合理论的内容做一个简要的回顾，并进一步介绍基于前景理论偏好的投资组合问题。

11.1 基于理性假设的投资组合问题

投资组合理论是金融学中一个重要的研究方向，它告诉投资者面对未来的风险，在已有的资源状况下，应该如何投资才是最优的[①]。

投资组合优化和多元化（Diversification）的概念在发展和理解金融市场及金融决策方面起到了重要作用。一个重要的突破口就是 1952 年 Harry Markowitz 提出的资产组合理论（Markowitz，1952a）。这一理论也被称为现代投资组合理论（Modern Portfolio Theory，MPT），它回答了一个最基本的问题：投资者应该如何在可能的投资选择中分配资金？

在 Markowitz 提出现代投资组合理论之前，金融文献普遍认为收益和风险以一种特别的方式相互作用。稳健财务决策的思想就是收益与风险之间的定量权衡这一观点。之所以说现代投资组合理论是一个具有突破性的划时代理论，主要是因为：

（1）它假设可以通过考虑各证券的收益及其联动性来对投资组合收益和风险进行定

---

① "最优"这个词从严格意义上说并不是绝对的，有时候它是一种相对状态下，甚至一种妥协状态下的"次优"。由于市场的复杂性及其他原因的影响，人们很难按照理想的方式得到需要的信息，即使在信息完备的情况下，由于研究问题的复杂性，往往得不到那个理论上的全局最优解（Global Optimum Solution），而用局部最优解（Locally Optimal Solution）来代替。

量评价。这里的一个重要原则是投资组合多元化。它认为一个投资组合的风险取决于其下各种证券的相关性，而不是简单的各个资产风险的平均。而在此之前，金融分析普遍关注的是单个投资的价值，也就是说，要投资那些在给定当前价格上能够提供未来最高价格的资产。

（2）它将财务决策过程转化成一个优化问题，也就均值-方差优化（Mean-Variance Optimization，MVO）。它建议在无限多的投资组合中，为了达到特定的收益目标，投资者应选择具有最小方差的投资组合。因为在这个特定收益目标的组合下，所有其他的投资组合都是无效（Inefficient）的，因为它们有更高的方差，也就是高风险。想对均值-方差优化做进一步了解的读者，可以参看 Steinbach（2001）、Stein（2009）、Rubinstein（2002）、Fabozzi et al.（2007）、Markowitz（2014）、Kolm et al.（2014）文献。

现代投资组合理论提供了一个关于收益与风险综合分析的理论框架，其量化了证券的收益和风险，使用期望收益率和标准差作为收益和风险的测度指标。并且认为，投资者应同时考虑收益和风险，并在收益和风险权衡的基础上制定投资方案，以合理分配资金。

现代投资组合理论假设投资者是风险厌恶型的，这一点与期望效用理论不谋而合。它提供了一个重要的洞见：一个资产的收益和风险不应该单独进行评估，而要将其放在投资组合中进行综合考虑。通过对投资组合的比例按照一定的规则不断改变，就可以得到一个资产投资组合的有效边界。现代投资组合理论之所以具有如此大的价值，是因为它使得投资者根据有效边界上的均值和方差进行权衡[1]。因此，现代投资组合理论也被称为现代金融经济学的里程碑，毕竟在那之前没有一个正式的投资组合的概念（Rubinstein，2002）。

一些学者扩展了现代投资组合理论，提出了不少新的模型与方法。其中，最为有名的就是资本资产定价模型（Capital Asset Pricing Model，CAPM），它是由1990年度诺贝尔经济学奖得主 Sharpe（1964）提出的。此后，Sharpe（1966）以资本资产定价模型为基础，提出了著名的夏普比率（Sharpe Ratio），它也是金融投资组合理论中非常重要的概念。

在现代投资组合理论下，投资者知道了可以在有效边界上根据自己的偏好任找一点构建投资组合，但是这一点到底选择哪里呢？现代投资组合理论并没有回答。通过引入无风险资产，极大地简化了这个问题。资本配置线（Capital Allocation Line，CAL）就是通过分配无风险资产与风险资产的投资组合来进行投资的。

---

[1] 这种权衡的方式往往代表对待风险的一种态度。

11.1.1 期望收益与方差

现代投资组合理论为投资者提供了一个数学框架，也就是说，理性的投资者可以根据均值和方差来进行投资组合的分配。这里最重要的一个前提假设就是投资者不能准确地估计出未来收益，但是可以估计出未来收益的分布。

除了收益，投资者也会关心风险。对风险的定义一直是学术界争论的一个话题。Markowitz（1952a）将收益率的方差（也可以说是标准差）作为衡量并管理风险的一个指标。收益率的方差用一个具体的数字衡量了收益率这个随机变量在多大程度上背离期望收益。因此，通过期望收益率与收益率的方差作为评判投资的收益与风险的指标，奠定了现代投资组合理论的基石，Markowitz 也因此获得了诺贝尔经济学奖。

让 R_i 代表第 i 个资产的收益，则

$$R_i = \frac{P_{i,t+1} - P_{i,t}}{P_{i,t}} \tag{11.1}$$

这里的 $P_{i,t}$ 和 $P_{i,t+1}$ 分别代表资产 i 在第 t 期及第 $t+1$ 期的价格。显然，此时的收益是一个随机变量。

根据概率的知识可知收益的数学期望在离散情况下为

$$E(R_i) = \mu_i = \sum_{\substack{\text{All} \\ r_i}} f(r_i) p_i \tag{11.2}$$

此时的收益为有限个或者无穷可列个，$f(r_i)$ 为该随机变量的概率质量函数（Probability Mass Function，PMF）[①]。

在未来的收益是连续变量的情况下，假设其收益的概率密度函数（Probability Density Function，PDF）为 $f(r_i)$，此时收益的数学期望为[②]

$$E(R_i) = \mu_i = \int_{-\infty}^{+\infty} r_i f(r_i) \, \mathrm{d}r_i \tag{11.3}$$

R_i 的方差定义如下：

$$\mathrm{Var}(R_i) = \sigma_i^2 = E[(R_i - \mu_i)^2] \tag{11.4}$$

投资者想在 n 个风险资产中分配他们的预算进行投资，分配比例为 $\boldsymbol{x} = (x_1, \cdots, x_n)^\mathrm{T}$

[①] 当收益率的结果是无穷序列时，首先需要满足的条件是其级数绝对收敛。
[②] 与离散情况类似，一个前提条件是积分 $\int_{-\infty}^{+\infty} |r_i| f(r_i) \, \mathrm{d}r_i$ 收敛。

并且$\sum_{i=1}^{n} x_i = 1$，也就是说预算全部被用来投资。另外，追加一个假设$x_i \geq 0$，也就是不允许卖空的行为存在。

投资组合收益率R可以定义如下：

$$R = \sum_{i=1}^{n} x_i R_i \tag{11.5}$$

投资组合收益率R的期望值可以表示为

$$E(R) = \mu = \sum_{i=1}^{n} x_i E(R_i) = \sum_{i=1}^{n} x_i \mu_i = \boldsymbol{x}^{\mathrm{T}} \boldsymbol{\mu} \tag{11.6}$$

其中，$\boldsymbol{\mu} = (\mu_1, \cdots, \mu_n)^{\mathrm{T}}$。

投资组合收益率R的方差可以用下面的公式进行描述：

$$\sigma^2 = \mathrm{Var}(R) = \sum_{i=1}^{n}\sum_{j=1}^{n} x_i x_j \sigma_{i,j} = \sum_{i=1}^{n} x_i^2 \sigma_i^2 + \sum_{i=1}^{n}\sum_{\substack{j=1\\j \neq i}}^{n} x_i x_j \sigma_{i,j} \tag{11.7}$$

其中，$i \neq j$，$\sigma_{i,j}$表示协方差。如果$i = j$，则$\sigma_{i,i}$表示方差σ_i^2。

$$\mathrm{Cov}(R_i, R_j) = E[(R_i - \mu_i)(R_j - \mu_j)] \tag{11.8}$$

用矩阵表示则为

$$\boldsymbol{\Sigma} = \begin{pmatrix} \sigma_{11} & \cdots & \sigma_{1n} \\ \vdots & \ddots & \vdots \\ \sigma_{n1} & \cdots & \sigma_{nn} \end{pmatrix} \tag{11.9}$$

式（11.7）能够被写成

$$\sigma^2 = \boldsymbol{x}^{\mathrm{T}} \boldsymbol{\Sigma} \boldsymbol{x} \tag{11.10}$$

$\boldsymbol{\Sigma}$是一个协方差矩阵，它是一个正定矩阵（Positive Define Matrix），也就是对于所有的$x \neq 0$，$\sigma^2 = \boldsymbol{x}^{\mathrm{T}} \boldsymbol{\Sigma} \boldsymbol{x} > 0$。

假设Ω是$\mathbb{R}^n$中的一个子集，它代表一组允许的投资组合，那么$x \in \Omega$说明投资组合的权重必须满足这个投资组合的约束。因此，均值-方差优化问题可以利用下面的模型表示：

$$\max \boldsymbol{x}^{\mathrm{T}} \boldsymbol{\mu} - \lambda \boldsymbol{x}^{\mathrm{T}} \boldsymbol{\Sigma} \boldsymbol{x} \tag{11.11}$$

其中，λ是投资者风险厌恶参数，它决定了在投资组合的期望收益和方差之间的一个权衡程度。

11.1.2 有效边界

Markowitz（1952a）提出了有效边界，有时也称为投资边界。顾名思义，在这条边界上的点一定是有效的。有效边界等同于均值-方差优化问题，它是一组在给定期望收益的情况下使得标准差最小的点，或者在给定标准差的情况下最大化收益的点所形成的集合，如图 11.1 中加粗黑色实曲线所示。

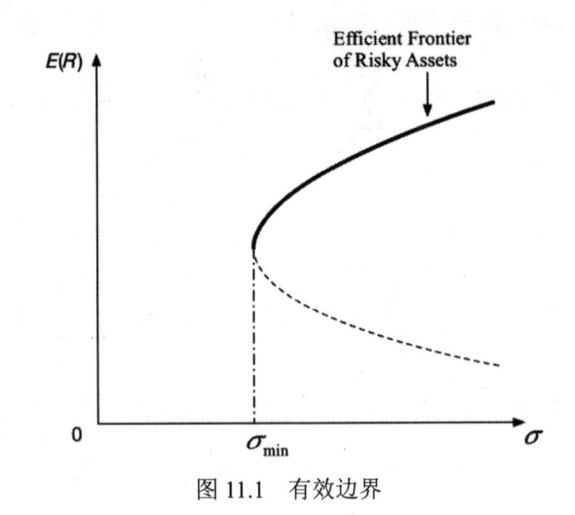

图 11.1 有效边界

图 11.1 中曲线（含实线与虚线部分）以外的点无法由前面所叙述的投资比例之和为 1 的向量生成。而位于有效边界下方曲线（虚线部分）上的任何一点，又很容易在有效边界上找到一点，使得在方差（衡量风险的指标）相等的情况下，有效边界上的点大于该点的期望收益。因此，任何一个理性人都不会选择有效边界以外曲线上的点。

将上述思想描述为数学模型，即当投资者面对 n 个风险资产进行选择时，可以利用以下模型对最优资产投资组合比例进行求解。

$$\min \sigma^2 = \boldsymbol{x}^\mathrm{T} \boldsymbol{\Sigma} \boldsymbol{x} \tag{11.12}$$

$$\text{s.t.} \quad \sum_{i=1}^{n} x_i E(R_i) = \mu_0,$$

$$\sum_{i=1}^{n} x_i = 1$$

$$x_i \geqslant 0, \quad i = 1, \cdots, n$$

其中，μ_0 是指给定的某一期望收益水平。

通过在最小方差投资组合处的收益点与最大投资组合收益点之间变化μ_0，就能得到投资组合的有效边界。显然，上述问题是一个二次规划（Quadratic Programming）。

同样也可以利用类似的方法，通过求解下面的模型得到投资组合的有效边界。

$$\max E(R) = \sum_{i=1}^{n} x_i E(R_i) \tag{11.13}$$

$$\text{s.t.} \quad \boldsymbol{x}^\mathrm{T} \boldsymbol{\Sigma} \boldsymbol{x} = \sigma_0^2,$$

$$\sum_{i=1}^{n} x_i = 1$$

$$x_i \geqslant 0, \quad i = 1, \cdots, n$$

其中，σ_0是指给定的标准差（风险）水平。

通过拉格朗日乘数法（Lagrange Multiplier Method）可以对投资比例进行求解。

$$\boldsymbol{x} = \frac{B(AE_0 - B)}{D} \frac{\boldsymbol{\Sigma}^{-1} \boldsymbol{\mu}}{B} + \frac{A(C - BE_0)}{D} \frac{\boldsymbol{\Sigma}^{-1} \mathbf{1}}{A} \tag{11.14}$$

其中，$A = \mathbf{1}^\mathrm{T} \boldsymbol{\Sigma}^{-1} \mathbf{1}$，$B = \mathbf{1}^\mathrm{T} \boldsymbol{\Sigma}^{-1} \boldsymbol{\mu}$，$C = \boldsymbol{\mu}^\mathrm{T} \boldsymbol{\Sigma}^{-1} \boldsymbol{\mu}$，$D = AC - B^2$，$\mathbf{1}$表示向量$(1,1,\cdots,1)^\mathrm{T}$。

图 11.1 中的有效边界是通过不同的投资组合比例所生成的。理性的投资者可以根据他们对待收益率和风险的态度偏好，选择有效边界上的任何一点进行投资，比如方差最小点，或者期望收益最大点。当然，也存在其他的选择方式。

在图 11.2 中，有效边界上的 S 点是从原点出发，与有效边界相切的切点。这一点的含义是：一个投资者如果考虑单位方差收益率，那么他应该选择 S 点。

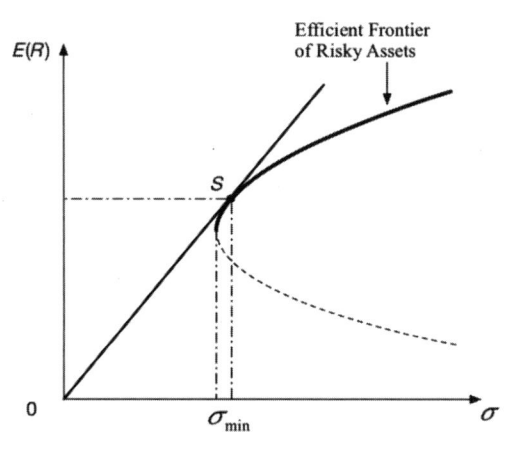

图 11.2 期望收益/方差最大有效点

Markowitz（1959）提出了一个投资者的支付意愿模型，即投资者会在他们的收益和风险之间进行利弊权衡。表达式如下：

$$\text{WTP}(R) = E(R) - b\text{Var}(R) \tag{11.15}$$

这里 b 代表不同的投资者对收益与风险权衡的一个取舍程度。其中，$E(R)$ 表示均值，$\text{Var}(R)$ 表示方差。

这种在收益和风险之间取舍的思想被广泛运用在金融领域（Sharpe，1964；Levy and Markowitz，1979）。一些效用函数也诠释了关于收益与风险之间的取舍。并且，不同的效用函数有着不同的风险形式（Jia and Dyer，1996）。投资者的 WTP 组合选择可以用模型表示如下：

$$\max_{x} \quad \text{WTP}(R) \tag{11.16}$$
$$\text{s.t.} \sum_{i=1}^{n} x_i = 1$$
$$x_i \geqslant 0, \quad i = 1, \cdots, n$$

11.1.3 夏普比率

在金融领域中，夏普比率（Sharpe Ratio）也称为夏普指数，它是通过调整风险来检验投资情况的一种方法。该比率衡量投资中的每单位标准差的超额收益（也称风险溢价）。

其实，在夏普提出该测度之前，Roy（1952）引入了一个类似的测度方法。通过最大化下面的指标进行投资组合优化：

$$\frac{m - d}{\sigma} \tag{11.17}$$

其中，m 代表一个期望毛收益，而 d 代表的是一个灾害水平，σ 代表的是收益的标准差。

Sharpe（1966）通过引入一个无风险资产，与一些风险资产一起进行投资决策。夏普比率公式如下：

$$\frac{\mu - r_f}{\sigma} \tag{11.18}$$

其中，μ 代表投资组合的预期收益率，σ 代表投资组合的标准差，r_f 代表无风险资产的收益率。

夏普比率衡量每单位风险下的风险溢价（Risk Premium），也就是每单位风险中超出无风险收益的部分。

如图 11.3 所示，最大化的夏普比率一定是一条由 r_f 出发，与投资组合有效边界相切的线段的斜率。资本配置线（CAL）就是无风险资产收益点 r_f 与风险资产点 M 之间的连线，其代表着市场中风险资产与无风险资产之间的有效集合。

无论是具有何种收益风险偏好的投资者，只需要知道图中 M 点代表的风险投资组合，然后通过无风险资产的收益，就可以构造出最优的投资方案。投资者的偏好完全体现在新组合（无风险资产收益与 M 点的投资组合）中的无风险资产所占的比重上[①]。

在考虑无风险资产后，所有沿着资本配置线的点都比有效边界上的其他点（不含 M 点）要好。

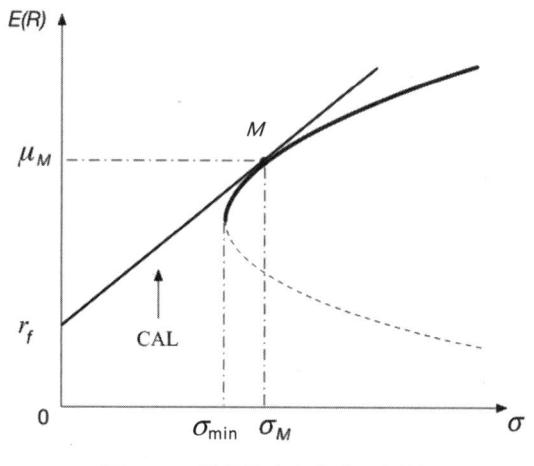

图 11.3　夏普比率与资本配置线

11.1.4　两基金分离定理

在不考虑无风险资产的情况下，有效边界上的任何一个点均代表一个有效的投资组合比例，假设该点的投资组合为 x_o。此时，假设有效边界上除该点以外的任意两个分离的点的组合为 x_p 与 x_q，那么一定存在一个 $\lambda \in (0,1)$，使得 $x_o = \lambda x_p + (1-\lambda) x_q$。这就是著名的两基金分离定理（Two Fund Separation Matlab）。

---

① 注意：我们在这里假设市场不存在卖空、借贷等情况，即所有的投资比例总和为 1，每个资产投资的比重在 0 和 1 之间。

两基金分离定理阐明了一个道理：如果有两个投资风险资产的基金均在有效边界上，那么投资者只需按照一定的比例分别投资这两个基金即可，由此形成的新投资组合也一定在有效边界上。投资者可以将关注的重点从所有风险资产转移到只关心如何搭配这两种基金。Tobin 正是借鉴了这种思想，进一步完善了投资组合理论。因此，也有人认为他是证券组合分析理论的创始人。1981 年，Tobin 获得了诺贝尔经济学奖。感兴趣的读者可以参阅 Tobin（1958）文献。

在引入了无风险资产后，资本配置线构成了无风险资产和有风险资产组合的有效边界。也正因如此，在包含无风险资产时，有效组合的点必然在资本配置线上，由此可以得出资本配置线上的两基金分离定理：

资本配置线上的任意一点所代表的投资组合都可以由图 11.3 中一定比例的无风险资产 r_f 和 M 点所代表的有风险资产组合而成。此时，无论投资者的收益-风险偏好如何，只要能够知道 M 点处的风险资产组合，再加上无风险资产，总能为自己找到最优的投资组合方案[1]。

11.1.5 系统风险与非系统风险

在经济学和金融中，系统风险（Systematic Risk）有时也被称为总风险或不可分散风险。比如，一些突发的不可抗力事件，也就是市场上很难预测到的"黑天鹅"事件，波及了整个经济，出现的就是系统风险。在这种情况下，往往不能通过投资组合（多元化投资）降低投资风险。

非系统风险（Nonsystematic Risk）也被称为非市场风险或者可分散风险。相对于系统风险，它主要是由一些个别原因引起的，与整个经济没有系统的联系，通常是某个行业或者某个特定的企业所暴露出来的风险。原因往往可能是行业的周期更迭、技术革新等，或者个别企业的经营管理不善。对于这类风险，通过投资组合是可以消除部分风险的。

前面讲述了风险资产组合的期望与风险，为了更好地诠释多元化与风险之间的关系，思考以下内容。

假定市场上有 n 种风险资产，为了简化问题，假设投资在每种风险资产上的比例均为 $1/n$。此时，投资组合的方差为

---

[1] 由于这里不讨论卖空的情况，所以并不涉及资本配置线上 M 点右上方的部分。它的含义是卖空无风险资产，即利用无风险利率进行借贷，将所得的资金投资于 M 点所代表的有风险资产组合上。

$$\sigma^2 = \sum_{i=1}^{n}\sum_{j=1}^{n} \frac{1}{n}\frac{1}{n}\sigma_{ij}$$

$$= \frac{1}{n^2}\sum_{i=1}^{n}\sigma_i^2 + \frac{1}{n^2}\sum_{i=1}^{n}\sum_{\substack{j=1\\j\neq i}}^{n}\sigma_{ij} \tag{11.19}$$

令

$$\overline{\sigma_{ij}} = \frac{1}{n^2-n}\sum_{i=1}^{n}\sum_{\substack{j=1\\j\neq i}}^{n}\sigma_{ij} \tag{11.20}$$

则式（11.19）变为

$$\frac{1}{n^2}\sum_{i=1}^{n}\sigma_i^2 + \frac{n^2-n}{n^2}\overline{\sigma_{ij}} \tag{11.21}$$

当$n \to \infty$时，也就是当投资的资产种类无穷多时，式（11.21）中的前一项将趋近于0，而后一项不为0。前一项是由所投资资产的个别风险所决定的，对应的是非系统风险，说明非系统风险是随着投资的资产种类不断增加可以规避的。后一项对应的是系统风险，无论投资多少风险资产，该项都不可能为0，这说明了系统风险是不能通过增加风险资产数量而消除的。

11.1.6 资本资产定价模型

资本资产定价模型是Treynor（1961b）、Treynor（1961a）、Sharpe（1964）、Lintner（1965）、Mossin（1966）等学者共同努力的结果，它是建立在Markowitz（1952a）基础之上的一个模型。Markowitz、Sharpe和Merton Miller也因此共同获得了1990年的诺贝尔经济学奖，以表彰他们在金融经济领域所做出的杰出贡献。

与现代投资组合理论一样，资本资产定价模型也有不少假设，这里不再一一叙述。不过，有一个需要注意的假设：投资者均采用Markowitz提出的现代投资组合理论框架进行分析。因此，投资者对于市场上的无风险资产和风险资产，具有相同的有效边界。

假设p和q是两种期望收益率不等的风险资产组合。那么存在任意一个资产组合i不改变p和q组成的有效边界的充分必要条件是：存在一个实数λ，使得

$$\mu_i = (1-\lambda)\mu_p + \lambda\mu_q \tag{11.22}$$

$$\text{Cov}(r_i, r_p) = (1-\lambda)\sigma_p^2 + \lambda\text{Cov}(r_p, r_q) \tag{11.23}$$

$$\text{Cov}(r_i, r_q) = \lambda\sigma_q^2 + (1-\lambda)\text{Cov}(r_p, r_q) \tag{11.24}$$

1. $0-\beta$ 资本资产定价模型[①]

设风险资产组合 p 及 q 的期望收益率不相等，即 $E(r_p) \neq E(r_q)$，且 $\text{Cov}(r_p, r_q) = 0$。任何风险资产组合 i 不改变 p 和 q 所构成的有效前沿的充分必要条件是资产组合 i 的收益率 r_i 满足下面的条件：

$$E(r_i) - E(r_q) = \beta_i(E(r_p) - E(r_q)) \tag{11.25}$$

$$\beta_i = \frac{\text{Cov}(r_i, r_p)}{\sigma_p^2} = \frac{\text{Cov}(r_i, r_q)}{\sigma_q^2} \tag{11.26}$$

2. 证券市场线

假设市场中存在无风险资产，即 $E(r_p) = r_f$，则任何资产组合不改变 p 和 m 所形成的有效前沿的充分必要条件为资产组合的收益率 r_i 需要满足下列条件：

$$E(r_i) - r_f = \beta_i(E(r_m) - r_f) \tag{11.27}$$

$$\beta_i = \frac{\text{Cov}(r_i, r_m)}{\sigma_m^2} \tag{11.28}$$

其中，$E(r_m) - r_f$ 有时候也被称为市场溢价（Market Premium），即期望市场收益率与无风险收益率的差值。$E(r_i) - r_f$ 代表风险溢价（Risk Premium）。

因此可以得到资本资产定价模型的公式为：

$$E(r_i) = r_f + \beta_i(E(r_m) - r_f) \tag{11.29}$$

从资本资产定价模型的公式中不难看出，单个风险资产的风险溢价就等于市场溢价乘以 β。因此，由资本资产定价模型可知，证券市场线（Security Market Line，SML）是一条市场均衡线。

利用证券市场线，可以计算出任何证券关于总体市场的报酬对风险比（Reward-to-Risk Ratio）。证券的 β 衡量了证券对市场资产组合方差的贡献程度，所以，对于任何资产或资产组合，风险溢价都必须是 β 的一个函数。

通过以上分析可以得到证券市场线如图 11.4 所示。如果一项资产的 β 值大于 1，则

[①] 这是由 Black et al.（1972）提出的另一个版本的 CAPM，因为它不需要假设无风险资产的存在，再加上具有很强的鲁棒性，因此应用非常广泛。

意味着该资产的价格波动大于市场上资产的平均价格波动；如果 β 值小于 1，则说明该资产的价格波动小于市场上资产的平均价格波动；如果 β 值小于 0，则说明该资产的收益与整个市场的收益负相关。

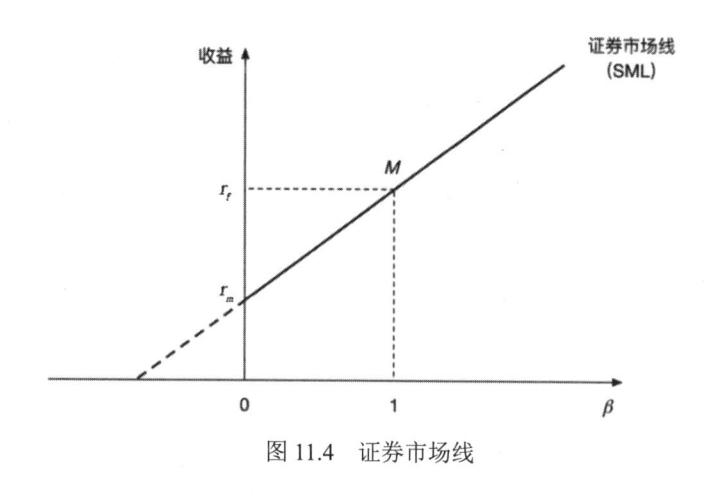

图 11.4 证券市场线

11.2 基于前景理论的投资组合问题

尽管行为金融学与传统金融学的研究目的与研究方法不尽相同，但是在研究行为金融问题时，很难割裂与传统金融学的联系。比如，在与前景理论相关的研究中，除非是研究理论本身，否则一般都要或多或少地涉及传统金融学的问题，正如前文介绍的一些经典传统金融学的理论反复出现在一些前景理论在金融学运用中的文献中。可以说，行为金融学与传统金融学的研究互为补充、相得益彰。

然而，由于前景理论模型的复杂性，给研究前景理论下的投资组合问题带来了很大的挑战。以下内容将介绍基于前景理论的投资组合问题。

11.2.1 一个复杂的议题

前面介绍了基于理性假设的投资组合理论的一些重要内容。然而，当出现这些传统金融理论无法解释的悖论时，一些学者开始利用行为金融学的理论视角重新思考投资组合问题。

Shefrin and Statman（2000）提出了行为投资组合理论（Behavioral Portfolio Theory，BPT），并探索了其在投资组合构建和证券设计中的含义。行为投资组合理论假设下的投资者最优投资组合类似于债券和彩票的组合，与 Friedman and Savage（1948）的观察一致。他们将行为投资组合理论有效边界与均值-方差有效边界进行比较，结果表明，在一般情况下，两个边界不一致。最优的行为投资组合也不同于最优资本资产定价模型的投资组合。特别地，资本资产定价模型的两基金分离定理在行为投资组合理论中是不成立的。

Shefrin and Statman（2000）在一个单一的心理账户和多个心理账户的环境下引入了行为投资组合理论。单一心理账户下的行为投资组合理论投资者将他们的投资组合整合成单一的心理账户，这一点与基于均值-方差理论的投资者有些类似；而多心理账户下的行为投资组合理论投资者将他们的投资组合分成几个心理账户，这种做法使其忽略了投资组合资产之间的协方差。多心理账户下的行为投资组合理论投资者的投资组合就像分层的金字塔，其层次与抱负（Aspiration）有关。另外，Shefrin and Statman（2000）探索了一种两层投资组合，其中，低抱负层是为了避免贫困而设计的，而高抱负层则是为了获得财富而设计的。

具有前景理论偏好的投资者有其自己的目标值，与期望效用最大化类似，即最大化前景值。然而，由于存在诸多的因素，使得研究基于前景理论的投资组合优化这一问题变得非常复杂，如图 11.5 所示。

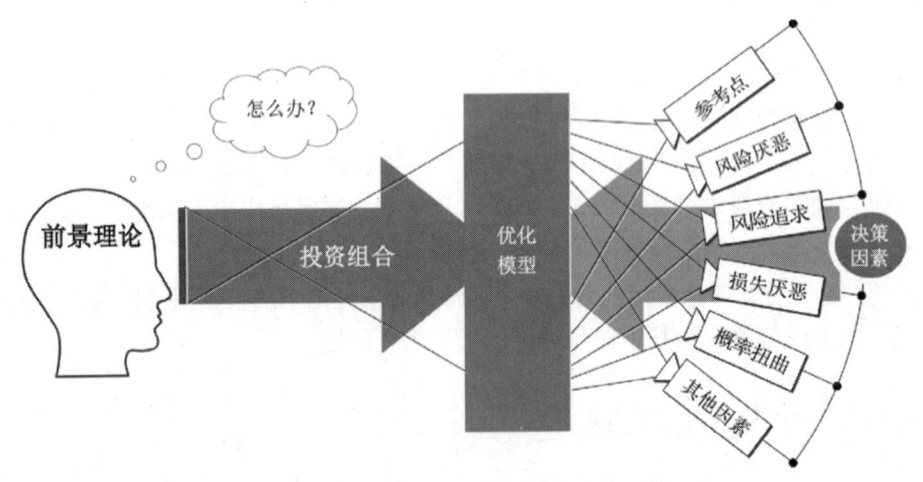

图 11.5 CPT 投资者的投资组合思维导图

因此，利用前景理论研究投资组合优化的论文可以说是凤毛麟角。正如 He and Zhou（2011）所说：

"在一段时期内，将前景理论纳入投资组合选择的研究不断增长，如 Benartzi 和

Thaler（1995）、Levy 和 Levy（2004）、Gomes（2005）、Barberis 和 Huang（2008）、Bernard 和 Ghossoub（2010）。然而，除了最后一篇文章，大部分工作集中在经验、实验研究或数值求解上。"

Grishina et al.（2017）也提到：

"据我们所知，尽管有许多论文致力于前景理论的研究，但很少有学者根据分散化回报率业绩研究前景理论和指数追踪的投资组合优化问题。"

Stracca（2002b）讨论了具有前景理论偏好的投资者的风险的最优分配问题。为了简化问题，假设投资者面对的是 n 个相同并且对称的分布。在期望效用下，同等分散风险是最优的选择，也就是不要把所有鸡蛋放在同一只篮子里。而根据前景理论，如果获得一个完美对冲的主观概率可以忽略不计，那么风险集中是最佳的，也就是把所有鸡蛋都放在同一只篮子里。一个直觉原因是，具有前景理论效用的投资者在面对损失时是风险追求的，平均下行风险的多元化的结果是所面临的福利减少而不是福利改善。Stracca（2002b）还对本国偏好（Home Bias）是否能用前景理论解释进行了讨论。然而，为了简化，他忽略了前景理论的概率扭曲特征，即不发生概率的扭曲。另外，他所研究的问题也是特例，并不具备普遍性。

Levy et al.（2003）首先证明了如果收益的分布服从正态分布，则前景理论的有效投资组合实际上也是均值-方差有效边界的一部分。他们同时证明了标准的两期资本资产定价模型与前景理论是一致的。在构建累积前景理论的有效边界时，也可以利用均值-方差优化相关算法。Levy and Levy（2004）和 Barberis and Huang（2008）的研究也证实了这一观点。

Levy and Levy（2004）比较了均值-方差准则、一阶随机占优、二阶随机占优、三阶随机占优及前景随机占优准则，并研究了在这些准则之下，在带有随机结果的两个投资中如何进行决策。通过对前景随机占优有效集和均值-方差有效集的深入研究，在收益分布为正态分布的假设下，分别研究了在客观概率和概率扭曲两种情况下的前景随机占优问题，得出了随机占优有效集是均值-方差有效集的子集及随机占优有效集应该位于均值-方差有效集何处的结论。该文给出的最大启发就是可以利用前景随机占优对不同的投资方案（投资收益服从正态分布）进行两两比较，并且可以得知决策方案期望（或方差）处于均值-方差有效集的哪段位置。

虽然资本资产定价模型要求提出资产组合分离式原则，但是市场的参与者在一些资产组合中通常选取比其他资产组合更高的证券和债券比率来进行操作，这明显与资产组合分离原则不符（De Giorgi, 2005）。根据该原则，在构建风险资产组合时要保持证券和债券的固定比率，并同时持有由无风险资产组成的资产组合。这就是 Canner et al.（1997）提出的资产配置之谜（Asset Allocation Puzzle）。很多学者对资产配置之谜进行了研究，试图解开这个谜团。然而，如果基于传统的资产组合理论体系，则仍然无法很好地进行解释。

De Giorgi et al.（2008）提出了基于前景理论的投资组合选择收益-风险方法的行为基础模型，并利用 Kahneman and Tversky（1979）提出的前景理论为收益-风险模型提供了一个行为微观基础。在他们的模型中，收益来自投资组合收益中超出参考点的部分，而风险来自投资组合收益中低于参考点的部分。他们利用数据证实了具有前景理论收益-风险偏好的投资者，在价值函数为分段线性效用函数及固定参考点（参考点要高于无风险毛收益率的数值）的情况下，如果有更多的损失厌恶，则将会在他们的优化分配中增加证券和债券比率。这个结果与 Canner et al.（1997）文献的结果一致，因此，前景理论收益-风险模型可以解释资产配置之谜。

Aït-Sahalia and Brandt（2001）和 Berkelaar et al.（2004）讨论了基于前景理论的投资组合优化问题。然而他们并未涉及收益分布为高阶的情况，也没有考虑概率权重，仅仅聚焦在损失厌恶和期望损失厌恶下的投资者行为上。Ågren（2006）认为概率权重函数是前景理论的一个重要组成部分，因此需要进一步讨论含有权重函数的前景理论与高阶矩的关系，进而对前景理论偏好投资者面对投资收益分布服从正态逆高斯分布的投资组合优化问题进行了研究。他们利用由一只股票和一只证券构成的投资组合，讨论了不同时间范围下的前景理论偏好投资者的投资组合选择问题。结果表明，投资组合的选择显示出较大的时间范围效应，即随着时间范围的增加，将赋予股票更大的权重。如果不考虑权重函数，那么偏度通常对效用有一个负的影响。然而，一旦概率发生了扭曲，对偏度的喜爱又会明显出现。即前景理论偏好投资者会通过权重函数对偏度产生偏好。当投资者利用客观概率分析问题时，效用与峰度存在正相关关系；然而，当概率发生扭曲时，这种正相关关系则会变成"倒驼峰（Inverse Hump Shape）"关系。

Bernard and Ghossoub（2010）研究了在单期情况下由一个无风险资产和一个风险资产构成的投资组合问题，得出了前景理论偏好投资者在特定参考点下的一个优化投资组合选择的解析表达式（Closed Form Expression）。对风险资产的最优持有量是广义 Omega 测度（Generalized Omega Measure）的一个函数。他们声称，如果一个人相信广义 Omega 测度是一个更好的衡量风险资产表现的指标，那么前景理论肯定是比期望效用理论能更好地解释决策的模型。广义 Omega 测度基于对损失和收益的单独评估，因此在本质上聚焦在相对于基准水平的偏离上，这与前景理论的理念是一致的。他们的研究结果证实了前景理论偏好投资者非常重视数值偏度，并且结果对参数非常敏感。这说明前景理论偏好投资者可能突然因为参数的轻微变化而把他们的资金几乎全部投资于风险资产或无风险资产。

He and Zhou（2011）研究了在单期情况下由一个无风险资产和一个风险资产构成的投资组合问题。因为前景理论模型可能存在不适定性（Ill-posed），所以他们针对巨额支付给出了一个新的损失厌恶的测度，称为大损失厌恶度（Large-loss Aversion Degree），并证明了它是模型的适定性（Well-posedness）的一个关键因素。同时他们还研究了前景理论函数相对于股票分配的敏感性，并证明了前景理论函数既不是凹函数，也不是凸函数。即便在适定情况下，得出基于前景理论函数的优化投资组合也是一件极具挑战的事情[①]。他们提出的命题对研究前景理论偏好投资者的投资组合优化问题有着重要的启发，Pirvu and Schulze（2012）和 Gong et al.（2017）在研究多风险资产背景下的前景理论偏好投资者投资组合优化问题时，均引用了 He and Zhou（2011）提出的命题，即：

对于正态分布或者对数正态分布，存在 $\varepsilon > 0$ 使得对于足够大的 $|t|$，当 $0 < F(t) < 1$ 时，有

$$w^{+'}(F_D(t))f_D(t) = O(|t|^{-2-\varepsilon}), \quad w^{+'}(1-F_D(t))f_D(t) = O(|t|^{-2-\varepsilon}); \tag{11.30}$$

$$w^{-'}(F_D(t))f_D(t) = O(|t|^{-2-\varepsilon}), \quad w^{-'}(1-F_D(t))f_D(t) = O(|t|^{-2-\varepsilon}) \tag{11.31}$$

其中，$w^+(\cdot)$ 和 $w^-(\cdot)$ 分别代表正、负结果的权重函数。

Pirvu and Schulze（2012）认为，在单期背景下一个无风险资产与一个风险资产的 CPT 投资者的投资组合优化问题直到他撰写该篇论文之前，才被 Bernard and Ghossoub（2010）和 He and Zhou（2011）解决。

Pirvu and Schulze（2012）研究了前景理论偏好投资者在单期情况下，如何在一个无风险资产与多个风险资产之间分配其投资组合的问题。其中，多个风险资产的收益分布服从多元椭球分布（Multivariate Elliptical Distribution）。该文给出了基于累积前景理论的两基金分离定理。不管个体的偏好情况如何，所有的前景理论偏好投资者将投资同样的均值-方差投资组合。另外，该文也利用 Hu and Kercheval（2010）的数据，给出了多元正态分布及多元 Student-t 分布的前景理论偏好投资者的投资组合比例。值得一提

[①] Bernard and Ghossoub（2010）和 He and Zhou（2011）均为在前景理论背景下投资组合如何得到显式公式（Explicit Formula）提供了翔实的分析。

的是，该文中较为翔实地讨论了多元椭球分布及几种特例，对其感兴趣的读者可以进一步阅读。

Hens and Mayer（2014）也注意到了 Pirvu and Schulze（2012）的研究成果，认为其研究是对 Levy and Levy（2004）研究的扩展，他们在允许卖空受限制的情况下，提供了一种本质上在均值-方差边界上最大化前景理论函数值的解析的方法[①]。然而，正如 Hens and Mayer（2014）所指出的那样，很多资产分配问题所涉及的不单单是椭球分布，市场上存在很多肥尾、偏态分布，仅仅假设椭球分布是远远不够的。

一些学者也利用随机优化算法针对累积前景理论的投资组合优化问题进行了研究。Grishina et al.（2017）为了研究前景理论偏好投资者的行为表现，提出了不同的演化算法（Evolution Algorithm）和遗传算法。据他们所说，这是首篇利用遗传算法去研究基于前景理论的投资组合问题的论文。然而几乎就在同一时间，Gong et al.（2017）也提出了一种自适应实数编码遗传算法，并利用该算法对基于前景理论的投资组合问题进行了研究。

然而，Grishina et al.（2017）为了简化问题，在研究中令 $\pi(p) = p$，即没有考虑概率扭曲的特征[②]。Gong et al.（2017）则研究了不同形式的价值函数与考虑概率扭曲的非线性权重函数的 CPT 优化模型，同时首次给出了不同参数及参考点对于投资组合决策行为的影响。研究发现，价值函数的参数改变对投资行为的影响显著高于权重函数的参数改变对投资行为的影响。除非参数发生很大的改变，否则 CPT 投资者可能不会去选择某些股票进行投资。另外，通过比较研究发现，自适应实数编码遗传算法在速度、稳定性及有效性上均优于传统的遗传算法。

尽管 Gong et al.（2017）对前景理论偏好投资者的投资组合优化问题进行了研究，然而，（多元）正态分布是一个非常强的假设，往往与实际不符。研究发现，股市收益率多呈现肥尾状态，因此，为了贴近实际，需要用新的方法去讨论在非（多元）正态分布下前景理论偏好投资者如何进行投资。Pirvu and Schulze（2012）利用多元椭球分布可以在一定程度上解决肥尾问题。偏态是证券收益分布的一个重要特征，但是由于椭球分布是一种对称分布，并未考虑到分布的偏态特征，因此有必要对偏态背景下前景理论偏好投资者如何优化投资组合做进一步的研究。

在研究股市收益情景时，通常有两大类方法：一是参数法，也就是通过过去的数据

[①] 很多学者的研究对卖空是允许的，前面提及的 Levy and Levy（2004）、He and Zhou（2011）及 Pirvu and Schulze（2012）的研究中均假设允许卖空。

[②] 由于考虑权重函数后会大大增加研究的难度，所以很多学者为了简化问题，仍然采用客观概率。如 Gomes（2005）在没有概率扭曲的情况下，采用数值方法对投资组合优化问题进行了研究。

分析出股票的收益特征,即找出收益分布的参数;二是通过过去的数据,对未来可能发生的情景进行模拟,因为并不需要知道过去股票的具体参数,因此也称非参数法。Gong et al.(2018)利用 Bootstrap 抽样法模拟出未来充分大的情景空间,再结合遗传算法生成决策向量,解决了前景理论偏好投资者面对任何股票组合都可以进行投资组合优化的问题,而不仅仅局限于收益的"特殊"分布。研究发现,具有相同前景理论偏好的投资者面对不同的情景,做出的决策也大相径庭[①]。另外,通过考虑不同参考点下的最优投资,第一次从数值实验上证明了期望越大、失望越大这一现象。

以上对前景理论偏好投资者的投资组合优化相关问题的研究主要集中在单期模型(Single Period Model)上。一些学者也对连续时间投资组合框架进行了研究,如 Berkelaar et al.(2004)为投资组合优化提供了一个闭型解(Closed Form Solution)。

Jin and Yu Zhou(2008)在假设一个完备市场及资产定价符合伊藤过程(Itô Process)的情况下,得出了关于 CPT 投资者投资组合优化策略的总体解析结果。Reichlin(2013)分析了行为投资组合问题的稳定性,并给出了在完全连续时间模型中如何求解 CPT 投资组合优化问题的易处理的数值方法。张松(2011)对行为金融学背景下基于累积前景理论的具有损失上限约束的行为资产组合理论进行了研究。

Ingersoll(2016)研究发现,前景理论的非凹性效用可能会导致极端的投资组合需求。而概率加权这种异质信念(Heterogeneous Belief)则可能导致投资者的最优投资组合截然不同。研究从几个不同的角度讨论了前景理论的投资组合问题,如权重、两基金分离定理、均值-方差分析等,给出了前景理论偏好投资者在面对这些问题时的选择。

11.2.2 前景理论偏好投资者的投资组合目标函数

1. 参数法(以多元正态分布为例)

在以收益率为标的进行投资组合分析的背景下,应该如何建立基于前景理论投资者的目标函数呢?

在 Tversky and Kahneman(1992)提出累积前景理论时,考虑的是离散型结果的情形。通过一些学者的努力,在连续型结果下也可以使用累积前景理论分析问题了。这里以 Gong et al.(2017)中的研究为例,考虑如何建立前景理论偏好投资者的多元(含多个风险资产)投资组合理论模型[②]。

[①] 注意:不同的情景数据来源是相同的,只是模拟方法有所不同。

[②] 正如 Pirvu and Schulze(2012)所说:"我们的优化问题不同之处就在于推广到了 n 个风险资产,这样会显得更加真实,并且考虑到了分散化。"

假设 1：前景理论偏好投资者相对于最终的财富总量，更关心收益率。比如，在投资股票时，更多地关注股价涨跌情况。在瞬息万变的股市里，相对于最终财富而言，他们的心中更多出现的就是又涨（或者跌）了几个点。

让 R_p 表示下一期投资组合所带来的收益率，r_f 代表参考点，则

$$D = R_p - r_f \tag{11.32}$$

为背离参考点的改变量，也就是价值函数中的自变量。

因为 R_p 是一个随机变量，显然 D 也是一个随机变量。它的累积分布函数定义为 F_D，并假设 $|E(D)| < \infty$，$\text{Var}(D) < \infty$。

价值函数 v 如式（7.1）所定义：

$$v(t) = \begin{cases} v^+(t), & t \geqslant 0 \\ -v^-(-t), & t < 0 \end{cases}$$

此时的 t 是结果 D 的可能数值。

前景理论偏好投资者会对客观概率进行扭曲，并且在收益、损失区间内具有不同的扭曲程度。因此，定义 $w^+(\cdot)$ 是收益区间的权重函数，$w^-(\cdot)$ 是损失区间的权重函数。

采用 Tversky and Kahneman（1992）提出的权重函数：

$$w^+(F_D(t)) = \frac{F_D^\gamma(t)}{[F_D^\gamma(t) + (1 - F_D(t))^\gamma]^{1/\gamma}} \tag{11.33}$$

$$w^-(F_D(t)) = \frac{F_D^\delta(t)}{[F_D^\delta(t) + (1 - F_D(t))^\delta]^{1/\delta}} \tag{11.34}$$

其中，$F_D(t)$ 是 D 的累积分布函数。

这里使用 He and Zhou（2011）文献中给出的公式作为求解前景理论偏好值的公式，即[①]

$$V(D) = -\int_0^{+\infty} v^+(t) \, dw^+(1 - F_D(t)) + \int_{-\infty}^0 v^-(t) \, dw^-(F_D(t)) \tag{11.35}$$

---

① 为了保证式（11.35）的结果有限，需要 $\alpha < 2\min(\gamma, \delta)$，并且 $\beta < 2\min(\gamma, \delta)$。不过，Barberis and Huang（2008）证明，如果变量服从正态分布或者对数正态分布，则不需要受到这个条件的限制。

进一步，有

$$V(D) = \int_0^{+\infty} v^+(t) w^{+\prime}(1-F_D(t)) f_D(t) \mathrm{d}t +$$
$$\int_{-\infty}^0 v^-(t) w^{-\prime}(F_D(t)) f_D(t) \mathrm{d}t \quad (11.36)$$

此时的$f_D(t)$是D的概率密度函数。

通过以下表达式，我们可以看到，如果利用式（11.35）进行求解，则计算过程可能较为复杂。

$$w^{+\prime}(1-F_D(t)) = \frac{\gamma(1-F_D(t))^{\gamma-1}((1-F_D(t))^\gamma + (F_D(t))^\gamma)}{[F_D^\gamma(t) + (1-F_D(t))^\gamma]^{1/\gamma}} -$$
$$\frac{(1-F_D(t))^\gamma((1-F_D(t))^{\gamma-1} - (F_D(t))^{\gamma-1})}{[F_D^\gamma(t) + (1-F_D(t))^\gamma]^{1/\gamma}} \quad (11.37)$$

$$w^{-\prime}(F_D(t)) = \frac{\delta(F_D(t))^{\delta-1}((1-F_D(t))^\delta + (F_D(t))^\delta)}{[F_D^\delta(t) + (1-F_D(t))^\delta]^{1/\delta}} -$$
$$\frac{F_D(t)^\delta((F_D(t))^{\delta-1} - (1-F_D(t))^{\delta-1})}{[F_D^\delta(t) + (1-F_D(t))^\delta]^{1/\delta}} \quad (11.38)$$

为了便于计算，Gong et al.（2017）给出了另一种形式作为求解前景理论偏好值的结果。

命题 1：如果价值函数是分段幂函数，那么式（11.35）等价于[①]

$$V(D) = \int_0^{+\infty} w^+(1-F_D(t)) \mathrm{d}v^+(t) -$$
$$\int_{-\infty}^0 w^-(F_D(t)) \mathrm{d}v^-(t) \quad (11.39)$$

假设 2：假设投资过程中不存在交易成本，前景理论偏好投资者也不会借钱进行投资。

假设 3：资本市场由n个风险资产和 1 个无风险资产构成，风险资产的收益率$\boldsymbol{R} = (R_1, R_2, \cdots, R_n)^\mathrm{T}$服从多元正态分布，无风险资产的收益率为$r_0$。

进一步，向量$\boldsymbol{E(R)} = \boldsymbol{\mu} = (\mu_1, \mu_2, \cdots, \mu_n)^\mathrm{T}$，并且$n \times n$协方差矩阵$\boldsymbol{Cov(R)} = \boldsymbol{\Sigma} = \{\sigma_{i,j}\}$存在，这里$\boldsymbol{\Sigma}$是一个正定矩阵。

[①] 关于证明可以参看 Gong et al.（2017）。

$x = (x_1, \cdots, x_n)$是投资于风险资产的比率,$x_{n+1} = (1 - \sum_{i=1}^n x_i)$是投资于无风险资产的比率。**1** 是单位列向量。那么,定义$D(x)$为

$$D(x) = x_1 R_1 + \cdots + x_n R_n + x_{n+1} r_0 - r_f$$
$$= \boldsymbol{xR} - r_0 \boldsymbol{x 1} - r_f + r_0 \tag{11.40}$$

命题2:如果$R \sim N_n(\boldsymbol{\mu}, \boldsymbol{\Sigma})$成立,那么$D(x) \sim N(\mu_D, \sigma_D^2)$[①],其中

$$\mu_D = \boldsymbol{x\mu} - r_0 \boldsymbol{x 1}$$
$$\sigma_D^2 = \boldsymbol{x}^\mathrm{T} \boldsymbol{\Sigma} \boldsymbol{x}$$

前景理论偏好投资者会通过最大化他们的前景理论偏好值来进行投资组合选择,即最大化式(11.35)[②]。

$$\max_{\boldsymbol{x}} \quad V(D(\boldsymbol{x})) \tag{11.41}$$

从上述内容中不难发现,在(多元)正态分布假设下,前景值$V(\cdot)$就是均值μ_D和σ_D的函数。

2. 非参数法(以模拟未来情景为例)

通过一些方法可以模拟未来的各种情景,这部分内容将在稍后的章节中进行介绍。假设根据过去的数据,我们可以模拟出如式(4.5)所示的前景,即:

$$\mathcal{E} \sim (x_{-m}, p_{-m}; \cdots; x_{-1}, p_{-1}; x_0, p_0; x_1, p_1; \cdots; x_n, p_n)$$

将这些按照数值从小到大排列的结果减去参考点的值可得[③]:

$$(t_{-m}, p_{-m}; \cdots; t_{-1}, p_{-1}; t_0, p_0; t_1, p_1; \cdots; t_n, p_n) \tag{11.42}$$

在累积前景理论中,不再对单个概率进行映射,而是针对累积概率进行映射的。对经过价值函数前景的映射赋予权重如式(4.11)和式(4.12)所示。

[①] Hogg and Craig(1995)已经证明多元正态分布的一个线性变换仍是多元正态分布:假设$R \sim N_n(\boldsymbol{\mu}, \boldsymbol{\Sigma})$且$D = AR + b$,其中$A$是$m \times n$矩阵并且$b \in \mathbb{R}^m$。那么,$D$的分布为$N_m(A\boldsymbol{\mu}, A\boldsymbol{\Sigma}A')$。当$m = 1$时,命题成立。

[②] 式(11.39)由于没有封闭解,所以需要用到数值积分(Numerical Integration)计算,可以利用 MATLAB 中的"integral"和"normcdf"函数进行计算。

[③] 将结果减去参考点的值后,得到的式(11.42)中存在 0 值。比如,如果参考点的值恰好为前景的某个数值,则式(11.42)中必然包括 0 值。否则,可以在式(11.42)中加入一个概率为 0 的 0 值,不影响结果。

第 11 章 前景理论下的投资组合问题

$$\pi_i^+ = w^+(p_i + \cdots + p_n) - w^+(p_{i+1} + \cdots + p_n), \quad 0 \leq i \leq n$$
$$\pi_i^- = w^-(p_{-m} + \cdots + p_i) - w^-(p_{-m} + \cdots + p_{i-1}), \quad -m \leq i < 0$$

因此,在模拟未来前景的情况下,最大化前景理论偏好值可以表示如下:

$$\max_{x} \sum_{i=-m}^{n} \pi_i\, v(t_i(\boldsymbol{x})) \tag{11.43}$$

总之,在多元投资组合问题中,无论随机变量是连续多元分布的形式,还是由模拟方法得出的前景形式,人们现在的决定,即决策变量 $\boldsymbol{x}$,终将影响到未来的投资组合收益。即投资者现在做出的决策决定了投资者自身未来的收益。

因此,在投资组合分析中,除了需要利用一些方法研究历史数据,还需要利用优化的手段使投资者的决策达到最优。这些内容将在后面的章节中详细介绍。

正态分布相关知识回顾

在金融学中,正态分布是一个基础且非常重要的概念。从本章投资组合的内容中可以知道,现代投资组合理论的一个重要假设就是正态分布性假设。

1. 定义

假设连续型随机变量 X 的概率密度为

$$f(x) = \frac{1}{\sqrt{2\pi}\sigma} e^{-\frac{(x-\mu)^2}{2\sigma^2}}, \quad -\infty < x < +\infty \tag{11.44}$$

其中,$\mu, \sigma > 0$ 为常数,称 X 服从参数 μ, σ 的正态分布,记为 $X \sim (\mu, \sigma^2)$。

由式(11.44)可得连续型随机变量 X 的分布函数为

$$F(x) = \frac{1}{\sqrt{2\pi}\sigma} \int_{-\infty}^{x} e^{-\frac{(t-\mu)^2}{2\sigma^2}} \, dt \tag{11.45}$$

2. 正态分布性质

正态分布函数具有以下性质,可结合图 11.6 进行对照。

- 函数曲线关于 $x = \mu$ 对称,因此 $P\{\mu - a < X \leq \mu\} = P\{\mu < X \leq \mu + a\}$。
- 当 $x = \mu$ 时取到最大值 $f(\mu) = \frac{1}{\sqrt{2\pi}\sigma}$。
- x 离 μ 越远,则 $f(x)$ 的值越小。也就是对于同样长度的一段区间,区间离 μ 越远,则 X 落在这个区间上的概率越小。
- 在 $x = \mu \pm \sigma$ 处函数曲线有拐点。
- 如果 σ 保持不变,那么改变 μ 会使得函数曲线沿着横轴平移,形状不变。

- 如果μ保持不变,那么改变σ会使得函数曲线图形产生变化。σ变小图形则会变尖,σ变大图形则会变宽。

3. 标准正态分布性质

当$\mu=0,\sigma=1$时,称随机变量X服从标准正态分布。则概率密度与分布函数可以表示为

$$\varphi(x)=\frac{1}{\sqrt{2\pi}}e^{-\frac{x^2}{2}} \tag{11.46}$$

$$\Phi(x)=\frac{1}{\sqrt{2\pi}}\int_{-\infty}^{x}e^{-\frac{t^2}{2}}dt \tag{11.47}$$

由式(11.47)可知:

$$\Phi(-x)=1-\Phi(x) \tag{11.48}$$

任何一个正态分布都可以通过一个简单的变换转化为标准正态分布。

如果$X\sim(\mu,\sigma^2)$,则随机变量$Z=\frac{X-\mu}{\sigma}$服从标准正态分布,即$Z\sim N(0,1)$。

利用MATLAB绘制正态分布有关图形。

```
>> x=-10:0.1:10;              % 尽管正态分布的定义域为无穷,但为了画图方便,定义区间为[-10,10]
>> y01=normpdf(x,0,1);        % 正态分布概率密度函数(见图11.6),其中0代表均值,1代表标准差。下同
>> y02=normpdf(x,0,2);
>> y03=normpdf(x,0,3);
>> y005=normpdf(x,0,0.5);
>> y11=normpdf(x,1,1);
>> y_11=normpdf(x,-1,1);
>> plot(x,y01,'k-')           % 其中'k-'表示为黑色实线
>> hold on
>> plot(x,y02,'b-')           % 其中'b-'表示为蓝色实线
>> hold on
>> plot(x,y03,'g-')           % 其中'g-'表示为绿色实线
>> hold on
>> plot(x,y11,'b-.')          % 其中'b-.'表示为蓝色点画线
>> hold on
>> plot(x,y_11,'b-.')
>> hold on
>> plot(x,y005,'r-')          % 其中'r-'表示为红色实线
```

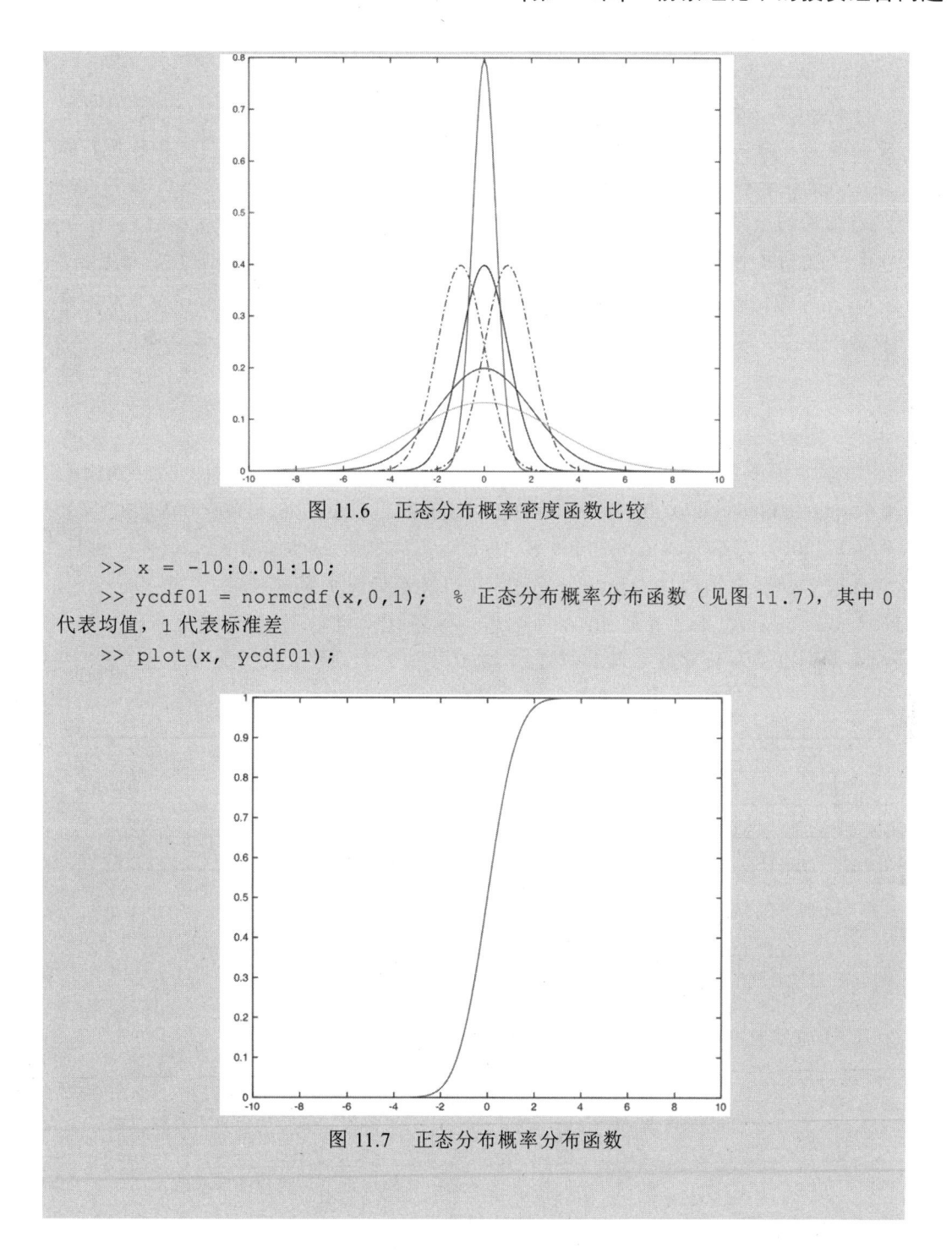

图 11.6　正态分布概率密度函数比较

```
>> x = -10:0.01:10;
>> ycdf01 = normcdf(x,0,1);   % 正态分布概率分布函数（见图 11.7），其中 0 代表均值，1 代表标准差
>> plot(x, ycdf01);
```

图 11.7　正态分布概率分布函数

4. 从正态分布函数看六西格玛管理

1986年，摩托罗拉的工程师 Bill Smith 首次提出了六西格玛管理理念，其主要目的是设置一个极高的目标来收集数据并分析结果，以此来减少产品与服务的缺陷。通过六西格玛标准，出错率不能超过百万分之三点四。它是利用概率论的思想追求的一种管理理念。

六西格玛质量水准是将流程能力减去 1.5σ 后得到的，也就是 $6\sigma - 1.5\sigma = 4.5\sigma$。

六西格玛的误差率通过 MATLAB 可以很容易求出。下面给出如何求 4.5σ 对应的概率值。从结果中可以看出，出错率的确没有超过百万分之三点四。

```
>> err45=1-(normcdf(4.5)-normcdf(-4.5))
>> err45 =
   0.000006795346249
```

为了便于比较，这里分别给出 $1\sigma \sim 6\sigma$ 的概率值 0.317310507862914、0.045500263896358、0.002699796063260、0.000063342483666、0.000000573303143、0.000000001973175。以 6σ 区间为例，尽管正态随机变量的取值范围是 $(-\infty, +\infty)$，但是它的值落在区间 $(\mu - 6\sigma, \mu + 6\sigma)$ 以外的概率仅为十亿分之二。

假设从1962年2月到2016年4月，公司 DIS、GE 与 IBM 股票的收益率、收益率标准差与协方差矩阵如表11.1所示。

表 11.1 三家公司股票收益率、收益率标准差与协方差矩阵表

公 司	收 益 率	收益率标准差	协方差矩阵		
DIS	0.011367922	0.089669138	0.0080406	0.0028874	0.0024392
GE	0.008303968	0.068295868	0.0028874	0.0046643	0.0020918
IBM	0.006534593	0.069099296	0.0024392	0.0020918	0.0047747

利用 MATLAB 求解投资组合的收益与风险。

```
>> ExpReturn=[0.011367922 0.008303968 0.006534593];   % 输入三家公司股票的收益率
>> ExpCovariance=[0.0080406 0.0028874 0.0024392;      % 输入三家公司股票的协方差矩阵
                  0.0028874 0.0046643 0.0020918;
                  0.0024392 0.0020918 0.0047747];
>> WeightPort=ones(1,3)*1/3;         % 假设对每家公司的投资组合权重相等
>> [PortReturn,PortRisk]=portstats(ExpReturn,ExpCovariance,
   WeightPort)                       % 计算投资组合收益率及风险
PortReturn =
```

```
    0.059922542595513
PortRisk =
    0.008735494333333
```

利用 MATLAB 求解投资组合的有效边界。

```
>> ExpReturn=[0.011367922 0.008303968 0.006534593];
>> ExpCovariance=[0.0080406 0.0028874 0.0024392;
                  0.0028874 0.0046643 0.0020918;
                  0.0024392 0.0020918 0.0047747];
>> NumPorts = 20;              % 考虑20个不同的均匀间隔的投资组合
>> frontcon (ExpReturn, ExpCovariance, NumPorts);   %计算由三种不同
```
资产组成的投资组合的有效边界（见图11.8）

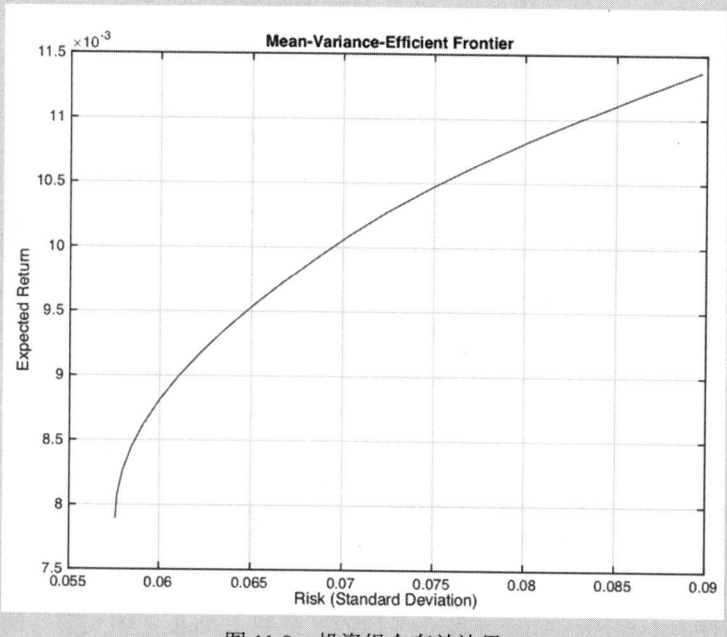

图 11.8 投资组合有效边界

第12章　前景理论与风险测度

12.1　风险测度

一般情况下，最大化预期收益基本是没有争议的事实，但是如何测度风险则一直是一个争论不休的问题，当然，也出现了不少风险的测度指标。Markowitz用收益的标准差衡量风险。然而利用标准差或方差来测度风险也存在一些缺点。一些学者沿着方差的思路，提出了用半方差的方法来衡量风险。

与用方差或标准差等方法衡量风险不同，Value-at-Risk（VaR）作为一个新的指标出现在20世纪90年代（JPMorgan，1994，1997），从开始至今，无论是在银行业，还是在学术界，一直是一个非常热门的研究课题。Jorion（2000）、Linsmeier and Pearson（2000）、Alexander and Baptista（2002）、Chance（2004）、Hull（2008）也曾撰文，描述了VaR在公司财务主管、基金经理、一些金融机构和监管者（如Basle Committee on Banking Supervision）这样的人群和机构之间是如何受到重视的。

Alexander and Baptista（2002）将VaR与均值-方差分析联系到了一起，并且针对投资组合问题提出了均值-VaR框架，并给出了经济含义。现在，越来越多的学者正在利用均值-VaR框架分析解决各种金融领域问题。

然而，VaR与方差一样，不少学者认为它也不是测度风险的最好指标。Rockafellar and Uryasev（2000）在VaR的基础之上，提出了一种新的风险测度指标，称为CVaR（Conditional Value-at-Risk）来管理风险。尽管CVaR与VaR的名字非常类似，但是其背后的数学原理大不相同。Artzner et al.（1999）证明了VaR在绝大多数情况下不是一个一致风险测度（Coherent Measure of Risk），因为它并不满足风险的次可加性（Subadditivity Property）[1]。Rockafellar and Uryasev（2000）和Rockafellar and Uryasev（2002b）证明CVaR在优化应用上要优于VaR[2]。

---

[1] 其实，在一定条件下，VaR仍然是满足次可加性的，比如在正态分布情况下。
[2] CVaR函数具有凸性，而凸优化相对于那些非凸非凹函数来说，求解要相对简单，并且凸函数的局部最优解一定是全局最优解这一性质是学者所青睐的。而VaR在大部分时间里是非凸的，求解相对复杂，并伴随着很多局部最优解。

12.1.1 风险测度的起源

在 Markowitz 提出现代投资组合理论之前，金融风险一直被认为是一个对期望收益进行调整的指标。自从 Markowitz（1952a）提出了用对收益分布的均值的背离，即方差作为衡量风险的指标，风险指标才有了与之前那些风险指标的显著区别。Markowitz 所做出的最大贡献就是通过所有资产收益的多元分布来衡量投资组合的风险。

从多元分布的性质来看，一是它仍然需要考虑到单个资产，也就是边际概率分布和这些分布之间的关系。Markowitz 利用概率分布的一、二阶矩和每对资产收益线性相关系数进行风险的分析；二是一直以来，一些文献往往忽视了一个问题，即利用离差（Dispersion）进行风险测度仅限于在对称的分布下，如果分布不是对称的，那么仅用离差分析风险是不足的。

12.1.2 如何测度风险

测度风险相当于在随机变量的集合$\mathbb{X}$（比如一个给定的投资收益）和一个非负实数（Non-negative Real Number）集合$\mathbb{R}^+$之间建立一个相应的ρ，也就是$\rho: \mathbb{X} \to \mathbb{R}^+$。这种利用标量的方式，可以利用排序来比较不同投资间的各自风险大小。如果风险测度缺乏这种类似的属性，也就是无法统一标准，那么将无法比较风险的大小。因此，为了更好地理解一些属性所发挥的作用，需要满足标量风险测度（Scalar Risk Measure）[①]。

不少学者进一步提出了一些类似的条件，以达到较为精确描述风险测度的目的，读者可以进一步参阅 Artzner et al.（1997）、Artzner et al.（1999）、Carr et al.（2001）、Landsman and Sherris（2001）、Frittelli and Gianin（2002）、Albanese（1997）文献。根据这些学者的研究成果，任何能够接受的风险测度必须满足下面的两个属性。

（1）正齐性（Positive Homogeneity）：$\rho(\lambda x) = \lambda \rho(x)$对于所有的随机变量$x$和所有的正实数$\lambda$均成立。

（2）次可加性：对于所有的随机变量x_1和x_2，$\rho(x_1 + x_2) \leqslant \rho(x_1) + \rho(x_2)$。

[①] 这有点类似于对距离的测度。即假设在空间中存在两点，如果满足以下3个条件：
（1）一个点与其自身的距离为0。
（2）交换两个点不改变两点之间的距离。
（3）给定三个点，任意两点的距离不能大于这两点分别与第三点的距离的和。
则这个测度被称为距离测度。

另外,如果下面两个属性被满足:

(3) 单调性(Monotonicity):对于所有的随机变量x_1和x_2且有$x_1 \leqslant x_2$,则$\rho(x_1) \leqslant \rho(x_2)$。

(4) 传递不变性(Transitional Invariance):对于所有的随机变量x及实数α,$\rho(x+\alpha) = \rho(x) - \alpha$。

那么此时ρ就是一个一致风险测度。

假如风险测度不满足次可加性,也就是说$\rho(x_1) + \rho(x_2) < \rho(x_1 + x_2)$,就意味着如果要减少风险,反而需要将投资组合中的资产完全单独对待。资产之间没有了一种风险对冲的此消彼长的机制,这与事实是相违背的。根据 Markowitz 的投资组合理论,加入一个新投资可能会减少风险。

一些学者利用ρ的凸性替代了上述一致性风险的第(1)(2)条性质,即:

(5) $\rho(\lambda x_1 + (1-\lambda x_2)) \leqslant \lambda \rho(x_1) + (1-\lambda) \rho(x_2)$。其中,$0 \leqslant \lambda \leqslant 1$。

值得注意的是,凸性并不一定意味着正齐性,也就是说此时若考虑性质3、性质4和性质5,那么风险测度性质将比原来的一致性风险测度要弱。一些学者称具备性质3、性质4和性质5的风险测度为弱一致性(Weakly Coherent)风险测度[①]。

12.1.3 半方差

众所周知,Markowitz(1952)率先提出了投资组合优化这样一个开创性的概念(Markowitz, 1959)。在投资组合优化问题中,投资者的效用取决于预期收益和风险,这个风险是由投资组合预期收益的方差进行衡量的。

然而,可能不那么广为人知的是,Markowitz 中意的却是另一个对风险进行衡量的指标,也就是投资组合收益的半方差(Semivariance)。Markowitz 认为半方差似乎是一个更加合理的风险测度指标,因为对于表现不佳(Under Performance,表现为低于均值的波动)和过度表现(Over Performance,表现为高于均值的波动),投资者更加关注后者,并想使其最小(Markowitz, 1991;Markowitz, Todd, Xu, and Yamane, 1993)。

Markowitz(1959)曾经用了整整一章的内容来讨论半方差,并且指出,基于半方差的分析倾向于产生比基于方差的分析更好的结果。然而,Markowitz(1991)也坦言,

---

① 这个概念是由 Carr et al.(2001)提出的,Frittelli and Gianin(2002)进一步研究了这种弱一致性。

由于在成本、便利性及熟悉性方面，方差明显优于半方差，因此无论是在业界还是在学术界，都广泛采用方差这个指标。这也就是为什么投资组合优化了60年，方差作为一个风险测度指标依然魅力不减（Kolm et al., 2014）。

假如 R 表示的是收益或者财富的随机变量，半方差 SV 的数学公式如下：

$$SV = E[(\min\{R - E(R), 0\})^2] \tag{12.1}$$

考虑以下两个赌局。

抽彩1：

有90%的可能性赢得400元，有10%的可能性损失3600元。

抽彩2：

有50%的可能性赢得1200元，有50%的可能性损失1200元。

你会选择抽彩1还是抽彩2？

从两个抽彩中可以看到，抽彩1和抽彩2的期望值收益分别为：

期望值收益$_{抽彩1}$=$400 \times 0.9 - 3600 \times 0.1 = 0$

期望值收益$_{抽彩2}$=$1200 \times 0.5 - 1200 \times 0.5 = 0$

这说明，抽彩的期望值收益是相等的，均为0。如果用方差作为衡量风险的指标，那么抽彩1和抽彩2的方差分别为：

方差$_{抽彩1}$=$(400-0)^2 \times 0.9 + (3600-0)^2 \times 0.1 = 1440000$

方差$_{抽彩2}$=$(1200-0)^2 \times 0.9 + (1200-0)^2 \times 0.1 = 1440000$

两个抽彩的方差也是相等的。此时的两个抽彩是不能通过期望值与方差来判断好坏的。进一步，我们可以计算两个抽彩的半方差：

半方差$_{抽彩1}$=$(-3600-0)^2 \times 0.1 = 1296000$

半方差$_{抽彩2}$=$(-1200-0)^2 \times 0.5 = 720000$

如果根据半方差的原则进行选择，那么我们应该选择抽彩2。

12.2 VaR

12.2.1 VaR 的起源与发展

VaR 有时也被翻译成在险价值或风险价值，是一个衡量银行及其他金融机构风险的工具。国际清算银行（BIS）这样的监管机构推荐使用 VaR 来确定资本充足要求。一般来说，投资者很少允许他们的潜在损失超过某一水平。因此，VaR 常常被用作投资组合问题的风险测度来对风险进行控制。

金融市场波动（Financial Market Volatility）是资产定价（Asset Pricing）、资产分配（Asset Allocation）和风险管理（Risk Management）的重要问题之一。现代投资理论（Modern Portfolio Theory）中用方差来衡量风险的方法受到了不少学者的质疑。其实，VaR 的提出可以追溯到 Markowitz 的现代投资组合选择的这个开创性工作当中。Markowitz（1959）认为，在投资组合选择过程中既要取得回报，又要关注风险。现代投资组合理论在本质上是一个权衡期望收益和风险的理论。Roy（1952）第一次提出在置信水平的基础上度量风险，并提出了选择投资组合应该具备"安全第一（Safety-First）"的理念，即将损失发生大于最坏情况时的概率降至最小（Baumol，1963）。

VaR 概念的起源可以追溯到 20 世纪 60 年代初，Baumol（1963）建议风险的度量为

$$\mu - k\sigma$$

其中，μ 和 σ 是相关分布的均值与标准差，k 是一个主观的置信水平参数，其反映了投资者对待风险的态度。

20 世纪 70 年代末和 80 年代，一些主要的金融机构开始对内部模型（Internal Models）进行研究开发，以衡量整个机构的整体风险。这些系统中最有名的是由 JP.Morgan 开发的 RiskMetrics 系统。据业内人士介绍，这个系统据说是 JP.Morgan 银行首席执行官 Dennis Weatherstone 要求他的员工给他一页当日的报告，内容需要根据银行交易组合数据，指出在未来 24 小时内的风险及潜在损失。毫不夸张地认为，VaR 从其诞生开始就是作为基于现有头寸（Position）来衡量下行风险（Down-side Risk）的统计测度工具。

VaR 的最大优势是通过一个容易理解的具体数字总结了风险。而在此之前，管理人员对风险仅仅有一个模糊的概念。另外，VaR 作为一个风险测度工具，具备了加入投资分散化效应的能力。Linsmeier and Pearson（1996）曾评论：VaR 是一个单一的、带有总结性的测度投资组合损失的统计方法。尤其 VaR 是一个在"正常"市场运行下的损失测度工具。大于 VaR 的损失发生仅仅是一个非常小的概率，并且这个概率是很明确的。Lucas（2000）认为建立在方差-协方差矩阵上的复杂的风险模型并没有表现出比简单的单变量 VaR 更明显的优势。

VaR 具有两个重要的特性。第一个特征是它将不同的因素转化成一个共同的风险指

标,这个指标能够让风险管理者用一种全新的方法去管理他们的风险。第二个特征是,VaR 作为一个风险指标来说,本身已经考虑了风险资产之间的正负的相关性,这对于投资组合投资分析是至关重要的。

因此,VaR 一经推出,就受到相关专业人士的青睐。对统计学稍微熟悉的读者一看到 VaR 的定义,就知道其主要源于统计学中分位数的概念。后面我们将逐步了解到,VaR 从直觉上和概念上非常容易理解,但是在投资组合背景优化问题的计算方面还具备一定的挑战。在实际中,VaR 的投资组合优化问题是一个非凸问题,决定了其极难得到全局最优解。

正如许多学者质疑方差是否能够作为衡量风险的指标,也有学者对 VaR 提出了质疑。以 N.Against(1997)为代表的一些学者基于 VaR 中的统计方法和假设,提出这种数学和统计模型从自然科学向社会体系中转换是否真的可行等疑问,因为这样的操作往往忽略了社会体系中的一些重要特征。

Berkowitz and O'Brien(2002)考察了由 6 个主要的美国金融机构所使用的 VaR 模型。他们的研究结果表明,这些模型在某些情况下是非常不准确的,银行有时经历了比模型预测还要大的损失。这表明,这些模型在处理肥尾和极端事件方面的能力是远远不足的。Danielsson and Zigrand(2001)和 Basak and Shapiro(2001a)均异曲同工地指出,VaR 给了风险经理一个动力保护其轻微损失,但是对大的损失基本没用。

12.2.2 VaR 的定义

VaR 按字面的解释就是"处于风险状态的价值",即在一定置信水平和一定持有期内,某一金融工具或其组合在资产价格波动下所面临的最大损失额。JP.Morgan 给出的 VaR 定义为:VaR 是在既定头寸被冲销或重估前可能发生的市场价值最大损失的估计值。Jorion(2000)给出的 VaR 定义是:VaR 是在一定目标期限(Target Horizon)内,在一定的置信水平(Confidence Level)下,某种金融工具或投资组合在未来特定时期所面临的最大损失(the Worst Loss)。

在数学上，VaR 可以表示如下①：

$$\text{VaR}_c = \inf\{l \in \mathbb{R}: P(L > l) \leq 1 - c\} \tag{12.2}$$

显然，损失L是一个随机变量，它的累积分布函数（Cumulative Distribution Function）如下：

$$F_L(l) = P(L \leq l) \tag{12.3}$$

因为负的收益就是正的损失，或者说负的损失就是正的收益，所以在一些书中利用收益的分布进行 VaR 的计算，记为Profit(+)/Loss(−)，如图 12.1 中 VaR（收益视角）所示。考虑到后面描述的需要，本书中采用更为普遍的以损失作为随机变量（横轴为损失，记为Loss(−)/Profit(+)）的方式分析问题，即图 12.1 中右侧的 VaR（损失视角）。

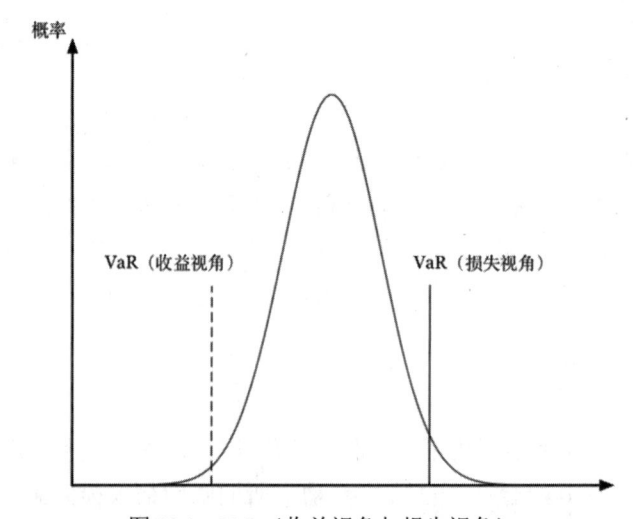

图 12.1　VaR（收益视角与损失视角）

---

① 在统计学中，置信区间（Confidence Interval）是从观测数据中计算出来的一种区间估计（总体参数）。置信度是包含相应参数的真值的可能置信区间的频率（比例）。换句话说，如果在无限数量的独立实验中使用给定置信水平构造置信区间，则包含这些参数的真值的区间的比例将与置信度相匹配。显著性水平（Significance Level）是统计学里假设检验中涉及的一个概念。通常在做假设检验时，我们会有一个原假设和备择假设。因为假设检验是根据样本值做出的推断，会不可避免地犯错。当原假设正确而我们却选择相信备择假设后，犯此类错误的概率用α 表示。在统计学中，将α 称为假设检验中的显著性水平，表示原假设为正确的，但是我们拒绝原假设的概率。显著性水平与其对应的置信水平求和为 1。比如，巴塞尔银行监管委员会要求选择 99%置信水平，那么c=99%，此时的显著性水平为 1%。

通过这个概念我们可以看出,有如下几个重要的因素(Nylund,2001)。

(1)目标期限,也就是在这个目标期限内计算持有资产的最大损失。这里涉及一个监管与机构成本之间的博弈。比如,监管部门为了迅速发现问题,需要频繁地给出结果,势必会造成机构的成本上升;而机构想节省开支,很长时间才进行一次计算,又起不到监管的作用。

(2)置信水平的选择在可以说在一定程度上反映了对风险的不同偏好的问题。对风险越发厌恶,其置信水平就该选择得越大,不同的机构一般会选择一个合适的置信区间。

(3)未来特定时期。比如,选择某资产组合在未来1个月、3个月、半年或1年的特定时期内 VaR 的数值。

巴塞尔银行监管委员会要求以 10 天作为目标期限,置信水平要达到 99%,并且未来特定时期为 1 年。

一些学者认为,VaR 是一个从现代投资组合理论中发展的自然过程(Dowd,2002)。然而,与现代投资组合理论相比,VaR 仍然存在一些差异。

- 现代投资组合理论根据收益的平均值和标准差解释风险,而 VaR 则根据最大可能损失解释风险。
- 现代投资组合理论假定回报服从正态分布,而 VaR 可以在更广泛的可能分布范围内工作。
- 现代投资组合理论只能应对市场风险,而 VaR 不仅可以应对市场风险,也可以应对信贷风险、流动风险和其他风险。

越来越多的机构开始关注 VaR 的应用,现在它人气高涨,运用领域广泛,包括金融机构、监管部门、非金融企业等。任何一个容易受到风险影响的机构,都可以利用 VaR 报告风险信息,控制风险,甚至管理风险。机构投资者,如一些养老基金用 VaR 管理他们的财务风险。巴塞尔银行监管委员会、美国联邦储备委员会、美国证券交易委员会和欧盟监管机构集中使用 VaR 作为风险的管理工具(Jorion,2006)。

12.2.3 VaR 的计算

可以通过参数法(Parametric Method),如方差-协方差法(Variance-Covariance VaR)或德尔塔-伽马法(Delta-Gamma),以及非参数法(Nonparametric Method),如历史模拟法(Historical Simulation)或重抽样(Resampled),估计出 VaR 的值(Dowd,2005;Brown,2002)。非参数法是指在不需要对损失的分布函数做出强假设的情形下一种计

算 VaR 的方法。它基于不久的将来与最近的过去基本相同的假设。而参数法是指将数据拟合成概率曲线，然后推算出概率分布或者概率密度函数。因为参数法能够利用更多的信息，因而比非参数法更加有能力去估计 VaR。

Markovich（2007）和 Novak（2011）详细讨论了如何利用非参数的方法计算 VaR。McKinsey Company（2012）发布的一份报告估计，85% 的大型银行都在使用历史模拟法计算 VaR，其他 15% 的大型银行则使用蒙特卡罗方法。

1. 分位数

在计算 VaR 之前，先对分位数进行简单的回顾，因为求 VaR 的本质就是求解分位数。在很多有关概率论的书中，没有对分位数（Quantile）给予过多的笔墨，但正是这样一个"看似不起眼"的定义，成为 VaR 的理论梳理来源。

这里先给出分位数的明确定义。假如 X 是一个随机变量，分布函数为 $F(x)$。对于严格介于 0~1 之间的概率 p，定义 $F^{-1}(p)$ 是最小的值 x 使得 $F(x) \geqslant p$。那么，$F^{-1}(p)$ 被称为 p-分位数，有时也称为 X 的 $100p$ 分位数。在开区间 $(0,1)$ 上的函数 $F^{-1}(\cdot)$ 被称为分位数函数。

考虑一个公平的赌博。假设 X 代表明天某只股票的价格。显然 X 是一个连续随机变量，令其概率分布函数为 $F(X)$。假设你跟某人打赌，如果价格 X 小于等于一个数值 x_0，那么你将赢得这个赌局，并获得一定数额的收益；如果价格 X 大于数值 x_0，则需要支付对方同等数额的金钱。为了保证这个赌局公平，即保证 $P(X \leqslant x_0) = P(X > x_0) = 1/2$，需要找到数值 x_0 的具体大小，满足 $F(x_0) = 1/2$[①]。

在上述分位数的定义中，假设 X 的概率分布函数在其整个区间内为连续且一对一的函数，函数 F 的反函数 F^{-1} 存在，因此对于任何 $0 < p < 1$，存在一个且仅有一个 x 使得 $F(x) = p$，即 $x = F^{-1}(p)$。当然，该定义也可以扩展到非增函数。

在连续型随机变量中，以标准正态分布为例，给出下面的分位数，如表 12.1 所示。

表 12.1 标准正态分布的分位数

p	0.1	0.25	0.5	0.75	0.9
$F^{-1}(p)$	-1.2816	-0.6745	0	0.6745	1.2816

利用 MATLAB 求解正态分布分位数。

利用 X = norminv(P,mu,sigma) 命令，可以得到正态分布分位数，其中 P 代表概率，mu 代表期望值，sigma 代表标准方差值。

[①] 其实，这里的 x_0 称为 X 的 0.5 分位数。

```
>> quan1=norminv([0.1,0.25,0.5,0.75,0.9],0,1)      %均值为0,标准差为1
quan1 =
-1.2816e+00  -6.7449e-01          0   6.7449e-01   1.2816e+00
>> quan2=norminv([0.1,0.25,0.5,0.75,0.9],0,2)      %均值为0,标准差为2
quan2 =
-2.5631e+00  -1.3490e+00          0   1.3490e+00   2.5631e+00
>> quan3=norminv([0.1,0.25,0.5,0.75,0.9],1,1)      %均值为1,标准差为1
quan3 =
-2.8155e-01   3.2551e-01   1.0000e+00   1.6745e+00   2.2816e+00
>> quan4=norminv([0.1,0.25,0.5,0.75,0.9],-1,1)     %均值为-1,标准差为1
quan4 =
 -2.2816e+00  -1.6745e+00  -1.0000e+00  -3.2551e-01   2.8155e-01
```

2. 利用连续型随机变量概率密度求解 VaR

式（12.2）给出了 VaR 的一般性定义。假如损失随机变量 L 是一些特殊的分布，那么应该如何计算 VaR 呢？

当损失 L 为均值为 μ、标准差为 σ 的正态分布时

$$\text{VaR}_c = \mu + \sigma \Phi^{-1}(c) \tag{12.4}$$

其中，Φ 代表标准正态分布函数。

当损失 L 服从学生 t 分布，即 $L \sim t_1(\nu,\mu,\sigma^2)$ 时

$$\text{VaR}_c(x,R) = \mu + \sigma t_\nu^{-1}(c) \tag{12.5}$$

其中，t_ν 代表自由度为 ν 的学生 t 分布函数。

下面的代码给出了如何利用 MATLAB 计算 VaR。

```
PortReturn = 0.29/100;       % 在一段时期内投资组合的期望值
PortRisk = 3.08/100;         % 在一段时期内投资组合的标准差
RiskThreshold = [0.01;0.05;0.10];  % 显著性水平,默认为 0.05,也可以同时设置多个
PortValue = 1;               % 资产组合的价值,默认为 1
ValueAtRisk = portvrisk(PortReturn,PortRisk,RiskThreshold,PortValue)       % 返回一段时期内最大的潜在损失
```

结果显示：

```
ValueAtRisk =
   6.8752e-02
   4.7761e-02
   3.6572e-02
```

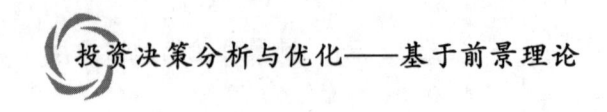

3. 利用样本计算投资组合下的 VaR

假如在市场中面临多资产投资组合的情况。假设 $\boldsymbol{R} = (R_1, R_2, \cdots, R_n)^T$ 是市场中每个风险资产的收益率，$\boldsymbol{x} = (x_1, x_2, \cdots, x_n)^T$ 是投资在每个风险资产上的比例，即决策变量。那么该投资组合在一个固定时期内所面临的损失定义如下：

$$L(\boldsymbol{x}, \boldsymbol{R}) = -\sum_{i=1}^{n} x_i R_i = -\boldsymbol{x}^T \boldsymbol{R} \qquad (12.6)$$

从每个风险资产中分别进行抽样，可以得到样本 $\boldsymbol{R}^i = (R_1^i, R_2^i, \cdots, R_n^i)^T$，$i = 1, \cdots, N$。此时，$\boldsymbol{R}^i, i = 1, 2, \cdots, N$ 被称为情景（Scenario）。假设此时给出任意一组投资决策向量，利用式（12.6）能够得到 N 个投资组合的损失值。

在情景下，VaR_c 如下表示：

$$\text{VaR}_c(\boldsymbol{x}, \boldsymbol{R}^i) = M_{[\lfloor cN \rfloor : N]}(-\boldsymbol{x}^T \boldsymbol{R}^1, \cdots, -\boldsymbol{x}^T \boldsymbol{R}^N) \qquad (12.7)$$

其中，$M_{[k:N]}(u^1, \cdots, u^N)$ 代表 $(u^1, \cdots, u^N)$ 中第 k 大的数值，它意味着 $M_{[1:N]}$ 代表最小值而 $M_{[N:N]}$ 代表最大值。floor 函数 $\lfloor \vartheta \rfloor$ 被称为最大取整或者整数取整，它给出一个小于等于 ϑ 的最大整数，也就是在横坐标上取最接近要求数值的左边整数值（Spanier and Oldham，1987；Graham et al.，1994）。比如，floor(3.15) = 3.0，floor(−9.99) = −10。

由 N 个情景及某个决策向量所构成的直方图如图 12.2 所示。前面已经介绍过分位数的计算方法，我们通过分位数原理，很容易"发现"离散情景下 VaR 的数值。

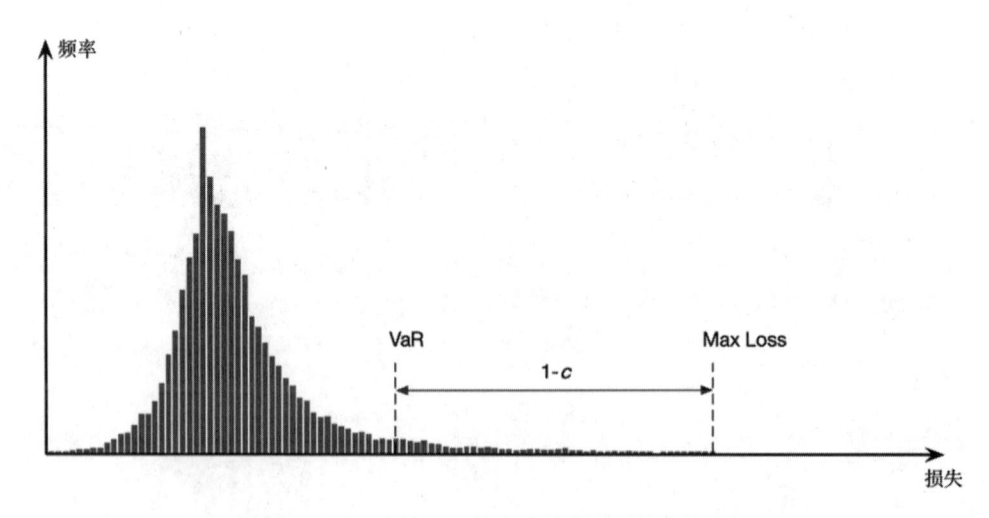

图 12.2　由 N 个情景及某个决策向量所构成的直方图

如果得到了一段时期内的 10000 个损失数据，并且选择 95%作为置信水平，则可以将这 10000 个数据"平铺"在坐标上，如图 12.3 所示。

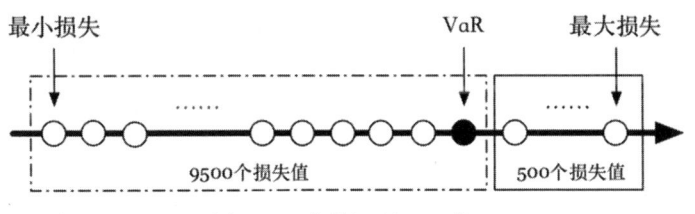

图 12.3　数数识别 VaR 值

此时的 VaR 就是图 12.3 中的第 9500（9500 = 10000 × 0.95%）个点，即黑色点的数值。

上述的讨论基于某个决策。在抽样值已经给定的情况下，每改变一次决策，都会得到如图 12.2 所示的直方图，VaR 的值也会相应变化。也就是说，人们当前的决策导致了他们未来的损失。可以以最小化 VaR 为目标建立目标函数，通过优化人们的决策，使未来目标函数值最小。这属于优化的范畴，将在稍后的章节中进行介绍。

12.2.4　VaR 的局限与争议

虽然 VaR 的一些数学性质对投资组合问题的应用有影响，并且 VaR 也无法对高于它本身的潜在风险做出评估，然而，它仍然是一种普遍的风险度量方法。

一般来说，对 VaR 的批评主要表现在 4 个方面。

（1）VaR 不能测度超过 VaR 的损失，即 VaR 不能提供超出其数值的尾部信息，这可能会暴露于巨大损失的危险中。

（2）VaR 有时候会违背 Artzner et al.（1999）提出的一致风险测度（Coherent Risk Measure）下的次可加性（Sub-additivity Property）[①]。次可加性是风险测度中的一个重要性质，它背后的含义体现了现代投资组合理论中的风险分散化原则，即几个资产组合成一个资产组合的风险值要小于或者等于那几个资产各自的风险值之和。即不满足次可加性意味着投资组合反而可能增加风险。

（3）在情景模式下，VaR 的投资组合问题很难被优化，它是一个非凸、离散的函数，

---

① 其实，如果损失的分布服从椭球分布（Elliptical Distribution），那么 VaR 仍然满足一致性风险测度条件。

求解其最优值问题是很困难的（Topaloglou et al.，2002）。即不满足凸性意味着 VaR 可能存在很多局部最优解。

（4）在不同的置信水平下，VaR 有可能得出相互矛盾的结果。

VaR 往往被认为无法满足弱一致性风险，尤其是无法满足次可加性，因此无法满足风险测度的性质。然而，在一些特殊情况下，比如投资组合的收益率符合椭球性分布（Elliptic Distribution），VaR 是满足一致性风险测度的。

一些学者声称，如果坚持使用 VaR 作为一个风险测度指标，那么一些非常具有破坏性的后果将会发生。VaR 能够使经济变得不稳定并产生破坏性结果。更有甚者利用一些简单的数字证明来说明 VaR 作为风险测度的不适合性。感兴趣的读者可以参阅 Szegö（1993）、Szegö（1999a）、Szegö（1999b）、Szegö（2000）、Danielsson et al.（2001）、Acerbi and Tasche（2002）、Frey and McNeil（2001）、Frey and McNeil（2002）文献。

尽管受到不少学者的批评，但仍未阻挡 VaR 用于衡量风险的流行趋势，原因无外乎三点：

- "出身"强大（JP.Morgan）。
- 简单明了，一个数字就"概括"了含糊不清的风险。
- 适用于下行风险（Downside Risk）。

更有甚者为了使用 VaR 而提出了一些新的原则，如在使用 VaR 时，务必保持投资组合比例不发生改变等。

12.3　CVaR

一些学者提出了条件在险价值（Conditional Value-at-Risk，CVaR）。CVaR 是一个很好的替代 VaR 的风险测度（Pflug，2000；Rockafellar and Uryasev，2000，2002b）。与 VaR 不同，CVaR 能够量化超过 VaR 的损失，也就是可以测度尾部极端的风险值。

12.3.1　CVaR 的定义

CVaR 作为风险测度工具之一，已经被证明了在某些方面要优于 VaR（Rockafellar and Uryasev，2000，2002b）。CVaR 是由 Rockafellar and Uryasev（2000）提出的，现在已经成为最受风险管理者欢迎的风险管理测度工具之一。CVaR 是尾部损失（Tail Losses）的概率加权平均（Probability-Weighted Average）（Dowd，2003），是在一定置信水平下超过 VaR 的损失的条件期望值。在显著性水平c下，对于投资组合的损失L定义如下：

$$\text{CVaR}_c = E(L|L \geq \text{VaR}_c) \tag{12.8}$$

对于一个损失L的连续分布函数，在置信水平c下，CVaR 可以表达为：

$$\text{CVaR}_c(x, R) = \frac{1}{1-c} \int_{\text{VaR}_c}^{+\infty} l \, dF_L(l) \tag{12.9}$$

$$= \frac{1}{1-c} \int \mathbb{I}_{\{L \geq \text{VaR}_c\}} l f_L(l) dl \tag{12.10}$$

$$= \frac{1}{1-c} \int \mathbb{I}_{\{L \geq \text{VaR}_c\}} [-(x^T R)] f(R) dR \tag{12.11}$$

$$= \text{VaR}_c + \frac{\int [-x^T R - \text{VaR}_c]^+ f(R) dR}{1-c} \tag{12.12}$$

其中，$\mathbb{I}$是一个示性函数，$[\cdot]^+ = \max(\cdot, 0)$。

12.3.2 基于样本情景下的CVaR^-、CVaR和CVaR^+

通常，CVaR_c等于大于VaR_c所有结果的条件期望值。对于一个分布，可能还需要分解概率原子（Probability Atom）。为了解释这个思想，Sarykalin et al.（2008）介绍了另一个定义CVaR_c^+，称为"上 CVaR"（Upper CVaR）。

$$\text{CVaR}_c^+ = E(L|L > \text{VaR}_c) \tag{12.13}$$

Mausser and Dan（2000）也称CVaR_c^+为平均损失（Mean Shortfall）。

Sarykalin et al.（2008）将式（12.8）定义为CVaR_c^-，也称"下 CVaR"（lower CVaR），因此，CVaR_c可以通过VaR_c和CVaR_c^+加权平均来定义。通常$\text{CVaR}_c^- \leq \text{CVaR} \leq \text{CVaR}_c^+$。CVaR 一般被认为满足 Artzner et al.(1999)提出的一致风险测度的要求，然而CVaR_c^+和CVaR_c^-并不一定满足。这个缺点就连CVaR_c^-的提出者 Artzner et al.（1999）也注意到了。不少学者也提出了一些其他的衡量指标，但是只能用在非常窄的领域，因此也不实际。

情景 1

假设我们有 9 个样本损失$l_1, l_2, \cdots, l_9$。令分位数$c = 2/3$。在这个例子中，分位数没有分离任何的概率原子，所以有$\text{VaR} < \text{CVaR}_c^- < \text{CVaR} = \text{CVaR}_c^+$，并且$\text{CVaR} = \text{CVaR}_c^+ = (l_7 + l_8 + l_9)/3$，如图 12.4 所示。

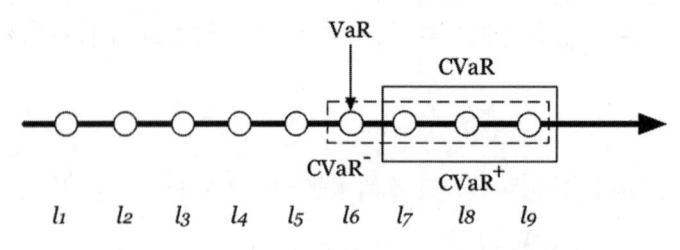

图 12.4　CVaR 系列值：分位数不分离概率原子

情景 2

假设我们有 9 个样本损失 $l_1, l_2, \cdots, l_9$。令分位数 $c = 11/18$。在这个例子中，分位数分离 VaR_c 概率原子，此时的 $\mathrm{CVaR}_c = (\mathrm{VaR}_c + 6\mathrm{CVaR}_c^+)/7 = (l_6 + 2l_7 + 2l_8 + 2l_9)/7$，如图 12.5 所示。

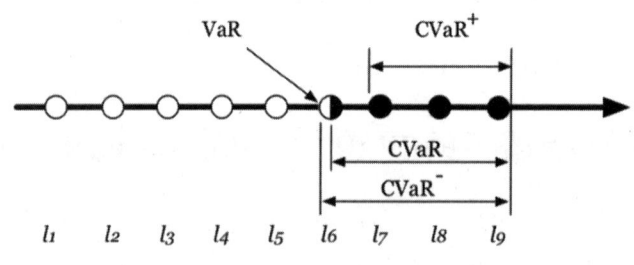

图 12.5　CVaR 系列值：分位数分离概率原子

对这部分内容感兴趣的读者可以进一步阅读 Pflug（2000）、Rockafellar and Uryasev（2002a）、Sarykalin et al.（2008）文献。

12.3.3　CVaR 的计算

如果 L 是一个正态分布 $N(\mu, \sigma^2)$，那么

$$\mathrm{CVaR}_c = \mu + \sigma \frac{\varphi(\Phi^{-1}(c))}{1-c} \qquad (12.14)$$

这里 $\Phi(\cdot)$ 是标准正态分布的分布函数，$\varphi(\cdot)$ 是标准正态分布的密度函数。

如果 L 服从学生 t 分布，则

$$\mathrm{CVaR}_c = \mu + \sigma \frac{f_\nu(t_\nu^{-1}(c))}{1-c}\left(\frac{\nu + (t_\nu^{-1}(c))^2}{\nu - 1}\right) \qquad (12.15)$$

其中，f_ν 是自由度为 ν 的学生 t 分布函数的密度函数。

对于样本下的投资组合情景，根据式（12.7），CVaR 的结果能够通过下面的公式给出：

$$\text{CVaR}(\boldsymbol{x}, \boldsymbol{R}^i) = \frac{1}{N}\frac{1}{1-c} \sum_{-\boldsymbol{x}^\text{T}\boldsymbol{R}^i \geqslant \text{VaR}_c} -\boldsymbol{x}^\text{T}\boldsymbol{R}^i \tag{12.16}$$

12.4　VaR 与 CVaR 的比较

12.4.1　优劣势比较

尽管 CVaR 具有很多 VaR 所不具备的优势，然而，在某些情况下，VaR 在优化投资组合方面可能表现得比 CVaR 更好（Sarykalin et al., 2008）。实际上，VaR 和 CVaR 度量了分布的不同部位，拥有不同的数学性质。

VaR 和 CVaR 之间的选择问题在学术界已经非常普遍，特别是在金融风险管理领域。影响 VaR 和 CVaR 之间的选择的原因正是基于数学性质的差异、统计估计的稳定性、优化程序的简单性、监管机构的可接受性等。

对于一些公司来说，它们更倾向于选择 VaR 而不是 CVaR 作为风险测度工具，因为 VaR 的数值可能远远小于相同置信水平下的 CVaR 数值。因此，它们不必为潜在损失付出更多的代价。

CVaR 相对于 VaR 来说具有更加优越的数学特性，并且符合一致性风险测度的要求。比如，在投资组合优化方面，利用 CVaR 可以构造出一个连续的凸函数，而利用 VaR 构造出的可能是一个不连续的函数。

基于 CVaR 的风险管理非常有效，因为带有凸约束和线性约束的 CVaR 优化问题能够得到有效处理，然而基于 VaR 的优化问题求解却相对困难。

VaR 风险测度无法对超过 VaR 的风险值进行衡量，即便有超过 VaR 的最大损失，VaR 的值也不会改变。这种情景有利有弊，取决于决策者的目标。如果没有什么模型能够构建分布，那么 VaR 这种对尾部极端风险的无差异性就可能是一个很好的属性。VaR 忽略了分布的一小部分内容，因此在缺乏一定估计数据时也能使用。从某种意义上说，VaR 比 CVaR 估计的结果更加稳定。因此，在某些应用中，VaR 相比 CVaR 来讲，可能会存在优越的样本外表现。比如，对于一个包含强均值回归特性的投资组合，VaR 可能不会惩罚那些特别重大的损失，从而保证了在下一次更好地迭代。因此，在统计学中，基于 VaR 的估计是"鲁棒的"，可以自动忽略异常值（Outlier）和大的损失，而这些异常值和大的损失往往会扰乱统计估计过程。

然而，在很多问题的研究过程中，人们也不期望使用 VaR 这种对极端风险值无差异的属性。CVaR 风险对体现在尾部的极端风险提供了充分的描述，这个性质在需要估计尾部损失时非常重要。

12.4.2 优化与约束

Mausser and Rosen（1999）指出，VaR 作为一个投资组合头寸的函数，可能具有不适定性（Ill-behaved），存在很多局部最优解。Basak and Shapiro（2001b）指出，当一个代理人在一个连续时间模型的初期面对 VaR 约束时，代理人可能选择一个大的风险敞口。VaR 不是一致性风险，除非损失的分布是一个椭圆分布（Elliptical Distribution），如正态分布、学生t分布。VaR 很难满足次可加性，也就是说，在利用 VaR 做投资组合优化时，会出现两个证券投资组合的风险大于这两个证券各自风险之和的现象。

因此，在投资组合优化方面，针对 CVaR 的研究近些年来也越来越受到学者的重视。Alexander and Baptista（2004a）分析了在均值-方差模型中引入 VaR 约束的投资组合选择所产生的影响的问题，并与一个 CVaR 约束施加时的结果进行了比较。Boudt et al.（2013）利用 CVaR 作为分析资产分配时的约束。Krokhmal et al.（2002）解决了在 CVaR 约束下的最大化期望收益问题。Tian et al.（2010）延伸了由 Krokhmal et al.（2002）提出的方法，通过加入 CVaR 约束解决传统投资组合优化理论问题。Yamai and Yoshiba（2005）阐述了 VaR 是如何忽视尾部这个严重问题的，而 CVaR 又是如何在这方面发挥其重要作用的。

Gaivoronski and Pflug（1999）系统研究了在一个可以接受的 VaR 约束下的最大化投资组合收益问题。Yiu（2004）研究了在添加 VaR 约束时的投资组合优化问题。在动态投资组合优化方面，Kleindorfer and Li（2005）研究了在 VaR 约束下的多期投资组合优化问题，并给出了它与现代投资理论中有效边界分析的关系。

12.5　VaR 偏差和 CVaR 偏差

12.5.1　偏差的定义

偏差（Deviation）和风险是完全不同的风险管理概念。风险度量评估是将结果与 0 进行比较的，而偏差估计是将结果与某个具体的数值，如期望值进行比较的。VaR 或 CVaR 风险可能是正的或负的，而 VaR 或 CVaR 偏差总是正的（Sarykalin et al., 2008）。

第 12 章 前景理论与风险测度

因此,夏普比率(期望的回报除以风险测度)应该在分母中使用偏差指标,而不是风险指标。

CVaR 偏差(CVaR Deviation)相对于标准差来说是一个替代指标。实际上,在很多地方,标准差都能被 CVaR 所代替。在金融领域,CVaR 偏差可以用于很多概念上,如夏普比率、投资组合 β、单基金定理(One-fund Theorem)等。

前文说到 VaR 或 CVaR 风险可能是正的或负的,可能很多人会感到疑惑。其实,一个关键的问题是如何定义损失,即与什么标的物相比才能视为损失。比如,将一笔钱放入银行,或者将这笔钱投资某种理财产品(假定这种理财产品的风险可以忽略不计,然而又比银行利率略高),显然这两种方案都将带来收益,那么相对于投资理财产品来说,将钱存入银行就是一笔"损失"。然而,如果按照图 12.1 中收益视角与损失视角的方式进行分析,则会带来较大困扰。因为 VaR 测量的是在某些置信水平下最坏的损失,通常用正数表示。

如图 12.6 所示,在给定的置信水平 c 下,将 VaR 值减去损失分布均值 μ_L 的差值称为 VaR 偏差,用 VaR_c^Δ 表示,显然 VaR_c^Δ 始终为正值。同理可得 CVaR 偏差 CVaR_c^Δ。

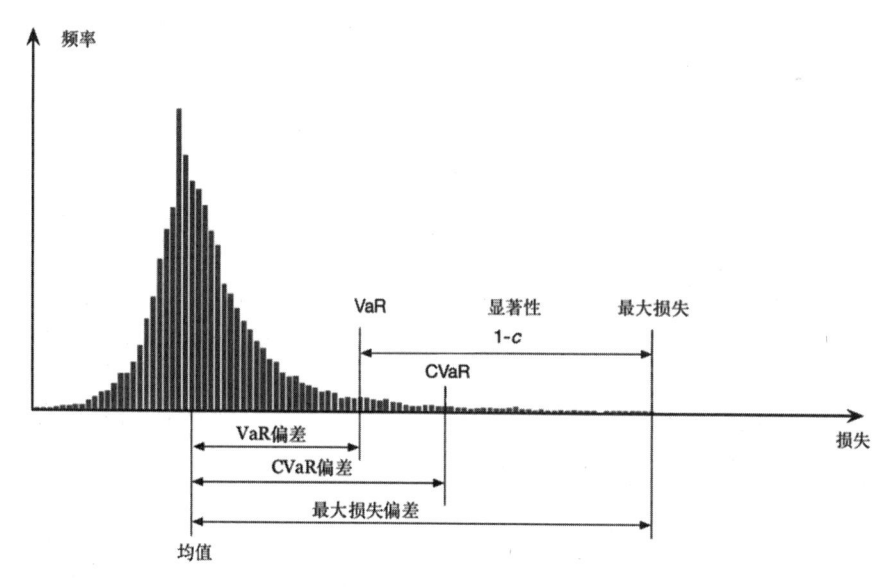

图 12.6 VaR 偏差与 CVaR 偏差

数学定义式如下:

$$\text{VaR}_c^\Delta = \text{VaR}_c - \mu_L \tag{12.17}$$

$$\text{CVaR}_c^{\triangle} = \text{CVaR}_c - \mu_L \tag{12.18}$$

Jorion（2006）用类似的方法定义了绝对 VaR（Absolute VaR）和相对 VaR（Relative VaR）的概念。所谓绝对 VaR，也就是以 0 作为参考对象；而相对 VaR 是指在某段时间内，相对于均值的 VaR 的数值。

12.5.2 偏差测度

Rockafellar et al.（2006）和 Rockafellar（2007）对偏差测度给出了介绍。偏差测度在本质上也是用来评估金融风险的一种函数关系式[①]。

函数 $\mathcal{D}: \mathcal{L}^2 \to [0, +\infty)$ 当满足下列性质时被称为偏差测度：

(1) 对于常数 C，$\mathcal{D}(C) = 0$；但对于随机变量 R，$\mathcal{D}(R) > 0$。

(2) $\mathcal{D}((1-\lambda)R + \lambda R') \leq (1-\lambda)\mathcal{D}(R) + \lambda \mathcal{D}(R')$，其中 $\lambda \in (0,1)$（凸性, Convexity）。

(3) 当 $\| R^k - R \|_2 \to 0$ 且 $\mathcal{D}(R^k) \leq d$ 时，$\mathcal{D}(R) \leq d$（闭性, Closedness）。

(4) 当 $\lambda > 0$ 时，$\mathcal{D}(\lambda R) = \lambda \mathcal{D}(R)$（正齐性, Positive Homogeneity）。

(5) 对于所有 R，$\mathcal{D}(R) \leq \sup R - E(R)$（上界局限性, Upper Range Boundedness）。

当一个函数映射满足性质（1）、性质（2）和性质（3）时，就称其为偏差测度（Deviation Measure）。如果上述所有性质均满足，则称为一致偏差测度（Coherent Deviation Measure）。

根据性质（1）可以得到如下推论：

对于所有 R 和常数 C，$\mathcal{D}(R+C) = \mathcal{D}(R)$，这就是所谓的平移不变性（Shift-Invariant）。

根据偏差的性质可以看到，在现代投资组合理论中测度风险的标准差就是偏差测度。另外，如式（12.1）给出的半方差及平均绝对离差（Mean Absolute Deviation，MAD）也被作为测量金融风险的指标。

平均绝对离差的数学表达式如下：

$$\text{MAD}(R) = E(|R - E(R)|) \tag{12.19}$$

显然，它们都属于偏差测度的范畴，感兴趣的读者可以进一步阅读 Berck and Hihn（1982）、Nantell and Price（1979）、Neave et al.（2013）、Beach（2007）、Konno and Yamazaki（1991）、Silva et al.（2017）、Ibrahim（2007）、Konno and Wijayanayake（2017）、Moon and Yao（2011）文献。

---

① 偏差测度与风险测度不同，但是从某种意义上说，均可以用来测度风险。

在风险测度和偏差测度之间存在着以下一对一的关系：

$$\mathcal{D}(R) = \rho(R - E(R)) \tag{12.20}$$

$$\rho(R) = \mathcal{D}(R) + E(R) \tag{12.21}$$

12.5.3 VaR、CVaR 与前景理论

正如前面所说，可以通过建立最小化 VaR 或者 CVaR 的目标函数进行投资组合优化。也有不少学者利用 VaR 建立起均值-方差模型，即利用 VaR 替代现代投资组合理论中的标准差作为衡量风险的指标进行相关研究（Tsao，2010；Sheng et al.，2012；Lwin et al.，2017；Quaranta and Zaffaroni，2008）。

也有不少学者将 VaR 或者 CVaR 作为研究投资组合或者其他问题时的约束条件。Alexander and Baptista（2004b）在利用均值-方差模型分析投资组合选择问题时，加入了 VaR 和 CVaR 约束，并比较了在这两种约束状态下对结果的影响。

Hainaut（2009）分析了带有 VaR 约束的动态资产分配问题。Yiu（2004）研究了带有 VaR 约束的投资组合优化问题。VaR 约束的引入给投资组合下的优化问题提供了一种新的方法，并且满足了监管部门对市场风险的要求。他们的研究发现，在加入 VaR 约束后，在风险资产上的投资以最优化的形式减少了。

目前据我们所知，鲜有文章在前景理论背景下的投资组合问题上使用 VaR 和 CVaR 约束，只有 Pirvu and Schulze（2012）、Grishina and Nina（2014）及 Gong（2017）在前景理论背景下的投资组合问题中涉及了 VaR 约束。

Pirvu and Schulze（2012）考虑到在前景理论背景下，在最大化前景理论的值时可能会产生不适定问题，即得不到有限值[①]，这样会对代理人造成一个错误的激励。适定性问题是前景理论的一个缺点，因此 Pirvu and Schulze（2012）考虑用 VaR 和 CVaR 对前景理论背景下的投资组合最大化问题进行约束。该研究尽管提出了模型，但是并未对 VaR 和 CVaR 约束如何影响 CPT 投资者行为的问题展开进一步的研究。

Grishina and Nina（2014）注意到，尽管因为考虑到了投资者的损失厌恶和风险厌恶，基于行为的模型能够减少投资组合的风险，然而这方面的实证研究却非常少。因此，他们选择了原始前景理论和累积前景理论与传统理论进行比较研究，如均值-方差理论

[①] 关于前景理论投资组合的适定性问题，可以参看 He and Zhou（2011）的文章。整篇文章针对前景理论背景下投资组合的适定性问题展开了讨论，并推导了以确保适定性条件下模型参数的条件。

等,并且在研究的过程中引入了基数约束(Cardinality Constraint)、VaR 约束及 CVaR 约束等。为了得到前景理论的结果,研究采用了启发式算法(Heuristicalgorithm)。结果表明,利用基于行为理论的模型分析问题,明显优于传统理论。同时他们还发现,因为心理偏见因素提供了一个可靠的下行风险保护,使得利用 VaR 和 CVaR 作为风险测量工具来识别尾部风险比方差更为有效。

Gong(2017)梳理了在过去十年中,研究者是如何将前景理论应用到投资组合理论中的。研究发现,虽然 CPT 理论已经引起了广泛的关注,但是由于 CPT 函数的复杂性,很少有学者基于 CPT 理论进行投资组合选择问题的研究。

Gong(2017)研究了在前景理论背景下的一个无风险资产和多种风险资产的最优投资组合问题,无风险资产与风险资产的收益服从多元正态分布。CPT 函数一般是非凸的、非凹的和非光滑的,这意味着传统的优化方法不起作用,因此研究采用实数编码遗传算法解决投资组合选择问题。为了克服实数编码遗传算法的局限性和提高其性能,Gong(2017)提出了自适应实数编码遗传算法,而且对前景理论中不同的参数对投资组合的影响进行了分析。

Gong(2017)继续放宽假设,提出了一种仿真场景技术,用 Bootstrap 方法模拟真实的股票市场场景,再用遗传算法确定最优解。不同于前面的参数法,该方法属于无参数法,更加适合对复杂情况下无法知道分布参数的问题进行优化。Gong(2017)对在前景理论背景下服从多元正态分布的投资组合优化的目标函数分别加入置信水平 95%和 95%下的 VaR 和 CVaR 约束,并与之前不含 VaR 和 CVaR 约束的结果做出了对比;对在前景理论背景下非参数的投资组合优化的目标函数分别加入置信水平 95%和 95%下的 VaR 偏差和 CVaR 偏差约束,并与之前不含 VaR 偏差和 CVaR 偏差约束的结果做出了对比。结果发现,在加入了这些约束后,显著地改变了 CPT 投资者的行为。

总之,VaR 与 CVaR 等风险或偏差测度无论是作为目标函数还是作为约束条件都已经非常复杂了,更何况还要同时考虑前景理论这个更为复杂的函数。因此,以 VaR 或 CVaR 作为约束条件的前景理论模型问题更加具有挑战性。

第13章 时间序列预测法

金融时间序列研究的是在一段时间内的资产估价问题。虽然与经济时间序列一样都属于时间序列的范畴,但是金融时间序列却有很多不同的地方。最主要的一点是金融时间序列充满了更大的不确定性。比如,在金融时间序列分析中,我们需要面对的是回报率、波动率等,而这些指标都是很难观察到的。金融时间序列中有很多内容,如果不是专门从事相关的研究工作,则没有必要全部掌握。但是,如果从事金融研究,那么对一些基础的概念还是必须了解的。

13.1 资产收益率

大部分金融研究都会涉及收益率。收益率来自价格,但是又不同于价格。一是收益率是一种无量纲的东西,它不像价格,你不但需要知道它的货币单位,比如是美元、日元还是人民币,而且你说每股涨了2元,所包含的信息也很少,到底是从100元/股开始涨了2元,还是从1元/股开始涨了2元,完全是不同的事情。二是收益率从数学处理的角度来说,也比处理价格数据方便。

13.1.1 单期简单收益率

简单收益率是指从上一期到本期,或者从本期到下一期能够得到的简单毛利[①]。一般简单收益率针对的是单期的情况。

$$R_t = \frac{P_t - P_{t-1}}{P_{t-1}} \tag{13.1}$$

当然,上述公式也可以表示为

$$1 + R_t = \frac{P_t}{P_{t-1}} \tag{13.2}$$

---

① 注意:这里的"期"指的是一个时间段(Interval),可以是天、周、年,或者小时、分钟、秒。

13.1.2 多期简单收益率

假如持有一项资产k期，记初期为$t-k$，末期为t，那么k期简单毛利为

$$1 + R_t[k] = \frac{P_t}{P_{t-k}} = \frac{P_t}{P_{t-1}} \times \frac{P_{t-1}}{P_{t-2}} \times \cdots \times \frac{P_{t-k+1}}{P_{t-k}} \qquad (13.3)$$

$$= (1+R_t)(1+R_{t-1})\cdots(1+R_{t-k+1})$$

$$= \prod_{j=0}^{k-1}(1+R_{t-j})$$

不难看出，k期简单毛利恰好是k个单期简单毛利的乘积。它也被称为复合收益率（Compound Return）。

13.1.3 算术平均收益率

算术平均收益率是将各单期收益率加总后再除以期间数得到的一种收益率。如表13.1所示，算术平均收益率计算如下：

$$[100\% + (-50\%) + 35\% + (-20\%) + 50\%]/5 = 23\%$$

算术平均收益率有一个问题，即它假设投资产生的收益是在期初。所以，对于每一期开始投资的数量被假设是相等的。它忽略了前一年资产收益的复合效应（Compounding Effect）。

如表13.1所示，在期初有一笔10000元的投资，第一年投资的价值升至20000元，因此收益率是100%。在第二年，投资价值又跌回到10000元，这里的收益率变为-50%。尽管此时价格又回到了最初的10000元，意味着在2年投资期内投资者收益为0，但这两年的算术平均收益率却是25%（[100%+(-50%)]/2）。

表 13.1 年收益率

	第一年	第二年	第三年	第四年	第五年
收益率	100%	-50%	35%	-20%	50%

13.1.4 几何平均收益率

上述算术平均收益率为25%的这个问题如果利用几何平均收益率，就能得到很合理的解决，因为几何平均收益率加入了复利的思想。

几何平均收益率计算如下：

$$[(1+100\%)\times(1-50\%)]^{\frac{1}{2}}-1=0$$

从计算的结果中可以看出，相比于算术平均收益率，利用几何平均收益率更加符合实际。回到表 13.1，5 年的几何平均收益率如下：

$$[(1+100\%)\times(1-50\%)\times(1+35\%)\times(1-20\%)\times(1+50\%)]^{\frac{1}{5}}-1=10\%$$

可以明显看到，几何平均收益率要比算术平均收益率低，在多期方面是一种更好的计算方法。

13.1.5 对数收益率

简单毛利率的自然对数被称为对数收益率（Log Return），公式如下：

$$\ln(1+R_t)=\ln\frac{P_t}{P_{t-1}}=\ln P_t-\ln P_{t-1} \qquad (13.4)$$

多期对数收益率公式如下：

$$\ln(1+R_t[k])=\ln[(1+R_t)(1+R_{t-1})\cdots(1+R_{t-k+1}) \qquad (13.5)$$

$$=\ln(1+R_t)+\ln(1+R_{t-1})+\cdots+\ln(1+R_{t-k+1}) \qquad (13.6)$$

对数收益率在计算时有一些优势，比如，在考虑多期问题上非常便利，可以直接表示为单期之和。另外，对数收益率还有很多比较容易处理的统计性质。

然而，在研究投资组合问题时，使用对数收益率会存在一些问题。正如 Hu and Kercheval（2010）所说：

我们使用了对数收益率来分析时间序列下的多元分布，但是现在的一个问题是我们如何计算投资组合的收益率，因为投资组合的收益率仅仅在简单收益率下才是严格线性（Strictly Linear）的……然而，我们采用的是 1 天的区间（日收益率），因此对数收益率和简单收益率之间的差异可以忽略。

当收益率很小时，简单收益率与对数收益率的差别可以基本不考虑。以苹果公司为例，假如我们选取 1997 年 6 月 1 日到 2017 年 6 月 1 日的日调整收盘价（Daily Adjusted Close Price）共计 5033 个价格，并将其分别转化为日简单收益率和日对数收益率[①]。图 13.1 中最上面的子图是苹果公司股票的价格，中间的子图是苹果公司的对数收益率，

---

① 利用 MATLAB 中的 "price2ret" 命令，可将价格转化为对数收益率。有一点值得注意的是，在 MATLAB 中，价格数据的时间顺序要按照从过去到现在的顺序排列。

最下面的子图是苹果公司的简单收益率与对数收益率之差,从中可以看到,除极个别时点外,两者的区别基本上可以忽略不计[①]。

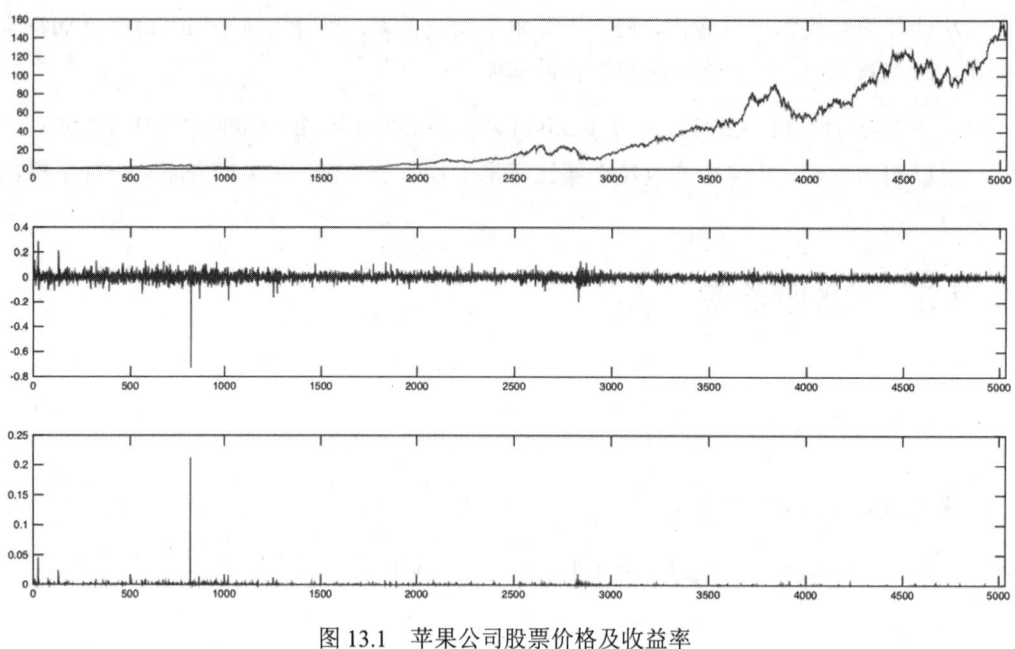

图 13.1 苹果公司股票价格及收益率

13.2 时间序列的统计量

在研究时间序列时,我们往往得到的是观测样本。假如我们观察到随机变量 X 的 T 个观察值为 $x_1, \cdots, x_T$。

样本均值为

$$\hat{\mu}_x = \frac{1}{T} \sum_{t=1}^{T} x_t \tag{13.7}$$

样本方差为

[①] 利用 MATLAB 中的 "figure(*)"、"subplot(m,n,q)" 和 "plot(*)" 命令,可以画出子图。其中,*表示变量的名称,m 表示图中子图的行数,n 表示子图的列数,q 表示子图的位置。

$$\hat{\sigma}_x^2 = \frac{1}{T-1}\sum_{t=1}^{T}(x_t - \hat{\mu}_x)^2 \tag{13.8}$$

样本偏度为

$$\hat{S}(x) = \frac{1}{(T-1)\hat{\sigma}_x^3}\sum_{t=1}^{T}(x_t - \hat{\mu}_x)^3 \tag{13.9}$$

样本峰度为

$$\hat{K}(x) = \frac{1}{(T-1)\hat{\sigma}_x^4}\sum_{t=1}^{T}(x_t - \hat{\mu}_x)^4 \tag{13.10}$$

以前面苹果公司股票的日收益率数据为例，我们可以得到如表 13.2 所示的数据[①]。

表 13.2 苹果公司股票日收益率的统计量

均 值	标 准 差	峰 度	偏 度
0.0012	3%	8483%	-288%

13.3 平稳性

时间序列的研究范围属于动态经济学的范畴，一般情况下利用时间序列自身的过去值、当前值和滞后项来解释变化。平稳性（Stationarity）是研究时间序列的基础。一组时间序列 R_t 如果是严格平稳（Strictly Stationary）的，那么一定满足：对于 $\forall\, t, l > 0$，$(R_{t1}, \cdots, R_{tk})$ 的联合分布与 $(R_{t1+l}, \cdots, R_{tk+l})$ 的联合分布相等。其中，k 是任意的正整数。也就是说，严格平稳必须保证随着时间的改变，联合分布保持不变。

由于严格平稳假设太强，所以在研究中往往使用弱平稳（Weakly Stationary）假设。弱平稳指的是时间序列 R_t 的均值及 R_t 和 R_{t-l} 之间的协方差不随时间改变而改变（Time Invariant），其中 l 是一个任意整数。在金融分析的相关文献中，一般都需要假设资产收益是服从弱平稳的。数学上的表达为：

- $E(R_t) = \mu$（均值为常数）。

[①] 利用 MATLAB 中的 mean(∗)、std(∗)、kurtosis(∗) 和 skewness(∗) 命令，可以分别求出时间序列的均值、标准差、峰度与偏度。需要注意，利用 std(∗) 命令求出的是样本标准差，即 $\sqrt{\frac{1}{(n-1)}\sum_{i=1}^{n}(x_i - \bar{x})}$，而求总体标准差需要用到 std(∗,1) 命令，即将样本公式中的 $\frac{1}{n-1}$ 替换为 $\frac{1}{n}$。
∗ 代表需要估计的样本时间序列。

- $\text{Cov}(R_t, R_{t-l}) = \gamma_l$（协方差只与$l$有关）。

从定义来看，如果一个时间序列是严格平稳的，并且它的前两阶有限，那么时间序列也是弱平稳的；反之不一定正确。

协方差$\text{Cov}(R_t, R_{t-l}) = \gamma_l$被称为时间序列$R_t$的滞后$l$阶的自协方差（Autocovariance）。根据γ_l的表述及协方差的定义，很容易得到下面两条性质：

$$\gamma_0 = \text{Var}(R_t)$$
$$\gamma_{-l} = \gamma_l \quad ①$$

13.4 序列相关、同方差及异方差

在介绍时间序列的常用模型之前，我们先回顾一下计量经济学中最简单的线性回归模型。一元线性回归（Univariate Linear Regression）所描述的是自变量（Independent Variable）x与因变量（Dependent Variable）y之间的一种比例关系。

$$y_t = \alpha + \beta x_t + \varepsilon_t \tag{13.11}$$

此线性回归模型要说明的是因变量y的期望是β乘以自变量x的期望加上一个常数项α。两个变量之间的比例关系并不是一一对等的，因为要受到误差（Error）的影响②。

在标准回归理论中，误差项ε被假设成具有 0 均值、标准方差为σ的随机变量，并且随机误差项之间是不相关的，即满足$\text{Cov}(\varepsilon_t, \varepsilon_{t-l}) = 0, l \neq 0, t = 1,2,\cdots,T$。

但是，如果随机误差项之间存在相关性，则认为出现了序列相关性（Serial Correlation），表示为$\text{Cov}(\varepsilon_t, \varepsilon_{t-l}) \neq 0, l \neq 0, t = 1,2,\cdots,T$。一种较为常见的序列相关是当$l = 1$时的一阶序列相关。

假如回归方程的误差项存在序列相关，通过最小二乘法估计出来的参数将不再是无偏估计。那么，如何对误差项的序列进行检验呢？一种常用的检验方法是 Ljung-Box Q 统计量检验③。

---

① 对于性质（2）的证明可以进一步参看 Tsay（2005）文献。
② 有时也称随机误差项为随机扰动项。
③ 在 MATLAB 中，利用 h = lbqtest(*)命令可以知道序列*是否具有序列相关性：如果返回值为 h=0，则说明没有足够的证据拒绝序列的残差不存在自相关的原假设（Null Hypothesis），即序列的残差间不存在自相关的可能性很大；如果返回值为 h=1，则说明存在自相关的可能性很大。

如果假设误差的期望大小是一个常数，不随着变量x的改变而改变，则称这种情况为同方差（Homoskedasticity）；如果误差的期望大小不是常数，则称为异方差（Heteroskedasticity）。

一般情况下，在标准回归模型中假设成同方差，这样比较容易处理。但是在实际中，这种同方差往往是不现实的。比如，很多经济中的变量在不同的时间内方差是不同的，即随着时间变化而变化。

13.5 自相关函数与偏自相关函数

给定两个随机变量X和Y，我们可以得到它们的相关系数：

$$\rho_{x,y} = \frac{\text{Cov}(X,Y)}{\sqrt{\text{Var}(X)\text{Var}(Y)}} \tag{13.12}$$

$$= \frac{E[(X-\mu_x)(Y-\mu_y)])}{\sqrt{E(X-\mu_x)^2 E(Y-\mu_y)^2}}$$

这里的μ_x和μ_y分别表示随机变量X和Y的均值，并且假设方差是存在的。相关系数测度的是两个随机变量之间的线性关系。

在时间序列的研究中，如果得到两个时间序列的T个观测值x_t, y_t，那么它们之间的相关系数可以用以下公式计算得到：

$$\hat{\rho}_{x,y} = \frac{\sum_{t=1}^{T}(x_t - \bar{x})(y_t - \bar{y})}{\sqrt{\sum_{t=1}^{T}(x_t - \bar{x})^2 \sum_{t=1}^{T}(y_t - \bar{y})^2}} \tag{13.13}$$

其中，$\bar{x} = \frac{\sum_{t=1}^{T} x_t}{T}, \bar{y} = \frac{\sum_{t=1}^{T} y_t}{T}$分别表示随机时间序列变量$X, Y$的样本均值。

那么，什么是自相关函数呢？自相关函数（Autocorrelation Function）简称为ACF。假设X为一个时间序列变量，自相关给出了x_t, x_{t-l}之间的相关关系，数学公式表示为：

$$\rho_l = \frac{\text{Cov}(x_t, x_{t-l})}{\sqrt{\text{Var}(x_t)}\sqrt{\text{Var}(x_{t-l})}} = \frac{\text{Cov}(x_t, x_{t-l})}{\text{Var}(x_t)} = \frac{\gamma_l}{\gamma_0} \tag{13.14}$$

上述公式的第二个等号后的分母之所以成立，是因为此时假设时间序列的标准差在所有时间范围内都是相等的。

假如我们得到了时间序列X的T个观测值$(x_1, \cdots, x_T)$，则可以得到该时间序列的滞后l阶样本自相关系数，如下：

$$\hat{\rho}_l = \frac{\sum_{t=l+1}^{T}(x_t - \bar{x})(x_{t-l} - \bar{x})}{\sum_{t=1}^{T}(x_t - \bar{x})^2} \tag{13.15}$$

其中，$0 \leqslant l < T - 1$。

$\hat{\rho}_l$ 为时间序列 x_t 的自相关系数，这是相差 l 期的相关系数。通过它可以知道在时间序列 x_t 的相邻数据间存在多大程度的相关性。

仍以本章前文中苹果公司股票的日收益率数据为例，图 13.2 给出了其自相关系数的边界，超出的部分则表示存在相关关系。从图 13.2 中看不出苹果公司股票的日对数收益率具有明显的相关性。

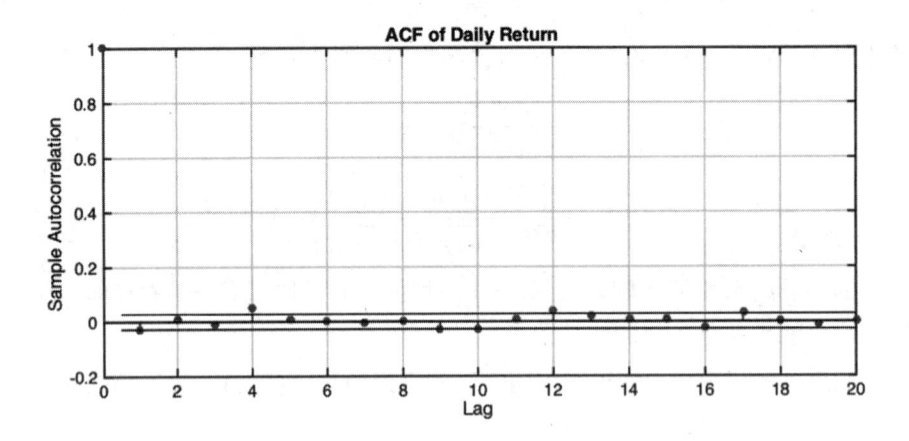

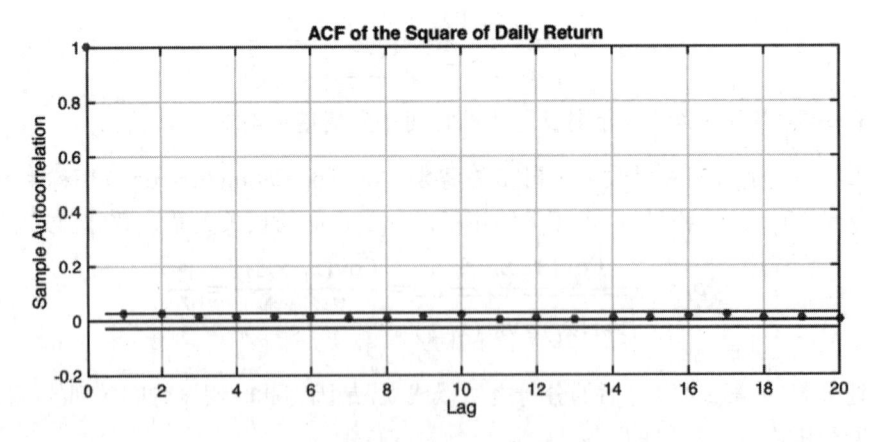

图 13.2　苹果公司股票日收益率自相关系数

有时，我们还需要进一步利用日收益率平方的序列相关性进行判断。然而在本例中，日收益率的平方也无法看出具有明显的相关性。不过，我们仍然可以通过一些其他的检验来进行验证[①]。

在一个平稳的时间序列中，我们得到的滞后 l 阶的自相关系数 $\hat{\rho}_l$ 从严格意义上来讲并不是 x_t 与 x_{t-l} 间的相关关系，它们之间的关系还会受到 $x_{t-1},\cdots,x_{t-l+1}$ 的影响，也就是说自相关系数 $\hat{\rho}_l$ 中包含了其他变量的影响。如果需要单独考量 x_t 和 x_{t-l} 之间的关系，就要涉及偏自相关系数。上述苹果公司股票日收益率的偏自相关系数如图 13.3 所示。

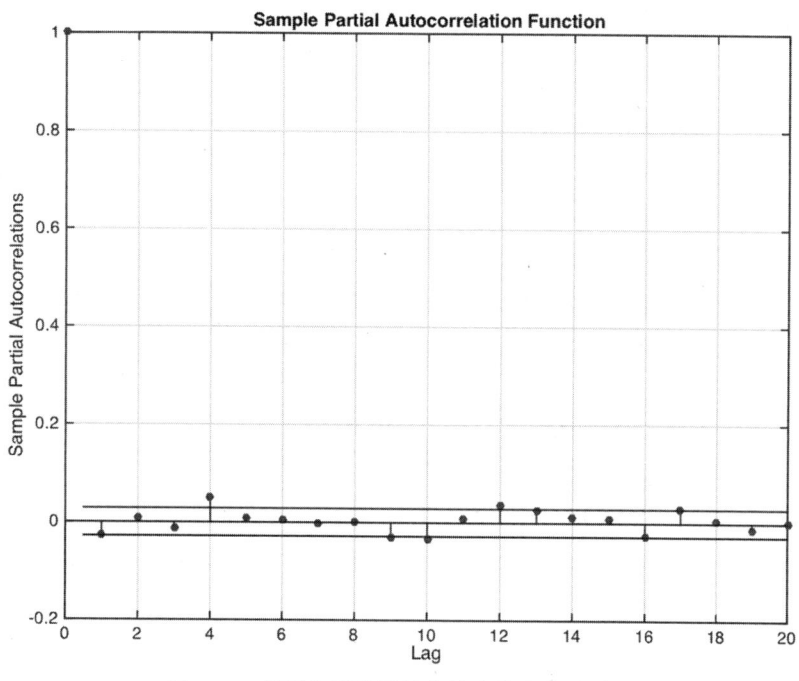

图 13.3　苹果公司股票日收益率偏自相关系数

13.6　AR 模型

在介绍自回归模型（Autoregressive Model，AR 模型）之前，先对何为白噪声进行一个简单的说明。

[①] 通过 MATLAB 中的"lbqtest"和"archtest"命令，可以得知本章中所给出的苹果公司股票的日对数收益率序列具有线性相关性，但是没有 ARCH 效应（见后文）。

如果时间序列是一个独立同分布的序列，那么该序列被称为白噪声（White Noise）。并且，如果时间序列服从均值为0、方差为σ^2的正态分布，那么这个序列被称为高斯白噪声（Gaussian White Noise）。

如果一个时间序列为白噪声，那么它所有的ACF都为0。存在这样一种共识：如果样本中的自相关函数都接近0，那么这个时间序列也可以被认为是白噪声。

我们先从最简单的一阶自回归模型开始了解何为自回归模型，其又被写成AR(1)，模型表示如下：

$$x_t = \phi_1 x_{t-1} + \varepsilon_t \tag{13.16}$$

其中，ε_t是一组独立、同$N(0, \sigma_\varepsilon^2)$分布的序列。同时，$\varepsilon_t$与$x_{t-1}$之间是不相关的。当然，还有最重要的一点就是$x_t$是（弱）平稳的。$|\phi_1| < 1$是AR(1)模型弱平稳的充分必要条件。

一阶自回归模型的公式有点类似于普通简单线性回归方程（Ordinary Simple Linear Regression Equation），只不过这里自变量是一阶差分。

以本章前文给出的苹果公司股票的日对数收益率为例，我们可以得到AR(1)方程为[①]：

$$x_t = -0.02586 x_{t-1} + \varepsilon_t \tag{13.17}$$

如果将AR(1)推广到AR(p)，则可以得到如下公式：

$$x_t = \phi_1 x_{t-1} + \phi_2 x_{t-2} + \cdots + \phi_p x_{t-p} + \varepsilon_t \tag{13.18}$$

这里的p是一个非负整数。此时的形式有点类似于多元回归方程，也就是说，过去的p个值共同决定了时间序列x_t的条件期望。参数$\phi_1, \phi_2, \cdots, \phi_p$称为自回归系数，是方程的待估计参数。随机项$\varepsilon_t$与$\phi_1, \phi_2, \cdots, \phi_p$不相关。在这里，假设时间序列$x_t$的均值为0。实际上，我们也可以认为$x_t$是一个序列减去一个常数后所得的新的序列。

引入滞后算子$B^k x_t = x_{t-k}$，式（13.18）可以表示为：

$$x_t = \phi_1 B + \phi_2 B^2 + \cdots + \phi_p B^p + \varepsilon_t \tag{13.19}$$

令$\phi(B) = 1 - \phi_1 B - \phi_2 B^2 - \cdots - \phi_p B^p$，则模型可以改写为：

$$\phi(B) x_t = \varepsilon_t \tag{13.20}$$

检验AR(p)的平稳性，主要看滞后多项式$\phi(B) = 0$的根是否都在单位圆外，也称之为平稳性条件。

---

① 通过MATLAB中的"ar(*,p)"命令可以得到AR(p)的方程，其中，*表示时间序列的名称，p表示模型的阶数。

13.7 MA 模型

移动平均模型，也称为 MA（Moving-Average）模型，是研究平稳时间序列的另一个重要的模型。可以将 MA 模型看成带有参数约束的有限阶数的 AR 模型的扩展。理论上，存在一个无限结束的 AR 模型，如下：

$$x_t = \phi_1 x_{t-1} + \phi_2 x_{t-2} + \cdots + \varepsilon_t \tag{13.21}$$

但是这样的 AR 模型往往是不实际的，因为在无限的 AR 模型中存在着无限个参数。有一种方法可以使这个模型变得实际，只要假设系数 ϕ_i 满足一些约束，就可以"化无限为有限"。考虑一个特殊的例子：

$$x_t = -\theta_1 x_{t-1} - \theta_1^2 x_{t-2} - \theta_1^3 x_{t-3} - \cdots + \varepsilon_t \tag{13.22}$$

这里的系数只有一个参数 θ_1，也就是让 $\phi_i = -\theta_1^i, i \geqslant 1$。如果上述方程为静态的，那么 $|\theta_1| < 1$，从而当 $i \to \infty$ 时，$\theta_1^i \to 0$，这样就将无限过程转化为了有限过程。

将式（13.22）移项可得：

$$x_t + \theta_1 x_{t-1} + \theta_1^2 x_{t-2} + \theta_1^3 x_{t-3} - \cdots = \varepsilon_t \tag{13.23}$$

因此，对 x_{t-1} 而言有：

$$x_{t-1} + \theta_1 x_{t-2} + \theta_1^2 x_{t-3} + \theta_1^3 x_{t-4} - \cdots = \varepsilon_{t-1} \tag{13.24}$$

式（13.23）减去式（13.24）乘以 θ_1 可得：

$$x_t = \varepsilon_t - \theta_1 \varepsilon_{t-1} \tag{13.25}$$

这说明，x_t 是扰动（Shock）ε_t 和 ε_{t-1} 的权重平均。因此，也将该模型称为一阶 MA 模型，或 MA(1) 模型。很容易将其扩展到一般形式 MA(q)：

$$x_t = \varepsilon_t - \theta_1 \varepsilon_{t-1} - \theta_2 \varepsilon_{t-2} - \cdots - \theta_q \varepsilon_{t-q} \tag{13.26}$$

也就是说，时间序列 x_t 是由其当期与前期的随机误差项构成的线性函数。这里，$\theta_1, \theta_2, \cdots, \theta_q$ 称为移动平均参数向量，是模型待估计参数。

同样，在 MA(q) 模型中引入滞后算子 $B^k \varepsilon_t = \varepsilon_{t-k}$，并令 $\theta(B) = 1 - \theta_1 B - \theta_2 B^2 - \cdots - \theta_q B^q$，则 MA($q$) 模型可以改写成：

$$x_t = \theta(B) \varepsilon_t \tag{13.27}$$

移动平均过程是无条件平稳的，但是往往需要 AR 过程与 MA 过程能够相互表示，也称其为过程可逆，此时，需要滞后多项式 $\theta(B) = 0$ 的根都在单位圆外，也称可逆性条件。

假如我们考虑用四阶的 MA 模型建模，则模型如下[①]：

$$y_t = \varepsilon_t - 0.02613\varepsilon_{t-1} + 0.009688\varepsilon_{t-2} - 0.009926\varepsilon_{t-3} + 0.05133\varepsilon_{t-4} \quad (13.28)$$

13.8 ARMA 模型

Box and Jenkins（1994）为了克服 AR 模型或 MA 模型在一些情况下无法使用的缺陷，提出了自回归移动平均模型（Autoregressive Moving-Average Model），简称 ARMA 模型。如果一个时间序列 x_t 满足

$$x_t - \phi_1 x_{t-1} = \varepsilon_t - \theta_1 \varepsilon_{t-1} \quad (13.29)$$

则 x_t 为 ARMA(1,1) 模型。

上面方程的左边是 AR 模型，右边是 MA 模型。我们可以得到 ARMA(p,q) 模型，形式如下：

$$x_t = \sum_{i=1}^{p} \phi_i x_{t-i} - \sum_{i=1}^{q} \theta_i \varepsilon_{t-i} \quad (13.30)$$

此时的 p 和 q 为非负整数。AR 和 MA 模型其实是 ARMA(p,q) 模型的特例。当 q=0 时，ARMA(p,q) 模型变为 AR(p) 模型；当 p=0 时，ARMA(p,q) 模型变为 MA(q) 模型。对于算子多项式 $\phi(B), \theta(B)$，除满足上述的平稳性与可逆性条件外，还需要满足 $\phi(B), \theta(B)$ 无公共因子且 $\phi_p \neq 0, \theta_q \neq 0$。

利用上述苹果公司股票的日对数收益率，可以建立如下的 ARMA(2,2) 模型[②]：

$$y_t - 0.2327 y_{t-1} - 0.7473 y_{t-2} = \varepsilon_t - 0.2561\varepsilon_{t-1} - 0.7178\varepsilon_{t-2} \quad (13.31)$$

[①] 利用 MATLAB 中的 "armax(*,'nc',q)" 命令，很容易得到 MA(q) 模型，其中，*表示时间序列的名称，nc 是多项式 C(q) 的阶数。

[②] 在 MATLAB 中，我们利用 "armax(*,'na',p,'nc',q)" 命令建立 ARMA 模型，其中*是时间序列的名称，p 和 q 分别代表 AR(p) 和 MA(q) 的阶数，na 表示的是多项式 A(q) 的阶数，而 nc 表示的是多项式 C(q) 的阶数。

13.9 ARCH 模型

之前我们讨论的时间序列，其方差往往是相同的。如果使用方差来测度市场风险，则意味着无论何时，投资者所面临的市场风险都是相同的，这显然是不合理的。在现实中，金融时间序列数据在不同的阶段表现出不同的方差，即异方差性。

自回归条件异方差（Autoregressive Conditionally Heteroscedastic）模型，简称 ARCH 模型，能够较好地解决这个问题。Engle（1982）在研究英国通货膨胀时间序列规律的时候提出了该模型。该模型是一种特殊的非线性模型，它的核心是残差的条件方差依赖于它之前的数值的大小。ARCH 模型是最早出现的考虑异方差的模型之一。

在金融市场中，波动率（Volatility）是金融时间序列的一个重要特征。模拟与预测市场波动成为一个重要的研究方向。并且，波动性建模为风险管理提供了一个计算金融头寸 VaR 的简单方法，在均值-方差框架下起着重要的作用。利用波动性建模还有很多优势，这里就不再一一赘述了。

一般而言，金融市场上的波动性的特征往往很难直接观察到。人们可以通过观察一些收益率的特点来进一步了解波动：第一，前面提到的波动集中性（Volatility Cluster）是指在一定的时间范围内波动很高，而在另一段特定时间内波动很低；第二，波动性以一种连续的方式存在，基本上很少是跳跃的；第三，波动性有一个固定的范围，不会出现无限的波动情况；第四，波动性呈现出杠杆效应（Leverage Effect），也就是收益往往呈现出大起后大落或大落后大起的趋势。

ARCH 模型的主要思路是 X_t 的非独立性能够被由它的滞后值组成的简单二次函数所描述。

ARCH(p)模型假设

$$X_t = \sigma_t \varepsilon_t \tag{13.32}$$

$$\sigma_t^2 = \alpha_0 + \alpha_1 X_{t-1}^2 + \cdots + \alpha_p X_{t-p}^2 \tag{13.33}$$

其中，σ_t^2 是 r_t 的条件方差，也称为条件波动率；$X_t = r_t - \mu_t$ 是资产收益率的扰动，这里 μ_t 是 r_t 的条件均值；ε_t 是一个具有均值为 0、方差为 1 的独立同分布的序列。在实际中，它常常被假设为服从标准正态分布、标准学生 t 分布（Standardized Student-t）或者广义误差分布（Generalized Error Distribution），$\alpha_0 > 0$，并且只要 $i > 0$ 时 $\alpha_i \geqslant 0$。

假设 $\Omega_{t-1} = \sigma(X_{t-1}, \cdots)$ 代表从第 $t-1$ 期开始的所有的过去信息的线性组合，那么有 $E(X_t^2|\Omega_{t-1}) = E(\sigma_t^2 \varepsilon_t^2|\Omega_{t-1}) = \sigma_t^2 E(\varepsilon_t^2|\Omega_{t-1}) = \sigma_t^2$。这说明 X_t 的条件方差随着 X_t^2 的过

去值改变而改变。从 ARCH(p)模型中可以看到，过去大的扰动项的平方会对信息产生一个大的条件方差，也就是我们常常看到的大波动后又是另一个大波动。

为了保证 ARCH(p)有意义，我们往往还要给模型的系数加入一些约束条件：$\alpha_i \geqslant 0$，$i = 0, \cdots, p$，并且$\sum_{i=1}^{p} \alpha < 1$。

13.10 GARCH 模型

ARCH 模型尽管非常简单，但是仍然需要很多参数来准确地描述资产收益率的波动过程，这样一来就会导致分析的过程非常烦琐。Bollerslev（1986）在 Engle（1982）的基础上，考虑将过去的条件异方差加入当前的条件方差公式中，并定义这种新的模型为 GARCH（Generalization of the ARCH），即广义自回归条件异方差模型。因为 GARCH 模型能够解决金融时间序列的异方差问题，所以 Robert F. Engle 在 2003 年获得了诺贝尔经济学奖[①]。

在一些基于前景理论研究金融问题的文章中，也利用 GARCH 的方法构建股票收益率的多元正态分布参数，或者利用 GARCH 进行数据预测（Hu, 2005; Gurevich et al., 2009; Hu and Kercheval, 2010）。GARCH(p,q)模型可以表示为：

$$X_t = \sigma_t \varepsilon_t \tag{13.34}$$

$$\sigma_t^2 = \alpha_0 + \sum_{i=1}^{p} \alpha_i X_{t-i}^2 + \sum_{j=1}^{q} \beta_j \sigma_{t-j}^2 \tag{13.35}$$

这里ε_t是一个独立同分布（常常假设为分布均值为 0、方差为 1 的正态分布）的序列。$\alpha_0 > 0$，$\alpha_i \geqslant 0$，$\beta_j \geqslant 0$，并且$\sum_{i=1}^{\max(p,q)}(\alpha_i + \beta_i) < 1$。$\alpha_i + \beta_i$意味着$X_t$的非条件方差是有限的，$X_t$的条件方差$\sigma_i^2$是随着时间变化而变化的。正如在 ARCH 模型中一样，此时的ε_t仍然被假设成标准正态分布、标准学生 t 分布或者广义误差分布等。

通过 GARCH(1,1)很容易发现 GARCH 模型的优势与弱势。根据上述给出的 GARCH(p,q)公式，GARCH(1,1)可以表示如下：

$$\sigma_t^2 = \alpha_0 + \alpha_1 X_{t-1}^2 + \beta_1 \sigma_{t-1}^2 \tag{13.36}$$

其中，$0 \leqslant \alpha_1, \beta_1 \leqslant 1$，$(\alpha_1 + \beta_1) < 1$。

从上面的公式中可以看到，无论是大的α_{t-1}^2还是σ_{t-1}^2，都会导致一个大的σ_t^2，即金

[①] 同年获得诺贝尔经济学奖的还有 Sir Clive William John Granger。

融时间序列中波动率集中（Volatility Clustering）的现象。如果$1 - 2\alpha_1^2 - (\alpha_1 + \beta_1) > 0$，则说明 GARCH(1,1)的尾部分布要重于正态分布，也就是说其峰度是大于 3 的。另外，该模型提供了一个简单的参数函数来描述波动随时间变化的过程。

一般的 GARCH 模型也如 ARCH 模型一样，存在一些不足。比如，在该模型下，仍然认为正、负扰动是相等的。Nelson（1991）认为，旨在解决条件方差和资产风险溢价的 GARCH 模型至少存在三个缺点：一是 Black（1976）的研究结果显示，在当前收益与未来收益的波动率之间存在负相关性，然而 GARCH 模型通过假设将其抹掉了；二是 GARCH 模型强加了一些参数约束，但这些强加的参数约束与实际情况不符；三是对条件方差的扰动与否的解释非常困难。因此，Nelson（1991）提出了一个新的 EGARCH 模型（Exponential GARCH），试图解决这些问题。另外，也有一些其他的模型对 GARCH 模型做出了进一步的扩展，这里就不再一一赘述了[①]。

仍以前文中苹果公司股票的日对数收益率为例，建立 GARCH(1,1)模型，如下：

$$X_t = \sigma_t Z_t \tag{13.37}$$

$$\sigma_t^2 = 0.000005 + 0.077178 X_{t-1}^2 + 0.922822 \sigma_{t-1}^2 \tag{13.38}$$

其中，$Z_t \sim N(0,1)$i.i.d.，有时也称Z_t为过滤数据。

条件方差由三部分组成：常数项、ARCH 项（用均值方程的残差平方的滞后项来解释之前的波动信息）及 GARCH 项（前一期的方差）。

---

① 在早期的 MATLAB 版本中，对 GARCH 模型的建模需要用到"[spec, errors, LLF, res, xvol] = garchfit(spec, *)"等命令。然而，在 MATLAB 2014 及以后的版本中，除去了"garch*"一系列的函数，取而代之的是"EstMdl = estimate(model, *)"等命令。其中，*表示时间序列的名称。

第 14 章　未来情景模拟法

现实世界的复杂性使得人们不得不在不确定的情况下做出决策。现在，这些决策问题能够通过随机优化技术进行建模。解决现实世界中的随机优化问题最常用的技术是样本平均近似，它的概率分布是通过一系列离散的情景逼近的（Birge and Louveaux, 1997; Shapiro, 2003）。

在研究金融问题时，一个主要的挑战就是如何对我们所建的模型提供有效的数据。比如，在有关投资组合问题的研究中，投资者的目标是选择一组证券使其收益最大，然而数据是研究问题的一个关键因素。

在投资组合问题中，一个关键点就是对投资组合的收益率进行描述。因为投资组合中每个投资资产的收益率都是随机变量，那么投资组合的收益率也是一个随机变量。研究人员往往利用投资组合收益率的期望收益率大小来判断一个投资组合收益的好坏。

而每个投资资产的收益率都是通过观察过去资产的收益率获得的，也就是历史数据（Historical Data）。通过对历史数据进行观察，再加上一定的统计分析，往往能够得到收益率的变化规律，进而得出收益率所服从的分布。这种类型的方法称为参数法（Parametric Method）。然而，在很多情况下利用参数法并不容易，非参数法（Non-parametric Method）是一个很好的替代方案。

在绝大多数情况下，我们可以通过已经获得的历史数据，利用一定的方法，产生未来一系列情景（Scenario）。这样的方法也被称为情景产生技术（Scenario Generation Technique）。金融学的研究不能没有历史数据的支持，利用这些数据可以对未来趋势进行预测或者模拟。模型的准确性和有效性依赖于生成场景的质量。情景产生技术在金融问题研究中发挥着重要的作用。

一些研究人员以情景产生技术作为分析工具进行决策分析。将这种技术最先应用在金融决策中的是 Bradley and Crane（1972）。随后，情景产生技术得到了广泛的使用（Mulvey and Vladimirou, 1992; Nielsen and Zenios, 1996; Consiglio et al., 2001; Guastaroba et al., 2009）。

本章的目的是介绍不同的情景产生技术。生成情景的方法有很多种，这里主要介绍几种常用的方法，如 Bootstrap 法（Bootstrap Method）、蒙特卡罗模拟法（Monte Carlo Simulated Method）、历史数据法（Historical Data Method）。

14.1　Bootstrap 法

14.1.1　什么是 Bootstrap 法

　　Bootstrap 法也称自助法，在统计学中属于再抽样（Resampling）的方法，是由 Efron（1979）在 Jackknife 方法的基础上最先引入的。它的关键思想是提供了一个再抽样模拟技术来估计潜在总体的复杂特征。

　　Bootstrap 法不产生随机变量，而是反复从原始数据中抽样（Efron and Tibshirani, 1993）。它是对已获得的数据在缺乏分布参数时进行前景模拟的一个高效工具，尤其是在我们采样的样本相对较少，然而我们又需要模拟出大量数据时非常有效[①]。

　　总的来说，在分析金融时间序列时，数据的概率分布往往是未知的，Bootstrap 法很适合用于得到数据的概率分布的某些属性。

　　如果不断地从基本数据集中独立地抽取样本并记录观察到的数值，那么 Bootstrap 法会利用这些有限的数据模拟出我们想要的结果（Härdle et al., 2012）。

　　在通常情况下，抽样的次数小于原始样本的个数。然而，如果抽样的次数与原始样本的个数一致，则会达到最好的结果（Franke et al., 2004）。如图 14.1 所示，随机变量数据通过放回抽样（Sampling with Replacement）的方式抽取，并且与原始样本的个数保持一致，从抽取的样本中计算如均值等我们感兴趣的指标。将这个过程重复 B 次，就可以得到 B 个数值。

r		r_1^*	r_2^*	$\cdots$	r_B^*
r_1		r_2	r_4	$\cdots$	r_5
r_2	random sampling with replacement	r_4	r_1	$\cdots$	r_4
r_3	$\longrightarrow$	r_3	r_3	$\cdots$	r_3
r_4		r_4	r_3	$\cdots$	r_4
r_5		r_1	r_5	$\cdots$	r_5

图 14.1　Bootstrap 法的基本原理

[①] 实际上，将 Bootstrap 法用于情景产生的是 Kouwenberg and Zenios（2006）。

假设$R_1, R_2, \cdots, R_n$是独立同分布的实数随机变量,具有相同的分布F。设$\theta = \theta(F)$是分布F的一个未知的、需要被估计的参数。尽管存在很多统计参数,但我们在这里只讨论期望值。

非参数Bootstrap法的一个最大优势就是不需要事先知道数据的分布。未知分布F能够被经验分布函数(Empirical Distribution Function)所取代,如式(14.1)所示。

$$\hat{F}_n(\chi) = \frac{1}{n}\sum_{i=1}^{n}\mathbb{I}_{\{R_i \leq \chi\}} \tag{14.1}$$

其中,$\mathbb{I}_{\{A\}}$是事件A的示性函数,χ代表样本中指定的数字。

14.1.2 基于时间序列的自助法

考虑一个严格平稳时间序列(Strictly Stationary Time Series)的第i个在T期的投资资产。它可以表示为$\boldsymbol{R}_i = (R_{i,1}, \cdots, R_{i,T})$,即$\boldsymbol{R}_i$的联合概率分布(Joint Probability Distribution)不会随着时间的变化而改变。然而,正如前面所述,很难给出$\boldsymbol{R}_i$的概率分布F_i的参数。

假设$\theta(F_i)$是我们感兴趣的一些统计参数,如F_i的均值、中位数或者标准差等。设$\hat{\theta}(R_i)$是$\theta(F_i)$的估计值(Estimator),它是利用观察值$\boldsymbol{R}_i$计算出来的。假设此时我们的观察值聚焦在收益率的均值上。

设观察到的收益率取值为$\boldsymbol{r}_i = (r_{i,1}, \cdots, r_{i,T})$,则某个投资资产的均值为

$$\bar{r}_i = \frac{1}{T}\sum_{j=1}^{T}r_{i,j} \tag{14.2}$$

在$T+1$时点投资组合收益率的期望值为

$$r_p = \sum_{i=1}^{n}x_i\bar{r}_i \tag{14.3}$$

利用Bootstrap法从$(r_{i,1}, \cdots, r_{i,T})$中抽取$T$个样本值$\boldsymbol{r}_i^* = (r_{i,1}^*, \cdots, r_{i,T}^*)$,均值

$$\bar{r}_i^* = \frac{1}{T}\sum_{i=1}^{T}r_{i,T}^* \tag{14.4}$$

能够从$\boldsymbol{r}_i^*$中计算得到。

重复这个过程S次,我们可以得到如下的情景矩阵(Scenario Matrix):

$$R_s = \begin{pmatrix} \bar{r}_1^{*1} & \bar{r}_1^{*2} & \cdots & \bar{r}_1^{*S} \\ \bar{r}_2^{*1} & \bar{r}_2^{*2} & \cdots & \bar{r}_2^{*S} \\ \vdots & \vdots & \ddots & \vdots \\ \bar{r}_n^{*1} & \bar{r}_n^{*2} & \cdots & \bar{r}_n^{*S} \end{pmatrix} \tag{14.5}$$

可以从情景矩阵乘以决策向量中得到向量 $\boldsymbol{R}_p^S = \boldsymbol{x}^T \boldsymbol{R}_s = (r_p^1, \cdots, r_p^S)$，这就是投资组合收益率向量。如果将向量 $\boldsymbol{R}_p^S$ 中的元素按照升序（Ascending Order）进行排列，则可以得到类似式（4.5）的前景结果。

在选择 Bootstrap 技术来估计收益时，还需要注意一个假设。那就是每期的收益是否与下一期的收益存在关系，即收益间是否独立。在不同的假设下需要使用不同的 Bootstrap 抽样技术。有时，尽可能多利用几种 Bootstrap 抽样技术，因为情景模式包含未来的各种可能性。

因此，在以下的内容中我们将介绍几种常见的 Bootstrap 抽样技术，如假设观测值之间独立的标准自助法（Standard Bootstrap Method）、假设观测值之间不满足独立关系的移动分块自助法（Moving Block Bootstrap Method）和非重叠分块自助法（Non-overlapping Block Bootstrap Method）。

14.1.3 标准自助法

标准自助法是通过随机有放回抽样的方法完成模拟的。它假设T个样本点每次能够被再抽样到的概率均为常数$1/T$。我们可以从$(R_{i,1}, \cdots, R_{i,T})$中得到$\boldsymbol{R}_i^* = (R_{i,1}^*, \cdots, R_{i,T}^*)$。如果想详细地了解这种方法，则可以参看 Kouwenberg and Zenios（2006）文献。

14.1.4 移动分块自助法

标准自助法将$\boldsymbol{R}_i = (R_{i,1}, \cdots, R_{i,T})$视为一系列概率为$1/T$的结果。然而，这种假设通常认为是很难成立的，尤其是在金融时间序列领域。

Singh（1981）指出，标准自助法无法在非独立数据的情况下产生有效的逼近。关于这一点，也可以参阅 Hall（1985）文献。

为了克服标准自助法在分析不独立的金融时间序列数据时所造成的缺陷，Hall（1985）建议在对数据进行抽样时，每次抽取一段区间的观察数据，而不是单个数据。Kunsch（1989）也主张每次抽取一段区间的观察数据［也可参阅 Bühlmann and Künsch（1995）文献］。这种抽取出来的一段段的区间也被称为块（Block）。

除此之外，短期滞后的随机变量之间的这种依赖结构也被保存在与它们相邻的观察值中。因此，再抽样到的块可以携带这种信息。这样的方法也被称为移动分块自助法（Liu and Singh, 1992）。

假设 $\boldsymbol{R}_i = (R_{i,1}, \cdots, R_{i,T})$ 是观察到的金融时间序列资产组合的第 i 个资产。让 ℓ 是一个满足条件 $1 \leqslant \ell < T$ 的整数。定义长度为 ℓ 的重叠分块（Overlapping Block）$\boldsymbol{B}_{i,1}, \cdots, \boldsymbol{B}_{i,M}$ 如下：

$$\begin{aligned} \boldsymbol{B}_{i,1} &= (R_{i,1}, \cdots, R_{i,\ell}) \\ \boldsymbol{B}_{i,2} &= (R_{i,2}, \cdots, R_{i,\ell+1}) \\ &\cdots \\ \boldsymbol{B}_{i,M} &= (R_{i,T-\ell+1}, \cdots, R_{i,T}) \end{aligned} \quad (14.6)$$

其中，$M = T - \ell + 1$。

为了产生移动分块自助法的样本，需要从 $(\boldsymbol{B}_{i,1}, \boldsymbol{B}_{i,2}, \cdots, \boldsymbol{B}_{i,M})$ 中随机、等概率地选择 $b = T/\ell$ 个块，并且仍然采用有放回抽样。b 的大小与块的长度 ℓ 相关。那么，如何定义 ℓ 的大小呢？一个常用的选择是让 $\ell = CT^{1/k}$，$k = 3,4$。其中，$C \in \mathbb{R}$ 是一个常数（Kreiss and Lahiri, 2012）。

14.1.5 非重叠分块自助法

另一种 Bootstrap 抽样技术是从非重叠的块中再抽样来产生观察值（Carlstein, 1986）。假设 ℓ 是一个区间 $[1, T]$ 内的整数，让 $N = T/\ell$，则从 $(\bar{\boldsymbol{B}}_{i,1}, \bar{\boldsymbol{B}}_{i,2}, \cdots, \bar{\boldsymbol{B}}_{i,N})$ 中通过随机、等概率且有放回抽样的方式，产生非重叠分块自助法的样本，此时的分块方式如下[①]：

$$\begin{aligned} \bar{\boldsymbol{B}}_{i,1} &= (R_{i,1}, \cdots, R_{i,\ell}) \\ \bar{\boldsymbol{B}}_{i,2} &= (R_{i,\ell+1}, \cdots, R_{i,2\ell}) \\ &\cdots \\ \bar{\boldsymbol{B}}_{i,N} &= (R_{i,(N-1)\ell+1}, \cdots, R_{i,T}) \end{aligned} \quad (14.7)$$

在给定分块大小为 ℓ 的条件下，利用非重叠分块自助法，要比利用同分块大小的移动分块自助法更加容易得到关于总体的估计量，因为在非重叠分块自助法中使用的是非重叠分块的方式。然而，值得注意的是，此时在非重叠分块自助法下得到的估计量相比移动分块自助法而言，会有一个相对更高的均方误差（Mean Squared Error, MSE）（Lahiri, 1999）。

---

① 注意到非重叠分块自助法在 $\ell=1$ 时就等价于标准自助法。

14.1.6 实例

1. 历史数据分析

选择一个历史数据的区间范围对情景产生来说是一个很重要的环节。然而遗憾的是，在这方面并没有一个通用的标准来决定历史数据的区间到底有多长。

在分析历史数据之前，先做出几个假设。

假设 1：市场中仅存在 3 只股票，分别是迪士尼（DIS）、通用电气（GE）和 IBM（这里对证券市场中股票的数量做一个简化，因为在研究问题时没有必要穷尽所有股票，分析原理是相通的）。

假设 2：利用月度数据对问题进行分析，并且尽可能地选择一个较长的区间。这里选择 1962 年 1 月 2 日至 2016 年 4 月 1 日的数据，并且假设不包括红利（Dividend）。这样我们一共得到了 651 个时期的样本点，如图 14.2 所示[①]。

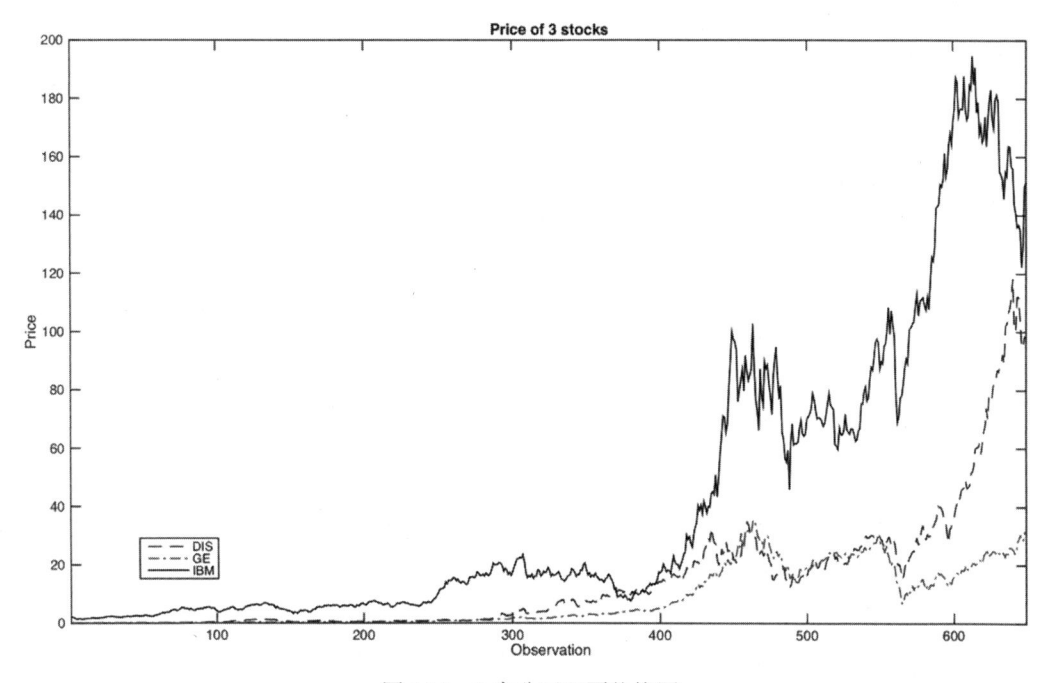

图 14.2　3 家公司股票价格图

---

① 全部数据来自雅虎金融（Yahoo! Finance）。

假设 3：选择简单月收益率作为衡量指标。

一般情况下，收益率首选的是对数收益率，这是由其较好的性质决定的。然而，在投资组合问题中如果利用对数收益率，则将会出现一些明显的误差。假如时间间隔很短，比如日收益率，那么对数收益率和简单收益率之间的差异可以忽略不计。由于我们选择月收益率作为衡量指标，为了避免因为使用对数收益率而产生的误差，这里使用简单月收益率。3 家公司股票的月收益率如图 14.3 所示[①]。

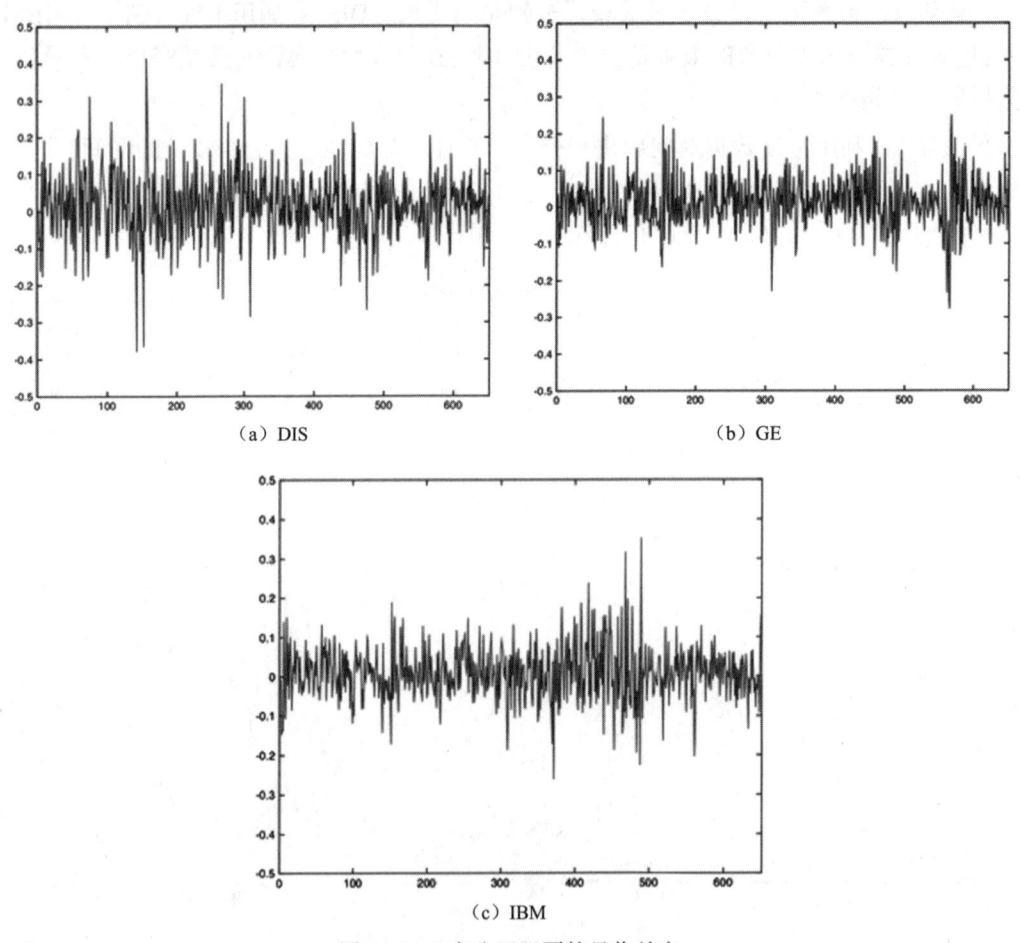

(a) DIS

(b) GE

(c) IBM

图 14.3 3 家公司股票的月收益率

这里在进行时间序列分析时，还需要做出一个假设，即时间序列是平稳时间序列数

---

① 注意：此时的收益率个数应该是 650 个，而不是 651 个。

据。因此，要对收益率进行单位根检验（Unit Root Test），通过该检验可以得知时间序列是否是平稳的过程。

ADF 测试（Augmented Dickey-Fuller Test）显示 3 家公司的股票均在显著性水平 1% 下拒绝了原假设，即在这 3 家公司月收益率的时间序列中不存在单位根，可以认为它们都是平稳序列。表 14.1 给出了样本数据的统计量与检验结果。

表 14.1 样本数据的统计量与检验结果

公司	Mean	Std.Dev	Skewness	Kurtosis	JB test	ADF Test
DIS	0.0155	0.0895	0.0042	4.9735	1	0.001
GE	0.0106	0.0686	0.0540	4.2515	1	0.001
IBM	0.0089	0.0696	0.2270	4.8843	1	0.001

从统计量结果来看，每个时间序列的均值均为正数。一个有意思的现象是，GE 的收益率均值高于 IBM 的收益率均值，并且其标准差小于 IBM 的标准差。理性人是不会选择 IBM 公司的股票的。那么，在前景理论中，具有 CPT 效用的投资者，他们会做出何种选择呢？在以后的章节中再对这个问题做进一步的讨论。

除 IBM 的股票收益率外，其他股票收益率的偏度（Skewness）都比较小。偏度越接近 0，则说明分布对称程度越高[①]。每只股票的收益率均展现出较大的峰度（Kurtosis）。因此，这些股票的收益率应该是呈肥尾分布的。通过 Jarque-Bera 统计量（简称 JB 统计量），可以得知在显著性 1% 水平下，这些股票的收益率均不服从正态分布。

另外，还有一种比较直观的正态性检验方法，就是利用 Q-Q 图进行检验。如果数据符合正态分布，那么这些点将位于直线上。如图 14.4 所示，这些点在尾部偏离了直线，说明相对于正态分布而言，存在肥尾现象。

2. 模拟实验分析

对于标准自助法，随机生成 650 个随机数；对于移动分块自助法和非重叠分块自助法，将每个块的大小定为 10，也就是在移动分块自助法和非重叠分块自助法中，每个块包含 10 个观察数据，均需生成 65 个随机数。

[①] 正态分布的偏度为 0，在均值的两侧呈现出对称关系。如果偏度小于 0，则称分布是左偏态，在这种情况下，数据位于均值左边的比位于右边的少；如果偏度大于 0，则称分布是正偏态，也称右偏态，在这种情况下，数据位于均值右边的比位于左边的少；而如果偏度接近 0，则认为分布是对称的。

(a) DIS

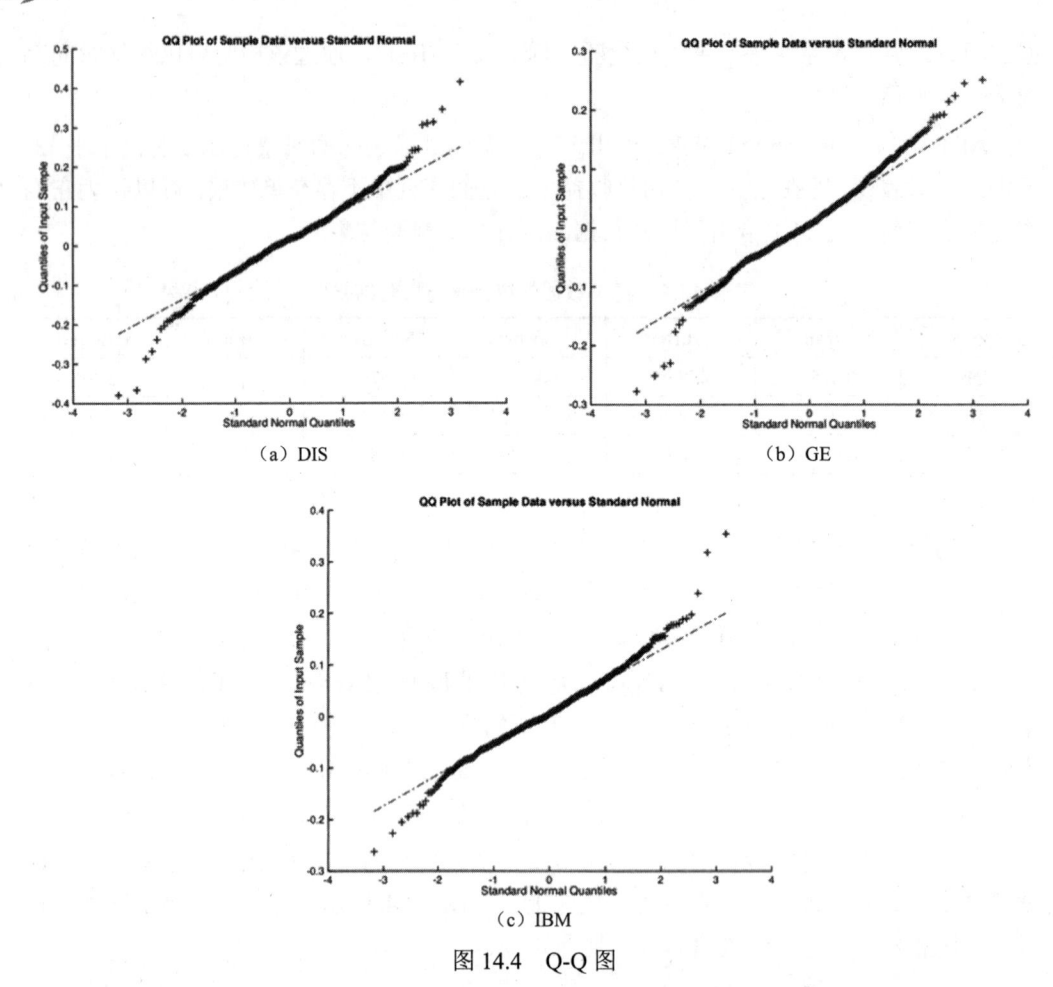

(b) GE

(c) IBM

图 14.4　Q-Q 图

对于每种自助法，当抽满 650 个数值后，计算其均值，一次抽样过程结束。将这样的过程执行 10000 次后可以产生 3 个情景矩阵，矩阵的每行对应股票，每列对应一次模拟结果，矩阵的数值就是模拟的月收益率均值。对模拟数据进行描述和统计检验，结果如表 14.2 所示。

表 14.2　模拟数据的统计量与检验结果

	公司	Mean	Std.Dev.	Skewness	Kurtosis	JB Test
SB	DIS	0.0154	0.0035	−0.003	2.983	0
	GE	0.0106	0.0027	0.0143	2.9401	0
	IBM	0.0089	0.0027	0.0317	2.9334	0

续表

	公司	Mean	Std.Dev.	Skewness	Kurtosis	JB Test
NBB	DIS	0.0155	0.0032	−0.0157	3.0165	0
	GE	0.0107	0.0026	−0.012	2.9701	0
	IBM	0.0089	0.0025	−0.0011	2.9803	0
MBB	DIS	0.016	0.0011	0.0207	2.9612	0
	GE	0.0107	0.0009	−0.0148	3.0711	0
	IBM	0.0093	0.0009	0.0517	2.9895	0

14.2 蒙特卡罗模拟法

14.2.1 定义、起源与发展

1. 定义

经济学、金融学中经常用数学模型描述经济、金融系统中各变量间的相互作用。这些模型通常依赖于许多输入参数，这些参数在通过模型中的数学公式进行处理时，会产生一个或多个输出。该流程的示意图如图 14.5 所示。

图 14.5　数学模型的流程示意图

模型的输入参数取决于各种外部因素。因为这些因素的存在，现实模型会受到系统参数变化风险的影响。不考虑这些系统参数变化带来影响的确定性模型（Deterministic Model）通常被称为基本例（Base Case），因为这些输入参数的值是它们最可能的值。

一个有效的模型应该考虑到与各种输入参数相关的风险。在大多数情况下，实验者会开发一个模型的多个版本，其中可以包括基本情况、最佳情景和输入变量值的最坏情况。然而，这样的做法会有很多的不足：首先，可能很难估计对于每次输入的变量什么是最好或最坏的情况；其次，决策制定者在这么多的情况下也很难做出决策。

当实验者增加需要考虑的情况的数量时，模型开发也会变得困难。实验者可能会尝试运行各种输入参数的特殊值。然而，这样做相对来说也是很困难的，因为运行每个输入参数的所有可能值是不实际的。

蒙特卡罗模拟法（Monte Carlo Simulation），有时也称蒙特卡罗仿真法，是一种依靠重复随机抽样和统计分析来计算结果的模拟方法，属于广泛的计算算法。其核心思想是利用随机性原理去解决确定性问题。

蒙特卡罗模拟法可以系统地研究与每个输入变量相关的全部风险。在蒙特卡罗模拟法中可以识别一个输入参数的统计分布，然后从这些分布中随机采样。对于那些输入的参数，都可以得到输出的结果。然后我们收集这些仿真结果，并对其进行统计分析。也就是说，对输出的样本统计量的结果进行特征分析。

在蒙特卡罗模拟法提出之前，模拟是用来测试之前理解的确定性问题，并使用统计抽样估计仿真中的不确定性的方法。蒙特卡罗模拟法"反转"了这种方法，使用概率模拟解决确定性问题。

2. 起源与发展

一个证明早期的蒙特卡罗模拟法的基本思想的实验是 Buffon 投针实验（Buffon's Needle Experiment），它是由 Georges Louis Leclerc Comte de Buffon 在 1977 年完成的（Dörrie，1965）。该实验是说圆周率π能够通过随机投针得出。具体做法是：向具有平行且等距纹路（纹路之间的距离为 D）的地面上随机抛掷一根针，该针的长度比纹路之间的距离小（针的长度是 l），针与其中一条纹路相交的概率为 $\frac{2l}{\pi D}$。因此，如果将 p_N 设为在 N 次投掷中针与纹路相交的比例，则可以得到π的估计值：

$$\hat{\pi} = \lim_{N \to \infty} \frac{2l}{p_N D} \tag{14.8}$$

随着 N 趋近于无穷大，式（14.8）将逼近于π。

马尔科夫链蒙特卡罗方法（Markov Chain Monte Carlo Method）的现代版本的起源要追溯到20世纪40年代，这是由当时正在洛斯阿拉莫斯国家实验室进行核武器项目工作的 Stanislaw Ulam 发明的，约翰·冯·诺依曼意识到它的重要性，立即在 ENIAC 计算机上执行了蒙特卡罗计算。冯·诺依曼和 Stanislaw Ulam 的一位同事 Nicholas Metropolis 建议用 Monte Carlo 命名该方法，该名称来源于摩纳哥的 Monte Carlo 大赌场（Eckhardt，1983；Metropolis，1987）。

这种模拟方法与随机实验密切相关，实验中事先不知道具体的结果。在这种情况下，蒙特卡罗模拟法可以被看作一种系统的方式来进行所谓的"如果这样会怎样的分析"。蒙特卡罗模拟法主要用于三个方面：优化、数值积分和生成概率分布（Kroese et al.，2014）。原则上，蒙特卡罗模拟法可以用来解决任何具有概率解释的问题。

14.2.2 应用范围

蒙特卡罗模拟法的应用领域非常广,几乎涉及方方面面,如物理科学、工程学、气象科学、计算生物学、计算机图形学、应用统计、人工智能、设计学、经济学、管理学及金融学等。这里介绍其在金融领域的主要应用。

Hertz(1964)在《哈佛商业评论》上发表了资本投资中的"风险分析"一文,首次将蒙特卡罗模拟法引入金融领域,对公司理财进行了讨论分析。Boyle(1977)在其原创论文"期权:蒙特卡罗方法"中对衍生品的估计使用了蒙特卡罗模拟法。现在,金融分析师经常使用蒙特卡罗模拟法来模拟各种场景,不少行为经济(行为金融)的研究人员也在使用蒙特卡罗模拟法对所需结果进行仿真。

1. 实物期权

在实物期权(Real Option)的分析中,随机模型使用蒙特卡罗模拟法对项目的净现值(NPV)进行仿真。传统的静态和确定性模型生成项目净现值的单一值,随机模型利用蒙特卡罗模拟法可以发现那些受到不确定影响的变量的特征,潜在投资的平均净现值及它的波动和其他敏感性指标都能够从输出的结果中观察到。

2. 投资组合

蒙特卡罗模拟法也可以用于投资组合评估中。对于每一次仿真,我们都可以得到一个结果,也就是利用一种投资组合的可能性得出在该可能性下的投资组合结果。随着仿真次数的不断增加,我们可以得到非常多的投资组合结果,这些投资组合结果可以形成一幅直方图,也就是投资组合的概率分布。然后利用统计推断给出概率分布的特征,就可以得到投资组合分布的情况。一旦掌握了概率分布情况,也可以认为知道了该变量的全部信息。

3. 期权分析

与分析实物期权一样,蒙特卡罗模拟法可以用于分析其他类型的金融工具,如期权(Option)。蒙特卡罗模拟法可以为期权基础股份产生各种不同的价格路径,每条路径的收益都可以用于进行决策的统计分析。同样,在债券和债券期权中,年利率是一个不确定变量,也可以通过蒙特卡罗分析进行模拟。

4. 个人理财

蒙特卡罗模拟法也可以用于个人理财计划。通过对整个市场(保险、理财产品收益及其他不确定性)及自己未来收入的不确定性进行仿真,人们找到了一种能够平衡退休储蓄账户的特定理财方案（Hanlon，2000；Henderson，2013；Bieker，2002）。

5. 一个简单的例子

模拟是用高速计算机的能力来代替解析计算（Analytical Calculation）的一种方法。大数定律（Law of the Large Numbers）告诉我们，假设可以得到大量的独立同分布变量的均值，那么这些均值的平均值应接近总体的平均值。如果我们可以通过计算机来产生大样本，就可以利用这些样本求平均，而不是利用解析的方法去求解。在分析具体问题的时候，需要考虑到底需要什么样的随机变量，如何利用计算机生成变量，以及为了达到一定的置信水平需要模拟的次数。

概率论中的一个重要章节就是大数定律和中心极限定理。这部分内容是蒙特卡罗模拟法的理论基础之一。然而，很多书中都是直接给出了（强或弱）大数定律的定义，我们在这里从另一个重要的概念入手进行说明，即收敛（Convergence）。

设随机变量的一个序列为 $X_1,\cdots,X_n$，假如 X 是一个随机变量，对于任意的 $t>0$，如果

$$\lim_{n\to\infty} P(|X_n - X| < t) = 1 \tag{14.9}$$

则称序列 $X_1,\cdots,X_n$ 依概率收敛（Converge in Probability）于 X，记为 $X_n \xrightarrow{P} X$。

设随机变量的一个序列为 $X_1,\cdots,X_n$，假如 X 是一个随机变量，如果

$$P\left(\lim_{n\to\infty} X_n = X\right) = 1 \tag{14.10}$$

则称序列 $X_1,\cdots,X_n$ 几乎必然收敛（Converge Almost Surely）于 X，记为 $X_n \xrightarrow{a.s.} X$。

如果序列 $X_1,\cdots,X_n$ 是几乎必然收敛于 X 的，那么序列也将依概率收敛于 X。

有了不同的收敛概念，对弱、强大数定律才能有更好的理解。

弱大数定律（Weak Law of Large Numbers）

假如 $X_1,\cdots,X_n$ 是相互独立的随机变量，且服从相同的分布，分布的期望值为 μ，方差有限。令 $\bar{X}_n$ 代表样本均值，则

$$n\to\infty, \quad \bar{X}_n \xrightarrow{P} \mu \tag{14.11}$$

强大数定律（Strong Law of Large Numbers）

假如 $X_1,\cdots,X_n$ 是相互独立的随机变量，不限于同一分布，分布的期望值为 μ，方差有限。令 $\bar{X}_n$ 代表样本均值，则

$$n\to\infty, \quad \bar{X}_n \xrightarrow{a.s.} \mu \tag{14.12}$$

首先利用一个很简单的例子来说明何为模拟。搞懂这些简单的案例是理解复杂案例的基础。

我们知道在区间[0,1]上的均匀分布的均值为 0.5。如果我们利用计算机在该区间上生成大量的独立同均匀分布的样本，即$X_1,\cdots,X_n$，那么，根据大数定律可以得知

$$\bar{X} = \frac{1}{n}\sum_{i=1}^{n} X_i \tag{14.13}$$

应该接近 0.5。式（14.13）就是样本均值的定义。

利用 MATLAB 生成区间为[0,1]的均匀分布随机数，分别取 n=100,1000,10000,100000,100000000，看看模拟结果有什么不同，如表 14.3 所示。

表 14.3 模拟次数及结果

n	结果1	结果2	结果3	结果4	结果5	结果6
100	0.5280	0.4675	0.5044	0.4783	0.5010	0.5183
1000	0.4946	0.5131	0.5115	0.5035	0.4922	0.4979
10000	0.4975	0.4984	0.5023	0.4975	0.4986	0.4958
100000	0.5010	0.4988	0.5003	0.5006	0.5013	0.5006
100000000	0.5000	0.5000	0.5000	0.5000	0.5000	0.5000

从表 14.3 中可以看到，随着n的增加，模拟的结果越来越接近 0.5。尤其是当$n=100000000$时，可以看到，在小数点后 4 位的精度下，6 次模拟的结果均为 0.5。

然而，值得注意的是，不管n取多大的数进行模拟，随机变量的平均数都不可能完全等于 0.5[①]。

在很多情况下，我们无法或者非常困难才能得到分布特征的封闭解（Closed-form Solution）。此时，模拟往往被用来估计分布的特征，如分布函数的均值、分位数等。

式（14.13）给出了样本均值的定义。由于n个样本都是独立同分布的，不妨设它们均来自均值为μ、方差为σ^2的分布，那么样本均值的均值和方差分别为$E(\bar{X}) = \mu$，$\text{Var}(\bar{X}) = \frac{\sigma^2}{n-1}$[②]。

---

① 即便$n = 100000000$，给出的平均数结果在小数点后 5 位的精度下分别为 0.49996,0.49999, 0.49998,0.50001,0.50002,0.49999，只能说是无限接近于 0.5。

② 当样本量非常大时，n与n-1 的差别可以忽略。

马尔科夫不等式（Markov Inequality）：

假设X是一个随机变量，且$P(X \geqslant 0) = 1$。那么对于任何一个实数（Real Number）$t > 0$，有

$$P(X \geqslant t) \leqslant \frac{E(X)}{t} \tag{14.14}$$

切比雪夫不等式（Chebyshev Inequality）：

假设X是一个随机变量并且方差$\mathrm{Var}(X)$存在，那么对于任何$t > 0$的数，有

$$P(|X - E(X)| \geqslant t) \leqslant \frac{\mathrm{Var}(X)}{t^2} \tag{14.15}$$

通过上面的不等式，很容易判断出为了达到一定的要求所需要的抽样数量。比如，假如在一个不知道均值μ，但是标准差$\sigma \leqslant 3$的分布中抽样。那么，抽取多大的样本量才能够保证$|\bar{X} - \mu| \leqslant 1$的概率至少为0.99。

将这些结果代入切比雪夫不等式（14.15），则

$$P(|\bar{X} - \mu| \geqslant 1) \leqslant \frac{\sigma^2/n}{1^2} \leqslant \frac{9}{n} \tag{14.16}$$

因为要选择n满足$P(|\bar{X} - \mu| < 1) \geqslant 0.99$，说明$9/n \leqslant 0.01$，因此，所需要的抽样数量要大于或等于900个。

14.2.3 股价变动与随机过程

对股票价格进行模拟主要基于一个假设，即当天的股票价格与前一天的股票价格存在以下关系表达式：

$$S_{t+1} = S_t e^r \tag{14.17}$$

其中，r是周期利率（Periodic Rate），周期利率=名义利率/m，m是年复利次数。

蒙特卡罗模拟法也就是要产生理论上未来的r。因为资产收益率是一个随机数，通过对其运动建模及确定其未来价值的可能性，就需要掌握与布朗运动相关的知识。

布朗运动是随机过程课程中的一个概念。1900年，法国数学家Louis Bachelier在其博士论文 *Théorie de la spéculation*（中文名称为《随机理论》）中将股票的动态价格视为一种算术布朗运动进行建模，并首次给出了作为金融工具的期权的准确定义。

虽然给予了严谨的数学描述，但是一个不足之处就是股票价格可能为负值，这显然与实际不符（Courtault et al., 2000）。也许是因为这个不足之处，当时该研究并未引起重视。Samuelson（1965b）充分地认识到Bachelier所做出的贡献，将算术布朗运动假

设转换为几何布朗运动假设对股票价格进行解释，股票价格就不再为负值了。

将股价波动与布朗运动联系在一起是非常具有创新意义的事情，在现在的金融学理论中，这是一个重要的前提假设（Fama，1965）。Osborne（1959）和 Roberts（1959）又将对数股价的布朗运动及随机游走等概念引入股市研究中。Black and Scholes（1973）和 Merton（1973）为期权定价理论做出了开创性的突出贡献，也就是后来有名的 Black-Scholes-Merton 期权定价模型（Black-Scholes-Merton Option Pricing Model），是包含以股票、债券等市场价格为基础的衍生品定价的基础分析模型。1997 年，第 29 届诺贝尔经济学奖授予了哈佛商学院教授 Robert Merton 和斯坦福大学教授 Myron Scholes[①]。

Ross（1976）提出了套利定价理论，简写为 APT（Arbitrage Pricing Theory）。它是 CAPM 的一个替代品，也是一种均衡状态下的模型。这些理论的提出与发展都与布朗运动有着密切的关系。可以毫不夸张地说，如果不了解布朗运动，金融市场分析就无从谈起。

要了解布朗运动，需要先从随机游走开始。对称简单随机游走（Symmetric Simple Random Walk）是一个在每一时间单位内等可能性地向左或者向右走一单位步长的随机过程。现在假设能够将时间变得越来越频繁，并且步长变得越来越小，那么当以一种方式做到极限时，我们就可以得到布朗运动。

我们定义在每一个 Δt 时间单位内能够等可能性地向左或者向右走 Δx，$X(t)$ 代表在时间 t 下的位置，则：

$$X(t) = \Delta x (X_1 + \cdots + X_{t/\Delta t}) \tag{14.18}$$

$X_i = 1$ 说明第 i 个步长 Δx 的方向为右，$X_i = -1$ 说明第 i 个步长 Δx 的方向为右，向左走和向右走的概率均为 0.5。另外，还有一个假设是 $t/\Delta t$ 刚好被整除（当 Δt 无限小时，这个假设是很合理的）。

此时的向左或者向右是完全随机的，并且每一次与下一次之间是独立的。也就是说，本次的向左走或者向右走完全不受上一次的走法制约，也不影响下一次的走法。

显然，随机变量 X_i 的期望 $E(X_i) = 0$，方差 $\text{Var}(X_i) = E(X_i^2) - (E(X_i))^2 = 1$。此时，$E(X(t)) = 0$，$\text{Var}(X(t)) = (\Delta x)^2 \frac{t}{\Delta t}$[②]。

---

① Fischer Black 在 1995 年因为肺癌去世，而该奖不颁给已故之人，所以 1997 年诺贝尔经济学奖在颁奖的同时，对他所做出的贡献表示了肯定。无独有偶，前景理论在获得 2002 年诺贝尔经济学奖时，它的一位创始人 Amos Tversky 在 1996 年离世，无缘留名于诺贝尔经济学奖。

② 推广到一般情况，假如 X_i 的期望与方差分别为 μ 和 σ^2，则 $S_n = X_1 + \cdots + X_n$ 的期望为 $n\mu$，方差为 $n\sigma^2$。注意，这里的 S_n 服从二项分布，即 n 次独立的同两点分布为二项分布。

当$\Delta t \to 0$时，直觉上$\Delta x \to 0$。但是两者趋近0的速度是不同的，这里涉及（高阶、同阶或低阶）无穷小的概念。为了保证方差有意义，这里设

$$\Delta x = \epsilon \sqrt{\Delta t} \tag{14.19}$$

其中，ϵ是一个正的常数。

所以，$X(t)$的期望和方差分别为0与$\epsilon^2 t$。根据式（14.18）和中心极限定理（Central Limit Theorem）可以得到随机过程$\{X(t), t \geq 0\}$的一些结论。

（1）对于$0 \leq t_0 < t_1 < \cdots < t_{n-1} < t_n$，增量（Increment）$X_{t_1} - X_{t_0}, X_{t_2} - X_{t_1}, \cdots, X_{t_n} - X_{t_{n-1}}$之间是独立的。

（2）因为在任何时间范围内的位置变化的分布只与区间长度有关，所以$X(t)$是一个平稳增量（Stationary Increment），也就是说$X(t+s) - X(t)$不依赖于t。由于X_t是一个均值为0、方差为$\epsilon^2 t$的正态分布，所以$\forall s, t > 0$，$X(t+s) - X(t)$服从均值为0、方差为$\epsilon^2 t$的正态分布。

满足以上两条性质的随机过程被称为布朗运动，即布朗运动是随机游走的一种特殊情况。满足增量的独立性和平稳性，以及正态性的随机游走就是布朗运动。当$\epsilon = 1$时，也称为标准布朗运动过程（Standard Brownian Motion Process）[①]。

并且，如果$X(0) = 0$，则$X(t) \sim N(0, t)$。在数学中，布朗运动也被称为维纳过程（Wiener Process），它是一个连续时间随机过程。将布朗运动用$B(t)$表示，将标准布朗运动用$W(t)$表示，书中以后内容一般仅讨论标准布朗运动的情景。

> **中心极限定理（Central Limit Theorem）**
>
> $X_1, \cdots, X_n$为独立同分布的随机变量，均值为μ，方差为σ^2（方差有限），那么对于任何的定数x，有
>
> $$\lim_{n \to \infty} P\left(\frac{\bar{X} - \mu}{\frac{\sigma}{\sqrt{n}}} \leq x\right) = \Phi(x) \tag{14.20}$$
>
> 这里Φ代表标准正态分布的分布函数。

$\{W(t), t \geq 0\}$为标准布朗运动，假如$X(t) = bW(t) + at$，a为常数，则$\{X(t), t \geq 0\}$是

[①] 也就是说，在布朗运动中$\Delta x = \epsilon \sqrt{\Delta t}$，而在标准布朗运动中$\Delta x = \sqrt{\Delta t}$。

漂移项（Drift）为 a 和扩散项为 b 的布朗运动，其中 a,b 为常数。

在前面的对称简单随机游走中，向左和向右的概率均为 0.5。而在这里，向左与向右的概率并不相同。设向右的概率为 $p = (1 + a\sqrt{\Delta t})/2$，向左的概率为 $q = (1 - a\sqrt{\Delta t})/2$。当 $\Delta t \to 0$ 时，$X(t)$ 服从期望和方差分别为 at 和 $b^2 t$ 的正态分布。此时的 a 为单位时间内漂移的平均值。图 14.6 分别给出了当 $a = 0, 0.2, 0.4$ 时的布朗运动。

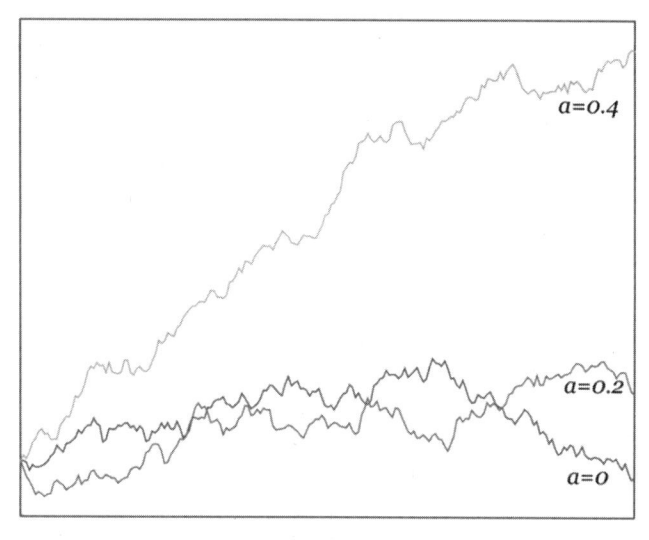

图 14.6 带有漂移项的布朗运动

假设 $\{X(t), t \geq 0\}$ 是漂移项为 a、扩散项为 b 的布朗运动过程，那么随机过程 $X(t), t \geq 0$

$$X(t) = e^{X(t)} = e^{at+bW(t)} \tag{14.21}$$

被定义为几何布朗运动（Geometric Brownian Motion）。

在利用蒙特卡罗模拟法模拟股价时，我们往往采用几何布朗运动对股票价格未来的走势进行模拟[①]。几何布朗运动首先能够克服股票价格在布朗运动假设下可能为负值的缺陷，其次可以避免在布朗运动假设下固定时间长度股价具有相同的正态分布的不足。并且，利用几何布朗运动说明股票的连续复利收益率服从正态分布，这一点与实际中的情况比较接近。

---

① 几何布朗运动也是著名的 Black-Scholes 期权定价模型（Black-Scholes Option Pricing Model）的基础。在该模型中，一个关键的假设就是股票的瞬时价格变动符合几何布朗运动。

在金融学中，假定股票价格S的瞬时价格变动具有以下特征：

$$\mathrm{d}S = aS\mathrm{d}t + bS\mathrm{d}W(t) \qquad (14.22)$$

其中，a称为漂移，b称为波动率。可以证明，式（14.22）意味着

$$\mathrm{d}\ln S = \left(a - \frac{b^2}{2}\right)\mathrm{d}t + b\mathrm{d}W(t) \qquad (14.23)$$

而式（14.23）的随机过程说明$\ln S$是正态分布，因此S符合对数正态分布。令S_0和S_T代表时点0和时点T的股票价格，则式（14.23）可以表示为

$$S_T = S_0 \mathrm{e}^{(a-\frac{b^2}{2})T + bW(T)} \qquad (14.24)$$

14.3 历史模拟法

蒙特卡罗模拟法广泛地应用在金融研究机构中。然而，它也遭受了一些批评，主要有下面两点：

（1）情景的产生基于理论分布的随机数，这与很多资产收益的经验分布不符。而且由于最终倾向于正态分布，因此很难分析金融资产的肥尾现象。

（2）在产生情景时，为了保持风险因素的多变量属性，使用的往往是历史相关性。当发生市场危机的时候，蒙特卡罗模拟法可能会低估可能的损失。

因为基于大部分资产的收益分布不能被理论分布所描述，也就是很难找到资产收益分布的具体参数，因此越来越多的人考虑使用历史模拟法来分析问题。

历史模拟法（Historical Simulation Method）因为其简单性，成为最常用的方法之一。它基于一个看似非常合理的假设：历史总是惊人的相似，因此历史数据总是可以产生未来的情景。每个历史观察值都可以形成一个可能的情景（Butler and Schachter，1998）。

历史模拟法不需要对收益率的分布函数进行任何假设，属于非参数法的范畴；而且也不需要考虑证券之间的相关性或它们的联合分布，因为这些已经在市场上能够观察到的数据中隐含地考虑到了；在该方法下还保留了收益的历史均值、方差及肥尾等信息。

另外，相对于蒙特卡罗模拟法，历史模拟法的直观简单、易于理解等特性与银行管理风险的要求不谋而合，因此在银行业得到了广泛应用，也是计算 VaR 的三大方法之一（另外两种计算方法是蒙特卡罗模拟法和方差–协方差法）。

虽然简单易用，但是这种方法的缺点也非常明显（Pritsker，2006）。
- 只要是利用历史数据的相关方法，未来价格的走势可能与过去有着本质的区别，因为未来的价格变动在本质上可能与过去所观察到的情况大不相同。
- 可以生成的情景数量受限于可用的历史数据质量和数量的影响。
- 数据时间范围的选择缺乏客观依据。
- 随着时间的推移，一些极端的时间可能在下一次 VaR 的计算中不再出现，从而造成对潜在风险的低估。

为了克服历史模拟法的缺陷，有必要对历史收益进行过滤（Filter），即对其进行调整，以反映当前的证券风险信息（Barone-Adesi，1997）。常见的历史模拟法有标准历史模拟法、加权历史模拟法（Weighted Historical Simulation Method）和滤波历史模拟法（Filtered Historical Simulation Method）。

标准历史模拟法与加权历史模拟法的不同之处主要体现在赋予各时间点的权重上。假如观察到了过去T个时点的收益率数据，希望通过这些数据预测下一期，即第$T+1$期的收益率数据。标准历史模拟法会赋予每个时点上的收益率相等的权重，言下之意就是每个时期的历史数据对未来的影响都是等概率的，各点彼此毫不相关，显然这一点与现实情况是不相符的。

一个直觉上的考虑是，最近的历史数据对未来的影响应该大于较早前的历史数据对未来的影响。因此，加权历史模拟法对不同时点的历史数据给予不同的权重，距离当前越近的时点，收益率的权重越大；反之则越小。假设权重按照指数方式递增，则第t天的权重为：

$$w_t = \frac{(1-\vartheta)\vartheta^{T-t}}{1-\vartheta^T}, \qquad t = 1,\cdots,T \tag{14.25}$$

其中，$\vartheta \in [0.95,0.99]$，$\sum_{t=1}^{T} w_t = 1$。

值得注意的是，加权历史模拟法尽管给予了不同时点的收益率不同的权重，然而它仍假设每个时点之间的收益率是独立同分布的。滤波历史模拟法则要尽量捕获金融时间序列的波动性。Barone-Adesi（1997）引入了滤波历史模拟法。他们提出依靠现在资产的波动性对资产价格的改变进行建模。资产波动性依靠最近的样本投资组合收益进行模拟。他们的模拟过程结合了参数法下的 GARCH 模型及非参数法下的历史投资组合收益模拟。

利用 MATLAB 得到股票收益率的历史数据。

在利用 MATLAB 进行分析之前，首先在浏览器的地址栏中输入 https://finance.yahoo.

com/，打开雅虎金融网站，输入希望搜索的公司名称，如 IBM，单击 Search 按钮，如图 14.7 所示。

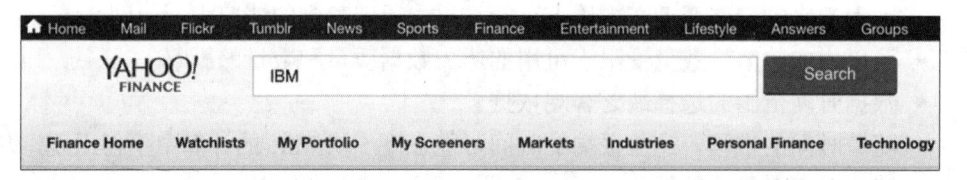

图 14.7　雅虎金融网站

在网站页面中可以得到类似图 14.8 所示的内容。这里以获取 1962 年 1 月 2 日至 2016 年 3 月 1 日的月度价格数据为例，在 Time Period（时期）右侧输入时间范围，在 Show（显示）栏中选择 Historical Prices（历史数据），在 Frequency（频率）栏中选择 Monthly（月度），然后单击 Apply（应用）按钮。

历史数据将以 .csv 格式保存到计算机中。一般以 Adj Close（调整后的收盘价）作为历史价格进行分析。

图 14.8　历史数据下载

将数据导入 MATLAB 中，并命名为 ibm，从股价得到收益率的代码如下：

```
>> SimRe=tick2ret(ibm)    % 将历史价格转换为式（13.1）所示的简单收益率
>> logRe=price2ret(ibm)   % 将历史价格转换为式（13.4）所示的对数收益率
```

第 15 章　优化算法

15.1　线性规划

15.1.1　线性规划的提出

在经济或者金融领域，常常会遇到这样的问题：如何在公司现有的资源水平下，合理安排人、财、物进行经营，使得公司利益最大化？或者在现有财力下，如何分配投资资源，使得收益最大化？这些问题基本可以认为或者近似认为是所谓的线性规划（Linear Programming）问题。线性规划使用数学模型去描述问题。顾名思义，该模型的所有方程必须是线性的。

线性规划主要发展于 20 世纪中期，尽管过去了几十年，但是直到今天，仍是一种非常有效的工具。尽管很多问题已经远远超出了线性的范畴，然而很多时候仍需要各种方式通过回归到线性进行逼近。线性规划是学习凸优化、支持向量机及神经网络等算法的基础之基础，因此仍然有必要简单了解。我们从一个生产的例子开始。

生产商品 1、商品 2 和商品 3，需要用到设备 1、设备 2 及调试的时间，具体数字及商品利润如表 15.1 所示。

表 15.1　设备、时间及利润

	商品 1	商品 2	商品 3	每天可用时间（小时）
设备 1 所用时间（小时）	0	5	4	15
设备 2 所用时间（小时）	6	2	0	24
设备调试时间（小时）	1	1	1	5
利润（10 万元）	2	1	1	

为了探讨不同维度空间的优化问题，假设以下三种情形。

情形 1：不考虑商品 1 和商品 3，仅考虑商品 2（一维空间）。

情形 2：考虑商品 1 和商品 2，不考虑商品 3（二维空间）。

情形 3：三种商品同时考虑（三维空间）。

情形 1 建模如下：

$$\max \quad z = x_2 \tag{15.1}$$
$$\text{s.t.}$$
$$5x_2 \leqslant 15$$
$$2x_2 \leqslant 24$$
$$x_2 \leqslant 5$$
$$x_2 \geqslant 0$$

模型（15.1）用图表示如图 15.1 所示。

图 15.1　一维图形

其中，加粗线段为可行集（Feasible Region），实心点为最优解。也就是说，当 $x_2 = 3$ 时，有最大的解 $z = 3$。

情形 2 建模如下：

$$\max \quad z = 2x_1 + x_2 \tag{15.2}$$
$$\text{s.t.}$$
$$5x_2 \leqslant 15$$
$$6x_1 + 2x_2 \leqslant 24$$
$$x_1 + x_2 \leqslant 5$$
$$x_1 \geqslant 0, x_2 \geqslant 0$$

模型（15.2）用图表示如图 15.2 所示。

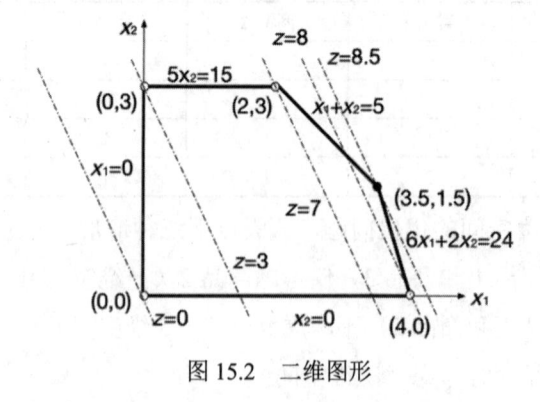

图 15.2　二维图形

其中，加粗线段围起来的部分为可行集，虚线表示目标函数的等值线，实心点为最优解。即当 $x_1 = 3.5, x_2 = 1.5$ 时，模型有最大的解 $z = 8.5$。

情形 3 建模如下：

$$\max \quad z = 2x_1 + x_2 + x_3 \qquad (15.3)$$

$$\text{s.t.}$$

$$5x_2 + 4x_3 \leqslant 15$$

$$6x_1 + 2x_2 \leqslant 24$$

$$x_1 + x_2 + x_3 \leqslant 5$$

$$x_1 \geqslant 0, x_2 \geqslant 0, x_3 \geqslant 0$$

模型（15.3）用图表示如图 15.3 所示。

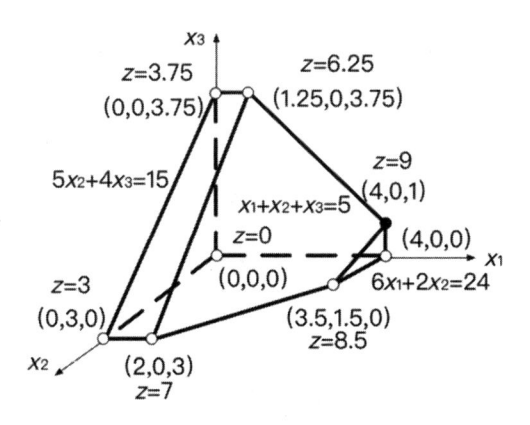

图 15.3 三维图形

其中，加粗线段及加粗虚线所构成的平面围起的部分是可行集，实心点为最优解。最优解为 $x_1 = 4, x_2 = 0, x_3 = 1$，模型的最大值为 $z = 9$。

这里先给出集合 Ω 上顶点的定义：

如果 $x \in \Omega$，并且不存在 $\lambda \in (0,1)$ 及 $x_1, x_2 \in \Omega$，使得 $x = \lambda x_1 + (1-\lambda)x_2$，则称 x 是 Ω 的顶点。

通过前面的三个模型，我们可以看出一些共同的地方，比如，在可行集中任意两点的连线仍然在可行集内，而最优解都不在除顶点的两点连线以内。因此，对于线性规划求解问题，我们要做的就是 9 个字：

找顶点，看周边，比大小

也就是说，当找到一个顶点时，只需看该点周边的几个顶点与这个顶点孰优孰劣。假如这个顶点比周边其他的顶点更优，此点就是全局最优解；否则再从周边那个更优的点开始进行同样的操作，如此往复，直到无最优点出现。

在此类问题中，总是存在顶点是最优解，并且由顶点构成的集合总是有限集。所以说，最终问题就成为如何计算顶点，以及如何在这些顶点中找到最优解。

对于这种低维度的线性规划问题，通常用图解法解决，直观明了。但是一旦超过三维，图解法也就不再适用了。

在线性规划中，还有一个著名的求解方法——单纯形法（Simplex Algorithm），它是由被称为"线性规划之父"的 George Dantzig 在 1947 年提出的。该方法背后的思想就是从基本可行解中判别哪个为最优解，反复迭代直到找到最大的解。该方法适用于任意多个变量，但在使用之前要先将模型转换成标准形式。

线性规划模型有三种具体的表现形式：
- 一般形式。
- 规范形式。
- 标准形式。

$$\min \quad z = \sum_{j=1}^{n} c_j x_j \tag{15.4}$$

$$\text{s.t.}$$

$$\sum_{j=1}^{n} a_{ij} x_j = b_i, \quad \forall 1 \leqslant i \leqslant p$$

$$\sum_{j=1}^{n} a_{ij} x_j \geqslant b_i, \quad \forall p+1 \leqslant i \leqslant m$$

$$x_j \geqslant 0, \quad \forall 1 \leqslant j \leqslant q$$

$$-\infty < x_j < +\infty, \quad \forall q+1 \leqslant j \leqslant n$$

模型（15.4）被称为线性规划的一般形式。其中，x_j 就是我们需要求解的决策变量。

由系数组成的矩阵

$$A = \begin{pmatrix} a_{11} & \cdots & a_{1n} \\ \vdots & \ddots & \vdots \\ a_{m1} & \cdots & a_{mn} \end{pmatrix} \tag{15.5}$$

被称为约束矩阵。

当 $p=0, q=n$ 时，线性规划的一般形式则演变成规范形式，如下：

$$\min \quad z = c^T x \tag{15.6}$$
$$\text{s.t.} \quad Ax \geqslant b$$
$$x \geqslant 0$$

其中，$b = (b_1, \cdots, b_m)^T$ 是 m 维列向量；$c = (c_1, \cdots, c_n)$ 是 n 维行向量；$x = (x_1, \cdots, x_n)^T$ 是 n 维列向量，下同。

当 $p=m, q=n$ 时，线性规划的一般形式则演变成标准形式，如下：

$$\min \quad z = c^T x \tag{15.7}$$
$$\text{s.t.} \quad Ax = b$$
$$x \geqslant 0$$

这三种形式在本质上是等价的，但是从一种形式到另一种形式需要做一定的等价变换。了解不同形式之间的变换是很有必要的：一是能够加深对线性规划问题的认识；二是目前很多计算线性规划的软件，如 MATLAB 等，对输入的格式有一定的要求，在此之前需要对问题进行等价变换[①]。

在从线性规划的一般形式到规范形式转化时，必须对等式约束及符号无限制变量进行处理。一般形式下的等式约束 $a_{i1}x_1 + \cdots + a_{in}x_n = b_i$ 可以用以下不等式代替：

$$\begin{cases} a_{i1}x_1 + \cdots + a_{in}x_n \geqslant b_i \\ -a_{i1}x_1 - \cdots - a_{in}x_n \geqslant -b_i \end{cases}$$

而对于一般形式下的符号无限制变量，我们可以引入两个非负变量 x_j^+ 和 x_j^-，使得 $x_j = x_j^+ - x_j^-$。需要注意的是，还需要将 $x_j^+ \geqslant 0$ 和 $x_j^- \geqslant 0$ 一并代入约束条件中。

在从线性规划的一般形式到标准形式转化时，必须对不等式约束及符号无限制变量进行处理。符号无限制变量的处理上面已经介绍过了。下面介绍一下如何处理一般形式中的不等式约束。

对于 $a_{i1}x_1 + \cdots + a_{in}x_n \geqslant b_i$，我们可以引入一个非负变量 s_i（也称为剩余变量）进行变换，即：$a_{i1}x_1 + \cdots + a_{in}x_n - s_i = b_i, s_i \geqslant 0$。

对于 $a_{i1}x_1 + \cdots + a_{in}x_n \leqslant b_i$，我们可以引入一个非负变量 s_i（也称为松弛变量）进行变换，即：$a_{i1}x_1 + \cdots + a_{in}x_n + s_i = b_i, s_i \geqslant 0$。

---

① 在 MATLAB 中，线性规划的命令为 linprog，感兴趣的读者可以查阅相关的书籍，或者参阅软件的帮助文件。

案例：求解以下模型。

$$\max \quad f(\boldsymbol{x}) = 5x_1 + 4x_2 + 6x_3 \quad (15.8)$$

$$\text{s.t.} \quad x_1 - x_2 + x_3 \leqslant 20$$

$$3x_1 + 2x_2 + 4x_3 \leqslant 42$$

$$3x_1 + 2x_2 \leqslant 30$$

$$x_1 \geqslant 0, x_2 \geqslant 0, x_3 \geqslant 0$$

利用 MATLAB 很容易求解线性规划问题，编码如下：

```
>> f = [-5; -4; -6];  % 在 MATLAB 中需要将问题转换为求最小值，求函数 f
的最大值可以表示为求函数-f 的最小值
>> A = [1 -1 1
3 2 4
3 2 0];
>> b = [20; 42; 30];  % 向量 b 的数值
>> lb = zeros(3,1);   % 下界向量
>> [x,fval,exitflag,output,lambda] = linprog(f,A,b,[],[],lb);
```

求得的结果为：当 $\boldsymbol{x} = (0,15,3)$ 时，目标函数 $f(\boldsymbol{x}) = 78$。

15.1.2 单纯形法

单纯形法是线性规划问题求解的一种通用方法。它是在 1947 年由 George Dantzig 提出的，已被证明是一种非常有效的方法。

单纯形法是一个代数过程。然而，它的基本概念却是建立在几何上的。理解这些几何概念为掌握单纯形法提供了更直观的感觉。

在图 15.2 中我们可以看到，每条约束边界都是直线，直线相交的点称为问题的顶点。其中在可行域内的 5 个顶点的坐标为(0,0)、(0,3)、(2,3)、(3.5,1.5)、(4,0)，又称为顶点可行解。

在这个例子中，每个顶点均在两条约束边界的交点上。其实，对于任何一个具有 n 个决策变量的线性规划问题，如果两个顶点解享有 $n-1$ 条约束边界，那么它们是相邻的。两个相邻的顶点解是通过一条线段连接的，共同享有这条约束边界。在前文的例子中，因为 $n = 2$，所以当两个顶点解共享一条约束边界时，它们就是相邻的。比如，点(0,0) 和点(0,3)就是相邻的，因为它们共享 $x_1 = 0$ 这条约束边界。而且，每个顶点两旁各有一个顶点，如表 15.2 所示。

表 15.2 相邻顶点解

顶点解	相邻顶点
(0,0)	(0,3)和(4,0)
(0,3)	(2,3)和(0,0)
(2,3)	(3.5,1.5)和(0,3)
(3.5,1.5)	(4,0)和(2,3)
(4,0)	(3.5,1.5)和(0,0)

为什么这里要介绍相邻顶点解呢？

它的重要性在于能通过一种方法来检验一个顶点解是否是优化解。对于任何一个线性规划问题，如果一个顶点解已经没有任何相邻的顶点解比它更好，那么这个顶点解肯定是最优解。以图 15.2 中的顶点解(3.5,1.5)为例，与它相邻的两个顶点解都没有该点好，因此点(3.5,1.5)就是最优解。

寻找最优解的思路为：首先进行初始化（Initialization），即选择(0,0)点作为初始顶点进行测试；然后进行优化测试（Optimality Test），即计算得出点(0,0)不是最优的点，因为相邻顶点有更好的；接着进行迭代（Iteration），即移动到更好的相邻顶点解上，也就是移动到点(4,0)上。继续进行优化测试，直到找出最优解。

单纯形法就是聚焦在顶点解上的一种迭代算法（Iterative Algorithm）。

算法流程如下。

（1）初始化：设置一个初始点（一个顶点）。

（2）优化测试：确定当前顶点解是否是优化解：如果是，则过程停止；如果不是，则执行下一步。

（3）迭代：进入更好的顶点解，然后执行第（2）步。

考虑标准形式的线性规划问题：

$$\min z = \boldsymbol{c}^T \boldsymbol{x} \tag{15.9}$$

$$\text{s.t.} \quad \boldsymbol{A}\boldsymbol{x} = \boldsymbol{b} \tag{15.10}$$

$$\boldsymbol{x} \geqslant 0 \tag{15.11}$$

在解决线性规划下的标准形式的问题时，$\boldsymbol{A}$ 被假设为 $m \times n$ 阶矩阵且 $r(\boldsymbol{A}) = m$，因此在 $\boldsymbol{A}$ 中肯定存在 m 个线性无关的列向量，假设由它们再构成方阵 $\boldsymbol{B}$，将由 $\boldsymbol{A}$ 中的其他列向量组成的子矩阵记为 $\boldsymbol{N}$，则

$$\boldsymbol{A} = (\boldsymbol{B}, \boldsymbol{N}) \tag{15.12}$$

此时的m阶满秩方阵$\boldsymbol{B}$称为一个基,它的列向量称为基向量。同理,$x = x_1, \cdots, x_n$也可以分为$\boldsymbol{x}_B$基变量和$\boldsymbol{x}_N$非基变量。那么,$\boldsymbol{Ax} = \boldsymbol{b}$可以转化为

$$\boldsymbol{Bx}_B + \boldsymbol{Nx}_N = \boldsymbol{b} \tag{15.13}$$

由于此时$\boldsymbol{B}$是满秩方阵,所以其逆矩阵$\boldsymbol{B}^{-1}$存在。将上面的公式左乘$\boldsymbol{B}^{-1}$并移项可得:

$$\boldsymbol{x}_B = \boldsymbol{B}^{-1}\boldsymbol{b} - \boldsymbol{B}^{-1}\boldsymbol{N}\boldsymbol{x}_N \tag{15.14}$$

将$\boldsymbol{x}_N$设定为自由变量,因此对于任何一组$\hat{\boldsymbol{x}}_N$,都存在一组与之对应的$\hat{\boldsymbol{x}}_B$。此时

$$\boldsymbol{x} = \begin{pmatrix} \hat{\boldsymbol{x}}_B \\ \hat{\boldsymbol{x}}_N \end{pmatrix}$$

是约束方程的一个解。如果令$\boldsymbol{x}_N = 0$,则方程的解为

$$\boldsymbol{x} = \begin{pmatrix} \boldsymbol{B}^{-1}\boldsymbol{b} \\ 0 \end{pmatrix}$$

称这个解为$\boldsymbol{B}$的基本解。如果$\boldsymbol{B}^{-1}\boldsymbol{b} \geqslant 0$,则$\boldsymbol{x}$为基本可行解,此时对应的$\boldsymbol{B}$为可行基。

一些有用的定理与结论:

- 可行解$\hat{\boldsymbol{x}}$是基本可行解的充分必要条件是它的正分量所对应的$\boldsymbol{A}$中的列向量线性无关。
- $\hat{\boldsymbol{x}}$是基本可行解的充分必要条件是$\hat{\boldsymbol{x}}$是可行域的顶点。
- 一个可行基对应一个基本可行解。
- 如果一个基本可行解是非退化的,那么它对应着唯一的一个可行基[①]。
- 如果一个基本可行解是退化的,则它可以由不止一个可行基得到。
- 给定一个标准形式的线性规划问题,它最多有C_n^m个可行基,因此基本可行解的数量不会超过C_n^m,也就是多面凸集的顶点个数不会超过C_n^m个。
- 如果标准形式的线性规划问题存在有限的最优值,那么一定存在一个基本可行解是最优解。

目标函数与可行域的关系:

- 当z取不同值时,目标函数的等值面$z = \boldsymbol{c}^T\boldsymbol{x}$是在空间$R$中彼此平行且与向量$\boldsymbol{c}$正

[①] 一个基本可行解$\hat{\boldsymbol{x}}$,假如它所有的基变量都为正值,则称其是非退化的;假如有的基变量取0,则称其是退化的。

交的一族超平面。当超平面沿着目标函数的负梯度方向$-\nabla(c^T x) = -c$移动时，z值会越来越小。
- 标准形式的线性规划问题如果有可行解，则至少有一个基本可行解。

目标函数也可以按照类似于前面所述的基变量和非基变量的划分思路划分为$c^T = (c_B^T, c_N^T)$。

$$z = c^T x = c_B^T x_B + c_N^T x_N \tag{15.15}$$

$$= c_B^T(B^{-1}b - B^{-1}N x_N) + c_N^T x_N \tag{15.16}$$

$$= c_B^T B^{-1} b - (c_B^T B^{-1} N - c_N^T) x_N$$

$$= c_B^T B^{-1} b - \sum_{j=m+1}^{n} (c_B^T B^{-1} A_j - c_j) x_j \tag{15.17}$$

此时的$A = (A_1, \cdots, A_n), B = (A_1, \cdots, A_m), N = (A_{n+1}, \cdots, A_n)$。

由式（15.17）容易证明，如果$\theta_j \leq 0, \forall j$，则$B$对应的基本可行解是最优解。

单纯形求解的过程就是从一个基本可行解移动到另一个更好的基本可行解的过程，也就是不断地利用一个非基向量替代基向量中的某个向量的过程。因此，整个过程可以描述为一个不断换基的过程，涉及不断的进基和出基操作。

单纯形求解流程如下：

（1）找到一个初始的可行基。

（2）求出$x_B + B^{-1}N x_N = B^{-1}b$。

（3）求出向量θ。

（4）找出$\theta_k = \max\{\theta_1, \cdots, \theta_n\}$进行判别。如果$\theta_k \leq 0$，则停止计算，输出最优解。

$$x = \begin{pmatrix} B^{-1}b \\ 0 \end{pmatrix}$$

此时的最优解为$z = c_B^T B^{-1} b$；否则进行下一步。

（5）如果$B^{-1}A_k \leq 0$，则停止计算，该问题无解；否则进行下一步。

（6）用$B^{-1}b$向量中的每个元素除以增广矩阵第k列中对应的行的元素，从这些得到的数字中选择大于0且最小值所在的行，记为第r行。

（7）用A_k代替A_r得到新的基，并跳转到第（2）步。

实例：利用单纯形法求解问题式（15.2）。

首先要将该问题转换成标准形式，并引入松弛变量x_3, x_4, x_5，如下所示：

$$\min \quad z = -2x_1 - x_2$$
$$\text{s.t.} \quad 5x_2 + x_3 = 15$$
$$6x_1 + 2x_2 + x_4 = 24$$
$$x_1 + x_2 + x_5 = 5$$
$$x_j \geq 0, j = 1, \cdots, 5$$

由问题可知：$\boldsymbol{c} = (-2, -1, 0, 0, 0)$，$\boldsymbol{b} = (15, 24, 5)^\mathrm{T}$ 且

$$\boldsymbol{A} = (A_1, A_2, A_3, A_4, A_5) = \begin{pmatrix} 0 & 5 & 1 & 0 & 0 \\ 6 & 2 & 0 & 1 & 0 \\ 1 & 1 & 0 & 0 & 1 \end{pmatrix}$$

第一次迭代过程：

一般情况下，最初选择松弛变量作为基变量，此时初始基为

$$\boldsymbol{B}^{(1)} = (A_3, A_4, A_5) = \begin{pmatrix} 1 & 0 & 0 \\ 0 & 1 & 0 \\ 0 & 0 & 1 \end{pmatrix} \Rightarrow \boldsymbol{B}^{-1(1)} = \begin{pmatrix} 1 & 0 & 0 \\ 0 & 1 & 0 \\ 0 & 0 & 1 \end{pmatrix}$$

$$\boldsymbol{x}_B^{(1)} = \begin{pmatrix} x_3 \\ x_4 \\ x_5 \end{pmatrix} = \begin{pmatrix} 15 \\ 24 \\ 5 \end{pmatrix}, \boldsymbol{x}_N^{(1)} = \begin{pmatrix} x_1 \\ x_2 \end{pmatrix} = \begin{pmatrix} 0 \\ 0 \end{pmatrix}$$

函数值 $z^{(1)} = \boldsymbol{c}_B^{(1)} \boldsymbol{x}_B^{(1)} = (0,0,0)(15,24,5)^\mathrm{T} = 0$。

通过计算下面的指标，我们可以决定哪个变量为进基变量。

$$\boldsymbol{c}_B \boldsymbol{B}^{-1} A_i - c_i \quad (15.18)$$

此时的 i 取值为 1,2。当 $i = 1$ 时，求得的值为 2；当 $i = 2$ 时，求得的值为 1。根据判定原则，我们选择 $k^{(1)} = 1$，即 x_1 为进基变量。并且 2 与 1 均大于 0，说明还需要进一步迭代。

由 $\boldsymbol{B}^{-1(1)} A_1 = (0, 6, 1)^\mathrm{T}$，$\boldsymbol{x}_B^{(1)} = (15, 24, 5)$ 可知最小的正值发生在第二个分量上，为 $\frac{24}{6} = 3$，指向变量 x_4，即 $r^{(1)} = 2$，从而可以得知 x_4 为离基变量。

第二次迭代过程：

$$\boldsymbol{B}^{(2)} = (A_3, A_5, A_1) = \begin{pmatrix} 1 & 0 & 0 \\ 0 & 0 & 6 \\ 0 & 1 & 1 \end{pmatrix} \Rightarrow \boldsymbol{B}^{-1(2)} = \begin{pmatrix} 1 & 0 & 0 \\ 0 & -0.1667 & 1 \\ 0 & 0.1667 & 0 \end{pmatrix}$$

$$\boldsymbol{x}_B^{(2)} = \begin{pmatrix} x_3 \\ x_5 \\ x_1 \end{pmatrix} = \begin{pmatrix} 15 \\ 1 \\ 4 \end{pmatrix}, \boldsymbol{x}_N^{(2)} = \begin{pmatrix} x_2 \\ x_5 \end{pmatrix} = \begin{pmatrix} 0 \\ 0 \end{pmatrix}$$

函数值 $z^{(2)} = \boldsymbol{c}_B^{(2)} \boldsymbol{x}_B^{(2)} = (0, 0, -2)(15, 1, 4)^\mathrm{T} = -8$。

$c_B^{(2)}B^{-1(2)}A_2 - c_2 = 0.333, c_B^{(2)}B^{-1(2)}A_4 - c_4 = -0.333$，所以$k^{(2)} = 2$，说明$x_2$为进基变量。由于存在大于 0 的数值，说明还需要进一步迭代。

由$B^{-1(2)}A_2 = (5, 0.666, 0.333)^T$，$x_B^{(2)} = (15, 1, 4)$可知最小的正值发生在第一个分量上，为$1/0.666 = 1.5$，指向变量$x_5$，即$r^{(2)} = 5$，从而可以得知$x_5$为离基变量。

第三次迭代过程：

$$B^{(3)} = (A_3, A_1, A_2) = \begin{pmatrix} 1 & 0 & 5 \\ 0 & 0 & 6 \\ 0 & 1 & 1 \end{pmatrix} \Rightarrow B^{-1(3)} = \begin{pmatrix} 1 & 1.25 & -7.5 \\ 0 & 0.25 & -0.5 \\ 0 & -0.25 & 1.5 \end{pmatrix}$$

$$x_B^{(3)} = \begin{pmatrix} x_3 \\ x_1 \\ x_2 \end{pmatrix} = \begin{pmatrix} 7.5 \\ 3.5 \\ 1.5 \end{pmatrix}, x_N^{(3)} = \begin{pmatrix} x_4 \\ x_5 \end{pmatrix} = \begin{pmatrix} 0 \\ 0 \end{pmatrix}$$

函数值$z^{(3)} = c_B^{(3)}x_B^{(3)} = (0, -2, -1)(7.5, 3.5, 1.5)^T = -8.5$。

$c_B^{(3)}B^{-1(3)}A_4 - c_4 = -2.5, c_B^{(3)}B^{-1(3)}A_5 - c_5 = -5$。由于不存在大于 0 的数值，说明此时迭代结束。

将此时的函数值还原为求最大值问题可得：$z^* = 8.5, x_1^* = 3.5, x_2^* = 1.5$。该结果与前面图形法得到的结果一致。

还有一种表格单纯形法，表现更为直接。其中，进基与出基的判断与上述内容一致，这里就不再赘述了。其中，第k列为主列，第r行为主行。因此，元素a_{rk}也被称为主元。而表格单纯形法要做的就是对主元进行消去，使得主列中各元素除主元所在行外全部变为 0，并将主元变为 1，从而达到换基的目的。也就是使得基变量的系数矩阵一直为单位矩阵。

将问题式（15.2）转化为表格形式，如下所示[①]：

	x_1	x_2	x_3	x_4	x_5	RHS
z	2	1	0	0	0	0
x_3	0	5	1	0	0	15
x_4	6	1	0	1	0	24
x_5	1	2	0	0	1	5

根据判定原则，我们知道x_1是进基变量，x_4是离基变量，$a_{12} = 6$是主元。因此，利用高斯消去法将第一列除 6 以外的元素全部变为 0，而将主元 6 变为 1，可得：

[①] 首先转化为最小化的标准形式问题，另外令$z + 2x_1 + x_2 = 0$，因此系数的符号在表格中也会发生改变。

	x_1	x_2	x_3	x_4	x_5	RHS
z	0	$\frac{1}{3}$	0	$-\frac{1}{3}$	0	-8
x_3	0	5	1	0	0	15
x_1	1	$\frac{1}{6}$	0	$\frac{1}{6}$	0	4
x_5	0	$\frac{2}{3}$	0	$-\frac{1}{6}$	1	1

同样，根据判定原则可知，x_2是进基变量，x_5是离基变量，$a_{23} = \frac{2}{3}$是主元。继续变形可得：

	x_1	x_2	x_3	x_4	x_5	RHS
z	0	0	0	$-\frac{1}{4}$	$-\frac{1}{2}$	$-8\frac{1}{2}$
x_3	0	0	1	$\frac{5}{4}$	$-\frac{15}{2}$	$\frac{15}{2}$
x_1	1	0	0	$\frac{1}{12}$	$-\frac{1}{2}$	$\frac{7}{2}$
x_2	0	1	0	$-\frac{1}{4}$	$\frac{3}{2}$	$\frac{3}{2}$

根据判定原则可知，此时已得到最优解，迭代终止。通过以上三张表格，我们可以发现在最后一列已经给出了每次迭代过程中的最优解及函数值，即图15.2中的顶点。

15.1.3 对偶问题

在数学优化理论中，对偶（Duality）是一种可以将优化问题从两方面对待的原则，也就是面对一个问题，我们可以找到原始问题（Primal Problem）或者对偶问题（Dual Problem）。对偶问题的解决方案为原始问题（假设原始问题为最小化的目标函数）的解决提供了一条较低的边界（Boyd and Vandenberghe，2004）。

然而，总的来说，原始和对偶问题的最优解不需要是对等的，它们的区别被称为对偶性差异。对于凸优化问题而言，在约束规范条件下，对偶性差异为零。

根据George Dantzig所述，当他提出线性规划问题后，线性规划的对偶理论立即被John von Neumann推导出来。John von Neumann指出，他利用博弈论中的信息，推导出两人零和矩阵博弈（Zero Sum Matrix Game）等价于线性规划。Albert W. Tucker和他的团队于1948年首次给出了严格的证明（Nering and Tucker，1993）。

在经济学中，如果我们把原始线性规划问题解释为经典的"资源分配"问题，那么它的对偶可以被解释为"资源定价"问题。

下面我们来看在线性规划中对偶问题应该如何表达。

线性规划中的对偶问题可以分为三种情况，第一种情况我们以式（15.6）（线性规划的规范形式）为例，观察其对偶形式。这种情况下的对偶问题也称为对称形式的对偶问题，如下所示：

$$\max \quad \boldsymbol{b}^\mathrm{T} \boldsymbol{w} \tag{15.19}$$
$$\text{s.t.} \quad \boldsymbol{A}^\mathrm{T} \boldsymbol{w} \leqslant \boldsymbol{c}$$
$$\boldsymbol{w} \geqslant 0$$

其中，$\boldsymbol{A}$ 是式（15.5）中的矩阵，$\boldsymbol{b}=(b_1,\cdots,b_m)^\mathrm{T}$ 是 m 维列向量，$\boldsymbol{c}=(c_1,\cdots,c_n)$ 是 n 维行向量，$\boldsymbol{w}=(w_1,\cdots,w_m)$ 是 m 维行向量。

举一个简单的例子来说明对称形式的对偶问题。假如原问题为

$$\min \quad 20w_1 + 42w_2 + 30w_3 \tag{15.20}$$
$$\text{s.t.} \quad w_1 + 3w_2 + 3w_3 \geqslant 5$$
$$-w_1 + 2w_2 + 2w_3 \geqslant 4$$
$$w_1 + 4w_2 \geqslant 6$$
$$w_1 \geqslant 0, w_2 \geqslant 0, w_3 \geqslant 0$$

则模型式（15.20）的对偶问题为模型式（15.8）。

另外两种情况，即非对称形式的对偶及一般情形下的对偶这里就不再介绍了，一般在专门讲述线性规划的书中均有介绍。然而，为什么说对偶理论很重要呢？这是因为它有几个很好的性质：

- 假如线性规划的原始问题存在最优解，则它的对偶问题也肯定存在最优解，并且原始问题与对偶问题的最优解是相等的。
- 对偶问题的对偶问题为原始问题。

15.2 非线性规划

线性规划的一个关键假设是目标函数和约束函数均是线性的。虽然这个假设基本上适用于许多实际问题，但它并非常常成立。尤其是在经济、金融等领域，非线性规划问

题是常态。因此，我们也必须对如何处理非线性规划问题进行研究。非线性规划问题有许多不同的形式。与线性规划的单纯形法不同，没有一种算法能解决所有非线性规划中的不同类型问题，必须针对问题的不同特点而给出不同的解决方案。

在金融领域，一个重要的研究方向就是风险证券的投资组合问题。大型股票投资组合的职业经理人通常基于非线性规划来指导投资者。投资者关心的是期望收益和与投资相关的风险。非线性规划用于确定一个投资组合在一定的假设下，如何权衡收益与风险。这种方法主要基于 Harry Markowitz 和 William Sharpe 的研究成果，他们也为此赢得了 1990 年的诺贝尔经济学奖。

权衡投资组合的收益与风险是一个非线性规划问题。假如有 n 只债券在投资时需要被考虑，令决策变量 $x_j, j = 1, 2, \cdots, n$ 代表投资股票的数量。令 μ_j 和 σ_j 分别为第 j 只证券的收益和标准差，则 σ_{ij} 是第 i 只证券和第 j 只证券收益的协方差。

投资组合的期望收益和风险被定义如下：

$$R(\boldsymbol{x}) = \sum_{j=1}^{n} \mu_j x_j \tag{15.21}$$

和

$$\mathrm{Var}(\boldsymbol{x}) = \sum_{i=1}^{n} \sum_{j=1}^{n} \sigma_{ij} x_i x_j \tag{15.22}$$

假如我们以风险最小化作为目标函数，那么对该问题的求解变为求解以下模型：

$$\min \ \mathrm{Var}(\boldsymbol{x}) = \sum_{i=1}^{n} \sum_{j=1}^{n} \sigma_{ij} x_i x_j \tag{15.23}$$

$$\mathrm{s.t.}$$

$$\sum_{j=1}^{n} \mu_j x_j \geqslant L$$

$$\sum_{j=1}^{n} P_j x_j \leqslant B$$

$$x_j \geqslant 0, j = 1, 2, \cdots, n$$

这里 L 表示最小可以接受的期望收益，P_j 是每只证券的价格，B 是在投资时总资金的约束。

上述投资组合优化问题就是一个二次规划（Quadratic Programming）问题，即目标函数是二次的，但约束条件是线性的。它与线性规划的差别就在于目标函数存在某个变量的平方，或者两个变量的乘积。

二次优化问题是非线性模型中最简单的模型之一，它包含一个二次目标函数 $x^\mathrm{T}Qx + c^\mathrm{T}x$ 和线性约束。如果矩阵 Q 是半正定的，则该问题是凸优化问题；否则，该问题就是 NP（Non-deterministic Polynomial，非确定性多项式）难题，需要通过分支定界法（Branch & Bound Method）进行求解（Horst，2002）。

以下介绍非线性规划中一些最基础、也是最常用的算法。通过这些算法，我们可以了解到非线性规划算法的一些基本原理，同时有助于理解为什么 He and Zhou（2011）说传统的优化算法无法解决基于前景理论的投资组合优化问题。

15.2.1 无约束优化

假如 n 维函数 $f(x)$ 具有一阶连续偏导数，那么该函数的非线性无约束最小化问题可以表示为

$$\min_{x \in \mathbb{R}^n} f(x) \tag{15.24}$$

在研究过程中，会遇到很多有约束非线性规划问题通过变换为无约束非线性规划问题进行求解。并且一些实际问题本身可能就是无约束非线性规划问题。因此，有必要对无约束非线性规划问题进行研究。

1. 梯度下降法

在一些书中提到，最速下降法（Steepest Descent）又称为梯度下降法（Gradient Descent），其实这是不严谨的。它们之间仍有一定的差别，其中之一就是所涉及的范数种类不同。最速下降法可以涉及任何形式的范数，而梯度下降法主要涉及的是 ℓ_2 范数。也就是说，采用 ℓ_2 范数的最速下降法就是梯度下降法。它们之间最大的区别就在于下降方向采用不同的方法。在梯度下降法中仅用负梯度作为搜索的方向。

这里先简单介绍一下范数（Norm）的概念。范数其实就是对向量长度的测度。我们先给出范数的定义，再对其进行解释。$\mathcal{L}^p$ 函数空间定义如下：

$$\|e\|_p = (\sum_{j=1}^{m} |e_j|^p)^{1/p}$$

其中，e 表示向量，e_j 表示向量中的元素。

当 $p=1$ 时称为 ℓ_1 范数，表示绝对值测度，反映的是绝对值之和，也称曼哈顿距离（Manhattan Distance），即 $\|x\|_1 = |x_1| + |x_2| + \cdots + |x_n|$。

当 $p=2$ 时称为 ℓ_2 范数，也称欧几里得距离，即 $\|x\|_2 = (x_1^2 + x_2^2 + \cdots + x_n^2)^{\frac{1}{2}}$。

当 $p=\infty$ 时称为 ℓ_∞ 范数，表示最大绝对值测度，即 $\|x\|_\infty = \max\{|x_1|, |x_2|, \cdots, |x_n|\}$。

在 MATLAB 中求解向量范数非常简单，只需输入 norm(x, p) 命令即可，其中 x 代表向量，p 表示 ℓ_p 范数。如向量 $x=(-2,-1,0,1,2,3,4,5)$，可以分别求得 ℓ_1 范数、ℓ_2 范数及 ℓ_∞ 范数，如下：

```
>> x=[-2,-1,0,1,2,3,4,5];
>> l1=norm(x, 1)              %求 l₁ 范数
l1 =
18
>> l2=norm(x, 2)              %求 l₂ 范数
l2 =
7.7460e+00
>> lpinf=norm(x, inf)         %求 l∞ 范数, 其中 inf 代表正无穷
lpinf =
5
```

梯度下降法是求解无约束优化问题的最简单、最古老的方法之一。此方法通过一阶梯度确定下一步搜索的方向，收敛速度较慢，尤其是当临近极值时收敛速度更慢。尽管现在该方法已经不太适用，但却是理解其他很多算法的基础。这种方法的思想是从某个初始点开始，不断地"走下坡路"。在非凸函数中，初始点的选择可能会影响最后的结果，不同的初始点可能会到达不同的局部最优点。如果目标函数是一个凸函数，则与出发点是无关的。

式（15.24）中的函数 f 在点 x 处沿方向 d 的变化率可以用方向导数表示，由于函数 f 可微，方向导数等于梯度与方向的内积，因此，求函数 f 在点 x 处的最快下降方向等价于求解如下问题：

$$\begin{aligned} \min \quad & \nabla f(x)^\mathrm{T} d \\ \text{s.t.} \quad & \|d\| \leqslant 1 \end{aligned} \tag{15.25}$$

可以得到：

$$\nabla f(x)^\mathrm{T} d \geqslant -\|\nabla f(x)\| \tag{15.26}$$

当

$$d = -\frac{\nabla f(\boldsymbol{x})}{\|\nabla f(\boldsymbol{x})\|} \tag{15.27}$$

时，上式的等号成立，也就是说此时沿d的方向变化率最小，负梯度方向就是最快下降方向。即：当方向为$-\nabla f(\boldsymbol{x})$时，函数值在该点附近下降速度最快[①]。

利用梯度下降法进行求解的算法步骤如下：

（1）指定一个终止条件，即允许误差$\varepsilon > 0$。

（2）在定义域内选择一个初始点$\boldsymbol{x}^{(0)}$，令$k = 0$。

（3）计算$\nabla f(\boldsymbol{x}^{(k)})$，得到搜索方向。若$\|\nabla f(\boldsymbol{x}^{(k)})\| \leqslant \varepsilon$，则过程终止；否则进行下一步。

（4）从$\boldsymbol{x}^{(k)}$出发，沿d进行直线搜索，求出步长t_k，使
$$f(\boldsymbol{x}^{(k)} + t_k d^{(k)}) = \min_{t \geqslant 0} f(\boldsymbol{x}^{(k)} + t d^{(k)})$$

（5）$\boldsymbol{x}^{(k+1)} = \boldsymbol{x}^{(k)} + t_k d^{(k)}$，令$k = k + 1$并转向第（3）步。

2. 牛顿法

用二次函数逼近目标函数，然后不停地迭代寻求该二次函数的极小值，用此极小值作为目标函数的近似值，这就是牛顿法的基本思想。牛顿法的收敛速度为二阶，其对正定二次函数进行一次迭代就可以求得最优解，这是牛顿法的最大优点。

设非线性目标函数$f(\boldsymbol{x})$具有二阶连续偏导数，用$\boldsymbol{x}^{(k)} \in \mathbb{R}^n$表示第$k$个迭代点。

在$\boldsymbol{x}^{(k)}$处对目标函数进行泰勒展开，并取二阶近似。

$$\begin{aligned} f(\boldsymbol{x}) \approx g(\boldsymbol{x}) = &f(\boldsymbol{x}^{(k)}) + \nabla f(\boldsymbol{x}^{(k)})^{\mathrm{T}}(\boldsymbol{x} - \boldsymbol{x}^{(k)}) + \\ &\frac{1}{2}(\boldsymbol{x} - \boldsymbol{x}^{(k)})^{\mathrm{T}} \nabla^2 f(\boldsymbol{x}^{(k)})(\boldsymbol{x} - \boldsymbol{x}^{(k)}) \end{aligned} \tag{15.28}$$

设$\nabla^2 f(\boldsymbol{x}^{(k)})$正定（显然其是可逆矩阵），则$g(\boldsymbol{x})$有唯一的极小点，其满足

$$\nabla g(\boldsymbol{x}) = \nabla f(\boldsymbol{x}^{(k)}) + \nabla^2 f(\boldsymbol{x}^{(k)})(\boldsymbol{x} - \boldsymbol{x}^{(k)}) = 0 \tag{15.29}$$

用式（15.29）的解作为下一个迭代点，即

$$\boldsymbol{x}^{(k+1)} = \boldsymbol{x}^{(k)} - [\nabla^2 f(\boldsymbol{x}^{(k)})]^{-1} \nabla f(\boldsymbol{x}^{(k)}) \tag{15.30}$$

由式（15.30）可以得出牛顿法迭代公式。

[①] 注意：以上推论都是在l_2范数，即 Euclid 范数小于或等于 1 的情况下得到的，此时的最速下降法就是梯度下降法。

利用牛顿法进行求解的算法步骤如下：

（1）指定一个终止条件，即允许误差 $\varepsilon > 0$。

（2）在定义域内选择一个初始点 $\boldsymbol{x}^{(0)}$，令 $k = 0$。

（3）计算 $\nabla f(\boldsymbol{x}^{(k)})$。

（4）判断：若 $\|\nabla f(\boldsymbol{x}^{(k)})\| < \varepsilon$ 则终止迭代，此时 $\boldsymbol{x}^* = \boldsymbol{x}^{(k+1)}$；否则，利用式（15.30）求得 $\boldsymbol{x}^{(k+1)}$，令 $k = k+1$ 并转到步骤（3）。

牛顿法也存在不少缺点，比如，其是局部收敛的，初始点的选择对算法收敛有很大影响。由于牛顿法不属于下降算法，所以，当二阶海塞矩阵为非正定矩阵时，无法保证方向为下降方向。从上面的算法流程中可以看到，如果海塞矩阵不可逆，则计算相当困难。由于牛顿法具有收敛速度上的优势，所以，尽管其存在不少缺陷，仍有不少学者对其进行了改善，感兴趣的读者可以进一步阅读相关优化类书籍。

3. 共轭梯度法

在介绍共轭梯度法（Conjugate Gradient Method）之前，先回顾一下共轭的概念。设 $\boldsymbol{A}$ 是 n 阶实对称矩阵，对于非零向量 $\boldsymbol{p}, \boldsymbol{q} \in \mathbb{R}^n$，使得

$$\boldsymbol{p}^{\mathrm{T}} \boldsymbol{A} \boldsymbol{q} = 0 \tag{15.31}$$

则称 $\boldsymbol{p}$ 和 $\boldsymbol{q}$ 关于 $\boldsymbol{A}$ 共轭。

对于非零向量组 $\boldsymbol{p}^i \in \mathbb{R}^n$，$i = 1, 2, \cdots, n$，若存在

$$(\boldsymbol{p}^i)^{\mathrm{T}} \boldsymbol{A} \boldsymbol{p}^j = 0, \quad i, j = 1, 2, \cdots, n, i \neq j$$

则称方向 $\boldsymbol{p}^i (i = 1, 2, \cdots, n)$ 是 $\boldsymbol{A}$ 共轭方向组，也称它们为一组 $\boldsymbol{A}$ 共轭方向，这些共轭方向是线性无关的[①]。

根据线性代数的知识，可以证明 $\boldsymbol{A}$ 共轭方向组中最多能够包含 n 个向量，并且 n 维空间的一组基（Basis）能够张成一组 $\boldsymbol{A}$ 共轭方向。

简单回顾一下基的概念。令 $\boldsymbol{e}_1, \boldsymbol{e}_2, \cdots, \boldsymbol{e}_n$ 是 n 维单位阵的列向量，

$$\boldsymbol{e}_1 = \begin{pmatrix} 1 \\ 0 \\ \vdots \\ 0 \end{pmatrix}, \boldsymbol{e}_2 = \begin{pmatrix} 0 \\ 1 \\ \vdots \\ 0 \end{pmatrix}, \cdots \boldsymbol{e}_n = \begin{pmatrix} 0 \\ 0 \\ \vdots \\ 1 \end{pmatrix}$$

则集合 $\{\boldsymbol{e}_1, \boldsymbol{e}_2, \cdots, \boldsymbol{e}_n\}$ 是 $\mathbb{R}^n$ 的标准基（Standard Basis）。图15.4给出了 $\mathbb{R}^3$ 的标准基。

[①] 进一步，如果 $\boldsymbol{A}$ 是单位阵，显然这些方向是两两正交的。

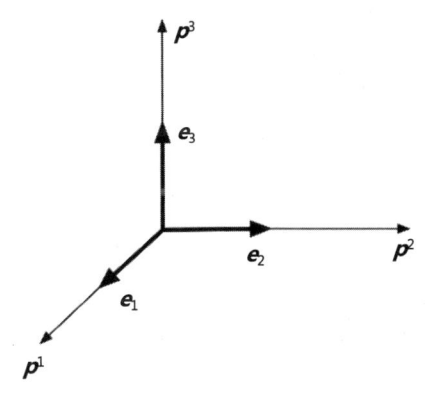

图 15.4 $\mathbb{R}^3$ 的标准基

更一般地，只要 n 个列向量构成的矩阵 A 为可逆矩阵（Invertible Matrix），这 n 个列向量就构成 $\mathbb{R}^n$ 空间中的一个基。

通过下面的例子对共轭方向法的优点进行阐述。

$$\min f(x) = \frac{1}{2}x^{\mathrm{T}}Ax + b^{\mathrm{T}}x + c \tag{15.32}$$

式（15.32）是一个二次严格凸函数的无约束优化问题，其中 $x \in \mathbb{R}^n$，A 是对称正定矩阵，$b \in \mathbb{R}^n$，$c \in \mathbb{R}$。对于式（15.32），假如存在 $p^i(i = 1,2,\cdots,n)$ 任意一组 A 共轭方向，则由任何初始点 $x^{(0)}$ 开始，依次沿着 $p^1,\cdots,p^n$ 进行精确直线搜索，则最多需要 n 轮迭代就可以得到全局最优解。这种求解方法也称为共轭方向法（Conjugate Direction Method）。

我们可以找到很多不同的共轭方向进行搜索，没有一个统一的原则。但是，如果将共轭方向法与最速下降法结合，利用迭代点处的梯度构建一组共轭方向，并沿着这个方向进行搜索，那么这种方法就被称为共轭梯度法。因此，共轭梯度法其实是共轭方向法的一种特殊形式（Hestenes and Stiefel，1952）。常用的共轭梯度法是由 Fletcher et al.（1964）提出的 Fletcher-Reeves 共轭梯度法（简称 F-R 法）。

下面利用 MATLAB 求解无约束线性规划问题。

问题 1

$$\min \quad f(x) = 7x_1^2 + 2x_1x_2 + x_2^2 + 8 \tag{15.33}$$

```
% 以下两行是在MATLAB中首先创建一个目标函数的.m文件
function f = myfun1(x)
f = 7*x(1)^2 + 2*x(1)*x(2) + x(2)^2 + 8;
```

```
% 以下为命令行
x0 = [1,1];                              % 定义初始点 x0
[x,fval] = fminunc(@myfun1,x0);          % 求函数的最小值
```

此时程序给出的结果为当 *x*=[4.3162e-07,-2.3415e-07]时目标函数的最小值为 8。

问题 2

$$\min \quad f(x) = \sum_{i=1}^{100} (x_i - \frac{1}{i^2})^2 \qquad (15.34)$$

```
% 以下两行是在 MATLAB 中首先创建一个目标函数的 .m 文件
function f = myfun2(x)
f = 0;
for i = 1:100
    f = f+(x(i)-1/i^2)^2
end
% 以下为命令行
x0 = 5*ones(1,100);                      % 定义初始点 x0
PTIONS = optimset('LargeScale','on');    % 优化参数设置，参数有很多，
可以进一步参阅 MATLAB 对函数 optimset 的说明
[x,fval,exitflag,output] = fminunc(@myfun2,x0,PTIONS);
```

由于这里的变量有 100 个，所以不再一一列出了，目标函数的最小值为 5.5521e-15。
另外，求解无约束线性规划问题还可以使用 fminsearch 命令。

问题 3

$$\min \quad f(x,y,z) = x^2 + y^2 + z^2 + 10\sin y + x^2 y^2 z^2 \qquad (15.35)$$

```
% 以下两行是在 MATLAB 中首先创建一个目标函数的 .m 文件
function f = myfun3(a)
x = a(1);
y = a(2);
z = a(3);
f = x.^2 +y.^2+z.^2 + 10 * sin(y)+ x^2*y^2*z^2
% 以下为命令行
a0 = [0 1.7 0];
[x,fval,exitflag,output] = fminsearch(@myfun3,a0);
```

可以求得当 *x*=[0 -1.3064 0]时，目标函数取得最小值，为-7.9458。

15.2.2 约束优化

在含约束条件的非线性规划问题中，有一个非常有名的 Karush-Kuhn-Tucker(KKT)条件，也称 Kuhn-Tucker 条件，是由 Kuhn and Tucker（1951）提出的。它指的是满足有约束非线性规划问题最优解的必要条件，如果问题变为求解凸优化，那么这个条件就是凸优化最优解的充分必要条件。

在说明 Kuhn-Tucker 条件之前，有必要先对拉格朗日乘数法进行简单的回顾。这个问题我们在多元微积分中已经学习过。拉格朗日乘数法（the Method of Lagrange Multipliers）解决的是一个条件极值的问题。

在无条件极值问题下，判断一个点是否是函数的极值点，首先必须判断该点是否是驻点，其次需要假设函数在这一点的邻域内连续且有二阶连续偏导数，最后利用这些偏导数进行极值判断。而条件极值则是指函数还要满足附加条件。条件极值的求解思路是把条件极值问题转化为无条件极值问题进行求解。考虑如下问题：

$$\min \quad f(x_1, x_2, \cdots, x_n) \tag{15.36}$$

$$\text{s.t.} \quad \varphi(x_1, x_2, \cdots, x_n) = 0$$

对式（15.36）可以先构造拉格朗日函数。

$$L(x_1, x_2, \cdots, x_n) = f(x_1, x_2, \cdots, x_n) + \lambda \varphi(x_1, x_2, \cdots, x_n) \tag{15.37}$$

这里，λ 为一个参数。依次对式（15.37）中的每个变量取偏导数，并令其等于 0，与 $\varphi(x_1, x_2, \cdots, x_n) = 0$ 一起构成方程组，求出 $x_1, x_2, \cdots, x_n$ 及 φ。这样就可以求出式（15.36）的极值点[①]。

从上面的内容中可以看到，拉格朗日乘数法是用来寻找一个或者多个等式约束条件下优化问题的解决方法。当约束条件是非等式时，就需要引入 Kuhn-Tucker 条件。

一般来说，约束优化主要是要优化以下问题的：

$$\min \quad f(\boldsymbol{x}) \tag{15.38}$$

$$\text{s.t.} \quad g_i(\boldsymbol{x}) \leqslant 0, \quad i = 1, \cdots, m \tag{15.39}$$

$$h_j(\boldsymbol{x}) = 0, \quad j = 1, \cdots, l \tag{15.40}$$

[①] 如果再加入一个等式条件，如 $\psi(x_1, x_2, \cdots, x_n) = 0$，则拉格朗日函数变为 $L(x_1, x_2, \cdots, x_n) = f(x_1, x_2, \cdots, x_n) + \lambda \varphi(x_1, x_2, \cdots, x_n) + \mu \psi(x_1, x_2, \cdots, x_n)$。

其中，$f, g_i, h_j : \mathbb{R}^n \to \mathbb{R}$。$f(\cdot)$是目标函数，函数$g_i(\cdot)$是不等式约束函数，$h_i(\cdot)$是等式约束函数。

假如f, g_i, h_j在点$\boldsymbol{x}^*$处连续可微，再假设$\boldsymbol{x}^*$是局部最优解，并且优化问题满足一些正则条件（Regularity Condition），则存在常数$\mu_i(i = 1, \cdots, m)$和$\lambda_j(j = 1, \cdots, l)$（称为KKT乘子），使得

$$-\nabla f(\boldsymbol{x}^*) = \sum_{i=1}^{m} \mu_i \nabla g_i(\boldsymbol{x}^*) + \sum_{j=1}^{l} \lambda_i \nabla h_j(\boldsymbol{x}^*) \qquad (15.41)$$

$$\mu_i \geqslant 0, \quad i = 1, \cdots, m \qquad (15.42)$$

$$\mu_i g_i(\boldsymbol{x}^*) = 0, \quad i = 1, \cdots, m \qquad (15.43)$$

如果目标函数式（15.38）不是求解最小值，而是求解最大值，则式（15.41）变为

$$\nabla f(\boldsymbol{x}^*) = \sum_{i=1}^{m} \mu_i \nabla g_i(\boldsymbol{x}^*) + \sum_{j=1}^{l} \lambda_i \nabla h_j(\boldsymbol{x}^*) \qquad (15.44)$$

如果$m = 0$，也就是说约束条件中不存在不等式约束，那么KKT条件变成拉格朗日条件。式（15.41）说明在最优点$\boldsymbol{x}^*$处，目标函数的梯度是不等式约束$g_i(\cdot)$的梯度和等式约束$h_j(\cdot)$的梯度的线性组合。

在这个线性组合中，对等式约束梯度前的常数没有要求，而要求不等式约束梯度前的常数是非负的。那么，常数μ_i在什么时候等于0呢？假如$\nabla g_i(\boldsymbol{x}^*)$对最优值的求解不再起作用，那么常数$\mu_i$必须等于0；否则就要大于0。也就是说，只有$\boldsymbol{x}^*$正好在边界$g_i = 0$上的那些$g_i$的梯度才会出现在式（15.41）中。

求解含有约束的非线性规划问题主要有两种模式。

模式一：可行方向法。

其代表的方法有近似线性化法、Zoutendijk法、Topkis-Veinott可行方向法、简约梯度法、投影梯度法等。但是，可行方向法主要适用于线性约束条件，其背后的思想是将约束优化问题转化为非约束优化问题进行求解，而对于非线性约束条件求解的效果并不显著。比如，当一个迭代点到达可行集的边界后，很难保证能够继续有效移动。

该类方法在解决最小化问题时不仅需要不停地下降，即每次迭代后的值都要小于上一步的值，而且下降的方向还需要是一个可行的方向，可行方向法由此得名。

模式二：增广目标函数法。

它可以避免模式一的困境。其背后的思想是利用目标函数和约束函数的某个组合构

造出增广目标函数，然后把约束优化问题转化成求解相应的增广目标函数的无约束优化问题。

惩罚函数法背后的主要思想是利用约束函数构造出含参数的罚函数。惩罚函数法的基本类型有罚函数法（外部惩罚法）（Penalty Method）和障碍函数法（内部惩罚法）（Barrier Method）。

由于这两种模式背后的思想都是将约束优化问题转化为无约束优化问题进行求解，所以这里就不再对其计算方法进行介绍了，而简单地阐述一下如何构造增广目标函数。下面通过罚函数法和障碍函数法考虑目标函数式（15.38）与约束条件式（15.39）构成的优化问题。

罚函数法通过选择一个如下的罚函数：

$$P(\boldsymbol{x}) = \frac{1}{2}\sum_{i=1}^{m}\max\{0, g_i(\boldsymbol{x})\}^2 \tag{15.45}$$

并将目标函数式（15.38）转化为以下的无约束优化问题：

$$\min \quad q(c, \boldsymbol{x}) = f(\boldsymbol{x}) + cP(\boldsymbol{x}) \tag{15.46}$$

在转化为无约束优化问题时，最重要的一点是选取合适大小的 c。然而，这并不是一件容易的事情，往往需要选择一系列大于 0 的数进行尝试。随着 c 的增大，表明对不可行点的惩罚力度也在增大。c 又被称为罚因子（Penalty Factor）。

在使用障碍函数法时，需要假设最优解就在可行集的内部。其总是从可行集的内点（Interior Point）开始，在可行域的内部进行求解的。一个重要的障碍函数是：

$$B(\boldsymbol{x}) = \sum_{i=1}^{m}\frac{1}{g_i(\boldsymbol{x})} \tag{15.47}$$

通过该障碍函数可以构建如下的无约束优化问题：

$$\min \quad r(c, \boldsymbol{x}) = f(\boldsymbol{x}) + \frac{1}{c}B(\boldsymbol{x}) \tag{15.48}$$

其中，$B(\boldsymbol{x})$ 是连续函数，也就是当点 $\boldsymbol{x}$ 趋向于可行域边界时，$B(\boldsymbol{x}) \to +\infty$。

随着 c 逐渐增大，$1/c$ 逐渐减小，当小到一定程度时，函数 $r(c, \boldsymbol{x})$ 的取值就近似等于 $f(\boldsymbol{x})$ 的取值。由于存在该障碍函数，相当于在可行域边界围起了一堵墙，最优点被牢牢地挡在了墙的内部。

下面利用 MATLAB 求解约束优化问题。

如图 15.5 所示，求解函数 $f(x) = x^3 - 2x + 1$ 在区间[0,3]内的最优解。

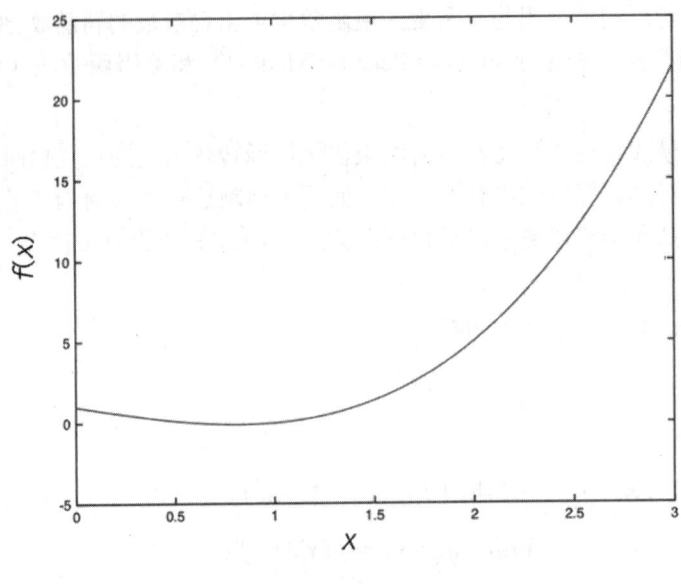

图 15.5 单谷函数

```
>> [x,fval]=fminbnd('x^3-2*x+1',0,3)
x =
   8.1650e-01
fval =
  -8.8662e-02
```

求得的结果为：当 x^*=0.8165 时，函数最小值为-0.088662。

15.2.3 非线性规划的难点

非线性规划问题尽管与线性规划问题一样，都有目标函数、约束条件及变量约束，然而它们的不同之处就在于非线性规划的目标函数和约束条件中至少有一个非线性函数。在真实的世界里，很多模型天生就是非线性的。非线性规划的难点体现在以下几个方面。

1. 最优解的判定

当一个函数较为复杂时，很难区分局部最优解与全局最优解，如图 15.6 所示。正如前文所述，可以通过某一点的导数、海塞矩阵等手段确定该点是否是局部最优解，但是通常没有很好的办法确定是否会有更优的结果。即确定全局最优解不是一件容易的事情。局部最优解与全局最优解的二维情况如图 15.7 所示。

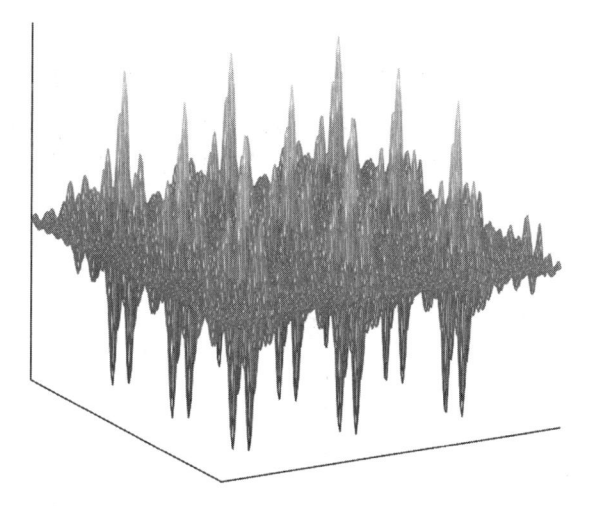

图 15.6　局部最优解与全局最优解（三维）

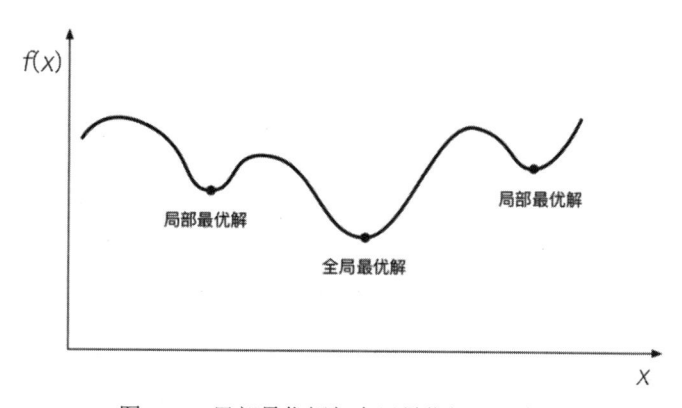

图 15.7　局部最优解与全局最优解（二维）

全局最优解指的是在整个定义域内找到一个点 x^*，使得不会再有其他点比这个点得到更好的结果，这个点就是全局最优点（Global Optimal Point），由它得出的函数值就是全局最优解（Global Optimum）。局部最优解说的是在定义域的某个邻域（Neighborhood）内[1]，没有其他点比这个点得到更好的结果，这个点就是局部最优点（Local Optimal Point），由它得出的函数值就是局部最优解（Local Optimum）。

---

[1] 邻域指的是 $\| x - x^* \| < \varepsilon\ (\varepsilon > 0)$ 的区域。

如图 15.6 所示，图中有很多局部最优解，至于哪个是全局最优解，还需要进一步判断。

2. 顶点约束的失效

顶点约束的失效是指顶点不再起到约束作用。在线性规划问题中，我们总是在有限个点中寻找最优值，即顶点处。然而，这一点在非线性规划问题中基本失效。一个函数的优化值可能远离其边界。如图 15.8 所示，图中黑色实心的点是一些局部最优解，此时的优化解就是一个内点[①]。

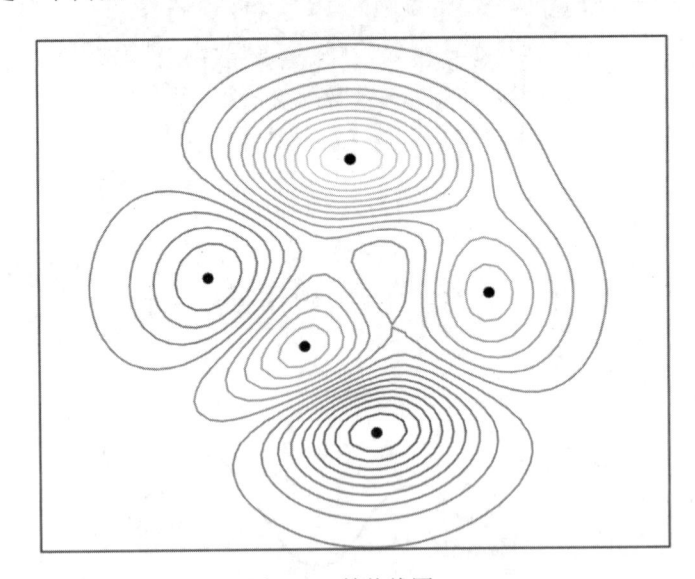

图 15.8 等值线图

3. 复杂的可行区间

在非线性规划问题中，其可行集也有可能非常复杂。可行集可能不在连续的空间中，即存在多个可行区域。

4. 初始点的选择

选择不同的初始点也可能导致不同的最终结果。我们在介绍非线性规划的计算方法时，均有一个重要环节，就是初始点的选择。比如，在图 15.8 中，如果我们选择了最下面的那个区域，那么可能得到的局部最优解为最下方的黑点。然而，要想找到一个合适的初始点从而找到全局最优解是非常困难的。

[①] 全局最优解其实就是局部最优解的特殊情况。

5. 函数的复杂与理论的多样

因为非线性问题比线性问题有更为复杂的特征，因此很难有一种能够适用于所有情况的算法。更有甚者，不同的算法得到的局部最优解也不相同。另外，在解决不同的非线性问题时，我们往往需要掌握很多不同的理论知识，这也为进一步研究非线性问题增加了难度。

15.2.4 前景理论与分片线性规划

尽管解决非线性规划问题往往较为困难，然而，仍然有很多方法可以解决这个棘手的问题。利用分片线性函数（Piecewise Linear Function，PLF）再尽可能逼近非线性函数，从而借助线性系统理论和算法解决非线性问题，尤其是非线性规划问题，这是一种有效的方法。利用分片线性函数解决非线性规划问题，第一步就是如何利用分片线性去表达非线性问题。

$f: \mathbb{R}^n \to \mathbb{R}$ 是一个定义在集合 $\mathbb{D} \subseteq \mathbb{R}^n$ 上的分片线性函数，如果 $\mathbb{D}$ 能够被分为互不相交的子集，即 $\mathbb{D}_i \subseteq \mathbb{D}$, $i = 1,2,\cdots,m$ 且存在 $\boldsymbol{a}_i \in \mathbb{R}^n$, $\boldsymbol{b}_i \in \mathbb{R}$, $i = 1,2,\cdots,m$，那么有

$$f(\boldsymbol{x}) = \boldsymbol{a}_i^T \boldsymbol{x} + \boldsymbol{b}_i, \quad \forall \boldsymbol{x} \in \mathbb{D}, i = 1,2,\cdots,m \tag{15.49}$$

将二维分片线性函数在二维空间上用图形表示，如图 15.9 所示。

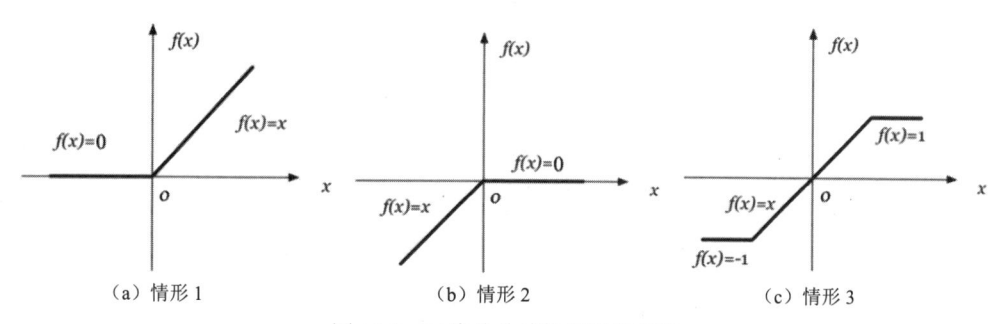

（a）情形 1　　　　（b）情形 2　　　　（c）情形 3

图 15.9　二维分片线性函数的图形

图 15.9 中情形 1、情形 2 和情形 3 的公式分别为：

$$f(x) = \begin{cases} x, & x \geq 0 \\ 0, & x \leq 0 \end{cases} \tag{15.50}$$

$$f(x) = \begin{cases} 0, & x \geq 0 \\ x, & x \leq 0 \end{cases} \tag{15.51}$$

$$f(x) = \begin{cases} 1, & x \geqslant 1 \\ x, & -1 \leqslant x \leqslant 1 \\ -1, & x \leqslant -1 \end{cases} \tag{15.52}$$

用紧凑式（Compact Expression）表示式（15.50）、式（15.51）及式（15.52）得：

$$f(x) = \max\{0, x\} \tag{15.53}$$

$$f(x) = \min\{0, x\} \tag{15.54}$$

$$f(x) = \min\{1, \max\{-1, x\}\} \tag{15.55}$$

更一般地，图 15.10 分别给出了凸分片线性函数和凹分片线性函数的图形。

(a) 凸分片线性函数　　　　　　(b) 凹分片线性函数

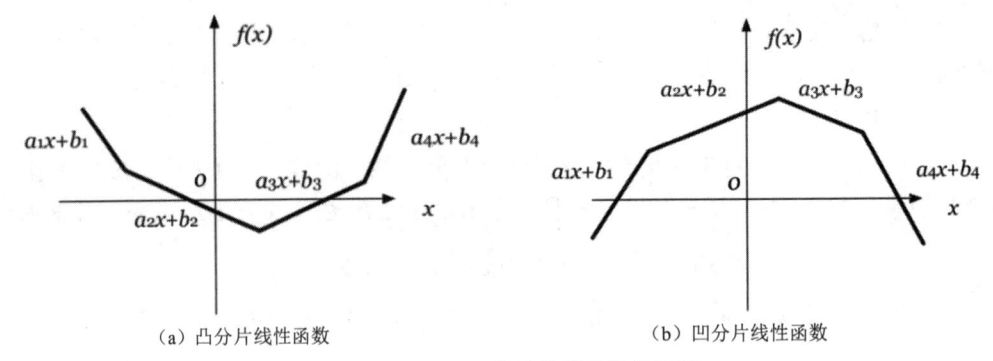

图 15.10　凸、凹分片线性函数的图形

对于图 15.10 中的分片线性函数，可以用紧凑式表示如下：

$$f(\boldsymbol{x}) = \max_{i=1,2,3,4} \boldsymbol{a}_i \boldsymbol{x} + \boldsymbol{b}_i \tag{15.56}$$

$$f(\boldsymbol{x}) = \min_{i=1,2,3,4} \boldsymbol{a}_i \boldsymbol{x} + \boldsymbol{b}_i \tag{15.57}$$

对于分片线性函数，有如下有用性质：

- 如果$f(\boldsymbol{x}), g(\boldsymbol{x})$是分片线性函数，那么$f(\boldsymbol{x}) + g(\boldsymbol{x}), \max\{f(\boldsymbol{x}), g(\boldsymbol{x})\}, \min\{f(\boldsymbol{x}), g(\boldsymbol{x})\}$也是分片线性函数。
- 如果$f(\boldsymbol{x}), g(\boldsymbol{x})$是凸分片线性函数，那么$f(\boldsymbol{x}) + g(\boldsymbol{x})$和$\max\{f(\boldsymbol{x}), g(\boldsymbol{x})\}$也是凸分片线性函数。
- 如果$f(\boldsymbol{x}), g(\boldsymbol{x})$是凹分片线性函数，那么$f(\boldsymbol{x}) + g(\boldsymbol{x})$和$\min\{f(\boldsymbol{x}), g(\boldsymbol{x})\}$也是凹分片线性函数。

前文中也已经叙述，不少学者采用分片线性函数对前景理论优化问题进行了分析，如 De Giorgi et al.（2007）利用分片线性函数结合随机搜索算法对前景理论的优化问题展开了研究。然而，大部分优化算法基于实证分析或者研究者的实验。并且很少有研究者聚焦在利用解析方法解决基于前景理论的投资组合优化问题上，大部分优化方法只能提供一个较好的优化信息。

Xi et al.（2018）首先用分片线性模型近似地逼近前景理论中的 S 形价值函数，并将问题等价地转化为连续凹分片线性函数最大化问题；其次，针对问题的非光滑性和非凸性，提出了基于内点法的两种局部搜索算法，并给出了收敛性的理论分析；最后，提出了一种基于局部搜索算法和凹优化中有效分割法的全局搜索算法，利用真实的不同资产历史数据进行了数值实验，并与文献中已有的方法进行了比较，实验结果验证了该算法的有效性和准确性。

15.2.5 凸优化

凸优化（Convex Optimization）已经广泛地应用于各学科领域，如自动控制系统、通信与网络、电子电路设计、数值分析建模、金融领域的优化建模等。随着计算机技术和最优化理论的发展，凸最小化几乎变得和线性规划一样简单，并且凸优化中的局部最优解就是全局最优解。

为了了解凸优化的概念，必须先给出凸集、凸函数等概念。

1. 仿射组合

假设空间 $\mathbb{R}^n$ 中存在两个不同的点 x_1 和 x_2，那么 $y = \theta x_1 + (1-\theta) x_2$ 构成了穿过点 x_1 和 x_2 的直线（Line），其中 $\theta \in \mathbb{R}$。假如 $\theta \in [0,1]$，那么此时直线成为在点 x_1 和 x_2 之间的线段（Line Segment）。

如果存在集合 $A \subseteq \mathbb{R}^n$，在集合 A 中任意两个不同的点构成的直线仍然在集合 A 中，那么集合 A 是仿射集合（Affine Set）。注意前面关于直线的定义，也就是说，集合 A 包含了任意两点系数之和为 1 的线性组合。假设存在 $\theta_1 + \theta_2 + \cdots + \theta_n = 1$，那么具有 $\theta_1 x_1 + \theta_2 x_2 + \cdots + \theta_n x_n = 1$ 形式的点称为一个仿射组合（Affine Combination）。

2. 凸集

如果一个集合中任意两点构成的线段仍然在这个集合中，则称这个集合为凸集（Convex Set）。图 15.11 中 a 与 b 是凸集合，而 c 和 d 不是凸集合。c 中存在两点连线上的点不在该集合内的情况。d 因为不包含左、右边界，因此也不是凸的。

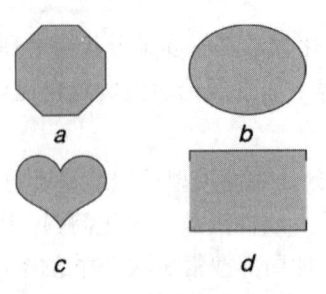

图 15.11 凸集合与非凸集合

3. 锥

如果任何 $x \in B$ 及 $\theta \geqslant 0$ 都存在 $\theta x \in B$，则称集合 B 为锥（Cone），有的书上也称为非负齐次（Nonnegative Homogeneous）。如果一个锥是凸的，则称为凸锥（Convex Cone）。具有 $\theta_1 x_1 + \cdots + \theta_n x_n, \theta_1 \geqslant 0, \cdots, \theta_n \geqslant 0$ 特征的点称为 $x_1, \cdots, x_n$ 的锥组合，或称非负线性组合。

4. 超平面

如果一个集合满足

$$\{x | w^T x = b\}$$

其中，$w \in \mathbb{R}^n$，$w \neq 0$ 且 $b \in \mathbb{R}$，那么这个集合就被称为超平面（Hyperplane）。

超平面其实是一个与给定向量 w 的内积为常数的点的集合，也是一个法线方向为 w 的超平面。常数 b 决定了超平面从原点的偏移。

一个超平面能够将 $\mathbb{R}^n$ 分为两个半空间（Halfspace）。如图 15.12 所示，在二维空间中，超平面将 $\mathbb{R}^2$ 分为两个半空间，每个半空间共享该超平面，阴影部分的空间为 $w^T x \leqslant b$，而非阴影部分的空间为 $w^T x \geqslant b$。向量 w 是这个半空间向外部的法向量。如果除去超平面，则阴影部分与非阴影部分被称为开半空间（Open Halfspace）。

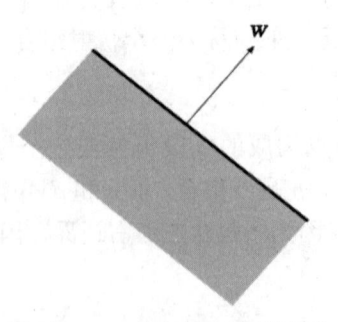

图 15.12 二维空间中的超平面

5. 凸函数

假设 $A \subset \mathbb{R}^n$ 是一个非空的凸集，存在一个函数 $f: A \to \mathbb{R}$，如果对于任意的 $\theta \in (0,1)$，存在

$$f(\theta x_1 + (1-\theta)x_1) \leqslant \theta f(x_1) + (1-\theta)f(x_2) \tag{15.58}$$

那么 $f(\cdot)$ 是集合 A 上的凸函数（Convex Function）。如果将上式中的 $\leqslant$ 换成 $<$，则说明此时 $f(\cdot)$ 为集合 A 上的严格凸函数（Strictly Convex Function）[①]。

许多优化问题可以转化为凸优化问题进行研究。例如，最大化凹函数 $f(\boldsymbol{x})$ 的问题可以等价地重新表述为函数 $-f(\boldsymbol{x})$ 的最小化问题，这里的 $-f(\boldsymbol{x})$ 就是一个凸函数。凸函数的最小化问题就是凸优化问题。凸优化问题可以表示如下：

$$\min \quad f_0(\boldsymbol{x}) \tag{15.59}$$
$$\text{s.t.} \quad f_i(\boldsymbol{x}) \leqslant b_i, \quad i = 1, \cdots, m$$

向量 $\boldsymbol{x} = (x_1, x_2, \cdots, x_n)$ 是问题的优化变量（Optimization Variable），它是 n 维欧氏空间 $\mathbb{R}^n$ 中的一个点。函数 $f_0: \mathbb{R}^n \to \mathbb{R}$ 是目标函数（Objective Function）。函数 $f_i: \mathbb{R}^n \to \mathbb{R}$ 是约束函数（Constraint Functions），其中 $i = 1, \cdots, m$。常数 $b_i, i = 1, \cdots, m$ 为约束边界（Bounds）。

约束函数又称为可行集，在可行集中的解称为可行解。当目标函数与约束函数均为线性函数时，就是线性规划问题。假如目标函数和约束函数中存在一个非线性函数，则是非线性规划问题。假如可行域没有约束，即可行解可以在 $\mathbb{R}^n$ 空间内任意寻找时，这种问题就转化为无约束优化问题。

在金融领域，凡涉及投资组合优化问题，一般都会有一个总的目标，希望在现有的资源下（约束函数），使得投资组合的收益或者收益率最大（目标函数）。其实在这种问题下，我们要做的就是寻找一个在满足约束的同时又能最大化目标函数的优化变量 $\boldsymbol{x}$。

假如目标函数与约束函数均为凸函数，这个问题就是凸优化问题，比如我们比较熟悉的最小二乘问题。线性规划问题实际上都是解凸优化问题。

记住以下结论是很有用的：

（1）非零的实数乘以一个凸函数后的函数仍然是凸函数。

[①] 将凸函数定义中的 $\leqslant$ 换成 $\geqslant$，可以得到凹函数（Concave Function）的定义，同理也可以得到严格凹函数（Strictly Concave Function）的定义。并且，假如 $f(\cdot)$ 是一个凸函数，那么 $-f(\cdot)$ 是一个凹函数。

(2) 两个属于同一集合的凸函数的和仍然是凸函数。

(3) 同一集合下的多个凸函数的线性组合仍然是凸函数。

(4) 两个属于同一集合的凸函数的乘积不一定是凸函数。

(5) 线性函数既是凸函数,也是凹函数。

凸函数有一个非常好的性质:凸函数在其定义域上的局部最优解即全局最优解。一般情况下,我们在解一个复杂模型时,往往会有很多局部最优解的情况,很难找出全局最优解。但是如果能够证明求解的是一个凸优化问题,那么局部最优解一定是全局最优解。此时即使存在多个局部最优解,这些解也一定全部相等,即全局最优解。

判断一个函数是否为凸函数,可以根据以下定理。

定理1 假如 $A \subset \mathbb{R}^n$ 为非空开凸集,$f(\boldsymbol{x})$ 是定义在集合 A 上的可微函数,则函数 $f(\boldsymbol{x})$ 是 A 上的凸函数的充分必要条件为,$\forall x_1, x_2 \in A$:

$$\nabla f(x_1)(x_2 - x_1) \leqslant f(x_2) - f(x_1)\ ①$$

上述的 $\leqslant$ 如果换成 $<$ 仍然成立,则 $f(x)$ 是严格凸函数。

定理2 假如 $A \subset \mathbb{R}^n$ 为非空开凸集,$f(\boldsymbol{x})$ 是定义在集合 A 上的二阶连续可导函数,则函数 $f(\boldsymbol{x})$ 是 A 上的凸函数的充分必要条件为该函数的海塞矩阵(Hessian Matrix)为半正定的。假如海塞矩阵是正定的,则函数为严格凸函数;反之则不一定成立。

雅可比矩阵(Jacobian Matrix)是一阶偏导数以一定方式排列而成的矩阵。

设 $f: \mathbb{R}^n \to \mathbb{R}^m$ 是一个将输入向量 $\boldsymbol{x} \in \mathbb{R}^n$ 转变成输出向量 $f(\boldsymbol{x}) \in \mathbb{R}^m$ 的函数,则 f 的雅可比矩阵 $\boldsymbol{J}$ 是一个 $m \times n$ 阶矩阵,数学表达式如下:

$$\boldsymbol{J} = \left[\frac{\partial f}{\partial x_1} \cdots \frac{\partial f}{\partial x_n}\right] = \begin{pmatrix} \frac{\partial f_1}{\partial x_1} & \cdots & \frac{\partial f_1}{\partial x_n} \\ \vdots & \ddots & \vdots \\ \frac{\partial f_m}{\partial x_1} & \cdots & \frac{\partial f_m}{\partial x_n} \end{pmatrix} \tag{15.60}$$

分量形式为

$$J_{ij} = \frac{\partial f_i}{\partial x_j} \tag{15.61}$$

如果 $m = n$,则雅可比矩阵是一个方阵。

---

① 设 $f(\boldsymbol{x})$ 为一个 n 维函数,自变量 $\boldsymbol{x}$ 为 n 维向量,假如此时函数 $f(\boldsymbol{x})$ 可微,那么其梯度(Gradient)可表示为:$\nabla f(\boldsymbol{x}) = (\frac{\partial f(\boldsymbol{x})}{\partial x_1}, \cdots, \frac{\partial f(\boldsymbol{x})}{\partial x_n})^T$,即为函数的一阶偏导数组成的 n 维向量。

海塞矩阵是一个由自变量为向量的实值函数的二阶偏导数构成的方阵。

设$f: \mathbb{R}^n \to \mathbb{R}$是一个将输入向量$x \in \mathbb{R}^n$转变成输出标量$f(x) \in \mathbb{R}$的函数;如果$f$的所有二阶偏导数均存在,则$f$的海塞矩阵$H$是一个$n \times n$阶矩阵,数学表达式如下:

$$H = \nabla^2 f(x) = \begin{pmatrix} \dfrac{\partial^2 f}{\partial x_1^2} & \cdots & \dfrac{\partial^2 f}{\partial x_1 \partial x_n} \\ \vdots & \ddots & \vdots \\ \dfrac{\partial^2 f}{\partial x_n \partial x_1} & \cdots & \dfrac{\partial^2 f}{\partial x_n^2} \end{pmatrix} \tag{15.62}$$

分量形式为

$$H_{ij} = \frac{\partial^2 f}{\partial x_i \partial x_j} \tag{15.63}$$

下面利用 MATLAB 求雅可比矩阵。

求函数$f(x,y) = \begin{pmatrix} x^2 y^3 \\ 3x + e^y \end{pmatrix}$的雅可比矩阵。

```
>> syms x y z;
>> f=[x^2*y^3;3*x+exp(y)]
f =
     x^2*y^3
 3*x + exp(y)
>> jacobian(f, [x, y])
ans =
[ 2*x*y^3, 3*x^2*y^2]
[       3,    exp(y)]
```

下面利用 MATLAB 求海塞矩阵。

求函数$f(x,y,z) = x^2 + y^2 + z^2 + 2x + 4y - 6z$的海塞矩阵。

```
>> syms x y z;
>> f=x^2+y^2+z^2+2*x+4*y-6*z;
>> hessian(f,[x,y,z])
ans =
[ 2, 0, 0]
[ 0, 2, 0]
[ 0, 0, 2]
```

第 16 章 遗传算法

优化问题通常是指那些由多个变量构成的、满足一定约束的最大化或者最小化的函数关系（等式或者不等式）。然而，随着社会的发展，很多问题变得非常复杂，因此再利用传统的方法进行求解就变得十分困难了。而遗传算法（Genetic Algorithm，GA）作为一种原理简单、操作容易、要求较低，并且具备并行和全局性的算法，得到了广泛的应用（Davis，1991；Michalewicz，1994）。

遗传算法在金融领域的研究用处也相当广泛，如资产价值预测、基本面分析、指数跟踪、市场仿真、投资组合优化、异常噪声和欺诈检测、套利、破产侦测、现金管理、信用组合、信用评分及交易等。Aguilar-Rivera et al.（2015）提供了一个关于利用遗传算法解决金融问题的文献综述，对其感兴趣的读者可以进一步阅读。

遗传算法是一种解决优化问题的自适应方法。遗传算法的思想来源于生物机制中的基因过程。当过去很多代后，自然种群根据自然选择和"适者生存"的原则进行进化，这是达尔文（Charles Darwin）在《物种起源》一书中提出的思想。如果问题的解能够被适当编码，那么通过模仿这个过程，遗传算法能够对现实世界中所要求解的问题进行"进化"，从而找出最优的答案。

遗传算法首先是由 Holland（1975）提出的，很多文献对其进行了很好的叙述（Davis，1987，1991；Grefenstette，1986；Goldberg，1989）。

遗传算法的计算过程也类似于自然界中优胜劣汰、适者生存的行为。它们的工作原理也依赖于种群（Population）中的个体（Individual），其中每个个体代表一种给定问题的可能存在的解。每个个体都能根据特定的问题被分配出一个适应值（Fitness Value），并且能够与其他个体的适应值相比较。产生好的适应值（适应值的好坏根据建模目的判断，有目标函数最大化或最小化等规则）的个体能够被赋予再生的机会，比如交配，它们的后代也具有长辈的一些特征。

通过选择当前一代中最好的一些个体，使其交配产生一组新的个体，这些新的个体中具有比上一代还优良的基因的可能性是很大的。在许多代后，更优秀的个体会不断出现。通过这种方式，在搜寻空间（Search Space）内最有潜力的领域将会被发现。如果遗传算法设计得当，那么种群将收敛到问题的最优解。

遗传算法并不是唯一一种类比自然的算法。比如前面介绍的神经网络算法，它是以大脑神经元的行为为基础的。它可以用于各种分类任务，如模式识别、机器学习、图像处理和专家系统。它的应用范围与遗传算法的应用范围部分重合。在神经网络的设计中，使用遗传算法来设计神经网络也是一个研究领域（Harp et al.，1989）。另一种智能算法——模拟退火算法（Simulated-Annealing Algorithm）是基于工艺而不是基于生物过程的。

遗传算法被证实具有健壮性，能够处理很多领域的"疑难杂症"。然而，遗传算法并不能保证找到全局最优解，通常认可的是在可以接受的速度下，找到一种可以接受的够好的解决方案。

16.1 遗传算法的原理

16.1.1 为什么选择遗传算法

那些利用爬山法及基于梯度的方法来求解优化问题的传统方法在解决函数关系复杂、不可微分、不连续等方面已经显得无能为力了。此类问题可以利用一些随机搜索算法（Stochastic Search Algorithm）进行求解。而随机搜索算法有很多种，如遗传算法、模拟退火算法、禁忌搜索算法（Tabu Search Algorithm）、粒子群算法（Particle Swarm Algorithm）等。其中，遗传算法和模拟退火算法是能力较强且广为接受的算法（Spall，2005）。

模拟退火算法是由Kirkpatrick et al.（1983）提出的，遗传算法与其相比各有优劣。遗传算法在全局搜索中能力更强，而在局部搜索中能力略显不足；遗传算法会产生早熟的问题，从而陷入局部最优，而模拟退火算法则能够避免陷入局部最优。对于全局搜索问题，模拟退火算法的全局搜索能力很弱，通常在寻找最优解上会耗费更长的时间。因此，针对全局搜索问题，遗传算法是一个不错的选择。虽然遗传算法并不能保证发现的是全局最优解，但是它通常能够很快地找到一个可以接受的局部最优解。

不少关于遗传算法的研究都集中在寻找经验规则以使它们能很好地发挥作用上，很难有一个公认的一般性理论来解释遗传算法的某些性质。目前，有一些可以部分解释遗传算法的不错的假说，这些假说可以帮助我们更好地实现遗传算法的应用。

16.1.2 模式与模式定理

模式与模式定理（Schemata and the Schema Theorem）是遗传算法中最重要的内容。Holland（1975）的模式定理（Schema Theorem）首次强有力地解释了遗传算法是如何工作的。种群中的个体被赐予繁殖的机会并产生后代。个人获得这样的机会的数量与它的适应值成一定比例。因此，能够产生好的适应值的个体就有更多的机会参与繁殖下一代。通常假设个体的好的适应值来自其好的模式。通过这样越来越多的好模式生成下一代，就能增加找到更好的解决方案的可能性。

Holland证明了优化路径探索搜寻空间是一个根据适应值的占比情况分配繁殖实验（Reproductive Trials）到个体的过程。根据这样的方式，在接下来的几代中，好的模式将得到指数级增长。Holland还证明了由于每个个体都包含着很多不同的模式，所以在每代中被执行的模式的数量是n^3的数量级，这里的n表示的是种群大小（Population Size）。这种属性就是遗传算法所具有的隐式并行性（Implicit Parallelism）。

16.1.3 积木块假说

积木块假说（Building Block Hypothesis）也是遗传算法中一个重要的假说。之所以称之为假说，是因为它还没有被证明。Goldberg（1989）指出，遗传算法的能力在于它能够找到好的积木块（Building Block）。由模式定理可知，具短定义长度及平均适应度高于群体适应度的模式在后代中将以指数级增长。这些好的模式在一起通过相互拼接、集合能够更好地促进遗传算法找寻最优解的过程。一种好的编码模式是激发出积木块的信息来确保相关基因在染色体上紧密相连，并且基因之间没有什么相互作用。

基因之间的相互作用意味着一个基因对适应值的贡献依赖于染色体中其他基因的数值。

多峰函数（Multimodal Function）中的基因之间总是存在一定的相互作用。这是很重要的，因为对多峰函数的研究是遗传算法中真正有价值的部分。至于单峰函数（Unimodal Function），有很多其他更简单的方法也能处理得很好。

16.1.4 探索与开发的平衡

任何有效的优化算法都必须使用两种技术来找到一个全局最优解。

- 探索（Exploration）：探索搜索空间中新的未知区域。一般认为这是一种深度（Depth）意义上的搜索。

- 开发（Exploitation）：利用以前发现的点的知识来帮助找到更好的点。一般认为这是一种广度（Width）意义上的搜索。

这两个要求是相互矛盾的，一种好的搜索算法必须找到两者之间的平衡点。

一个纯粹的随机搜索（Random Search）在探索方面是不错的，但是它没有开发这个环节；而一个纯粹的爬山法（Hill Climbing Method）具有良好的开发功能，但是它鲜有探索性质。虽然这两种策略的结合是非常有效的，但是很难知道最佳平衡点在哪里。比如，为了保证探索环节有效，我们应该损失多少开发？或者为了保证开发环节有效，我们应该牺牲多少探索属性？

Holland（1975）指出，遗传算法能够以一种优化的方式同时满足探索与开发性质。然而，尽管这在理论上对遗传算法来说是正确的，但在实践中不可避免地存在一些问题。这是因为 Holland 在当时做出了一些简化的假设。

假设 1：种群大小是无限的。

假设 2：适应函数精准地反映了问题。

假设 3：染色体内的基因不会有显著的交互作用。

首先，对种群规模无限的假设在实践中就不可能成立。

即使在没有任何选择压力（Selection Pressure）的情况下，种群成员仍会收敛到解空间中的某个点。这种情况的发生仅仅是因为随机误差的累积造成的。另外，一个基因如果在种群中很显著，那么它在下一代中也会变得更占优势。如果这种优势的增加持续了几个连续的世代，而且种群是有限的，那么一个基因就可以扩散到全体种群中。这有点类似于生物学当中的基因漂移（Genetic Drift）[①]。

因此，遗传漂移率为遗传算法收敛到正确解的速度提供了一个下限。也就是说，如果遗传算法探索适应函数的梯度信息，那么适应函数必须提供一个充分大的坡度来消除任何基因漂移的影响。而这种基因漂移的影响能够通过变异率（Mutation Rate）来抵消。然而，如果变异率太高，则搜索成为随机的过程，从而导致适应函数中的梯度信息又变得无法被利用了。

其次，对于假设 2 和假设 3，在理论研究某类问题的时候是很容易满足的，但是在现实中却很难实现。

---

① 基因漂移是指一种生物的某个基因向附近的物种转移，导致附近物种基因发生变化从而具有那种生物的一些特征，因此出现新的物种，从而引发生态环境发生结构性变化的一种现象。

16.2 遗传算法的基本步骤

在介绍传统遗传算法的步骤之前，先给出它的流程图，如图 16.1 所示。在遗传算法中包含这样几个步骤：首先，确定问题，也就是确定目标函数及求解参数；其次，对问题的参数进行编码等初始化工作；最后，计算适应值并根据一定的准则进行判断。如果满足一定的停止准则，则停止输出结果；否则利用遗传算子，如选择、交叉、变异等进行下一代繁殖。

对于图 16.1 中的步骤，每一步都会由很多不同的算法实现。因此，遗传算法也就是通过在不同的环节选择不同的算法进行"组装"的过程。

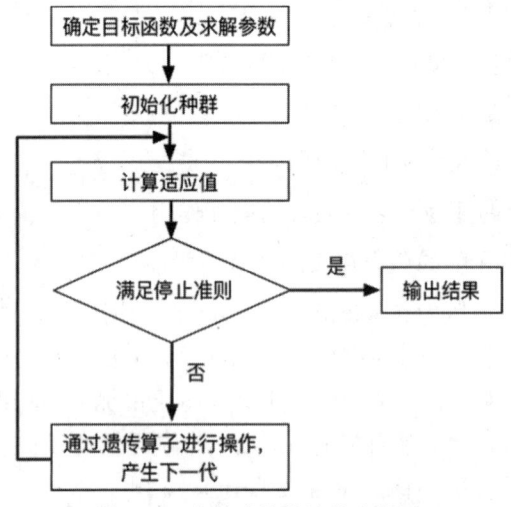

图 16.1 传统遗传算法的流程图

16.2.1 模型

1. 适应函数

遗传算法可以处理很多领域中的棘手问题，其中每个问题都会有对应的适应函数（Fitness Function）。这些问题的困难之处体现在搜索空间巨大、构建的函数不连续或者不光滑、复杂上。在遗传算法中，给定一个染色体（解），适应函数返回一个适应值，这个适应值被假设为与解的效用成比例。

尽管很多问题很难判断孰优孰劣，但是在优化问题中，适应函数很容易被测度，因为它有明确的目标。也就是说，此时的目标函数的值就可以作为适应值。

2. 约束条件

在自适应实数编码遗传算法中，最困难的事情就是处理约束（Constraint）。处理那些不可行的染色体并非易事，这是因为在遗传算法中，总会产生大量不可行解。有很多方法被用来解决约束问题，前面介绍过的罚函数法就是解决约束优化问题的一种最普通的方法。罚函数的原理就是设计出一种机制，将不可行解"拉回"到可行解中。

对于罚函数的设计，没有一个一般性的准则，在很大程度上依赖于具体的问题。实际上，利用罚函数法的一个原因就是需要"记住"一些非可行解的信息，因为一些非可行解往往要比某些可行解更加靠近全局最优解。然而，如果函数是一个非常复杂的问题，比如前景理论下的投资组合问题，那么构建一个有效的罚函数是很困难的，同时给计算过程带来了很大的挑战。

16.2.2 编码

在运行遗传算法之前，必须设计一个针对问题的合适编码（Coding），并且需要一个适应函数（Fitness Function），即目标函数，用于为每个编码（解决方案）分配一个数值。在运行过程中，在每一代中需要选择父体与母体，进行后代繁衍。

首先，对于求解问题，需要建立一个目标函数。其次，对于可能的潜在解决方案，需要进行编码。这些编码出来的参数通过函数产生适应值。也就是说，这些参数（变量）就是基因，而一组基因在一起形成的数值称为染色体（Chromosome），将每个染色体代入目标函数中，产生适应值。

1. 二进制编码

尽管有很多染色体的编码方式，但染色体常常被表示为二进制字符串，二进制编码（Binary Coding）也是遗传算法的原始形式。举一个简单的例子，在这种编码情况下，考虑一个非线性整数优化问题：当 $x \in [0,255]$ 时，最大化目标函数 $f(x)$。显然，最优解 x 是 0~255 之间的一个整数。此时的整数通常能被一个 8 位二进制编码表示。在给定的种群中，一个给定的染色体如果要代表数值 186，那么染色体为 10111010[①]。

在遗传术语中，这种通过一个特定的染色体表示的一组参数被称为基因型

[①] 在 MATLAB 中，通过 bin2dec、dec2bin 等命令就可以实现二进制与十进制之间的转换。如命令 dec2bin(220)显示的结果为 11011100（将十进制的 220 转换为二进制的结果）；而命令 bin2dec('11011101')显示的结果为 221（注意引号的使用），则是将二进制的结果转换为十进制。

（Genotype）。基因型包含构建一个有机体（Organism）所需要的信息，也被称为表型或显型（Phenotype）。在遗传算法中使用相同的术语。例如，在金融投资组合分配中，指定分配的比例的参数集是基因型，而完成的投资收益是表型。个体的适应性取决于表型的表现。这可以利用适应函数（目标函数）染色体计算得到。

在 Holland 的体系中，编码采用的是二进制字符串（Binary String）的形式。然而，由于 Hamming 悬崖（Hamming Cliff）问题，不少学者认为这会对函数的优化造成很大的影响（Ludvig et al., 1997）[①]。

另外，在很多领域中也不太适合和不太可能利用二进制进行编码。利用二进制进行编码会出现不可行性（Infeasibility）与非法性（Illegality）的问题。一般存在两个空间，一个是编码空间，另一个是解空间，也就是从二进制转换为实际解的过程。如果目标函数存在约束优化，那么这种转换方式很有可能出现问题。通过图 16.2，我们可以了解到何为不可行性与非法性，以及映射情况的种类等。

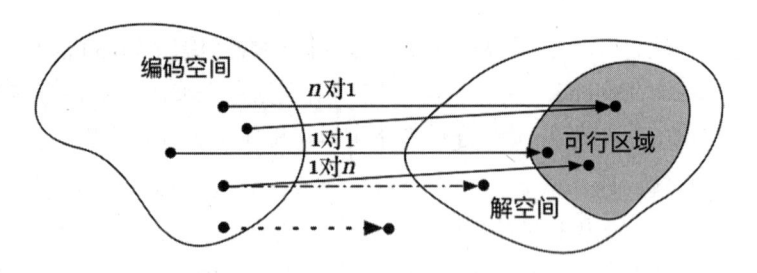

图 16.2　编码空间与解空间

从图 16.2 中可以看到，编码空间中的某个点沿着虚线指向了解空间以外的点，这种情况就是非法性的代表，说明编码空间的某个点不能映射成给定问题的解。图中某个点从编码空间沿着点画线映射到解空间，但是却在可行区域之外，这种情况被称为不可行性。

对于处在非可行区域（可行区域以外，解空间以内）的点，如何将它们"拉回"到可行区域内？这里涉及罚函数（Penalty Function）的概念（Gen and Cheng, 1996; Mcdonnell et al., 1995）。罚函数法可以把可行区域及不可行区域的解均向着最优解方向推进。但是对于那些映射到非法区域的染色体来说，罚函数就无能为力了，需要利用如修补法等其他的方法，这里就不再赘述了。

---

① Hamming 悬崖指的是在某些相邻整数的二进制代码之间存在很大的 Hamming 距离，使得遗传算法的交叉和突变翻越 Hamming 悬崖的难度很大。

有学者提出，对于编码方式，有如下几个原则（Rechenberg，1971；Mitsuo Gen，2007；Cheng et al.，1996；Eshelman et al.，1996）需要遵守。

- 不冗余（Nonredundancy）。从编码空间到解空间最好是一一对应的。容易想到，如果是n对1映射，那显然是在浪费时间，并且有可能造成遗传算法的早熟收敛；而1对n映射也需要进一步判断，增加了计算的成本。
- 合法性（Legality）。尽量避免图 16.2 中非法情况的出现。
- 完备性（Completeness）。任何一个解应该与一个编码对应。
- Lamarckian 性（Lamarckian Property）。一个基因的等位基因不存在背景依赖。
- 因果性（Causality）。在编码空间中小的变动在解空间中也应该对应着小的变动。

由于存在编码空间与解空间的不停转换，所以，当计算量大时，会增加计算的时间。另外，无论是实践经验还是理论证明，都认为连续型变量的二进制编码具有很严重的缺陷，可能会在目标函数中引入额外的多峰性，从而使得目标函数变得比原始的目标函数更为复杂（Baker，1985）。还有一些学者认为，遗传算法的好的属性并不来自那些位串（Bit String）的使用（Antonisse，1989；Radcliffe，1992）。

出于不同的研究目的，不少学者也提出了一些新的编码形式，其中最为常用的就是实数编码（Real-Coded）的形式。并且很多文献已经证实，函数的优化问题如果用实数编码来解决，则更为有效（Wright，1991；Goldberg，1991；Radcliffe，1991；Eshelman，1993；Jr et al.，1972；Michalewicz，1994；Walters and Smith，1995）。实数编码的文献最早出现在一些具体问题的应用上，比如 Lucasius and Kateman（1989）针对的是化学计量学，Davis（1989）针对的是遗传算法算子概率应该是固定的还是变化的这一问题。

2. 实数编码

正如前面指出的那样，当面对由连续型变量构成的优化问题时，我们让每个基因都代表一个实数，那么一个染色体就变为一个向量。根据要求的不同，我们可以选择不同的精度，因此变量类型是浮点型（Floating Point）。实数编码相对于二进制编码，具有如下一些优势：

- 使用实数编码能够使得搜索空间变大。如果使用二进制编码，则扩展搜索空间相对困难。
- 如果使用实数编码，则遗传算法也变得有能力探索函数梯度，从而可以避免由二进制编码产生的 Hamming 悬崖问题。
- 实数编码的遗传算法具有解的微调能力（Local Tuning）。
- 使用实数编码可以更加明确地直指问题的本质，即问题的自然表达式。

在投资组合研究领域，遗传算法一直备受关注，不少学者用其解决投资组合中的各种问题（Xia et al., 2000; Orito et al., 2003; Oh et al., 2005; Chang et al., 2009; Gupta and Mittal, 2012; Ranković et al., 2014）。下面通过一个投资组合的实际问题，对实数编码的工作原理进行说明。

投资组合问题研究的是如何将资金分配到不同资产当中。假设我们关注的变量是投资的比例而不是具体资金，那么染色体的基因是介于 0 和 1 之间的实数，它们代表对每个资产投资的比例。显然，所有基因的求和应该小于等于 1。

一种最常用的初始化方法就是随机生成（Grefenstette, 1987; Schultz and Grefenstette, 1990）。利用均匀分布，在范围[0,1]内独立随机地生成变量。假如市场上存在n个风险资产和 1 个无风险资产，那么，我们还需要加入一个变量x_{n+1}到模型中，使得

$$\sum_{i=1}^{n+1} x_i = 1 \tag{16.1}$$

$x_i, i = 1, \cdots, n+1$表示在初始化阶段随机生成的一个数据向量。

在生成每个比例变量时，它们的范围均在 0 和 1 之间，数据求和大于 1 的情况时有发生，就不再满足比例变量求和的约束条件，因为不可能投资的比重之和大于 100%。为了克服这个问题，投资组合比重w_i可以通过如下方式得到：

$$x_i = \frac{w_i}{\sum_{i=1}^{n+1} w_i} \tag{16.2}$$

这里的x_i代表在第i个资产上的投资比例，x_{n+1}代表对无风险资产的投资比例。

对上面的操作重复m次，可以得到m个解，从而形成种群规模为m的初代种群$X^{g=1} = \{X_1, \cdots, X_m\}$。$X^g$将随着优胜劣汰的演化过程，逐渐进化及逼近我们所希望寻找的最优解X^*。

16.2.3 估值

每个染色体的适应值都可以通过目标函数给出。在研究投资组合问题时，我们将种群$P(g)$的染色体代入目标函数中，并将结果$f_j^g, j = 1, \cdots, m$进行排序。其中，上标g表示世代数，m代表适应值的个数。

16.2.4 选择

选择算子（Selection Operator）有时又称为复制算子（Reproduction Operator）。前面提到，在遗传算法中有一种推动力迫使其进行开发。但是，如果这个推动力太大，则遗传算法容易早熟；如果这个推动力太小，则算法时间又会过长。一般的做法就是在搜索迭代（世代）初期减少选择的压力，从而保证在搜索空间更广的范围内进行搜索；而在后期增大选择的压力，进一步限制搜索空间。

在遗传算法的选择算子环节中，个体从种群中被选择出来进行再组合，产生下一代。母体（Parents）被随机地抽选出来。在每一代中，那些携带好基因的母体被选出来的概率远远大于那些携带不好基因的母体被选出来的概率。对选出来的母体通常会进行交叉（Crossover）和变异（Mutation）操作。

常见的选择算子有：

- 轮盘赌选择（Roulette Wheel Selection）。
- $(\mu + \lambda)$选择（$(\mu + \lambda)$Selection）。
- 竞争式选择（Tournament Selection）。

其中，轮盘赌选择是最经典也是最有名的一种选择方式，它根据每个染色体的适应值的优劣来确定被选概率，属于一种随机采样的过程（Holland，1992）。好的染色体在轮盘赌选择中被赋予大的概率，因此在选择时被选中的概率也相应增大。不过也有学者指出，这种利用个体适应值占比决定其选择概率的方式也存在一些问题。比如，在算法初期会存在个别的个体干扰选择过程，而在算法后期由于种群内的个体多数收敛，又会变成随机搜索的方式。

因此，也有学者认为需要通过建立一套比例变换机制或排序机制来解决此类问题。其目无非是合理保证种群中的个体选择，以及防止过于"优秀"的个体控制选择过程。对于这方面的研究，可以参阅 Baker（1987）、Goldberg and Richardson（1987）、Grefenstette and Baker（1989）、Goldberg and Deb（1991a）、Hancock（1994b）文献。

基于排序的选择算子是由 Baker（1985）提出的。有一些证据指出，基于适应值排序的选择方法要优于基于适应值比例的选择方法（Whitley et al.，1989）。基于排序的选择方法对选择压力程度的控制具有一定的优势，这对基于适应值比例的选择方法来说是不太可能的。在某种程度上，基于排序的选择方法能够防止早熟逼近，这也是基于适应值比例的选择方法望尘莫及的。

在适应值比例方法下的轮盘赌选择有时候会出现一些问题，如因缺乏选择压力而导致搜索停止，或者因选择面太窄而发生早熟逼近。在某些方面，排序更多地与模式定理一致,因为这里不需要引入额外的被模式定理解释的参数去控制选择压力。在优化问题的研究中,如果考虑的是适应函数(目标函数)最大化,那么每个染色体将会根据目标函数值的降序进行排列。线性和指数排列方法是最常用的。这里介绍线性排列方法,染色体被选择的概率表示如下:

$$p_i = [\eta^+ - (\eta^+ - \eta^-) \cdot (i-1)/(m-1)]/m \tag{16.3}$$

其中,$\sum_{i=1}^{m} p_i = 1, 1 \leqslant \eta^+ \leqslant 2, \eta^- = 2 - \eta^+$。常数$\eta^+$和$\eta^-$分别被称为最大和最小期望值,它们决定了线性函数的斜率。一般情况下,推荐$\eta^+ = 1.1$(Bäck,1994)。

$(\mu + \lambda)$选择和(μ, λ)选择是一种确定性的选择过程。从母代和子代中选择一些最好的染色体(Bäck,1994)。这里的μ是母代的数量,λ是子代的数量。在母代和子代$(\mu + \lambda)$中选择前μ个个体形成了下一代,通常情况下λ取值为 1 或者 2 乘以μ(Hoffmeister and Bäck,1991)。这种方法禁止从种群中选择相同的染色体,所以常被用来处理组合优化问题。

Goldberg et al.(1989)提出的竞争式选择被认为是在定向选择(Directional Selection)上最有效率的形式,它同时包含随机性与确定性(Crow and Kimura,1979)。这种方法根据染色体的适应值进行排序,然后按照一定的比例从中选取最好的染色体进行繁殖,选取的比例T%(或者数量)被称为竞争大小(Tournament Size)。这种方法在进化策略中得到了广泛的应用(Thierens and Goldberg,1994;Bäck,1994)。

Top-N选择是从种群中选择N个最好的染色体替代那些最坏的染色体的方法(Hancock,1994a)。这种思路有点类似于精英选择(Elitist Selection),它是一种确保在每一世代中最好的染色体未被选中时,也能够传到下一世代的选择方法(Jong,1975)。但是,Goldberg and Deb(1991b)也指出,如果删除那些不好的染色体,那么,即便随机选取其他染色体,种群中也将会存在较高的选择压力(Selection Pressure)。

假设P代表一个种群,其中$C_1, \cdots, C_N$代表种群中的染色体,通过选择算子,产生了一个当下世代中的种群池P'。前面已经提到适应值好的染色体被选中的概率比较大,因此种群池中的染色体相对于原种群来说,不好的染色体已经减少。另外,要注意的是,种群池中的染色体个数要与原种群中的染色体个数保持一致。

对于种群中的第i个染色体C_i,通过一个映射关系,将其变为一个选择的概率。最有名的选择就是比例选择(Proportional Selection)(Holland,1992;Goldberg,1989)。第i个染色体计算出的适应值占所有染色体计算出的适应值的比例如下:

$$p_i = \frac{f(C_i)}{\sum_{i=1}^{N} f(C_i)} \tag{16.4}$$

除概率以外，Baker（1985）还提出了一种排序选择（Ranking Selection）方法。其原理是先将染色体根据原始的适应值进行排序，然后根据排名映射出选择的概率。对选择算子感兴趣的读者，可以参阅 Bäck and Hoffmeister（1991）文献，其中有很多关于选择算子的介绍。

16.2.5 交叉

交叉算子（Crossover Operator）是一种共享染色体之间信息的方法。它将两个母代的染色体交叉结合，形成两个子代，这样就有可能产生更好的染色体。对种群中的染色体进行随机式的选择是在一定的概率下完成的，称这个概率为p_c。通常，p_c的范围被建议在区间[0.5,1]内。

以二进制的染色体进行交叉为例，就是对两个染色体通过一种随机的方式选择位置来进行切割，产生两个头部和两个尾部，然后将尾部交换后产生两个新的染色体。如图 16.3 所示，由于只有一个交叉点，因此这种方式也被称为单点交叉（Single Point Crossover）。如图 16.4 所示，由于有两个交叉点，因此这种方式也被称为双点交叉（Double Point Crossover）。有一点值得注意的是，并不是所有的配对个体都要通过交叉产生下一代，这里涉及交叉率的问题。如果交叉没有执行，则说明下一代仅仅是通过复制母体得到的。

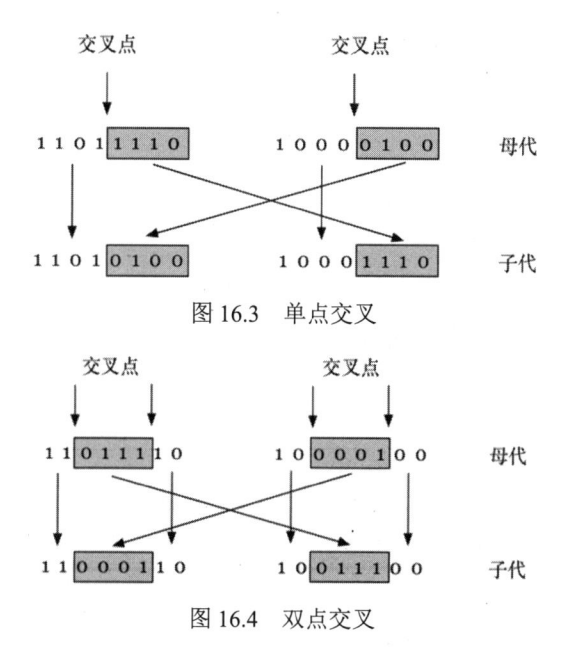

图 16.3 单点交叉

图 16.4 双点交叉

假设$C_1 = (c_1^1, \cdots, c_n^1)$，$C_2 = (c_1^2, \cdots, c_n^2)$是两个被选出来准备执行交叉算子的实数编码的染色体。下面列举一些常见的交叉算子。

1. 平点交叉（Flat Crossover）

通过平点交叉可以产生一个子代$B = (b_1, \cdots, b_i, \cdots, b_n)$，这里的$b_i$是从区间$[c_i^1, c_i^2]$中利用均匀分布随机生成的（Radcliffe，1991）。

2. BLX-α交叉（BLX-α Crossover）

通过这种交叉算子，可以产生子代$B = (b_1, \cdots, b_i, \cdots, b_n)$，这里的$b_i$是从区间$[c_{min} - (c_{max} - c_{min}) \cdot \alpha, c_{max} + (c_{max} - c_{min}) \cdot \alpha]$中利用均匀分布随机生成的数值，其中，$c_{max} = \max(c_i^1, c_i^2)$，$c_{min} = \min(c_i^1, c_i^2)$。

平点交叉也可以看成BLX-α交叉的一个特例。当$\alpha = 0$时，BLX-α交叉变为平点交叉。

3. 简单交叉（Simple Crossover）

随机地选择一个位置i，$i \in \{1, 2, \cdots, n-1\}$，形成如下的染色体：

$$B_1 = (b_1^1, \cdots, b_i^1, b_{i+1}^2, \cdots, b_n^2)$$
$$B_2 = (b_1^2, \cdots, b_i^2, b_{i+1}^1, \cdots, b_n^1)$$

感兴趣的读者可以参阅Wright（1991）、Michalewicz（1994）文献。

4. 算术交叉（Arithmetic Crossover）

算术交叉算子的基本概念来自凸集理论（Bazaraa et al.，2011）。前面讲过，对于式

$$\lambda_1 C_1 + \lambda_2 C_2 \tag{16.5}$$

当$\lambda_1 + \lambda_2 = 1$且$\lambda_1 > 0, \lambda_2 > 0$时，式(16.5)就是一个凸组合(Convex Combination)。
当$\lambda_1 + \lambda_2 = 1$时，式（16.5）就是一个仿射组合（Affine Combination）。
当$\lambda_1, \lambda_2 \in R$时，式（16.5）就是一个线性组合。
通过算术交叉可以产生两个子代解：

$$B_k = (b_1^k, \cdots, b_i^k, \cdots, b_n^k), \quad k = 1, 2 \tag{16.6}$$

其中，

$$b_i^1 = \lambda c_i^1 + (1-\lambda) c_i^2 \tag{16.7}$$

$$b_i^2 = \lambda c_i^2 + (1-\lambda) c_i^1 \tag{16.8}$$

这里的λ可以是一个常量，也可以是一个根据世代数变化的变量。根据参数的不同，

可知有 3 种类型的交叉：凸交叉（Convex Crossover）、仿射交叉（Affine Crossover）和线性交叉（Linear Crossover）。对算术交叉算子感兴趣的读者可以进一步参阅 Michalewicz（1994）文献。

5. 线性交叉（Linear Crossover）

线性交叉其实是算术交叉中的仿射交叉的一个特例。通过线性交叉可以产生 3 个子代解：

$$B_k = (b_1^k, \cdots, b_i^k, \cdots, b_n^k), \qquad k = 1,2,3 \qquad (16.9)$$

其中，

$$b_i^1 = \frac{1}{2}c_i^1 + \frac{1}{2}c_i^2 \qquad (16.10)$$

$$b_i^2 = \frac{3}{2}c_i^1 - \frac{1}{2}c_i^2 \qquad (16.11)$$

$$b_i^3 = -\frac{1}{2}c_i^1 + \frac{3}{2}c_i^2 \qquad (16.12)$$

在运用线性交叉算子时，可以从 3 个子代解中选择两个最优的来替代母代解（Wright，1991）。

6. 离散交叉（Discrete Crossover）

Mühlenbein and Schlierkamp-Voosen（1993）介绍了一种离散交叉算子。它从集合 $\{c_i^1, c_i^2\}$ 中利用均匀分布随机选择数值形成 b_i。

7. 扩展线性交叉（Extended Line Crossover）

Mühlenbein and Schlierkamp-Voosen（1993）介绍了一种扩展线性交叉算子。子代的染色体如下：

$$b_i = c_i^1 + \alpha(c_i^2 - c_i^1) \qquad (16.13)$$

其中，α 是从区间 $[-0.25, 1.25]$ 中利用均匀分布随机生成的数值。

8. 扩展中间交叉

Mühlenbein and Schlierkamp-Voosen（1993）还介绍了一种扩展中间交叉算子。子代的染色体如下：

$$b_i = c_i^1 + \alpha_i(c_i^2 - c_i^1) \qquad (16.14)$$

其中，α_i 是一个从区间 $[-0.25, 1.25]$ 中利用均匀分布随机生成的数值。该算子是 BLX-α 交叉算子在 $\alpha = 0.25$ 时的一个特例。

16.2.6 变异

传统的观点认为，在搜索空间的两种技术中，交叉是更重要的。而变异提供了少量的随机搜索，并有助于确保搜索空间中的任何点都有可能被搜索到。同时，它还增加了种群的多样性。

变异是针对染色体中的基因来说的，在搜索最优解的过程中有助于从某些局部最优解中跳出。变异算子（Mutation Operator）应用在交叉产生子代之后。不像交叉率那样，变异率的值极小，它可以随机改变每个基因。种群中的每个染色体的任意位置都可能存在变异的机会，但是这个概率是非常小的。我们称这个概率为变异率，用 p_m 表示。通常，变异率 p_m 的范围被设置在 [0.001, 0.05] 内。

图 16.5 显示了在二进制编码下染色体突变的第 4 个基因。

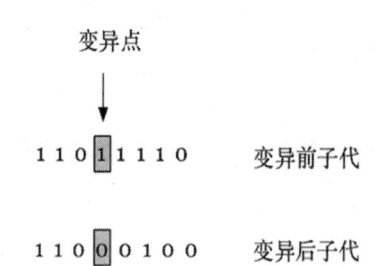

变异点
↓
1 1 0 1 1 1 1 0   变异前子代

1 1 0 0 0 1 0 0   变异后子代

图 16.5　在二进制编码下染色体突变的第 4 个基因

在实数编码的情况下，假设 $C = (c_1, \cdots, c_i, \cdots, c_n)$ 是一个染色体，一个基因 $c_i \in [a_i, b_i]$ 变异成基因 c_i' 可以有以下常见的算子。

1. 随机变异（Random Mutation）

c_i' 是从范围 $[a_i, b_i]$ 中按照均匀分布随机生成的数字。其中 $[a_i, b_i]$ 分别是 c_i 的最小值和最大值（Michalewicz, 1994）。

2. 非均匀变异（Nonuniform Mutation）

如果非均匀变异用在第 g 世代，并且 G 表示最大的世代数，那么

$$c_i' = \begin{cases} c_i + \Delta(g, b_i - c_i), & \gamma = 0 \\ c_i - \Delta(g, c_i - a_i), & \gamma = 1 \end{cases} \tag{16.15}$$

这里 γ 是一个只能取 0 或者 1 这两个数值的随机数，并且

$$\Delta(g, l) = l(1 - r^{(1-\frac{g}{G})^\tau}) \tag{16.16}$$

其中，r是区间[0,1]上的随机数；τ是用户自己选择的参数，它决定了非均匀分布的程度。该函数给出的是区间$[0, l]$上的数值，并且随着g的增加，该数值逐渐逼近0（Kaelo and Ali, 2007；Deep and Thakur, 2007）。

16.2.7 收敛及终止

收敛（Convergence）是指如果遗传算法得到了正确的执行，那么种群将在连续的世代中进化，从而使每代中最好的适应值和平均适应值朝着全局最优的方向进化的这一过程。如图 16.6 所示为遗传算法迭代图，图中的横坐标表示世代数，纵坐标表示适应值；虚线为最优适应值，也就是每代中最好的适应值的大小；实线表示平均适应值，即每次迭代中所有适应值的平均值。从图中我们可以看到，平均适应值随着世代数的增加，逐渐逼近最优适应值。

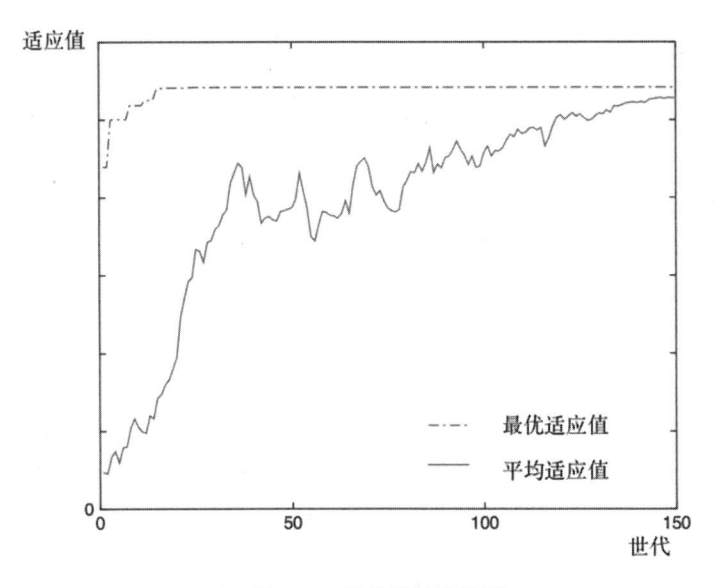

图 16.6 遗传算法迭代图

如果最优解的迭代是一个无休止的过程，那么证明一个算法何时达到最优解是非常重要的。一旦算法的收敛性得到保证，问题的焦点就转化为对算法停止时间或停止准则的探索（Safe et al., 2004；Bhandari et al., 2012）。在遗传算法的执行过程中，我们通常需要设置一个停止准则（Stop Criterion），有时也称为终止条件（Termination Condition）。通常在设置停止准则时，我们有以下思路：

- 认为已经找到一个可以满足问题的解（需要结合实际问题进行判断）。
- 设置一个很大的迭代次数。
- 达到预算（时间预算或者资金预算）。
- 解决方案的适应值已经达到一个平稳状态，使得连续迭代不再产生更好的结果。
- 上述情况的一些组合情况。

因此，考虑以下的停止准则。

设置如下的终止条件：

$$g = G \tag{16.17}$$

其中，g是当前的迭代次数，G代表预先设定的最大值。

一般情况下，很难确定到底需要迭代多少代才可以终止。因此，尽可能在条件允许的情况下把最大迭代次数G设置得很大。如图16.6所示，在将最大迭代数设置为150后，仍然不能很好地满足精度要求。

或者设置如下的终止条件（Srinivas and Patnaik, 1994; Lin et al., 2003; Gong et al., 2017）：

$$|f_{\max}^g - \overline{f}^g| < f_\Delta \tag{16.18}$$

其中，$f_{\max}^g$和$\overline{f}^g$分别代表第g世代中由种群根据适应函数生成的最大适应值和平均适应值。$f_\Delta > 0$是预先设定好的一个非常小的误差。这个误差其实是种群染色体之间的差别，当差别很小时，说明种群达到一个局部最优解的可能性很大。当然，这里也不排除过早收敛的情况。

在非线性规划中，我们给出了式（15.33）的利用MATLAB求解非线性规划。下面给出如何利用MATLAB中的遗传算法命令求解式（15.33）[①]。

```
fitnessFunction = @ myfun1(x);      % 定义目标函数的适应函数
nvars=2;                            % 该问题的变量数为两个
options = gaoptimset;               % 获得默认的选项结构
options = gaoptimset(options,'PopulationSize',500);   %设置种群规模为500
options = gaoptimset(options,'CrossoverFraction',0.85); % 设置交叉率为0.85
```

[①] 这里的结果实际上是一个近似值。根据对精度的要求不同，在计算过程中，适当地调整种群规模及增加迭代次数都能够使得结果更加精确。

```
    options = gaoptimset(options,'MigrationFraction',0.05);  % 设置变
异率为0.05
    options = gaoptimset(options,'Generations',100000);  % 设置迭代次数
为100000次
    [x,fval,exitflag] = ga(fitnessFunction,nvars,options);    % 调用遗传
算法函数
```

计算结果显示，当 x = [0,0]时，目标函数的最小值为8。

第 17 章　前景理论与机器学习

机器学习（Machine Learning）是人工智能（Artificial Intelligence）研究发展到一定阶段的必然产物，一些学者认为机器学习是人工智能领域最能够体现智能的一个分支，而且也是人工智能中发展最快的分支之一（周志华，2016）。机器学习有时候也可以概括为利用正确的特征（Right Features）构建正确的模型（Right Models），实现正确的任务（Right Tasks）（Flach，2012）。

机器学习属于计算机科学的一个领域，它使计算机系统能够利用数据进行"学习"，即通过特定的任务逐步提高性能，而不需要明确的编程。"机器学习"一词是由 Arthur Samuel 在 1959 年提出的（Samuel，1959）。Goodfellow et al.（2016）文献中的一幅图形象地给出了人工智能与机器学习之间的关系，如图 17.1 所示。

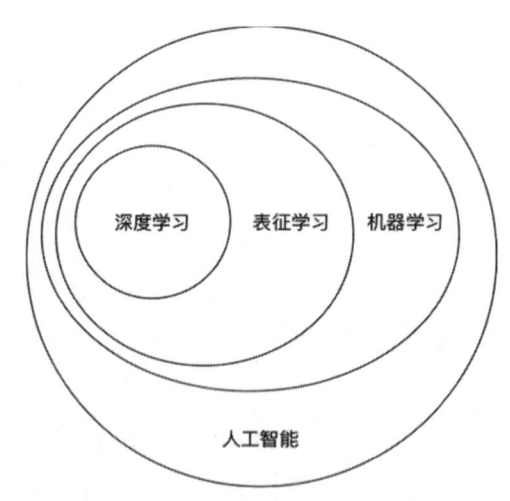

图 17.1　人工智能与机器学习之间的关系

机器学习与统计学密切相关，它也关注于通过使用计算机来进行预测。机器学习与数学优化有着密切的联系，它为该领域提供了方法、理论和应用方法。机器学习有时与数据挖掘（Data Mining）混淆在一起，但后者更加侧重于探索性的数据分析，有时也称为无监督学习。当然,机器学习也可以通过无监督学习来发现有意义的异象。在数据分析领域,机器学习是一种用来设计复杂模型和算法的方法,这些模型和算法可以用来进行预测分析。

机器学习与行为经济学的结合正在变得愈发紧密。机器学习帮助人们利用计算机在数据中自动地发现一些行为模式,并且利用这些模式去预测未来的数据,或者发现人们在不确定下的一些行为决策。因为行为金融的一个关键内容就是为研究投资者的行为提供理论支持,因此机器学习的一个目标就是利用行为金融的理论在数据中找出这种模式。数据科学与数据分析也为发现决策规律及改善决策行为提供了数据支持。机器学习的程序员在设计算法的时候,开始嵌入一些人类所固有的偏见及非理性的假设。一些人工智能领域的著名公司,如 IBM、谷歌等,纷纷邀请前景理论的创始人 Daniel Kahneman 举办讲座,以帮助他们更好地理解认知[①]。

随着大数据、人工智能的兴起,越来越多的学者开始探讨将前景理论与机器学习的算法结合在一起研究问题,比如"基于前景理论与深度森林算法的选股与择时"[②]。Prashanth et al.(2015)认为,累积前景理论很好地模拟了人类决策,它通过扭曲概率来运作。他们将扭曲概率这一思想引入风险敏感的强化学习的背景下设计算法,用于估计和控制。

前景理论与机器学习结合研究的文献非常少,这基本上是一个全新的领域。前文中我们介绍了不少学者利用实验对累积前景理论中的价值函数及权重函数的参数进行了估计,得出了不同的结论。然而,在很多情况下,人们对待风险、损失的态度会受到周围环境、突发事件、自身心情等的影响。在信息科技如此发达的今天,大数据的发展可以为我们研究前景理论提供很大的便利。比如,我们是否可以通过神经网络在输入层输入大量的数据,通过学习在输出层得到累积前景理论模型中的参数?或者利用诸如支持向量机等分类技术,将投资者对待风险的态度进行划分,从而更好地研究他们的风险决策行为?这些问题都有待进一步的研究探索。

然而,在当前大数据与人工智能发展的背景下,数据的可获得性大大增强,一些网站也可以"悄然"地进行实验,这些都为研究提供了更好的数据支撑。笔者认为,未来前景理论与机器学习的结合可能有以下几个方面:

- 机器学习利用前景理论及大数据对人类的认知行为进行深入研究。
- 利用前景理论与机器学习对投资者的投资行为进行预测。

---

① https://robotenomics.com/2014/02/03/why-machine-learning-and-big-data-need-behavioral-economists/。
② http://www.sohu.com/a/159502299_799378。

- 利用机器学习对带有前景理论所描述特征的投资者按照风险态度进行分类,更好地研究不同类型投资者的投资决策。
- 利用机器学习的模型,结合前景理论,优化投资者的投资决策。

机器学习中的算法有很多,如决策树、神经网络、支持向量机、贝叶斯分类器、随机森林等,即便是专门介绍机器学习的书籍,也很难在一本书中将其道尽。因此,笔者选择了 3 个机器学习中最为流行、也很有可能与未来前景理论研究相关的算法——支持向量机(Support Vector Machine,SVM)、Logistic 回归(Logistic Regression)与人工神经网络(Artificial Neural Networks,ANNs)进行介绍。神经网络依据其算法的原理不同,也分为多种,本章主要围绕目前应用最广泛、也是最为基础的 BP 神经网络(Back Propagation)展开。

17.1 支持向量机

支持向量机是一种非常先进的分类方法,它是由 Boser et al.(1992)率先提出的。然而,SVM 的概念出现得更早。Vapnik and Lerner(1963)引入了广义肖像算法(Generalized Portrait Algorithm),其中就涉及 SVM 的概念。SVM 与统计学习理论密切相关(Vapnik,2000),该理论在 20 世纪 70 年代就已经成型(Vapnik and Chervonenkis,1974)。由于 SVM 的计算精度很高,并且有能力处理高维数据,因此被广泛地应用在各个领域。SVM 属于核方法(Kernel Method)的一般范畴(Schölkopf et al.,2004;Shawe-Taylor and Cristianini,2004),并且求解一般要借助凸优化技术。

核方法是一种仅仅依靠数据点乘(Dot-Product)的方法。在这种情况下,可以用一个核函数替换点积,该核函数在某些可能的高维特征空间中计算点积。这样做有两个优点:第一,拥有使用线性分类器设计方法生成非线性决策边界(Decision Boundary)的能力;第二,使用核函数允许用户将分类器应用到没有明显固定维数向量空间的数据中。可以说,核函数决定了 SVM 的性能。但是,如何选择一个核函数仍是一个悬而未决的问题。

想要有效地利用支持向量机,需要先明白它的工作原理。在进行训练时,需要做出一些决策。比如,如何对数据进行预处理,使用什么内核,如何设置支持向量机和内核的参数。有时候,不知情的选择可能会导致严重的性能下降。

17.1.1 线性分类器

正如在多元线性回归分析中假设的那样，假设我们对n个变量观测m次，则可以得到一个样本集合，$\mathbb{S} = \{(x_1, y_1), \cdots, (x_m, y_m)\}, y_i \in \{-1, 1\}, i = 1, \cdots, m$是分类的标签（Label）。

利用支持向量机进行分类的核心思想就是，基于样本集合$\mathbb{S}$，找到一个可以将它们有效划分的超平面将样本点分开。支持向量机是线性二类分类器的一个例子。两类学习问题（图17.2 中的+和-）的数据是由两类客观的标签（-1 和 1）构成的。

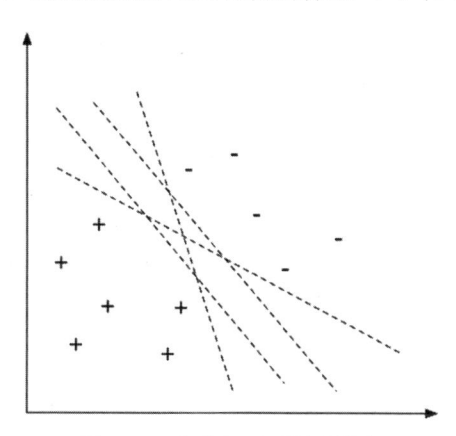

图17.2　多个超平面划分样本

如图 17.2 所示，考虑两类线性可分的问题。图中存在很多决策边界（Decision Boundary）。那么，所有的决策边界都是一样好的吗？还是说存在一个最好的决策边界？

前面已经提到，共有n个变量，那么，在样本空间中，超平面可以表示如下：

$$(\boldsymbol{w}^0)^T \boldsymbol{x}_{\cdot n} + w_0 = 0 \tag{17.1}$$

其中，$(\boldsymbol{w}^0)^T = (w_1, \cdots, w_n)$为一个法向量，即方向向量，它决定了超平面的方向；而w_0为偏差（Bias），即截距项，它决定的是超平面和原点之间的距离。也就是说，只要确定向量$\boldsymbol{w}^T = (w_0, w_1, \cdots, w_n)$的值，就可以确定一个超平面。因此，在支持向量机中，分类的问题也可以转化为求解参数向量的问题。

超平面将空间分为两部分。也就是说，决策边界应该能够正确地对所有点进行分类。即

$$y_i((\boldsymbol{w}^0)^T \boldsymbol{x}_{in} + w_0) \geqslant 1, \quad \forall i \tag{17.2}$$

判别函数$f(x)$的符号代表了该点位于超平面的哪一边。如图 17.3 所示，距离超平面（深色实线）最近的几个样本点被称为支持向量（Support Vector）。

这种介于被分为正负区域的边界叫作分类的决策边界。在这个例子中，边界是线性的，所以也被称为线性分类器（Linear Classifiers）。当边界为非线性情况时，称之为非线性分类器。

支持向量机的思想就是在训练样本点中找到一个合适的超平面将样本点分开。但是根据超平面的方程，可以得知存在无数个可以分开这些样本点的超平面。那么，如何找到一个最合适的超平面呢？

回顾解析几何的知识点，在一个样本空间中，任意一点到超平面的距离为

$$\frac{|(w^0)^T x_{\cdot n} + w_0|}{\|(w^0)^T\|} \tag{17.3}$$

令 d^+ 和 d^- 分别代表处于正、负区间的到超平面最近的样本点的距离。分类的目的就是希望 $d^+ + d^-$ 达到最大。这两个不同属性的样本点到超平面的距离之和 $d = d^+ + d^-$ 被称为间隔（Margin），如图17.3所示。

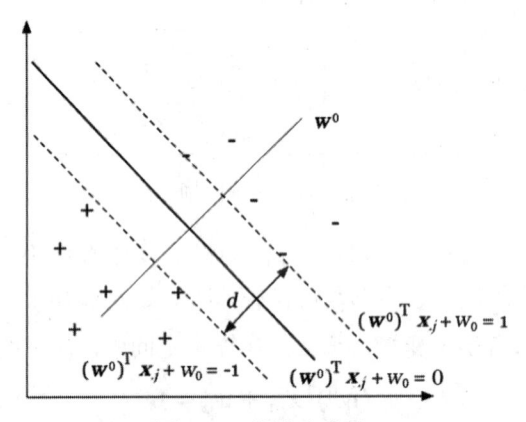

图 17.3　线性分类器

除此之外，我们还可以对 w_0 进行一定的调整，使得 $d^+ = d^-$。支持向量就是与超平面（决策平面）最近的那些训练样本点。即支持向量机的超平面可以定义为支持向量的线性组合。

因为在空间中可以自由地调整 w_0、$\|w^0\|$ 等而不改变结果，我们假设这里的 $d^+ = d^- = 1$，因此可以知道两个不同类的支持向量到超平面的距离之和，即间隔为

$$d = \frac{2}{\|w^0\|} \tag{17.4}$$

我们的目的就是找到在最大化间隔下的超平面，即

$$\max_{\boldsymbol{w},b} \frac{2}{\|\boldsymbol{w}\|} \tag{17.5}$$

$$\text{s.t.} \quad y_i((\boldsymbol{w}^0)^{\text{T}}\boldsymbol{x}_{in} + w_0) \geqslant 1, \quad \forall i$$

显然,我们可以将上式的最大化问题转化为下述的最小化问题:

$$\min_{\boldsymbol{w},b} \frac{1}{2}\|\boldsymbol{w}\|^2 \tag{17.6}$$

$$\text{s.t.} \quad y_i((\boldsymbol{w}^0)^{\text{T}}\boldsymbol{x}_{in} + w_0) \geqslant 1, \quad \forall i$$

式(17.6)是一个含有约束条件的二次规划问题。可以利用拉格朗日乘子法,对每个约束条件增加拉格朗日乘子$\lambda_i \geqslant 0$,就可以得到它的对偶问题,如下:

$$\max_{\lambda} \sum_{i=1}^{m} \lambda_i - \frac{1}{2}\sum_{i=1}^{m}\sum_{j=1}^{m} \lambda_i \lambda_j y_i y_j \boldsymbol{x}_i^{\text{T}}\boldsymbol{x}_j \tag{17.7}$$

$$\text{s.t.} \quad \sum_{i=1}^{m} \lambda_i y_i = 0$$

$$\lambda_i \geqslant 0, \quad i = 1,2,\cdots,m$$

17.1.2 从线性分类器到非线性分类器

在很多情况下,非线性分类器提供了更高的精度。然而,线性分类器也并不是说没有什么优势,通常情况下,它可以对问题进行一些简化(Hastie et al., 2009; Bishop, 2006)。那么,是否能够将线性分类器扩展到非线性决策边界中去呢?毕竟,在很多情况下,即使样本点很少,也并不能保证存在一个线性超平面能够将样本点进行正确的划分,如图17.4所示。

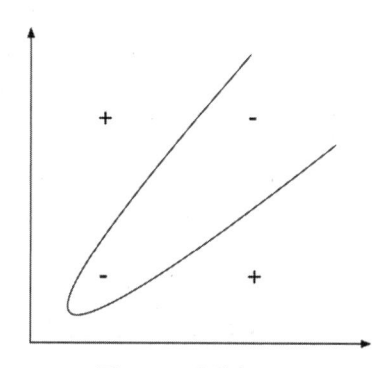

图 17.4 非线性分类

在 Logistic 回归中，一般可以利用一种单调可微的函数 $g(\cdot)$，使得线性回归问题转化为非线性回归问题。按照这个思路，将输入空间（Input Space）χ 上的点利用一个非线性函数 g 投射到特征空间（Feature Space）ϕ 上，即 $g:\chi\to\phi$[①]。

通过将样本点从当前空间映射到一个更高维度的空间中，在原来（低维度）空间中无法线性可分的样本点在高维空间中变得线性可分。

在特征空间 ϕ 中，超平面所对应的模型可以表示如下：

$$f(x) = (\boldsymbol{w}^0)^{\mathrm{T}} g(\boldsymbol{x}) + w_0 \tag{17.8}$$

自然地，根据前面的内容，我们可以得到特征空间中的优化问题：

$$\min_{\boldsymbol{w},b} \frac{1}{2}\|\boldsymbol{w}\|^2 \tag{17.9}$$

$$\text{s.t.} \quad y_i((\boldsymbol{w}^0)^{\mathrm{T}} g(\boldsymbol{x}_{in}) + w_0) \geqslant 1, \quad \forall i$$

以及对偶问题：

$$\max_{\lambda} \sum_{i=1}^{m} \lambda_i - \frac{1}{2}\sum_{i=1}^{m}\sum_{j=1}^{m} \lambda_i \lambda_j y_i y_j g(\boldsymbol{x}_i)^{\mathrm{T}} g(\boldsymbol{x}_j) \tag{17.10}$$

$$\text{s.t.} \quad \sum_{i=1}^{m} \lambda_i y_i = 0$$

$$\lambda_i \geqslant 0, \quad i = 1, 2, \cdots, m$$

从式（17.10）中的最后两项可以看到，这是样本点映射到特征空间后的内积。假如我们可以用某种方式计算出它们，就不用再关注显性映射问题。

通常，有很多几何操作，如角度、距离等都与内积相关。因此，我们可以定义出一个函数：

$$\kappa(\boldsymbol{x}_i, \boldsymbol{x}_j) = g(\boldsymbol{x}_i)^{\mathrm{T}} g(\boldsymbol{x}_j) \tag{17.11}$$

使其在输入空间中就可以计算特征空间中的内积，从而避免由于特征空间维数太高导致的计算困难问题。式（17.11）就是核函数（Kernel Function）。

核函数的本质就是将那些在输入空间中线性不可分的样本一律映射到特征空间中去，在特征空间中寻找一个超平面。虽然特征空间具有更高的维度，但是超平面方程实际上没有那么高的维度。

如果知道了 $g(\cdot)$，就可以知道相应的核函数。问题是，如果不知道映射 $g(\cdot)$ 的具体

[①] 一般称变换后的空间为特征空间，而称原始空间为输入空间。

形式,那么如何找出合适的核函数呢？此时是否存在一个合适的核函数？一个合适的核函数能够具备更优的分类性能。下面通过案例进行讨论。假如

$$g(\begin{bmatrix}x_1\\x_2\end{bmatrix}) = (1, \sqrt{2}x_1, \sqrt{2}x_2, x_1^2, x_2^2, \sqrt{2}x_1x_2) \qquad (17.12)$$

在特征空间中的内积形式为

$$\langle g(\begin{bmatrix}x_1\\x_2\end{bmatrix}), g(\begin{bmatrix}y_1\\y_2\end{bmatrix})\rangle = (1 + x_1y_1 + x_2y_2)^2 \qquad (17.13)$$

因此，不用再通过$g(\cdot)$就可以得到如下的核函数：

$$\kappa(\boldsymbol{x},\boldsymbol{y}) = (1 + x_1y_1 + x_2y_2)^2 \qquad (17.14)$$

这种利用核函数而不再利用$g(\cdot)$的方法被称为核技巧（Kernel Trick）。也就是说，在利用支持向量机时，我们只需要知道核函数就可以了。

核函数的种类有很多，下面列举几种常见的核函数。

- d阶多项式核（Degree-d Polynomial Kernel）：$\kappa(\boldsymbol{x},\boldsymbol{y}) = (\boldsymbol{x}^T\boldsymbol{y} + 1)^d$。
- 线性核（Linear Kernel）：$\kappa(\boldsymbol{x},\boldsymbol{y}) = \boldsymbol{x}^T\boldsymbol{y}$[①]。
- 高斯核（Gaussian Kernel）：$\kappa(\boldsymbol{x},\boldsymbol{y}) = \exp(-\gamma\|\boldsymbol{x}-\boldsymbol{y}\|^2)\boldsymbol{x}^T\boldsymbol{y}$，$\gamma > 0$是控制高斯宽度的参数。
- Sigmoid 核（Sigmoid Kernel）：$\kappa(\boldsymbol{x},\boldsymbol{y}) = \tanh(\alpha\boldsymbol{x}^T\boldsymbol{y} + \beta)$，$\alpha > 0, \beta < 0$。

核函数还具有一些很好的性质。假如$\kappa_1(\cdot,\cdot)$和$\kappa_2(\cdot,\cdot)$是核函数，那么：

- 对于$\zeta_1, \zeta_2 > 0$，$\zeta_1\kappa_1(\cdot,\cdot) + \zeta_2\kappa_2(\cdot,\cdot)$仍是核函数，即两个核函数的线性组合仍然是核函数。
- $\kappa_1(\cdot,\cdot) \otimes \kappa_2(\cdot,\cdot)$仍是核函数，即两个核函数的直积（Direct Product）仍是核函数。
- 对于任意函数$f(\cdot)$，$g(\boldsymbol{x})\kappa_1(\boldsymbol{x},\boldsymbol{y})g(\boldsymbol{y})$仍是核函数。

下面通过一个例子阐述核函数的工作原理。

假如我们共有5个一维点：$x_1=1, x_2=2, x_3=4, x_4=5, x_5=6$，其中$x_1=1, x_2=2, x_5=6$分为一类，而$x_3=4, x_4=5$分为一类，即$y_1=1, y_2=1, y_3=-1, y_4=-1, y_5=1$。这里采用二阶多项式核函数$\kappa(\boldsymbol{x},\boldsymbol{y})=(xy)^2$，可以得到如下的优化方程：

$$\max_{\lambda} \sum_{i=1}^{5}\lambda_i - \frac{1}{2}\sum_{i=1}^{5}\sum_{j=1}^{5}\lambda_i\lambda_jy_iy_j(x_ix_j+1)^2 \qquad (17.15)$$

[①] 相当于d阶多项式核$d=1$的情况，即线性核是多项式核的特殊情况。

$$\text{s.t.} \quad \sum_{i=1}^{5} \lambda_i y_i = 0$$

$$\lambda_i \geqslant 0, \quad i = 1,2,\cdots,m$$

该方程的解为$\lambda_1 = 0$, $\lambda_2 = 2.5$, $\lambda_3 = 0$, $\lambda_4 = 7.33$, $\lambda_5 = 4.83$，支持向量为$x_2 = 2$, $x_4 = 5$, $x_5 = 6$。因此判别式的函数为：

$$\begin{aligned} f(z) &= 2.5 \times 1 \times (2z+1)^2 + 7.33 \times (-1) \times (5z+1)^2 + \\ &\quad 4.83 \times 1 \times (6z+1)^2 + b \\ &= 0.67z^2 - 5.33z + b \end{aligned} \quad (17.16)$$

通过解$f(2) = 1$或者$f(5) = -1$，又或者$f(6) = 1$可得到$b = 9$。所以，可得如下判别式：

$$f(z) = 0.67z^2 - 5.33z + 9 \quad (17.17)$$

如图 17.5 所示，二阶多项式核函数允许有一个更加灵活的非线性边界。图中的 5 个点（实心原点为一类，空心原点为一类）用一个线性的超平面是无法分开的。

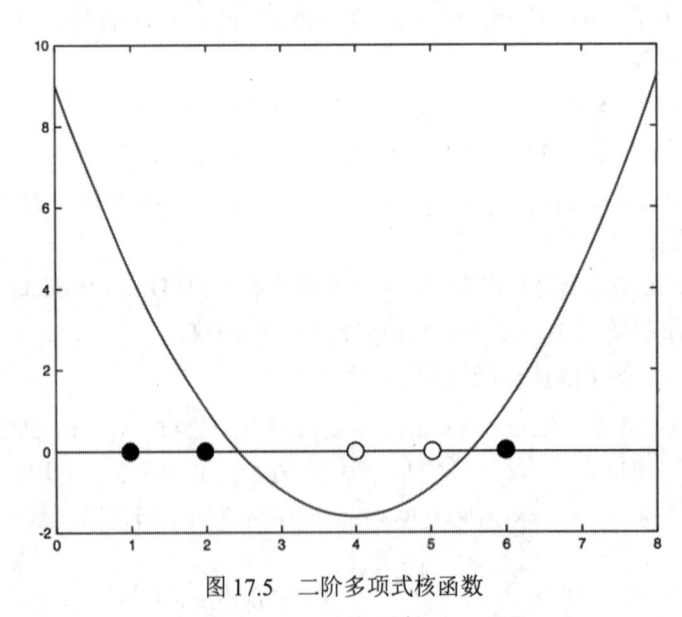

图17.5 二阶多项式核函数

17.2 Logistic 回归

在一些情况下，我们需要关注某一事件发生的概率与某些因素之间的关系。提到关系，我们自然想到的是建立回归模型。但是此时的因变量不再是任意实数，而是一个介于 0 和 1 之间的概率。因此，一般的线性回归无法满足这种要求，而 Logistic 回归能够有效解决此类问题。

从统计学意义上说，Logistic 回归也是一个回归模型，只不过它研究的是因变量发生的概率（Bammann，2006）。Logistic 回归可以应用于各个领域，包括机器学习、金融学、经济学、管理学及社会科学等。目前，Logistic 回归算法是机器学习中重要的算法之一。

例如，在市场营销应用中，预测顾客购买产品的倾向；在金融应用中，预测房主拖欠抵押贷款的可能性等。逻辑回归可以是二项（Binomial）、序数（Ordinal）或多项（Multinomial）。在二项 Logistic 回归处理的情况下，因变量只能有两种可能的类型——"0"和"1"；而在多项 Logistic 回归处理的情况下，结果可以有 3 个或更多可能的类型；序数 Logistic 回归则处理有序的因变量。

Logistic 回归是由统计学家 David Cox 于 1958 年发展起来的（Walker and Duncan，1967；Cox，1959）。与其他形式的回归分析一样，Logistic 回归利用一个或多个预测变量，它们可以是连续的，也可以是分类的。然而，与普通线性回归不同，Logistic 回归被用来预测类别，而不是传统线性回归中连续的结果。因为存在这种差异，所以 Logistic 回归也违背了线性回归的假设。

在 Logistic 回归中，残差和因变量都服从二项分布（分类数据），因此残差不再服从正态分布。由此采用最小二乘法估计参数的方法失效（稍后的内容会介绍到），所以对 Logistic 回归的参数估计要采用最大似然估计法。

Logistic 函数之所以非常有用，是因为它能够将任何输入的实数输出成 0～1 之间的数值。Logistic 函数定义如下：

$$\sigma(y) = \frac{e^y}{e^y + 1} = \frac{1}{1 + e^{-y}} \qquad (17.18)$$

该函数的定义域为$(-\infty, +\infty)$，值域为$[0,1]$，如图 17.6 所示。

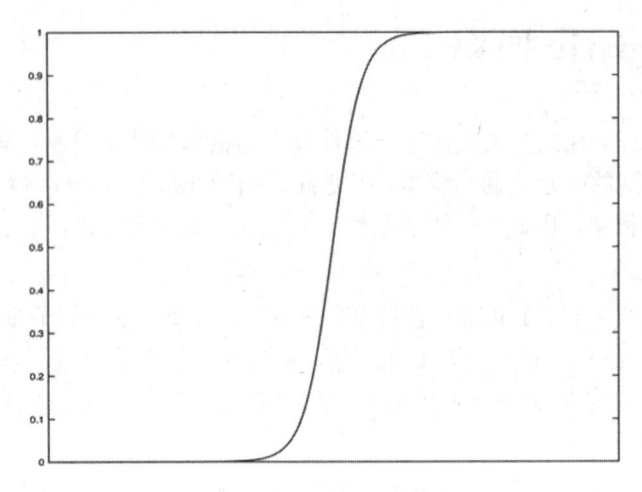

图 17.6 Logistic 函数

假设 y 是 0-1 变量，并且能够被变量 $x_1, x_2, \cdots, x_n$ 线性表示。此时有 m 组观测数据 $(x_{i1}, \cdots, x_{in}; y_i)$，$i = 1, \cdots, m$，则有 $y_i = w_0 + w_1 x_{i1} + \cdots + w_n x_{in}$，$i = 1, \cdots, m$。

此时，

$$\sigma_w(x_{i\cdot}) = \frac{1}{1 + e^{-(w_0 + w_1 x_{i1} + w_2 x_{i2} + \cdots + w_n x_{in})}} \qquad (17.19)$$

假设条件概率 $P(y_i = 1|x_{i\cdot})$ 是指样本值对于事件 $x_{i\cdot}$ 发生的概率，则 Logistic 回归模型可以写成如下形式：

$$p_i = P(y_i = 1|x_{i\cdot}) = \frac{1}{1 + e^{-(w_0 + w_1 x_{i1} + w_2 x_{i2} + \cdots + w_n x_{in})}} \qquad (17.20)$$

在事件 x_i 下 y_i 不发生的概率为

$$\begin{aligned} P(y_i = 0|x_{i\cdot}) &= 1 - p_i \\ &= 1 - P(y_i = 1|x_{i\cdot}) \\ &= 1 - \frac{1}{1 + e^{-(w_0 + w_1 x_{i1} + w_2 x_{i2} + \cdots + w_n x_{in})}} \\ &= \frac{e^{-(w_0 + w_1 x_{i1} + w_2 x_{i2} + \cdots + w_n x_{in})}}{1 + e^{-(w_0 + w_1 x_{i1} + w_2 x_{i2} + \cdots + w_n x_{in})}} \end{aligned} \qquad (17.21)$$

考虑到

$$\frac{p_i}{1 - p_i} = e^{w_0 + w_1 x_{i1} + w_2 x_{i2} + \cdots + w_n x_{in}} \qquad (17.22)$$

可得

$$\ln(\frac{p_i}{1-p_i}) = w_0 + w_1 x_{i1} + w_2 x_{i2} + \cdots + w_n x_{in} \tag{17.23}$$

在本质上，这仍然是一个与线性规划相关的问题。

因为 y_i 是 p_i 的 0-1 分布，所以概率函数为

$$P(y_i) = p_i^{y_i}(1-p_i)^{1-y_i} \tag{17.24}$$

其中，$y_i = 0,1$，$i = 1, \cdots, m$。

假设每个观测样本之间是独立的，则联合分布等于各个边缘分布的乘积，从而可以得到 $y_1, \cdots, y_n$ 的似然函数，如下：

$$L = \prod_{i=1}^{m} p_i^{y_i}(1-p_i)^{1-y_i} \tag{17.25}$$

两边取对数，可得

$$\ln L = \sum_{i=1}^{m} [y_i \ln p_i + (1-y_i)\ln(1-p_i)] \tag{17.26}$$

在线性回归中可以利用最小二乘法求出权重，而在 Logistic 回归中需要利用最大似然估计法求出权重，即找到一组权重，最大化式（17.26）的数值。

总之，利用 Logistic 回归可以解决如下问题。

（1）探索：寻找某种关键因素。

（2）预测：在已知某些自变量的情况下，预测发生某种情况的概率。

（3）判别：判断事物属于某种情况的概率有多大。

假设通过一些数据，能够将"理性人"与"CPT 投资者"进行区分。那么，利用 Logistic 回归将是一种不错的方法。由于判断结果是二项的，即"是"与"否"，因此可以利用二项 Logistic 回归进行分析。假设 *C* 是一个具有 3 种甄别变量的矩阵，*y* 是类别向量，即"理性人"与"CPT 投资者"的标签分类向量。这里共计 10000 个样本，利用 MATLAB 中的 mnrfit 命令，可以很容易地得到系数向量。

```
>> [D,dev,stats] = mnrfit(C,y);
D =
  -2.8384e+01      % 截距项
   2.4486e+01      % 第 1 个变量的系数
   1.0851e+01      % 第 2 个变量的系数
```

```
    -2.4143e+00        % 第 3 个变量的系数
% 以下内容是系数估计的标准误差
>> stats.p
ans =
  2.1199e-107
  6.6926e-88
  1.8578e-66
  1.0561e-53
```

17.3 过拟合与欠拟合

过拟合（Overfit）在统计学中是指分析的产生与一组现有的数据密切相关（过分拟合当前数据），因此导致不能可靠分析其他数据的一种情形。过度拟合模型是一种统计模型，它包含的参数比可以用来证明的数据还多（Everitt B.S., 2010）。过拟合的本质是在不知情的情况下提取了一些残差的波动，就好比假设残差也代表了潜在的模型结构（Burnham and Anderson, 2002）。过拟合往往发生在为了得到一致性的假设，从而对拟合变得非常严格的场合下，也就是事情（拟合）做过头了。

之所以存在过拟合的可能性，是因为用于选择模型的标准与用于判断模型适用性的依据并不相同。例如，可以通过在一些训练数据集上最大化其性能来选择一个模型，但它的适用性可能取决于它在看不见的数据上表现良好的能力。当一个模型开始"记忆"训练数据而不是通过"学习"来概括一个趋势时，就会发生过拟合。

根据某些拟合准则，从已有数据的拟合情况来看，模型往往得到了很好的拟合效果。但可能存在的一种情况却是模型仅仅针对已有的数据，而对于新的样本数据拟合效果不尽如人意，因此模型失去了推广的能力。

涉足金融领域的人必须始终意识到在有限的数据基础上过度拟合模型的危险性。比如，一个常见的问题是收集大量的历史市场数据，建立数据库，再通过所谓的拟合以便找到模式。一旦有了足够的研究，就有可能开发出一些复杂的模型，这些模型似乎可以预测股市的回报，而且准确度非常高。然而，这都是在样本内部进行操作的。当应用到样本外的数据时，这些模型可能仅仅是一个过拟合，而实际上只是偶然事件。

另外，过拟合往往都是由于对模型的描述太过复杂造成的。我们在建立一个模型时，恨不得把所有的变量参数都打包放在一个模型内，在这种情况下往往就会导致过拟合的产生。

造成过拟合的原因可能是样本数量太少。样本数量太少往往会造成模型不能准确归纳的问题,也就是上面所提到的模型不具备推广的能力。比如,如果参数的数量等于或大于观测值,那么一个简单的模型可以完全通过对数据的全部记忆来精确地预测训练数据。然而,这样的模型在预测时通常会失败。

过拟合的可能性不仅取决于参数和数据的数量,还取决于模型结构与数据形状的一致性,以及模型误差的大小与数据中噪声或误差的期望水平。

在回归分析中,我们使用一些判定准则,如均方误差(MSE)最小这个目标对样本点进行拟合(其实是一个求目标函数最小化的优化问题)。假如拟合情况非常好,那么这个目标函数值应该无限逼近零。然而,由于我们使用的是样本(部分)而不是总体(全部),所以MSE准则也只能关注到这些样本点处的拟合误差。而对这些样本的严格要求可能会使样本对总体的解释能力变弱。

当没有可用的理论来指导分析时,过拟合更有可能是一个严重的问题,部分原因是往往会有大量的模型可供选择。细想想看,给定一个样本集,你可以拟合出数千个模型,但是如何选择最好的模型呢?

很多技术手段都可以减少过拟合,其基本思想如下:

(1)不要过度复杂模型,在一定程度上简化参数。

(2)通过对一组不用于训练的数据进行评估,来测试该模型的推广能力。

当统计模型无法充分获取数据的潜在结构时,就会发生欠拟合(Underfit)。比如,由于建模不当,将非线性的数据拟合成了线性的数据,由此产生了较大的误差,这样模型的预测能力将大打折扣。

产生欠拟合的一个明显的原因就是变量选取得过少。比如,在对投资决策人员的分析中,有很多分析的指标,如性别、年龄、学历、收入、储蓄、职业等,考虑的指标越充分,对投资决策的预测效果就会越好。但是,如果只是通过收入就对投资决策进行分析是远远不够的,尽管它们之间也许存在较强的相关性。

另一个造成欠拟合的原因就是拟合不当,也就是模型的类型选择不当,欠考虑。如前面提到的,本来利用非线性模型拟合能得到更好的结果,却选择了线性模型。

在机器学习中,过拟合和欠拟合都可能会发生。在机器学习中,这种现象有时被称为"过度训练"和"训练不足",如图17.7所示。

图 17.7　过拟合与欠拟合

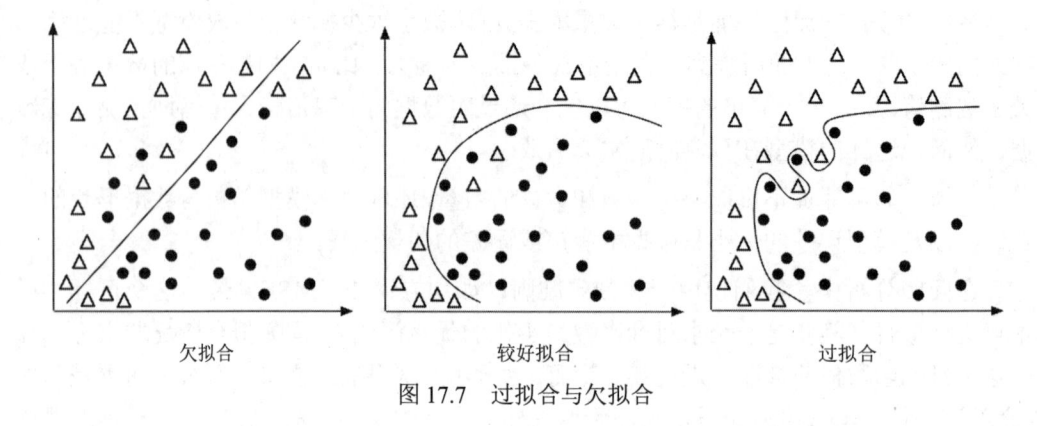

在欠拟合的子图中使用了线性拟合，根据图中样本点显示的结果，无论直线的斜率如何调整，都无法将直线下方的 5 个三角形的样本点与黑色实心样本点有效分开。而在过拟合的子图中，为了能够让所有的样本点有效分离，使用了复杂的高阶多项式，如果再有新的样本点，则可能会产生较大的误差。而在中间较好拟合的子图中，尽管在曲线内侧包含了 2 个三角形的样本点，也可以认为这是介于欠拟合与过拟合之间的较好拟合。

17.4　人工神经网络

17.4.1　人工神经网络在金融领域的运用

许多现象可以用线性回归或分类进行适当的建模，但实际中很多现象几乎都是非线性的。为了处理非线性问题，出现了各种各样的非线性模型。例如，参数化模型假设数据服从非线性函数的一些形式，如多项式函数、幂函数、指数函数。也就是事先已经提供好了模型，只需要通过样本进行拟合，微调参数就行。在这种情况下，必须事先知道问题属于哪类函数形式。然而，确定一种现象或问题的函数形式本身也是一个非常困难的课题。

另外，在采用核方法（Kernel Method）时，需要将数据转换成一个抽象空间，测量观测之间的距离，然后根据这些距离预测新的值或类。然而，核方法通常需要构造一个依赖于训练观察数的核矩阵，因此对大数据使用这种方法所付出的代价是很大的。

而利用人工神经网络可以逼近任意的非线性函数。它涉及一系列简单的非线性计算，当众多的非线性计算整合在一起时，可以产生强大和复杂的非线性函数。

第 17 章　前景理论与机器学习

　　Mcculloch and Pitts（1943）基于数学和阈值逻辑算法创建了一种神经网络计算模型，该模型为神经网络的研究奠定了基础。Hebb（1949）创建了一个基于 Hebbian 学习，现在被称为神经可塑性（Neural Plasticity）的机制学习假设。Hebbian 学习（Hebbian Learning）是一种无监督的学习规则（Unsupervised Learning Rule）。研究人员开始利用图灵 B 型机将这些想法应用到计算模型中。Farley and Clark（1954）第一次使用计算机来模拟一个赫布网络。Rochester et al.（1956）创建了一些其他神经网络计算机器。

　　Rosenblatt（1958a）创建了感知器算法，它是一种模式识别算法。同时，Rosenblatt 介绍了单层感知机中的异或问题。Ivakhnenko 和 Lapa 在 1965 年提出了第一个多层神经网络，后来演变成一种数据处理的方法（Ivakhnenko and Lapa，1966；Ivakhnenko et al.，1967；Schmidhuber，2015）。Minsky and Papert（1969）发现了使用计算机处理时的两个缺陷，使得神经网络研究几乎陷入停滞：一是基本算法无法处理的异或电路；二是计算机没有足够的处理能力来有效地处理大型神经网络所需的工作。神经网络的研究进展缓慢，直到计算机获得更强大的处理能力。

　　人工神经网络是一种计算机智能系统，能够模拟人脑的感应能力和行为。它们有能力归纳及发现噪声和失真，并提供高度的容错性和健壮性（Lippmann，1988）。人工神经网络检测一组数据中的底层函数关系，执行模式识别、分类、评价、建模、预测和控制等任务。人工神经网络还能发现数据中潜在的函数关系，执行模式识别、分类、评价、建模、预测和控制等任务。

　　通常，我们需要对样本中自变量与因变量的关系有一个了解，建立一个方程（线性或非线性），然后去估计参数，这样才可以进一步预测。然而神经网络模型完全不需要建立方程及估计参数，属于黑箱理论。

　　越来越多的人工神经网络算法在金融方面得到了广泛的应用。其实，人工神经网络技术早在几十年前就已经开始应用在金融分析的各个领域中，比如，用来预测破产的风险。Odom and Sharda（2012）比较了神经网络方法与一些传统分析方法的执行效果，发现神经网络预测的破产精度更高。神经网络也被用在债券评级（Bond Rating）、抵押贷款风险评估（Risk Assessment of Mortgages and Loans）、股票市场预测（Stock-Market Predictions），以及金融预测和分析（Financial Forecasting and Analysis）中（Johnson and Whinston，1994；Trippi and Turban，1992）。

　　Fadlalla and Lin（2001）研究了当时最新的 40 余篇利用神经网络分析金融问题的文献，发现当时研究者最常采用的是反向传播（Back Propagation）神经网络算法，其次是前馈型神经网络，采用递归神经网络（Recurrent Neural Networks）的学者较少。

近几十年来，神经网络在金融领域的研究如火如荼，受到了不少学者的关注（Narazaki and Shiraishi, 1998; Varghade et al., 2011; Chen, 2012）。

在一些微观领域，还有学者利用神经网络建模，对公司的财务指标进行了分析。对神经网络在公司财务中的运用感兴趣的读者可以进一步阅读以下文献：

Wong（1991）研究了时间跨度从1988年到1995年的203篇利用神经网络对公司财务进行研究的文献，并对这些文献按照研究目的进行了分类。

O'Leary（1998）分析了15篇利用不同神经网络预测公司损失或者破产的文献，并对这些模型的能力给予了综合分析。Vellido et al.（1999）研究了从1992年到1998年的123篇文章，包括会计、审计及财务等领域。他们总结了这些文章的神经网络算法、样本规模等内容，还对最常用的神经网络的优势与劣势进行了评价。Coakley and Brown（2000）对人工神经网络应用于会计和财务问题的文献进行了整理，对在会计和财务运用中使用神经网络提出了一些建议和指导。

Barniv et al.（2015）使用会计数据、市场数据和法院相关信息，利用神经网络模型，对公司破产的情况进行了分析，并提供了更加精确的分类。Burrell and Folarin（1997）研究了大量金融财务领域利用神经网络的论文，并讨论了神经网络的成功率及其在解决特定问题上的表现。

在投资组合优化方面，神经网络的运用也有几十年的历史了，感兴趣的读者可以进一步阅读以下文献：

Smith（1999）研究了神经网络与投资组合分析的文章，并对未来神经网络在投资组合优化问题上的研究给出了一定的建议。Fernandez and Gomez（2007）应用了一种基于神经网络的启发性方法（Heuristic Method）来探寻投资组合的有效边界，并与其他一些启发性方法进行了对比。

Shapiro（2008）回顾了关于神经网络在资本市场领域的一些相关应用，如市场预测、交易规则、资产定价、债券评级、资产组合等，说明神经网络能够成功地运用在不同的金融问题领域中。

金融时间序列预测是金融分析师和研究者的重要课题，对投资决策起着关键作用。金融时间序列通常是非平稳（non-stationary）的，复杂并充满了噪声。由于金融市场受到许多外部社会心理和经济因素的影响，所以股票市场预测是时间序列分析中最困难的任务之一。有效市场假说认为股票价格变动不遵循任何模式或趋势，根据历史数据预测未来价格变动几乎是不可能的。然而，投资界从未放弃过对股票价格的预测。

在其预测方法上，常用的有自回归、ARCH、GARCH等时间序列预测方法。从20

世纪 90 年代早期开始，神经网络成为一个非常普遍预测股票市场价格的工具（White，1988；Kim and Lee，2004；Grigoryan，2015；Mumini et al.，2016）。

Schöneburg（1990）研究了利用神经网络算法预测股价的可能性，发现不同的神经网络算法对短期内的股价预测情况很好，能够运用在金融时间序列分析中。Kimoto et al.（1990）给出了一个基于模块的神经网络模型，用来预测东京股票交易所的股价，取得了良好的结果。Lee and Chen（1995）利用外汇数据分析前馈神经网络（Feed Forward Neural Networks）和递归神经网络（Recurrent Neural Networks）的样本外预测（Out-of-Sample Forecasting）能力。

Chen（2002）测试了几个神经网络模型在股价估计方面的能力，认为在几个案例中类敏感神经网络（Class Sensitive Neural Networks）是最好的。Olson and Mossman（2003）利用 2352 家加拿大公司 1976—1993 年的数据，比较了 Logistic 回归及普通最小二乘技术与神经网络模型在预测未来一年的加拿大股市收益率上的差异，结果显示反向传播神经网络（Back Propagation Neural Networks）的预测结果更好。即利用各种交易规则，在神经网络模型的优势下，获得了较高的利润。

Ghiassi et al.（2005）提出了动态神经网络来预测时间序列事件，并显示基于神经网络的动态模型要在精确度、运行情况等方面显著好于传统的神经网络模型及自回归移动平均模型（ARIMA）。Wu（2006）应用支持向量机（SVM）和反向传播（BP）神经网络对亚洲股市指数进行预测，结果表明两种模型均优于自回归模型。

17.4.2　神经网络模型介绍

人类大脑由 100 多亿个紧密相连的神经细胞组成，这些神经细胞被称为神经元，每个神经元与大约 10000 个其他神经元相连，它们之间有 60 兆个连接、突触。通过同时使用多个神经元，大脑的处理速度可以比现存的最快的计算机的处理速度快得多。

另外，神经元可以被看作一个基本的信息处理单元，而我们的大脑可以被看作一个高度复杂的、非线性的、并行的生物信息处理网络，其中信息是同时存储和处理的。学习是生物神经网络的基本特征，正是因为学习这种简单和自然的方式才使得在计算机中模拟生物神经网络成为可能。

20 世纪 40 年代，Mcculloch and Pitts（1943）针对生物神经元（Biological Neurons）与生物神经网络（Biological Neural Networks）提出了一个模型。

刺激（Stimulu）通过突触（Synapse）从树突（Dendrite）传递到胞体（Cell Body），

轴突（Axon）将一个胞体的反应传递给另一个胞体。受到这些生物神经元的启发，人工神经元和人工神经网络能够执行算术运算，如图 17.8 所示。

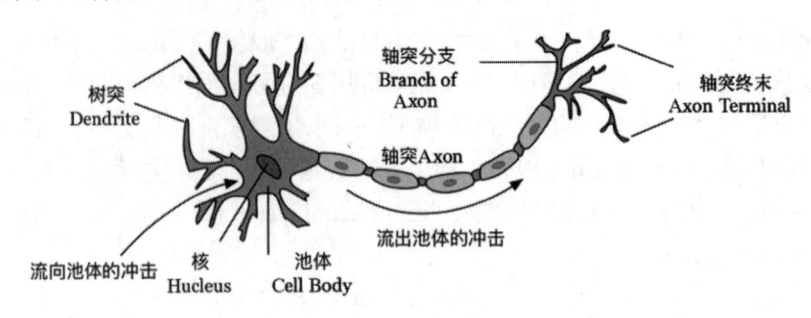

图 17.8　生物神经元

人工神经网络真的是太简单了，无法与真实的生物神经网络相提并论。然而，这并不影响我们利用神经网络去解决问题。正如我们受到鸟的启发发明了飞机，然而飞机的工作原理却与鸟的飞行原理完全不同。

在一个神经网络中，神经元之间是通过有向弧连接的。神经元和有向弧构成了网络拓扑结构。神经元之间的每条有向弧都有一个数字权重，以衡量它们之间的相互影响，正权重说明强化影响，负权重说明抑制影响。权重决定了网络的行为。

通常，单个神经元有许多输入，以及一个激活函数（或传递函数）的后续输出。如图 17.9 所示为 Mcculloch and Pitts（1943）提出并一直沿用的"M-P 神经元模型"。一个神经元接收到其他 n 个神经元传递过来的信息，再根据各自的权重传递，这些信息求和后的值再与阈值（Threshold）进行比较，然后通过激活函数（Activation Function），有时也称为传递函数（Transfer Function）输出。

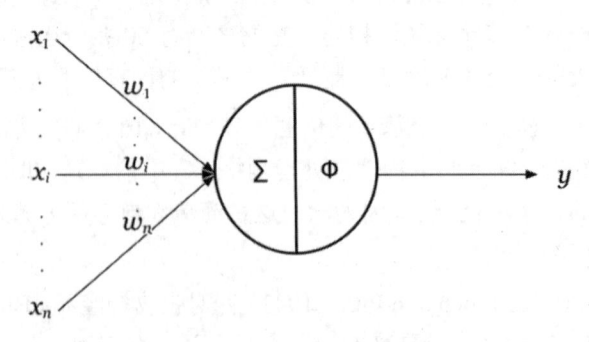

图 17.9　M-P 神经元模型

在图 17.9 中，$x_i, i = 1, \cdots, n$ 代表来自第 i 个神经元的输入，$w_i, i = 1, \cdots, n$ 代表当前

神经元的输入权重，Σ代表求和函数，而Φ代表激活函数。如果超出了某个阈值θ，激活函数就会被激活。其中：

$$y = f(\sum_{i=1}^{n} w_i x_i - \theta) \tag{17.27}$$

常用的激活函数如图 17.10 所示。

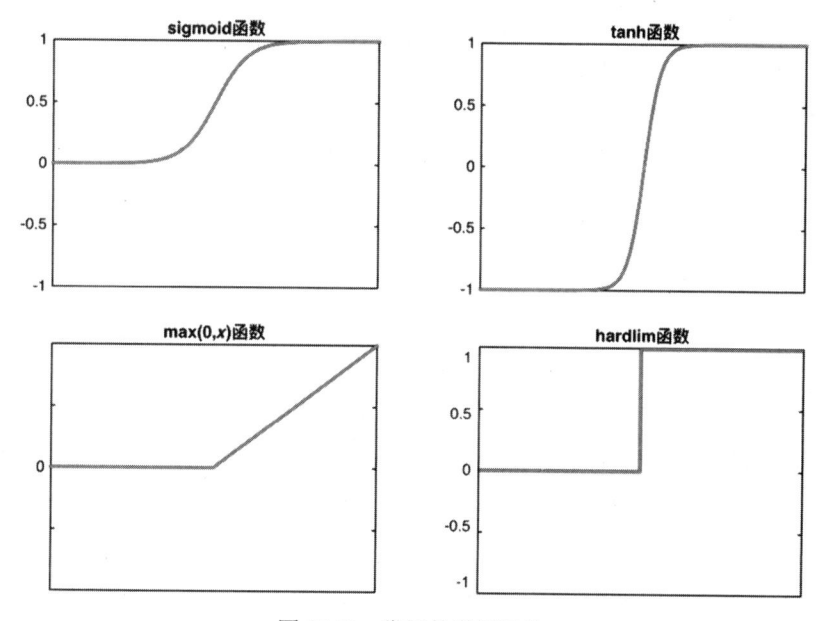

图 17.10　常用的激活函数

（1）sigmoid 函数。其表达式为：

$$f(x) = \frac{1}{1 + e^{-x}} \tag{17.28}$$

该函数在定义域内为一个连续可导的函数，函数值域为(0,1)。该函数求导方便。当函数为 sigmoid 函数时，导数为

$$f'(x) = f(x)[1 - f(x)] \tag{17.29}$$

（2）tanh 函数。其表达式为：

$$\tanh(x) = \frac{\sinh(x)}{\cosh(x)} = \frac{1 - e^{-2x}}{1 + e^{-2x}} \tag{17.30}$$

其中,

$$\sinh(x) = \frac{e^x - e^{-x}}{2} \tag{17.31}$$

$$\cosh(x) = \frac{e^x + e^{-x}}{2} \tag{17.32}$$

该函数在定义域内可导,函数的值域为$(-1,1)$。从图形中可以看到,tanh 函数比 sigmoid 函数的收敛速度要快,而且这个函数是以 0 为中心的(sigmoid 函数不是以 0 为中心的,也就是当输入为 0 时,输出不为 0)。

(3) $\max(0,x)$激活函数。

也称这种形式的函数为 ReLu(Rectified Linear Unit)激活函数。其表达式为:

$$f(x) = \max(0, x) = \begin{cases} x, & x > 0 \\ 0, & x \leqslant 0 \end{cases} \tag{17.33}$$

(4) hardlim 函数。其表达式为:

$$f(x) = \begin{cases} 1, & x \geqslant 0 \\ 0, & x < 0 \end{cases} \tag{17.34}$$

Rosenblatt(1958b)提出了感知机(Perceptron)的概念。然而,Minsky and Papert(1969)却对感知机提出了批评,因为他们发现感知机甚至在处理最简单的 XOR 问题时都存在局限,更不用说处理其他的问题了。正是因为他们的结论,人们开始对神经网络也失去了信心。到了 20 世纪 70 年代,有关神经网络的研究进程明显减缓。

Rumelhart et al.(1988)提出了一个里程碑似的概念,即多层感知机(Multilayer Perceptron, MLP)。它是一类前馈型(Feedforward)人工神经网络。多层感知机由至少 3 层节点组成。除输入节点外,每个节点都是一个使用非线性激活函数的神经元。多层感知机利用了一种称为反向传播的监督学习技术。多层感知机的多层和非线性激活是区分线性感知机的明显标准,它具备区分非线性可分的数据的能力。一个足够大的多层感知机已被证明能够学习任何函数,并且自那之后,不少多层感知机的变体被提了出来。从 20 世纪 90 年代至今,越来越多的研究致力于对神经网络的改进(Rosenblatt, 1960; Cybenko, 1993)。

神经网络可以根据它们的网络、单元和动态进行描述。

- 网络性质:神经网络是由许多神经元组成的体系结构,这些神经元一起响应输入。有时将这个网络考虑成一个黑箱函数(Box Function)。输入单元(Input Cell)从外部世界得到一个输入,从输出单元(Output Cell)得到一个输出的结果。中间单元（Intermediate Cell）从外部是看不见的，所以有时也称中间单元为隐藏单元（Hidden Unit）。
- 单元性质：每个单元计算一个单元输入或者激活值。单元输入和激活值可以是离散的，如{0,1}、{−1,0,1}，也可以是连续的，如在区间[0,1]、[−1,1]内的数值。一般情况下，每个单元用同样的算法来计算它的激活值。
- 动态性质：神经网络模型必须指定每个单元计算其新激活值的时间，以及实际改变该单元输出时的时间。通常在前馈模型（Feedforward Model）中，单元（Cell）以固定顺序被依次访问（Visit）。在访问下一个单元之前，每个细胞会被重新再估值并改变其激活状态。在这种情况下，只要单元被正确编号，网络经过一个单元后就会达到稳定状态。

对于递归模型（Recurrent Model），通常有如下几种情况：
- 按照顺序通过单元，如前馈模型，但我们不再保证网络将达到稳定状态。
- 重复通过网络。对于离散模型，网络要么达到稳定状态，要么将循环；对于连续模型，网络则会有稳定、循环、稳定的极限状态或发散状态等多种情况。
- 同时计算所有单元的激活值，然后对单元的输出值同时进行更改；或者随机选择一个单元，计算它的新激活值，然后在选择下一个单元之前更改其输出。在这种情况下，无法保证任何限制或循环行为，除非对模型施加其他约束。

每个神经网络都需要经过训练以应对输入，所以在机器学习的过程中必须涉及一个或多个相关的算法。机器学习涉及计算模型，必须通过输入的数据来对这些模型进行完善。机器学习一般分为监督模型（Supervised Model）和非监督模型（Unsupervised Model）。监督学习中最常见的形式是通过有限的学习样本来尽量复制规定的行为，这些学习样本由相应的输入数据和输出数据组成。在非监督学习中没有可以用到的规定，也就是没有具体的规定来回答正确与不正确。在这种不知何为正确答案的情况下，最能指望的就是在模型中找出相似的一组。在模型中最能指望的就是从输入的数据中构建出类似的群。比如，聚类分析就是一种这样的模型。

作为智能系统来说，神经网络是具有潜力的。因为它们可以学习和适应，能够逼近非线性函数，适合并行（Parallel）和分布式处理（Distributed Processing），因此非常适合多变量系统。如果对一个模型不是很了解，比如无法得知它的具体函数形式，或者模型开发太过昂贵，那么采用神经网络模型是一个很好的选择。

根据不同的结构体系，神经网络可以分为前馈型（Feedforward）和递归型（Recurrent）。两者的区别就在于后者至少存在一个反馈回路（Feedback Loop）。一个对神经网络引发兴趣的关键诱因是 Paul Werbos 提出的反向传播算法（Backpagation

Algorithm),它能够有效地解决异或问题,并加速对多层神经网络的训练(Werbos,1974)。

17.4.3 感知机

感知机是神经网络中最简单的形式,它能够将数据区分为两类。其由一个神经元和一些可调整的权重构成。神经元是神经网络的基本处理器。在神经元的总和中也含有一些偏差值,这些偏差值改变了传到激活函数中的输入 net。在数学上,用向量 x 表示到神经元的输入,用标量 scalar 表示输出,连接权重用 w 表示。

如图 17.11 所示,感知机由两层神经元构成,输入层在接收到外部信息后将其传递到输出层,输出层为 M-P 神经元,也称阈值逻辑单元(Threshold Logic Unit),带有偏差及硬限激活函数(Hard Limiter Activation Function)的感知机的神经元产生一个等于 -1 或 1 的输出,从而可以将结果分为 C_1 和 C_2。

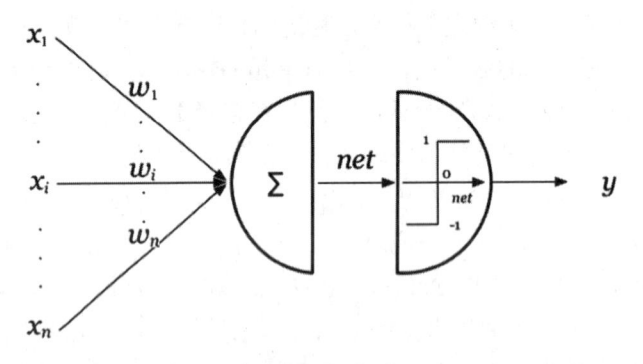

图 17.11 感知机

权重的调整是就是一套适应学习的过程。如果类 C_1 和 C_2 是线性可分的,也就是说可以由一个超平面将其线性分开,那么,存在一个权重向量 w,满足以下属性:

- 对于每一个输入向量 x,$w^T x \geq 0$,则属于类 C_1。
- 对于每一个输入向量 x,$w^T x < 0$,则属于类 C_2。

假设感知机有 n 个输入,公式 $w^T x = 0$ 代表着 n 维空间。训练过程就是要在这个空间中通过调整权重向量 w 来满足上面的两个不等式。假如有 m 个样本需要学习,学习的过程会持续到权重进入一个"稳定"的状态才会停止。

如果训练集中的第 k 个元素 $x_k, k = 1, \cdots, m$,通过权重向量在第 k 次迭代中 w_k 得到了正确的分类,那么在下一次迭代过程中权重向量不会得到修正,即 $w_{k+1} = w_k$;否则,

感知机权重将会在下一次迭代过程中继续调整,直到完善。如果用公式表示这种调整,则为

$$w_{k+1} = w_k - \eta_k y_k x_k \tag{17.35}$$

其中,$0 < \eta_k \leqslant 1$,为学习率,也就是在下一次迭代过程中对上一次权重的一个调整度。y_k 的取值为1或−1。当样本数据线性可分时,感知机训练算法一定收敛;否则不一定收敛。

如图 17.11 所示,感知机只能在输出层神经元进行激活处理,因此学习能力很有限[①]。

要想提高学习能力,需要多层功能的神经元。也就是说,在输出层与输入层之间还需要加入隐藏层(Hidden Layer)。隐藏层和输出层都是拥有激活函数的功能神经元。

图 17.12 给出了多层感知机结构,一个多层感知机是由一个输入层、一个或者多个隐藏层和一个输出层构成的。每个神经元都和它下一层的神经元相连接。一般情况下,所有的神经元都使用同样的激活函数,如 Log-sigmoid 函数。

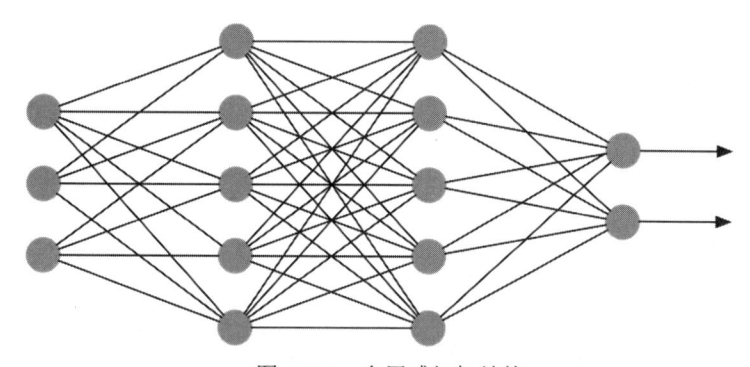

图 17.12 多层感知机结构

利用神经网络进行学习,就是根据样本数据(也称训练数据)不断调整神经元之间权重及每个功能神经元阈值的过程。

Rumelhart et al.(1988)提出一种训练多层感知机网络的反向传播算法,其思想是通过将输出误差(Output Error)反向传递到隐藏层来训练网络。这些误差用于评估误差函数(Error Function)相对于权重的导数,然后调整这些误差函数。

反向传播算法分为两个阶段,即前馈阶段和反向传播阶段。前者的主要工作是输入,

[①] 在感知机中的逻辑与、或、非运算均是线性可分问题。

评估激活并存储误差；后者的主要工作是计算、调整和更新权重。然而，只有输出层中的误差是可见的，也就是说可以直接计算。隐藏层中的误差将从下一层开始传播。

假如存在一个样本集合 $\mathbb{S} = \{(x_1, y_1), \cdots, (x_s, y_s)\}$, $x_s \in \mathbb{R}^m, y_s \in \mathbb{R}^n, s \in \mathbb{N}^+$，其中 $\mathbb{N}^+$ 表示正整数集合。说明输入变量为 m 维变量，也就是输入变量所具备的特征个数为 m 个；输出变量为 n 维变量，特征个数为 n 个。

考虑一个单隐藏层的例子，如图 17.13 所示。该神经网络中有 m 个输入神经元、h 个隐藏的神经元及 n 个输出神经元，其中：

输入层第 i 个神经元的输入值为 x_i；

输入层第 i 个神经元与隐藏层第 j 个神经元之间的权重为 $w_{ij}^{(1)}$；

隐藏层第 j 个神经元与输出层第 k 个神经元之间的权重为 $w_{jk}^{(2)}$；

隐藏层第 j 个神经元的阈值用 θ_{aj} 表示；

隐藏层第 j 个神经元输入的数值为 net_j；

隐藏层第 j 个神经元输出的数值为 a_j；

输出层第 k 个神经元的阈值用 θ_{ok} 表示；

输出层第 k 个神经元的输入值为 net_k；

输出层第 k 个神经元的输出值为 o_k。

在上面的表述中，$i = 1, \cdots, m$；$j = 1, \cdots, h$；$k = 1, \cdots, n$。

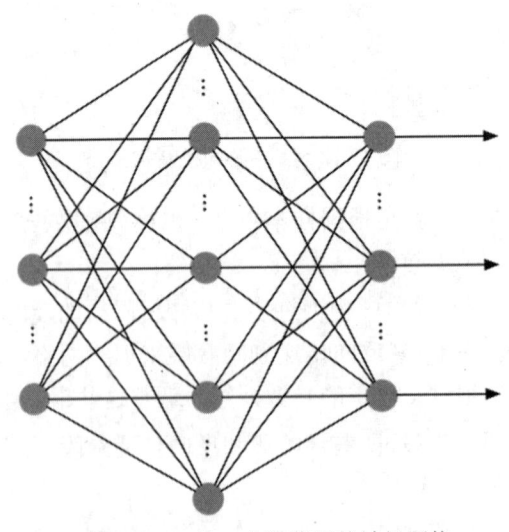

图 17.13 含一个隐藏层的神经网络

对样本$(x_s, y_s), s \in S$，假定神经网络的输出为$o_k = o_1, o_2, \cdots, o_k$，即

$$o_k = f_o(net_k - \theta_{ok}) \tag{17.36}$$

其中，$f_o(\cdot)$代表输出层的激活函数。而隐藏层的激活函数用$f_h(\cdot)$表示。

在图17.13中需要确定的参数为$(m + n + 1)h + n$，即：
- 输入层到隐藏层为$m \times h$个权重。
- 隐藏层到输出层为$h \times n$个权重。
- 隐藏层神经元的阈值为h个。
- 输出层神经元的阈值为n个。

17.4.4 前馈传播

图17.14给出了一个三层神经网络的前馈传播信号。

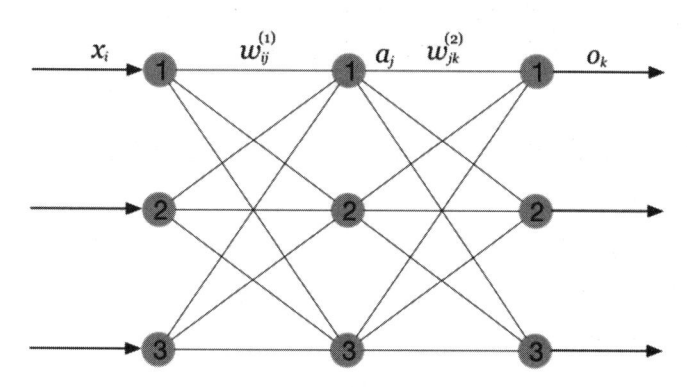

图17.14 一个三层神经网络的前馈传播信号

在图17.14中，$x_i(i = 1,2,3)$表示输入层中第i个节点输入的数据；$w_{ij}^{(1)}$表示输入层到隐藏层的权重，在本例中$j = 1,2,3$；a_j代表从隐藏层中第j个节点输出的结果；$w_{jk}^{(2)}$表示隐藏层与输出层之间的权重，因为只有一个隐藏层，故上标为(2)；o_k表示输出层第k个节点的输出结果，在本例中$k = 1,2,3$。

输出值的计算公式如下：

$$o_k = f_k(net_k) \tag{17.37}$$

$$net_k = w_{jk}^{(2)} a_j + b_k \tag{17.38}$$

$$a_j = f_j(net_j) \tag{17.39}$$

$$net_j = \sum_i w_{ij}^{(1)} x_i + b_j \qquad (17.40)$$

其中，$f_j(\cdot)$为隐藏层的激活函数；$f_k(\cdot)$为输出层的激活函数；net_k为进入输入层的数值；a_j为隐藏层输出的数值；net_j为进入隐藏层的数值。

为了简化计算过程，这里给出两个假设：在这个三层神经网络中，假设所有的激活函数均相同，为 Sigmoid 函数；令$b_j = b_k = 0$。

假设由三个输入组成的输入向量x如下：

$$x = \begin{pmatrix} 0.9 \\ 0.5 \\ 0.8 \end{pmatrix}$$

输入层的每个节点都会与隐藏层的每个节点相连接，即权重。我们可以将这些权重看成矩阵的形式，即[①]

$$W_{(1)}^{(1)} = \begin{pmatrix} w_{11}^{(1)} & w_{12}^{(1)} & w_{13}^{(1)} \\ w_{21}^{(1)} & w_{22}^{(1)} & w_{23}^{(1)} \\ w_{31}^{(1)} & w_{32}^{(1)} & w_{33}^{(1)} \end{pmatrix} = \begin{pmatrix} 0.7 & 0.1 & 0.6 \\ 0.9 & 0.8 & 0.7 \\ 0.6 & 0.9 & 0.3 \end{pmatrix} \qquad (17.41)$$

$W_{(1)}^{(1)}$表示的是在第一次迭代中，输入层与第一个隐藏层之间的权重矩阵，其中$w_{ij}^{(1)}$中的(1)表示的权重值。

$W_{12}^{(1)}$表示输入层第一个节点与隐藏层第二个节点之间的权重。$w_{ij}^{(1)}$，$i = 1,2,3$分别表示输入层、隐藏层和输出层；而$j = 1,2,3$分别代表第一、二、三个节点。

隐藏层与输出层之间的权重表示如下：

$$W_{(1)}^{(2)} = \begin{pmatrix} w_{11}^{(2)} & w_{12}^{(2)} & w_{13}^{(2)} \\ w_{21}^{(2)} & w_{22}^{(2)} & w_{23}^{(2)} \\ w_{31}^{(2)} & w_{32}^{(2)} & w_{33}^{(2)} \end{pmatrix} = \begin{pmatrix} 0.1 & 0.3 & 0.7 \\ 0.4 & 0.5 & 0.2 \\ 0.9 & 0.2 & 0.5 \end{pmatrix} \qquad (17.42)$$

$W_{(1)}^{(2)}$表示的是在第一次迭代时中，隐藏层与输出层之间的权重矩阵。$w_{12}^{(1)}$表示隐藏层第一个节点与输出层第二个节点之间的权重，以此类推。

因此，进入隐藏层的激活函数的值为

[①] 在 MATLAB 中使用命令 "w12 = rand(m, n)" 可以得到一个每个元素范围都从 0 到 1 的m行n列矩阵。

$$W_{(1)}^{(1)} \cdot x = \begin{pmatrix} w_{11}^{(1)} & w_{12}^{(1)} & w_{13}^{(1)} \\ w_{21}^{(1)} & w_{22}^{(1)} & w_{23}^{(1)} \\ w_{31}^{(1)} & w_{32}^{(1)} & w_{33}^{(1)} \end{pmatrix} \begin{pmatrix} 0.9 \\ 0.5 \\ 0.8 \end{pmatrix} = \begin{pmatrix} 1.16 \\ 1.77 \\ 1.23 \end{pmatrix} \quad (17.43)$$

从而得到了隐藏层的输入值。在隐藏层中需要考虑激活函数，可得 $\boldsymbol{\alpha} = (0.76, 0.85, 0.77)^\mathrm{T}$。

进入输出层的数值向量为

$$W_{(1)}^{(2)} \cdot \boldsymbol{\alpha} = \begin{pmatrix} w_{11}^{(2)} & w_{12}^{(2)} & w_{13}^{(2)} \\ w_{21}^{(2)} & w_{22}^{(2)} & w_{23}^{(2)} \\ w_{31}^{(2)} & w_{32}^{(2)} & w_{33}^{(2)} \end{pmatrix} \begin{pmatrix} 0.76 \\ 0.85 \\ 0.77 \end{pmatrix} = \begin{pmatrix} 0.87 \\ 0.88 \\ 1.24 \end{pmatrix} \quad (17.44)$$

上述结果是隐藏层与输出层之间的输入。根据上面同样的方法，可得：

$$\boldsymbol{o} = \mathrm{sigmoid}(W_{(1)}^{(2)} \cdot \boldsymbol{\alpha}) \quad (17.45)$$

$\boldsymbol{o} = (0.70, 0.71, 0.78)^\mathrm{T}$。

至此，一个从输入层输入数值，通过隐藏层再到输出层输出最终结果的神经网络过程结束。

17.4.5 反向传播

我们使用误差（Error）来定义实际输出的结果 o_k 与目标结果（样本值 t_k）之间的差异，即

$$e_k = o_k - t_k \quad (17.46)$$

如果只有一个节点，那么计算误差这件事情会变得非常容易。但是，如果节点不止一个，那么如何找出各个节点对误差的影响呢？在神经网络内部，节点之间的误差并不明显，一种常用的方法是将输出层误差与连接的权重的大小按照比例进行分配，然后在每个内部节点中重新组合。

在 BP 神经网络中，权重需要用到两次：首先，利用权重前馈传播信号；其次，利用权重将输出返回的误差反向传播到网络中。所以这种方法被称为反向传播。

图 17.15 给出了各含有 3 个节点的输入层、隐藏层与输出层的神经网络图形。假设在该神经网络中，权重与上面前馈传播例子中的权重一致。并且根据输出的结果与实际样本值相比，可以得到输出层 3 个节点的误差分别为 $e_{k1} = 1.5$, $e_{k2} = 1$, $e_{k3} = 0.5$。输出层的各个误差是通过权重在神经网络中分配产生的。

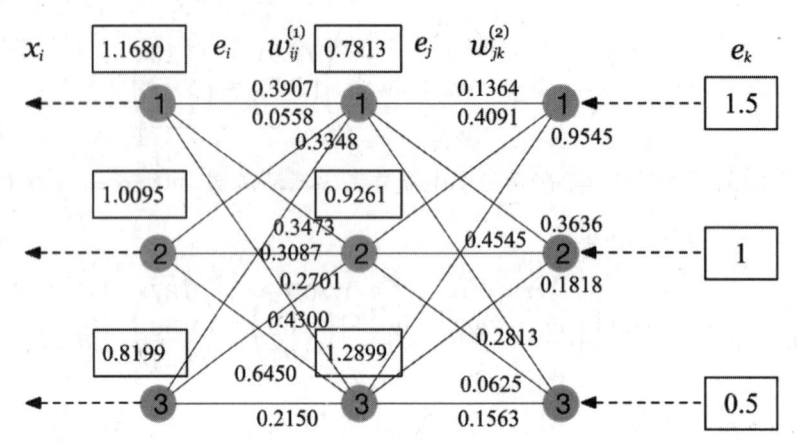

图 17.15　各含有 3 个节点的输入层、隐藏层和输出层的神经网络图形

首先在输出层节点的输出中使用误差，那么在隐藏层节点中用什么来定义误差呢？毕竟隐藏层不像输出层那样可以有输出值与实际值的比较。在隐藏层节点中，通过激活函数得到了输出的值，这个值也会通过几个权重来分配给下一层的每个节点。隐藏层中的第一个节点有 3 个连接，通过它连接到 3 个输出层节点。我们可以沿着每个连接（权重）拆分输出误差。这意味着对于隐藏层而言，每个节点都包含着误差。我们可以重新组合这 3 个节点上的误差，即使得我们完全不用知道隐藏层节点的目标值[①]。

一种做法是根据权重比例对误差进行分配。由于是反向传播，所以我们从输出层的第一个节点开始往输入层方向推导。比如，输出层的第一个节点误差为 1.5，从图 17.15 中可以看到，从隐藏层共有 3 个权重连接该点，分别是 $w_{11}^{(2)}$、$w_{12}^{(2)}$ 和 $w_{13}^{(2)}$，按照这 3 个权重各自占权重总和的比例对误差进行分配。因此，可以将误差 $e_{k1} = 1.5$ 在这 3 个权重上分解为 0.1364、0.4091 和 0.9545。同理，可以分别得到对误差 e_{k2} 和 e_{k3} 的分解数值，如图 17.15 所示。

之前的工作使得在隐藏层与输出层之间的每个权重上均承载了误差，现在来看隐藏层的误差。在隐藏层的第一个节点中，共有 3 个权重连接输出层。将这 3 个权重上赋予的误差加总，就得到了隐藏层第一个节点的误差，即 $e_{j1} = 0.1364 + 0.3636 + 0.2813 = 0.7813$。同理，我们也可以得出其他的误差，图 17.15 中方框部分给出了各层节点的误差。

由此我们可以看出，神经网络学习是重新定义连接权重的过程。误差在输出层节点

[①] 我们无法像定义输出层的误差那样定义它们，毕竟没有经过训练的样本告诉我们隐藏层的实际值是什么。也就是说，除了输出层，我们都无法使用样本数据来定义误差。

上是真实值与实际输出之间的差异。BP 神经网络要做的事情就是通过调整误差来优化权重。

有人会说,现代计算机的计算能力如此强大,采用穷举法即可处理此类问题。然而,处理这个问题并非易事。我们知道,只含一个隐藏层且每层均有 3 个节点就能产生 18 个权重,假如权重在 0~1 之间且只精确到小数点后 3 位,即每个权重有 1000 种可能性,这样的运算量也是惊人的。因此,我们需要找到另一种合适的方法来解决这个问题。稍后我们将看到,其实这就是一个优化问题。

虽然在神经网络中我们关心的是如何确定权重,但是我们的目标却是使得误差最小。看到这里是不是有些熟悉?这个过程就是之前介绍的多元线性回归的思路。

这里可以构造出一个价值函数(Cost Function)来衡量权重改变对误差改变的敏感程度[①]。用均方误差定义误差函数,则第 s 个样本的误差函数定义如下:

$$E_s = \sum_{k=1}^{n} e_k = \sum_{k=1}^{n} (o_k - t_k)^2 \tag{17.47}$$

在式(17.47)中乘以 1/2 不会对求解最优解(这里的目标是求解最小化误差)有影响,却能够大大方便求导。因此,我们有

$$E_s = \frac{1}{2} \sum_{k=1}^{n} (o_k - t_k)^2 \tag{17.48}$$

在输出层节点上定义一个误差数值 e_k,它将被反向传回到输入层。误差数值计算如下[②]:

$$e_k = f_k'(net_k) E_s'(o_k, t_k)$$
$$= f_k'(net_k)(o_k - t_k) \tag{17.49}$$

其中,net_k 已在式(17.38)中给出。

因此,这里的误差数值在本质上就是利用输出层的激活函数的梯度来权衡误差函数的梯度。将误差数值向着输入层方向传播,可得:

$$e_j = f_j'(net_j) \sum_k w_{jk} e_k \tag{17.50}$$

---

① 显然,这需要用到微积分的相关知识。
② 注意:此时仍然假设 $b_k = b_j = 0$。

其中，net_j已在式（17.40）中给出。

由e_k和e_j可以看到，误差在反向传播时仍然需要用到神经网络的权重。所以，误差是神经网络权重的函数，需要不断调整神经网络的值使得误差函数最小，即

$$\Delta w_{jk}^{(2)} = -\eta \frac{\partial E_s}{\partial w_{jk}^{(2)}} \tag{17.51}$$

$$\Delta w_{ij}^{(1)} = -\eta \frac{\partial E_s}{\partial w_{ij}^{(1)}} \tag{17.52}$$

BP算法是基于误差的梯度下降法进行求解的，$\eta \in (0,1)$被称为学习率。

从式（17.51）中可以看到权重$w_{jk}^{(2)}$先影响第k个输出层神经元的输入值net_k，然后才是激活函数将这个输入值变为最终的输出结果o_k，从而影响到最后的误差函数。按照这一传导路径，有

$$\frac{\partial E_s}{\partial w_{jk}^{(2)}} = \frac{\partial E_s}{\partial o_k} \frac{\partial o_k}{\partial net_k} \frac{\partial net_k}{\partial w_{jk}^{(2)}} \tag{17.53}$$

根据式（17.38）有

$$\frac{\partial net_k}{\partial w_{jk}^{(2)}} = a_j \tag{17.54}$$

根据式（17.48）有

$$\frac{\partial E_s}{\partial o_k} = (o_k - t_k) \tag{17.55}$$

现在来看式（17.53）中的$\frac{\partial o_k}{\partial net_k}$项。在该项中，$net_k$是自变量，通过激活函数映射成输出结果$o_k$。前面假设所有的激活函数都是Sigmoid函数，而根据Sigmoid函数的重要性质可以得出：

$$f'(\cdot) = f(\cdot)[1 - f(\cdot)] \tag{17.56}$$

则

$$\frac{\partial o_k}{\partial net_k} = o_k(1 - o_k) \tag{17.57}$$

因此，我们有

$$\Delta w_{jk}^{(2)} = -\eta(o_k - t_k)o_k(1 - o_k)a_j \tag{17.58}$$

前面讨论了输出层，现在来看隐藏层。因为$o_k = f_k(net_k) = f_k(\sum_{j=1}^{h} w_{jk} a_j + b_j)$，所以根据式（17.48）有

$$\frac{\partial E_s}{\partial a_j} = \sum_{k=1}^{h} (o_k - t_k) f'_k(net_k) w_{jk} \tag{17.59}$$

再加上

$$\frac{\partial net_j}{\partial w_{ij}^{(1)}} = x_i \tag{17.60}$$

$$\frac{\partial a_j}{\partial net_j} = a_j(1 - a_j) \tag{17.61}$$

可得

$$\Delta w_{ij}^{(1)} = -\eta [\sum_{k=1}^{h} (o_k - t_k) o_k (1 - o_k)] a_j (1 - a_j) x_i \tag{17.62}$$

从以上结果中可以看出，BP 神经网络就是诸多复合函数，一环套一环，其运算过程采用链式法则进行复合函数求导。而 BP 神经网络算法的过程就是不断在迭代中对参数进行重新评估，使得误差最小化的过程。

值得注意的是，上述过程指的是一个样本更新权重，而 BP 神经网络算法最小化的是所有样本产生的累积误差。

$$E = \frac{1}{S} \sum_{s=1}^{S} E_s \tag{17.63}$$

也就是说，BP 神经网络算法需要将所有样本进行分析后，才能对参数进行修改。

链式法则（Chain Rule）用于复合函数求导。假设$y = f(u)$及$u = g(x)$均可导，则$y = f[g(x)]$也可导，导数为

$$\frac{dy}{dx} = \frac{dy}{du} \cdot \frac{du}{dx} \tag{17.64}$$

如果函数$u = f(x)$及$v = g(x)$均在点x处可导，函数$z = w(u,v)$在对应点(u,v)处具有连续偏导数，则复合函数$z = w[f(x), g(x)]$在点x处可导，且

$$\frac{dz}{dx} = \frac{\partial z}{\partial u} \cdot \frac{du}{dx} + \frac{\partial z}{\partial v} \cdot \frac{dv}{dx} \tag{17.65}$$

Hornik et al.（1989）提出，假如有足够多的隐藏单元，那么仅有一个隐藏层的标准

多层前馈网络用任意挤压函数（Squashing Function）就可以任何精度去逼近波雷尔可测函数（Borel Measurable Function）[①]。因此，多层前馈网络是一类通用逼近器（Universal Approximators）。关于这方面的内容，感兴趣的读者还可以进一步参阅 Leshno et al.（1993）文献。

然而，需要多少隐藏层，隐藏层的神经元个数要设为多少，这些依然是没有解决的问题。这需要有经验的建模人员不断利用试错法来解决，有时直觉往往更加关键。

17.4.6 实例：BP 神经网络预测

BP 神经网络将学习过程划分为信号的前馈传播与误差的反向传播两个阶段。在前馈传播阶段，训练的样本从输入层导入，经过各隐藏层计算处理，最终至输出层输出结果。假如输出层与实际输出的结果不符，则进入误差的反向传播阶段。此时输出的误差通过隐藏层向输入层传导，各层所有单元按照一定比例共摊误差。

在股票投资市场上，投资者往往关注价格的走势。这里，我们选取 1992 年 3 月 27 日至 2017 年 12 月 20 日 IBM 公司调整收盘价格及成交量，共计 6484 个时点的数据，对未来 IBM 公司调整收盘价格进行预测。

假设我们以前日调整收盘价、前日成交量、昨日调整收盘价、昨日成交量、今日调整收盘价、今日成交量作为输入变量，而以明日调整收盘价作为输出变量。因此，这里实际上能够进行学习的只有 6481 个时点的数据。此时，输入层共有 6 个输入，输出层只有 1 个输出。

设前日调整收盘价、前日成交量、昨日调整收盘价、昨日成交量、今日调整收盘价、今日成交量的变量名称分别为 DBY_P、DBY_V、YTD_P、YTD_V、TOD_P、TOD_V、TOM_P。

MATLAB 命令如下：

```
% 归一化，输入层数据为 6 行 6481 列
[input,pv1]=mapminmax([DBY_P; DBY_V; YTD_P; YTD_V; TOD_P; TOD_V]);
[target,pv2]=mapminmax(TOM_P);    % 归一化，输出层数据为 1 行 6481 列
net=newff(input,target,9,{'tansig','purelin'},'trainlm');   %定义各层函数，并设置隐藏层的神经元个数为 9 个
net.trainParam.epochs=100;         % 设置最大学习次数为 100 次
```

[①] 这里可以认为其能够逼近任意的连续函数。因为连续函数都是波雷尔可测函数，但不是所有的波雷尔可测函数都是连续函数。

```
net.trainParam.goal=0.00001;      % 设置最小误差
LP.lr=0.000001;                   % 设置学习率
net=train(net,input,target);      % 执行训练
```

图 17.16 给出了关于 BP 神经网络训练的一些信息。从图上方可以看到 BP 神经网络各层的节点数。图下方显示了运行结果。从结果来看，仅用了 6 轮学习就实现了预定的目标。

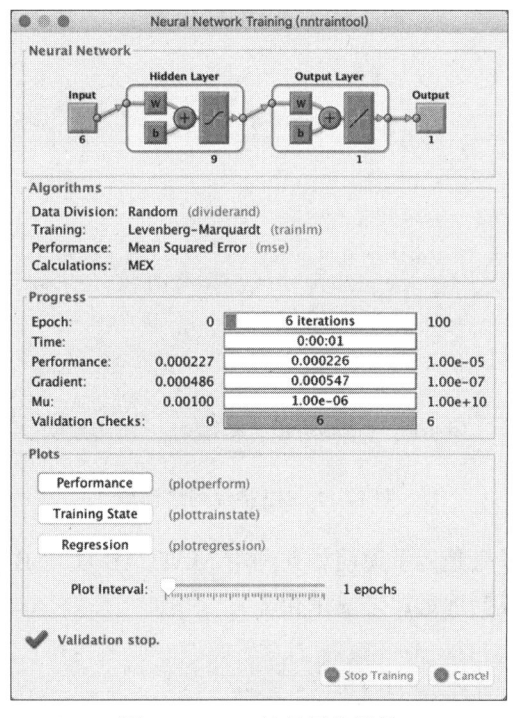

图 17.16　BP 神经网络训练

BP 神经网络的重要作用之一就是预测。这里利用 2017 年 12 月 21 日至 2018 年 2 月 5 日 IBM 公司的 30 个时点的数据进行预测，实际上每个变量的可用测试值为 27 个。测试用变量命名规则：在上述对应变量名称前加"t_"，如测试用的前日调整收盘价为 t_DBY_P。

MATLAB 命令如下：

```
t_input=mapminmax('apply',...
[t_DBY_P; t_DBY_V; t_YTD_P; t_YTD_V; t_TOD_P; t_TOD_V],pv1); % 归一化
% 以下为预测部分
```

```
t_output = net(t_input);
prediction = mapminmax('reverse',t_output,pv2);
```

在图 17.17 中，星点为实际值，圆圈为预测值。从图中可以看到，绝大部分预测结果与实际结果保持一致。

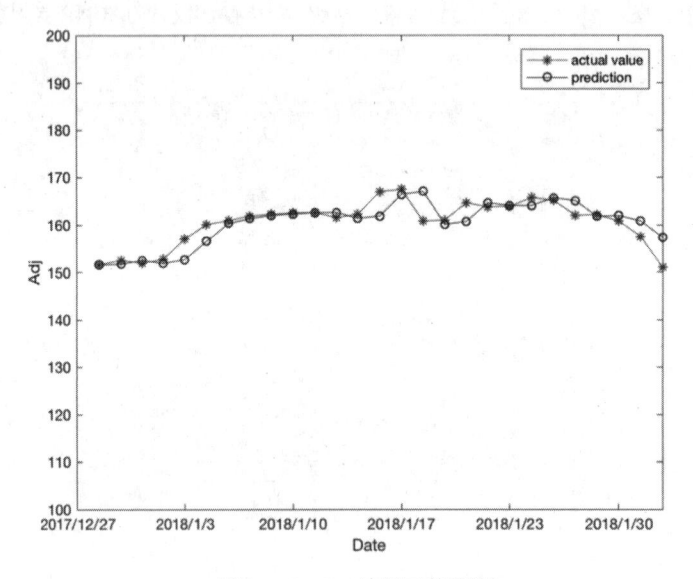

图 17.17　BP 神经网络预测

当然，这里的例子只是为了说明如何利用 MATLAB 实现 BP 神经网络的学习训练与预测，现实中的建模要远远比之复杂得多。

第 18 章 基于前景理论的投资组合优化的实证分析

本章将利用前文所述内容，解决一个基于前景理论的投资组合优化问题。首先考虑无风险约束的情况，即只含有一个投资比例均大于等于 0 且和为 1 的约束。考虑到未来前景的不同形式，即连续型随机变量与抽样产生的样本两种形式，本章将分别讨论在这两种形式下的投资组合优化问题。前文所述内容已经介绍了参数法与非参数法的区别，在未来前景是连续型随机变量的情况下，将采用参数法；而在未来前景是抽样产生的样本的情况下，将采用非参数法。

尽管在 Pirvu and Schulze（2012）、Grishina et al.（2017）和 Gong et al.（2017）的研究中给出了基于前景理论的投资组合比例，然而这些研究并未加入风险约束。正如前文所述，无论是学术界还是某些机构，VaR 和 CVaR 是目前公认的较好的风险约束指标。在基于前景理论偏好最大化的投资组合优化背景下，可以加入此类风险约束进行对比研究。据我们所知，目前只有 Gong（2017）给出了含有 VaR 和 CVaR 风险约束指标的相关研究结果。本章将提供含有风险约束的基于前景理论的投资组合优化相应的研究成果，以及和无风险约束优化的结果进行对比分析。

18.1 无风险约束的前景理论优化问题

18.1.1 参数法——多元正态分布

我们在第 13 章中介绍了时间序列的基本知识。利用股市价格的时间序列分析，可以为研究提供数据支撑。利用时间序列中的 GARCH 模型，可以对股票市场多只股票的参数进行分析。Hu and Kercheval（2010）利用时间序列中的 GARCH 模型构建了多元正态分布及多元 t 分布，这里直接引用 Hu and Kercheval（2010）文献中多元正态分布的参数。对利用 GARCH 模型得出相应多元分布参数的方法，可以进一步参阅 Hu（2005）、Hu and Kercheval（2010）文献。

证券市场假设：

在满足 11.2.2 节中的假设 1、假设 2 及假设 3 的情况下，多元正态分布的均值为

$$\mu = (0.040 \quad -0.015 \quad 0.039 \quad 0.027) \tag{18.1}$$

协方差矩阵为

$$\Sigma = 10^{-5} \times \begin{pmatrix} 11.45 & 4.69 & 2.29 & 7.01 \\ 4.69 & 16.90 & 3.16 & 6.02 \\ 2.29 & 3.16 & 12.77 & 2.96 \\ 7.01 & 6.02 & 2.96 & 24.34 \end{pmatrix} \tag{18.2}$$

并且假设市场中无风险资产的收益率为 0.02。

在研究过程中，有时候只知道多元随机变量的协方差矩阵或相关系数矩阵，这二者之间其实是可以相互转换的。利用 MATLAB 软件，很容易实现两个矩阵之间的相互转换。

下面利用 MATLAB 实现协方差矩阵与相关系数矩阵之间的相互转换。

```
>> MSigma = [0.9 0.93 0.56 0.7];              % 定义标准差
>> MCorrC = [1   0.78 0.63 0.5                % 定义相关系数矩阵
             0.78 1   0.6  0.14
             0.63 0.6 1    0.3
             0.5  0.14 0.3  1];
>> MCovariance = corr2cov(MSigma, MCorrC)     %将标准差与相关系数
矩阵转换为协方差矩阵
    MCovariance =
       8.1000e-01   6.5286e-01   3.1752e-01   3.1500e-01
       6.5286e-01   8.6490e-01   3.1248e-01   9.1140e-02
       3.1752e-01   3.1248e-01   3.1360e-01   1.1760e-01
       3.1500e-01   9.1140e-02   1.1760e-01   4.9000e-01

>> [MSigma, M1CorrC] = cov2corr(MCovariance)   %将标准差与协方差矩
阵转换为相关系数矩阵

    MSigma =
       0.9.0000e-01   9.3000e-01   5.6000e-01   7.0000e-01
    M1CorrC =
```

```
1.0000e+00   7.8000e-01   6.3000e-01   5.0000e-01
7.8000e-01   1.0000e+00   6.0000e-01   1.4000e-01
6.3000e-01   6.0000e-01   1.0000e+00   3.0000e-01
5.0000e-01   1.4000e-01   3.0000e-01   1.0000e+00
```

前景理论偏好投资者假设：

前景理论偏好投资者的参考点与无风险资产的收益率相同。价值函数与权重函数均采用 Tversky and Kahneman（1992）文献中的函数形式。

建立求解模型：

$$\max\quad V(D) = \int_0^{+\infty} w^+\left(1 - F_D(t)\right)\mathrm{d}v^+(t) - \int_{-\infty}^0 w^-\left(F_D(t)\right)\mathrm{d}v^-(t) \quad (18.3)$$

$$\mathrm{s.t.}\quad \sum_{i=1}^n x_i \leq 1, x_i \geq 0, i = 1,2,3,\cdots,n$$

通过最大化式（18.3），可以得到投资者选择股票投资比例的最佳方案。在约束条件中投资比例之和为1，并且由于不存在卖空，因此所有的投资比例均大于等于0。

虽然前景理论在近些年得到了广泛的重视，但是由于前景理论函数的复杂性，对投资组合选择问题的研究还很少，更不用说研究不同参数对前景理论偏好投资者的投资组合决策的影响。除求解 Tversky and Kahneman（1992）提出的5个参数以外，本章扩展了第7章提及的部分其他参数，如表18.1所示。

表 18.1　前景理论函数参数

函　　数	参　　数	文　　献
价值函数	$\alpha = 0.36, \beta = 0.24$	Fennema and Van Assen（1998）
	$\alpha = \beta = 0.50$	Wu and Gonzalez（1996）
	$\alpha = \beta = 0.88$	Tversky and Kahneman（1992）
概率权重函数	$\gamma = \delta = 0.56$	Camerer and Ho（1994）
	$\gamma = 0.61, \delta = 0.69$	Tversky and Kahneman（1992）

一些论文中尽管涉及了前景理论中不同参数对投资组合决策影响的研究，但仍然存在一些不足。如 Pirvu and Schulze（2012）研究了基于前景理论偏好的投资者如何分配投资比例在各只股票上。然而，他们只研究了部分参数对投资比例的影响。Coelho（2014）研究了前景理论模型参数如何影响投资组合的收益与方差问题，却并未给出各资产分配的具体比例值。

第15章讨论了线性规划与非线性规划的工作原理。然而，正如 He and Zhou

（2011）所说，这些方法在模型（18.3）面前均很难求解。因此，可以考虑利用第 16 章介绍的遗传算法求解模型（18.3）。

Gong et al.（2017）提出了一种自适应实数编码遗传算法，并在其中提出了 DTNS（Duplicated Top-N Selection）选择算子。该算法的伪代码如下：

```
Begin
g = 1
初始化种群 P(g).
while (如果没有达到预设条件) do
评估每个染色体得出的适应值；
对适应值进行降序排列；
根据适应值计算自适应参数；
利用选择算子创建配对池；
利用交叉算子创建下一代交叉池 Q'(g)；
利用变异算子创建下一代变异池 Q(g)；
根据适应值选择最优的染色体随机替代已有染色体；
P(g + 1) = 归一化 Q(g)；
g = g + 1
end
End
```

根据对比研究，无论是在运行速度方面，还是在稳定性方面，该算子要优于传统的轮盘赌选择算子（Rank-based Roulette Wheel Selection，RRWS），如图 18.1 与图 18.2 所示[1]。图中虚线代表最优适应值（Best Fitness Value），即每代中最大的目标函数值；实线代表平均适应值（Average of Fitness Value），也就是 100 个种群产生的适应值的平均值。显然，DTNS 选择算子在求解模型（18.3）时更胜一筹[2]。

---

[1] 此时，两种选择算子不同，其他条件相同。初始种群规模均为 100 个，最大迭代次数均为 150 次。
[2] 在 Gong et al.（2017）文献中对轮盘赌选择算子及 DTNS 选择算子均运行了 100 次。实验结果显示，在小数点后 4 位的精度下，DTNS 选择算子运行 100 次的结果均相同。并且在 30、50 及 100 的种群规模下，DTNS 选择算子在 2.6GHz 的 MacBook Pro（8GB RAM）笔记本上计算时间分别为 24s、40s 及 76s，均快于轮盘赌选择算子（其他条件相同）的计算时间。

图 18.1 轮盘赌选择算子

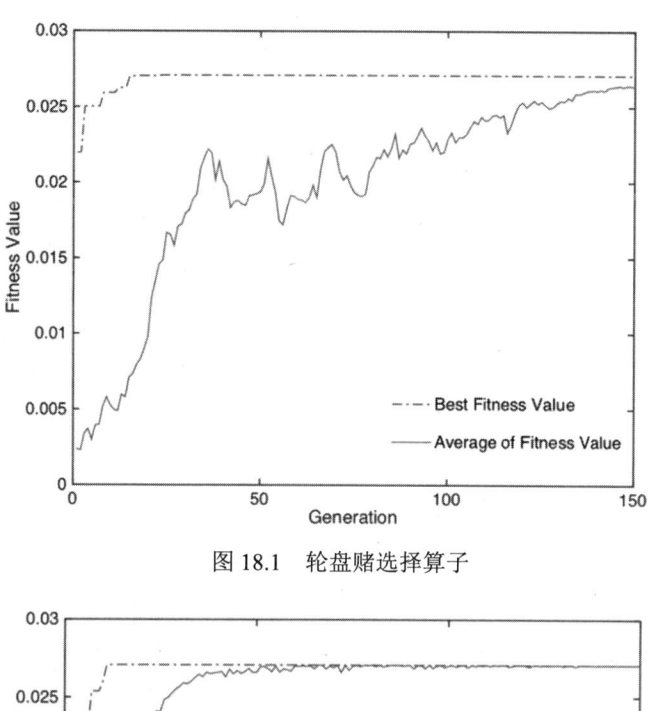

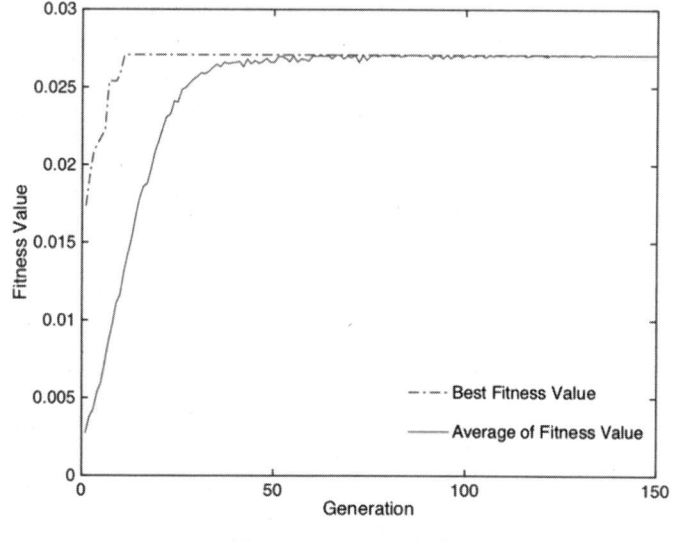

图 18.2 DTNS 选择算子

表 18.2~18.4 给出了前景理论偏好值、最终收益率及每种资产的投资比例。这些表中的所有结果都经由穷举法验证,在小数点后 3 位是全局最优解[①]。根据式(18.1)

---

① 这里生成了小数点后 3 位求和为 1 的所有解,并代入目标函数进行算法结果验证。由于所有结果均相同,因而证明该遗传算法稳定有效。

和式（18.2）的结果显示，理性的投资者应该将所有的资金投入公司 1 中，因为公司 1 的股票具有最高的收益率，同时方差（风险）最小。然而求解模型（18.3）的结果显示，无论参数怎么变化，具有前景理论偏好的投资者只会选择投资由公司 1 和公司 3 的股票构成的投资组合。对此的一种解释是，接近无风险收益率的资产对投资者没有吸引力，更不用说负收益率的风险资产。结果还显示，在其他条件相同的情况下，前景理论偏好值随着损失厌恶程度的增加而减少，这与直觉一致。另外，在不同的参数下，最终收益率的差异并不明显。

从表 18.2 中能够看出，在其他条件不变的情况下，随着参数 α 和 β 的增加，前景理论偏好值减少得很快；在其他条件不变的情况下，前景理论偏好值随着参数 γ 和 δ 的增加而增加，但增加速度较慢。这说明价值函数的参数变化较权重函数而言，对前景理论偏好值的影响更大，因此也更为敏感。

表 18.2 和表 18.3 给出了价值函数和权重函数其中一个为线性函数的情况。从表中给出的结果来看，损失厌恶对前景理论偏好值的影响很小。

表 18.2 非线性价值函数及非线性权重函数求解结果 [①]

	λ	γ	δ	CV	FR	x_1^*	x_2^*	x_3^*	x_4^*	x_5^*
$\alpha=0.36$	1.55	0.56	0.56	0.1712	0.0396	0.5599	0	0.4401	0	0
$\beta=0.24$	2.55	0.56	0.56	0.1532	0.0396	0.5573	0	0.4427	0	0
	3.55	0.56	0.56	0.1352	0.0396	0.5562	0	0.4438	0	0
	1.55	0.61	0.69	0.1926	0.0396	0.5628	0	0.4372	0	0
	2.55	0.61	0.69	0.1825	0.0396	0.5600	0	0.4400	0	0
	3.55	0.61	0.69	0.1723	0.0396	0.5584	0	0.4416	0	0
$\alpha=0.50$	1.55	0.56	0.56	0.1075	0.0396	0.5700	0	0.4300	0	0
$\beta=0.50$	2.55	0.56	0.56	0.1030	0.0396	0.5652	0	0.4348	0	0
	3.55	0.56	0.56	0.0985	0.0396	0.5623	0	0.4377	0	0
	1.55	0.61	0.69	0.1162	0.0396	0.5770	0	0.4230	0	0
	2.55	0.61	0.69	0.1138	0.0396	0.5714	0	0.4286	0	0
	3.55	0.61	0.69	0.1114	0.0396	0.5678	0	0.4322	0	0

[①] 在表 18.2～表 18.4 中，CV 代表前景理论偏好值；FR 代表最终收益率；x_1^*, x_2^*, x_3^*, x_4^* 代表投资于 4 家公司的股票的最优值；x_5^* 代表对无风险资产投资比例的最优值。对这些表中的每组参数，在种群规模分别为 30、50、100 下进行了计算，结果均相同。

续表

	λ	γ	δ	CV	FR	x_1^*	x_2^*	x_3^*	x_4^*	x_5^*
$\alpha=0.88$	1.55	0.56	0.56	0.0257	0.0396	0.6178	0	0.3822	0	0
$\beta=0.88$	2.55	0.56	0.56	0.0250	0.0396	0.5959	0	0.4041	0	0
	3.55	0.56	0.56	0.0244	0.0396	0.5846	0	0.4154	0	0
	1.55	0.61	0.69	0.0274	0.0397	0.6590	0	0.3410	0	0
	2.55	0.61	0.69	0.0271	0.0396	0.6261	0	0.3739	0	0
	3.55	0.61	0.69	0.0268	0.0396	0.6088	0	0.3912	0	0

表 18.3 线性价值函数及非线性权重函数求解结果

	λ	γ	δ	CV	FR	x_1^*	x_2^*	x_3^*	x_4^*	x_5^*
$\alpha=1$	1.55	0.56	0.56	0.0165	0.0397	0.6669	0	0.3331	0	0
$\beta=1$	2.55	0.56	0.56	0.0162	0.0396	0.6201	0	0.3799	0	0
	3.55	0.56	0.56	0.0158	0.0396	0.6002	0	0.3998	0	0
	1.55	0.61	0.69	0.0176	0.0398	0.7958	0	0.2042	0	0
	2.55	0.61	0.69	0.0174	0.0397	0.6831	0	0.3169	0	0
	3.55	0.61	0.69	0.0172	0.0396	0.6446	0	0.3554	0	0

表 18.4 非线性价值函数及线性权重函数求解结果

	α	β	λ	CV	FR	x_1^*	x_2^*	x_3^*	x_4^*	x_5^*
$\gamma=1$	0.36	0.24	1.55	0.2316	0.0396	0.5892	0	0.4108	0	0
$\delta=1$	0.36	0.24	2.55	0.2292	0.0396	0.579	0	0.421	0	0
	0.36	0.24	3.55	0.2268	0.0396	0.5738	0	0.4262	0	0
	0.50	0.50	1.55	0.135	0.0396	0.6366	0	0.3634	0	0
	0.50	0.50	2.55	0.1345	0.0396	0.6202	0	0.3798	0	0
	0.50	0.50	3.55	0.1340	0.0396	0.6091	0	0.3909	0	0
	0.88	0.88	1.55	0.0312	0.0400	0.9577	0	0.0423	0	0
	0.88	0.88	2.55	0.0311	0.0398	0.8348	0	0.1652	0	0
	0.88	0.88	3.55	0.0310	0.0398	0.7767	0	0.2233	0	0

总之，期望效用理论只有一个参数，而累积前景理论却有 5 个参数，还需要考虑到参考点，并且这些不同特性的参数对投资组合选择的影响大不相同。在某些极端情况下，股票市场可能会出现不同的投资行为。

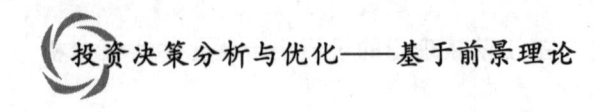

18.1.2 非参数法——前景模拟

我们在上一小节中做出了一个很强的假设,即股票收益率服从多元正态分布。然而在现实中,这种情况是很难发生的。很多研究发现,股票收益率呈现出肥尾、偏态等特征。在很多情况下,投资者甚至连投资组合的分布情况都无从得知。在这种情况下如何选择股票,从而使得前景理论偏好值最大呢?

我们在第 14 章中给出了 3 家公司股价数据的未来模拟,也就是利用 651 个价格数据,在不同情形下对每只公司股票各生成了 10000 个数据,产生了 3 个情景矩阵。每个情景矩阵乘以任何一个决策变量,均会形成一幅由 10000 个收益率构成的直方图,如图 18.3 所示。

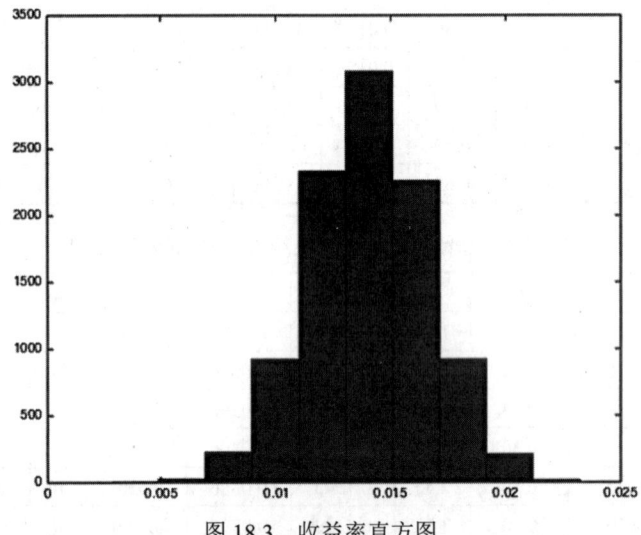

图 18.3 收益率直方图

无论收益率服从什么分布,在这种情况下均以样本形式存在,而且这些样本的结果还要同时减去参考点的数值,即此时面对的是如式(11.42)所示的前景。这里仍以 Tversky and Kahneman(1992)提出的价值函数及权重函数形式建模,利用遗传算法求解模型(18.4),数据来源为 14.1.6 节实例中的数据。

$$\max_{x} \sum_{i=-m}^{n} \pi_i v(t_i(x)) \quad (18.4)$$

$$\text{s.t.} \quad \sum_{i=1}^{n} x_i \leq 1, x_i \geq 0, i = 1,2,3,\cdots,n$$

结果如表 18.5 所示。

表 18.5　在不同情景矩阵下前景理论偏好值、投资收益率及最优投资比例[①]

	r_f	CV	FR	DIS*	GE*	IBM*
SB	0.003	0.0194	0.0154	1	0	0
	0.004	0.0165	0.0143	0.8047	0.0913	0.104
	0.005	0.0135	0.0131	0.6050	0.1814	0.2136
	0.006	0.0080	0.0123	0.4442	0.3102	0.2455
NBB	0.003	0.0191	0.0151	0.9075	0.0925	0
	0.004	0.0169	0.0145	0.7914	0.2086	0
	0.005	0.0146	0.0139	0.6755	0.3245	0
	0.006	0.0114	0.0128	0.4708	0.4418	0.0874
MBB	0.003	0.0215	0.0160	1	0	0
	0.004	0.0200	0.0160	1	0	0
	0.005	0.0185	0.0160	1	0	0
	0.006	0.0169	0.0160	1	0	0

根据结果可知，采用不同的模拟前景方法对投资行为有显著影响，其中，属 MBB 情景的结果最为特殊。不管参考点如何变化，具有前景理论偏好的投资者总是把他们所有的资金投给 DIS 公司。

另外，前景理论偏好投资者在某些情景（SB 矩阵及 NBB 矩阵）下，随着参考点数值改变，往往会改变其投资行为。即参考点不同，投资行为也不相同。而且随着参考点的逐渐增加，收益率却一直呈现下降趋势。因此，这里也首次利用数字实验证明了一个道理：期望越高，失望越大，收益率越低。

18.2　含风险约束的前景理论优化问题

之前给出的案例均只考虑到了投资比例为 1 且不允许卖空的约束。如果在约束条件中加入第 12 章介绍的那些风险测度指标，那么前景理论偏好投资者的最优方案又该如何呢？并且，正如第 12 章所述，像 VaR 与 CVaR 这样的风险测度指标，无论是在学术界，还是在银行这样的金融机构中，均得到了广泛的应用。甚至不少学者利用最小化 VaR 或 CVaR 作为目标函数本身进行投资组合问题的研究。

---

① r_f 代表参考点的值。公司名称加上上标*代表投资该公司股票的比例。

VaR 与 CVaR 的优化也是较难求解的问题。前文已述，如果不是椭球分布，那么 VaR 是一个非凸非凹的问题，会存在很多局部最优解。Gong（2017）分别针对上一节中参数法（多元正态分布）及非参数法（前景模拟）的情况、添加风险约束条件的情况进行了研究，比较了有无风险约束时前景理论偏好投资者的决策差异。

18.2.1 风险性风险约束

在上一节多元正态分布的案例中加入 VaR 风险约束，模型可以表示如下：

$$\max \quad V(D(\boldsymbol{x})) \tag{18.5}$$

$$\text{s.t.} \quad \text{VaR}_c < l$$

$$\sum_{i=1}^{n} x_i \leqslant 1$$

$$x_i \geqslant 0, i = 1, 2, \cdots, n$$

结果如表 18.6 所示。

表 18.6　含有 VaR 风险约束的前景理论偏好投资者最优投资组合比例[①]

	γ	δ	CV	FR	x_1^*	x_2^*	x_3^*	x_4^*	x_5^*
$\alpha=0.36$	0.56	0.56	0.1170	0.0299	0.2809	0	0.2268	0	0.4923
$\beta=0.24$	0.61	0.69	0.1412	0.0299	0.2789	0	0.2288	0	0.4923
$\alpha=0.50$	0.56	0.56	0.0733	0.0299	0.2734	0	0.2346	0	0.4920
$\beta=0.50$	0.61	0.69	0.0810	0.0299	0.2847	0	0.2228	0	0.4925
$\alpha=0.88$	0.56	0.56	0.0138	0.0299	0.2770	0	0.2308	0	0.4922
$\beta=0.88$	0.61	0.69	0.0149	0.0299	0.2881	0	0.2192	0	0.4927

对比有无 VaR 风险约束的结果可以看出，具有前景理论偏好的投资者前后的行为发生了显著的变化。在没有 VaR 风险的约束下，投资者是不会选择无风险资产x_5的。考虑到风险因素后，迫使投资者不得不选择无风险资产，并且比例还不低。另外，从表 18.6 中还可以看到，在加入 VaR 风险约束后，不但前景理论偏好值降低，最终收益率也下降较多，这是考虑到风险因素后不得不面对的事实。

前面提到 VaR 无法测度极端的尾部风险，而 CVaR 则可以。在上一节多元正态分布的案例中加入 CVaR 风险约束，情况又会如何呢？模型表示如下：

[①] 这里取 $c = 0.95$ 代表置信水平，设 $l = 0.01$，即此时的约束条件中$\text{VaR}_{0.95} < 0.01$。

$$\max \quad V(D(\boldsymbol{x})) \tag{18.6}$$
$$\text{s.t.} \quad \text{CVaR}_c < l$$
$$\sum_{i=1}^{n} x_i \leqslant 1$$
$$x_i \geqslant 0, i = 1, 2, \cdots, n$$

结果如表 18.7 所示。从结果中可以看到，如果利用 CVaR 风险约束考虑极端风险的情况，那么投资比例较 VaR 风险约束下发生显著变化。这次对无风险资产x_5的投资比例竟然达到了 75%左右。表中的绝大部分前景理论偏好值减少到不足 0.1，最终收益率也接近无风险资产的收益率。这说明，虽然考虑到了极端风险的情况，但是收益率也基本降到了无风险收益率。因此，正是"几分风险，几分收益"。

表 18.7 含有 CVaR 风险约束的前景理论偏好投资者最优投资组合比例[①]

	γ	δ	CV	FR	x_1^*	x_2^*	x_3^*	x_4^*	x_5^*
α=0.36	0.56	0.56	0.0883	0.0249	0.1387	0	0.1141	0	0.7472
β=0.24	0.61	0.69	0.1083	0.0249	0.1369	0	0.1160	0	0.7471
α=0.50	0.56	0.56	0.0517	0.0249	0.1366	0	0.1163	0	0.7471
β=0.50	0.61	0.69	0.0572	0.0249	0.1324	0	0.1208	0	0.7468
α=0.88	0.56	0.56	0.0075	0.0249	0.1326	0	0.1206	0	0.7468
β=0.88	0.61	0.69	0.0081	0.0249	0.1344	0	0.1187	0	0.7469

18.2.2 偏差性风险约束

在利用非参数法——前景模拟方法解决前景理论偏好投资者投资组合优化的问题中，引入偏差性风险约束。这里的偏差是指与期望值的偏差。最有名的偏差测度就是方差。尽管遭到了一些学者的质疑，然而将对某一目标的偏离程度与风险挂钩，还是有借鉴意义的。

$$\max_{\boldsymbol{x}} \quad \sum_{i=-m}^{n} \pi_i v(t_i(\boldsymbol{x})) \tag{18.7}$$
$$\text{s.t.} \quad \sum_{i=1}^{n} x_i \leqslant 1, x_i \geqslant 0, i = 1,2,3,\cdots,n$$
$$\text{VaR}_c^\Delta < l$$

[①] 这里取$c = 0.95$代表置信水平，设$l = 0.005$，即此时的约束条件中$\text{CVaR}_{0.95} < 0.005$。

结果如表 18.8 所示。

表 18.8　含有 VaR 偏差性风险约束的前景理论偏好投资者最优投资组合比例[①]

	r_f	CPT VALUE	Return	DIS*	GE*	IBM*
SB	0.003	0.0174	0.0137	0.6640	0.2934	0.0426
	0.004	0.0158	0.0137	0.6640	0.2926	0.0433
	0.005	0.0135	0.0131	0.6050	0.1814	0.2136
	0.006	0.0080	0.0123	0.4442	0.3102	0.2455
NBB	0.003	0.0180	0.0141	0.7104	0.2881	0.0015
	0.004	0.0164	0.0141	0.7104	0.2881	0.0015
	0.005	0.0146	0.0139	0.6755	0.3245	0
	0.006	0.0114	0.0128	0.4706	0.4428	0.0866
MBB	0.003	0.0215	0.016	1	0	0
	0.004	0.02	0.016	1	0	0
	0.005	0.0185	0.016	1	0	0
	0.006	0.0169	0.016	1	0	0

$$\max_{x} \sum_{i=-m}^{n} \pi_i v(t_i(x)) \quad (18.8)$$

$$\text{s.t.} \quad \sum_{i=1}^{n} x_i \leqslant 1, x_i \geqslant 0, i = 1,2,3,\cdots,n$$

$$\text{CVaR}_c^{\Delta} < l$$

结果如表 18.9 所示。

表 18.9　含有 CVaR 偏差性风险约束的前景理论偏好投资者最优投资组合比例[②]

	r_f	CPT VALUE	Return	DIS*	GE*	IBM*
SB	0.003	0.0194	0.0154	0.9999	0.0001	0
	0.004	0.0165	0.0143	0.8048	0.0912	0.1040
	0.005	0.0135	0.0131	0.6048	0.1816	0.2136
	0.006	0.0080	0.0122	0.4230	0.3422	0.2348
NBB	0.003	0.0191	0.0150	0.9024	0.0838	0.0138
	0.004	0.0163	0.0141	0.7451	0.1315	0.1234

---

① 这里取 $c = 0.95$ 代表置信水平，$l = 0.004$，即此时的约束条件中 $\text{VaR}_{0.95}^{\Delta} < 0.004$。

② 这里取 $c = 0.95$ 代表置信水平，$l = 0.009$，即此时的约束条件中 $\text{CVaR}_{0.95}^{\Delta} < 0.009$。

续表

	r_f	CPT VALUE	Return	DIS*	GE*	IBM*
	0.005	0.0140	0.0135	0.5895	0.4105	0
	0.006	0.0114	0.0128	0.4708	0.4418	0.0874
MBB	0.003	0.0135	0.0106	0.0077	0.9923	0
	0.004	0.0120	0.0106	0.0077	0.9923	0
	0.005	0.0103	0.0106	0.0077	0.9923	0
	0.006	0.0087	0.0106	0.0077	0.9923	0

从表 18.8 和表 18.9 所示的结果来看，在加入 VaR 偏差性风险约束后，某些最优选择结果确实发生了明显的改变。最明显的要属在 SB 矩阵且无风险利率为 0.003 的情形下，最优的投资决策从无风险约束的只选 DIS 公司，变为在 VaR 偏差性风险约束下的 0.6640。然而，在上述同样的情形下，在加入 CVaR 偏差性风险约束后，对这种情形几乎没有影响。

在一些情景中（如 SB 矩阵），随着参考点增大到一定程度，可能出现 VaR 偏差性风险约束和 CVaR 偏差性风险约束失效的情况，即有无偏差性风险约束结果均相同。也就是说，参考点的选择对有无 VaR 偏差性风险约束和 CVaR 偏差性风险约束的最优决策也有可能造成影响。

在一些情景中（如 MBB 矩阵），不同的偏差性风险约束的影响效果可能有所不同。比如，加入 VaR 偏差性风险约束与否对最优决策完全没有影响；然而，在加入 CVaR 偏差性风险约束后，结果则大相径庭。比如，在 MBB 情景下加入 VaR 偏差性风险约束，其结果仍与无风险约束情形一致，全部投资 DIS 公司。然而，在其他条件不变的情况下，在加入 CVaR 偏差性风险约束后，几乎全部投资 GE 公司。

从上述结论中可知，即便影响前景理论偏好投资者的 5 个参数完全相同，但是不同情景、不同偏差性风险约束，甚至不同参考点，都会在不同程度上影响最优投资决策。

附录 A　　MATLAB 基础快速入门

A.1　MATLAB 简介

A.1.1　MATLAB 的产生与发展

我们现今所熟悉的 MATLAB 的产生可以追溯到 20 世纪 80 年代中期，最初的 MATLAB 由 FORTRAN 语言编写，并在之后不久加入了对 C 语言的支持。它的出现起初是为了让学生能够尽可能地减轻编程压力，更方便地进行数值计算的学习。现在，通过对附加工具箱的功能扩展，MATLAB 已经不再是一款单一的数学软件，而是一种集算法开发、数据可视化、大数据分析、机器学习于一身的高级技术语言和交互式开发环境。

近年来，MathWorks 公司将 MATLAB 的核心功能精简并定位在数值预算上，而用户可以根据自己的需求，通过追加附加工具箱（Toolbox）来适配不同领域的需求和应用，如图像处理、信号通信、金融分析等。同时，这种开发方式也让 MATLAB 得以对机器学习和神经网络等热点技术保持跟进，做到与时俱进。

A.1.2　MATLAB 的优势

MATLAB 在对向量运算和矩阵运算上的优化在现今各种编程语言中依然保持着优势。同时，在 GPU 计算的实现上，MATLAB 真正实现了傻瓜式的操作，这也让 MATLAB 更容易进行并行计算和更充分地利用硬件资源。同时，对编程水平的低要求和充足完善的官方教程资源也让 MATLAB 的学习难度相当之低。除了易上手、功能多，MATLAB 还可以轻松实现复杂数据的图形化，这也为用户在数据分析方面提供了很大的助力。

A.1.3　MATLAB 工具箱

MATLAB 的一大特征是它为不同的科研需求提供了多种多样的专项工具箱，每个工具箱都以函数命令的形式提供了该领域常见的计算手法和相关算法。通过附加这些工具箱,极大地避免了一些复杂技术的重复编写,缩短了程序编写流程,从而降低了对于专业技术的学习和使用门槛。这里我们介绍3种本书中使用的工具箱。

1. 金融工具箱

金融工具箱(Financial Toolbox™)提供了财务数据的数学建模和统计分析功能。通过该工具箱,用户可以优化金融工具的投资组合,并且可以考虑营业额和交易成本。该工具箱可用于评估风险、分析利率水平、对股权衍生品和利率衍生品进行定价并衡量投资业绩。使用时序分析功能及相关应用可以在数据缺失的情况下执行转换或回归,并在不同交易日程表和天数计算惯例之间进行转换。

2. 优化工具箱

优化工具箱(Optimization Toolbox™)提供了用于查找参数的功能,这些参数可以在满足约束的同时最小化或最大化目标。该工具箱包括线性规划(LP)、混合整数线性规划(MILP)、二次规划(QP)、非线性规划(NLP)、约束线性最小二乘法、非线性最小二乘法和非线性方程的求解器。

用户可以使用函数和矩阵来定义优化问题,或者指定反映基本数学问题的变量表达式。该工具箱提供了求解器来查找连续和离散问题的最优解,执行折中分析,并将优化方法结合到算法和应用程序中。该工具箱允许用户执行设计优化任务,包括参数估计、组件选择和参数调整。它可以用于在诸如投资组合优化、资源分配及生产计划和调度等应用中寻找最佳解决方案。

3. 统计和机器学习工具箱

统计和机器学习工具箱™提供了功能和应用程序来描述、分析和建模数据。用户可以使用描述性统计和图表进行探索性数据分析,拟合数据的概率分布,为蒙特卡罗模拟生成随机数并执行假设检验。回归和分类算法可以让用户从数据中获得推论并构建预测模型。

对于多维数据分析,统计和机器学习工具箱提供了特征选择、逐步回归、主成分分析(PCA)、正则化和其他降维方法,使用户可以识别影响模型的变量或特征。

该工具箱提供了有监督和无监督的机器学习算法,包括支持向量机(SVM)、促进式(Boosted)和袋装(Bagged)决策树、K-最近邻、K-Means、K-Medoids、层次聚类、高斯混合模型和隐马尔科夫模型。许多统计数据和机器学习算法可用于数据集的计算,这些数据集往往因为太大而无法存储在内存中。

A.2　MATLAB 入门

A.2.1　MATLAB 的工作环境

打开 MATLAB，如图 A.1 所示，我们可以看到它的主要操作界面分为工具条、当前文件夹、命令行窗口、工作区和命令历史记录几个部分。这里用列表方式做一个简单的介绍，如下表所示。

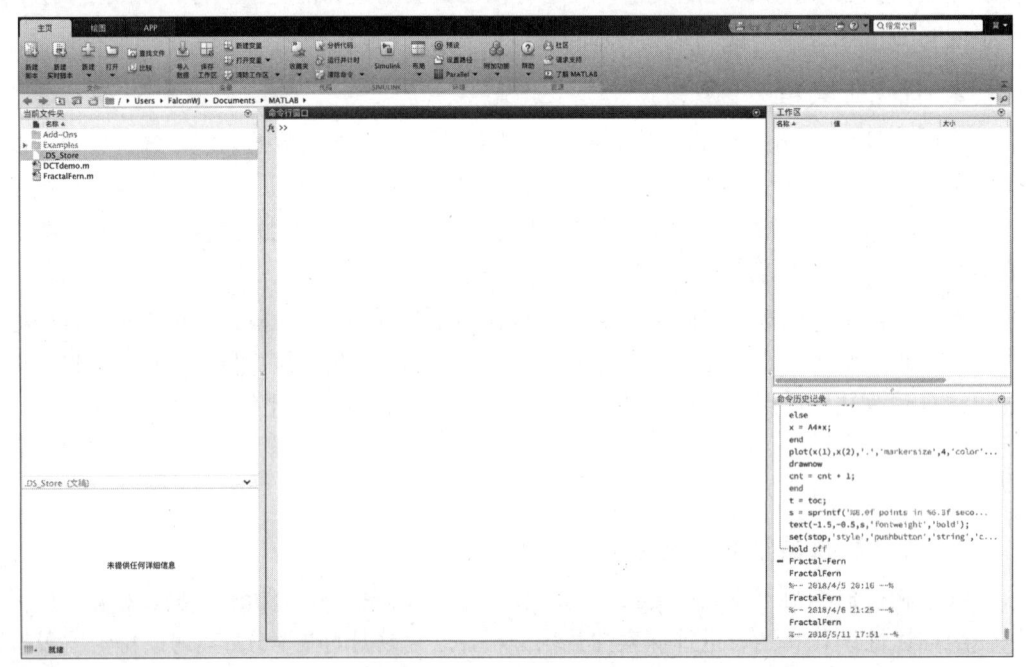

图 A.1　MATLAB 操作界面

区域名称	功能简介
工具条	功能列表，包含新建/打开文件、导入/导出数据等
当前文件夹	显示当前路径下的文件（MATLAB 默认只查看当前路径下的文件）
命令行窗口	用来逐行调试代码，通常适用于代码段较为简单的情况
工作区	显示当前内存上的变量，默认显示变量的名称、大小等基本属性，以便于查找、查看
命令历史记录	记录了命令行窗口的执行历史，可以复选需要的历史命令，通过鼠标右键创建脚本文件（*.m）

这里提到了脚本文件，脚本文件是 MATLAB 主要的存储文件形式之一，扩展名是 .m，主要用于存储程序脚本。和命令行窗口中逐行输入并执行的代码不同，在脚本文件中，

可以在输入大段代码后整体执行。MATLAB 也为脚本编写准备了内置编辑器。在工具栏中选择新建或打开脚本文件后,内置编辑器会自动打开,工具栏中也会相应地增加编辑用的标签页,如图 A.2 所示。

图 A.2 MATLAB 编辑器窗口

A.2.2 MATLAB 中的数据类型

MATLAB 提供了诸如整数型、浮点型等数据类型。值得注意的是,对于标量数据,MATLAB 会自动判断其合适的数据类型并加以设置,如无特殊要求(如图像数据等),一般不需要做数据类型方面的过多指定。

1. 整数型

整数型包括有符号和无符号两种。例如,int8(x)代表 8 位整数,取值范围为-127~128;与之对应的无符号数为 uint8(x),取值范围取消负方向,为 0~255,可选范围都

是 2^8，即 256 种。此外，整数型也提供了 int16(x)、int32(x)、int64(x)等数据结构。

想要知道工作区内变量的信息，可以利用 whos 命令来查看，或者利用 whos var 的命令格式来查询变量 var 的信息。

2. 浮点型

浮点型包括单精度 single()和双精度 double()。MATLAB 中输入的数据默认为双精度浮点型。

3. 字符串

常见的字符串可分为一维字符串和二维字符串。下面举例来说。

- 一维字符串：str1='ABCDEFG';。
- 二维字符串：str2=['ABC'; 'abc'];。

连接现有字符串的命令为 strcat/strvcat，分别用于水平连接和垂直连接。水平连接除利用 strcat 命令（如 str3 = strcat(str1, 'ABC')）外，还可以简单地写成 str3 = [str1, 'ABC']。

4. 元胞数组——包括各种数据类型的数组

可以使用大括号{}或者 cell()函数生成元胞数组，如 a={1,'hello';magic(3), magic(5)>7}、cell(5,3);。

另外，当需要删除数组中的某个数值时，直接赋空值即可。

5. 结构体

结构体类型允许把不同数据类型的变量放到同一个变量名下，通过不同"域"的概念对结构体中的不同数据进行赋值和操作。生成结构体需要使用 struct()函数。例如：

```
s = struct('field1', {}, 'field2', {});
names = fieldnames(s)          %返回各个域名到 names
```

A.2.3 MATLAB 中的常量与变量

作为一款"数学"背景的编程语言，MATLAB 中预设了很多常见的特殊变量（常量）。为了避免冲突和重复命名，这里介绍 MATLAB 中一些常见的常量，如下表所示。

常 量 名	常 量 含 义
eps	浮点数的误差极限，一般理解为绝对值小于 eps 则约等于 0
pi	π
inf/Inf	正无穷

续表

常量名	常量含义
NaN	Not a Number，非数
i、j	常见虚数单位，在写代码时请尽量避免以此作为循环变量
ans	存储未命名的运算结果
computer	正在运行的计算机名
realmax/realmin	最大/最小正浮点数

此外，同其他编程语言相同，MATLAB 允许用户自创变量，硬性的命名规则是必须以字母开头，之后可以用任意的字母、数字、下画线加以组合。另外，尽量避免和上述的自带名称或既有函数名称产生冲突，以免出现意料之外的问题。

A.2.4 符号运算

常见的符号运算如下表所示。

运算符（对于标量）	含 义
+、-、*、/	加、减、乘、除
a^b	幂运算
a\b	左除

A.2.5 关系与逻辑运算

常见的关系与逻辑运算如下表所示。

关系运算符	含 义
==	相等
~=	不等
<、>	小于、大于
<=、>=	小于等于、大于等于
逻辑运算符	含 义
&&、&	与，前者只能用于标量
||、|	或，前者只能用于标量
~	非
xor(A,B)	异或

A.3　MATLAB 中的矩阵运算

A.3.1　常见矩阵运算

常见矩阵运算如下表所示。

运算符	含　义
+、-	矩阵加、减，表现为矩阵中的各元素与标量的加、减运算
A*B	矩阵乘法
A.*B	点乘，数组乘法（对应元素相乘）
A^n	矩阵幂运算
A.^B	数组幂运算（各元素求幂）
A./B	数组除（对应元素相除）
kron(A,B)	Kronecker 张量积
A'	矩阵的转置

A.3.2　常见矩阵函数

常见矩阵函数如下表所示。

函数名	含　义
rank(A)	求矩阵 A 的秩，即 A 中线性无关的行数或者线性无关的列数
det(A)	求矩阵 A 的行列式值
inv(A)	如果 A 是一个非奇异（Nonsingular）矩阵，则 inv(A)返回 A 的逆矩阵
eig(A)	计算方阵 A 的特征值。例如，[U,D]=eig(A)：计算方阵 A 的特征值和特征向量，得到两个方阵 U 和 D，其中 D 的对角线元素为 A 的特征值，U 的列向量为 A 的归一化的（Normalized）特征向量
svd(A)	用于获取矩阵 A 的奇异值
conv(p,p)	求两个向量的卷积

A.3.3　矩阵操作

矩阵生成：在 MATLAB 中，除了传统方式的手动录入矩阵内容，还预先准备了一些快速定义矩阵的函数。

（1）a=rand(2);：随机生成 2×2 矩阵。

（2）a=rand(2,3,3);：随机生成 2×3×3 矩阵。

(3) a=eye(2);：生成 2×2 大小的单位矩阵。

(4) b=ones(2);：生成全要素为 1 的 2×2 矩阵。

访问矩阵：

```
%% 对于二维矩阵 a
b=a(1,1);              % 访问单个元素
c=a(:,1);              % 访问第一列元素
d=a(1);                % 访问单个元素，该元素以列为顺序数
e=a(1:2,:);            % 访问第 1～2 行、所有列
f=a(:);                % 把 a 变成列向量
g=a(1:2,2:end);        % 访问第 1～2 行、第 2 列到最后一列
```

获取矩阵信息：

```
isempty(a);            % 判断是否是空矩阵，返回 1 和 0
iscell(a);             % 判断是否是元胞数组
length(a);             % 返回最大维的长度
ndims(a);              % 返回矩阵的维数
numel(a);              % 返回矩阵 a 的元素数量
[m,n]=size(a);         % 返回矩阵的行数和列数
```

改变矩阵大小：

```
%% 改变矩阵尺寸
a(2,4)=3;              % 添加第四列，第二行元素为 3，其余元素为 0
a(:,4)=3;              % 添加第四列，所有元素都为 3
a(2,:)=[];             % 删除第二行
b=a(1:end);            % 将矩阵变为行向量，以列为顺序，end 表示最后一个元素
%% 改变矩阵形状
a=rand(3);
b=reshape(a,1,9);      % 把矩阵变为列向量
d=fliplr(a);           % 把矩阵在垂直方向翻转
e=flipud(a);           % 把矩阵在水平方向翻转
```

A.4 MATLAB 常用数据格式的导入/导出

A.4.1 多样化的数据格式

MATLAB 支持很多种文件格式的导入与导出，在这里根据数据的种类分别进行介绍。

下表涵盖了 3 类常见的文件种类。其中，MATLAB 格式数据的读/写需要预装 MATLAB 软件环境，对于跨平台的压力较大；扩展名为*.csv 或*.txt 的纯文本文件，不挑环境，任何文字编辑器都能够读/写，但在选择数据（整列选择、区域选择）方面存在极大的不便；电子表格在数据的选择、增减、统一处理及可视化等方面具备纯文本文件不及的便利性，也是大数据存储和处理领域常见的保存格式。

文件种类	说　明	导入函数	导出函数
MATLAB 格式数据(*.mat)	用于管理 MATLAB 工作区的变量	load 或 matfile	save 或 matfile
纯文本文件（*.csv）	以逗号或者其他符号进行分隔的数字、文字或多种内容混合	csvread dlmread readtable	csvwrite dlmwrite writetable
电子表格（*.xls、*.xlsx）	常见工作表或电子表格范围	xlsread readtable	xlswrite writetable

MATLAB 支持上述所有文件的读/写。但就像上文所述的那样，不同文件的存储格式各不相同，在这一点上，MATLAB 为不同文件格式提供了适合它们的读/写函数。

A.4.2　因"格式"制宜的读/写函数

1. MAT 文件

在主要的数据处理和运算都在 MATLAB 内部进行的情况下，用 MAT 文件来进行工作区变量的读/写存储必然是最为方便的。利用 MAT 文件能够完美地映射工作区的变量构造，方便进行工作的中断与再开。作为 MATLAB 的"亲儿子"格式，它的相关函数也被设计得非常简便、易用：一个 save 用来存储，一个 load 用来读取。具体实例如下：

```
%% 用save函数来存储工作区变量
%  常见运用格式有两种：
%  1. save('文件名')  <- 文件名用英文单引号包围
%  2. save('文件名','变量名')
%  注意：2GB 以上的文件需要指定存储版本（从 R2006b 版本开始），也可在"常规"选项中更改默认存储版本
    %  save('文件 b','BigSize', '-v7.3')
    save('文件 a')         % 将当前工作区中所有变量都保存到'文件 a.mat'中。注意：同名文件会被覆盖
save('文件 b','test1')      % 将变量'test1'保存到'文件 b.mat'中，如果要保存的变量有多个，就用逗号分隔变量名，如 save('文件 b','test1','test2')
%% 用load函数来读取工作区变量
%  常见运用格式有两种：
```

```
% 1. load('文件名') <- 文件名用英文单引号包围
% 2. load('文件a','变量b') 加载文件'文件a'中的指定变量'变量b'
load('test.mat','X')  % 执行后,工作区会出现变量'X'
Y = load('test.mat','X')  % 执行后,工作区会出现结构数组'Y'、内含变量
'X',可以通过Y.X来访问
```

2. CSV 文本文件

网络上常见的大数据文件通常会以*.csv（Comma-Separated Values）文件存储。例如，纳斯达克的股票历史数据提供的下载格式就是 CSV。而该文件正如其名，只是单纯地用逗号分隔的纯文本数据。MATLAB 为此类数据准备了 csvread 函数。它的使用方法如下：

```
% 读取文件内容至数组 M,该文件只能包含数值
M = csvread(filename)
% 从行偏移量 R1 和列偏移量 C1 开始读取文件中的数据。例如,偏移量 R1=0、C1=0
指定文件中的第一个值
M = csvread(filename,R1,C1)
% 仅读取行偏移量 R1 和 R2 及列偏移量 C1 和 C2 界定的范围
% 例如 M = csvread('csvlist.csv',1,0,[1,0,2,2])表示从文件 csvlist.csv
中读取行偏移量 1 和 2 及列偏移量 0 和 2 界定的矩阵,即第2~3行第1~3列范围的
2×3 矩阵
M = csvread(filename,R1,C1,[R1 C1 R2 C2])
```

3. 电子表格

由于 Excel 等软件的普及，*.xls、*.xlsx 等文件格式被广泛应用于日常数据管理。与 CSV 文本文件不同，在 Excel 电子表格文件中常常会精细标注行列名称等非数字格式信息，并且经常会存储复数张工作表，给数据的读/写带来了一些困难。MATLAB 为电子表格的读/写设定了专用函数 xlsread 和 xlswrite，并提供了针对多工作表文件读取的支持。

```
% 读取名为 filename 的 Microsoft® Excel® 电子表格工作表中的第一张工作
表,并在一个矩阵中返回数值数据。注意:非数字格式的数据会以 NaN 格式填充在矩阵内
num = xlsread(filename)
% 对于表格中的非数字信息,可以使用以下方式来获取文件中的数值数据、文本数据和
合并数据。其中,非数字部分会以二维文字列形式保存于 txt 变量中,数、字混合的原始数
据会保存于 raw 变量中
[num,txt,raw] = xlsread('myExample.xlsx')
% 读取指定的工作表
```

```
num = xlsread(filename,sheet)
% 从工作簿的第一张工作表的指定范围内读取数据。使用 Excel 范围语法，如'A1:C3'
num = xlsread(filename,xlRange)
```

A.5　MATLAB 中的图形功能

MATLAB 丰富的图形功能为数据可视化提供了便捷的手段。同时，MATLAB 在其官网（https://ww2.mathworks.cn/products/matlab/plot-gallery.html）上也提供了大量的可参照实例，供用户查找模仿，如图 A.3 所示。

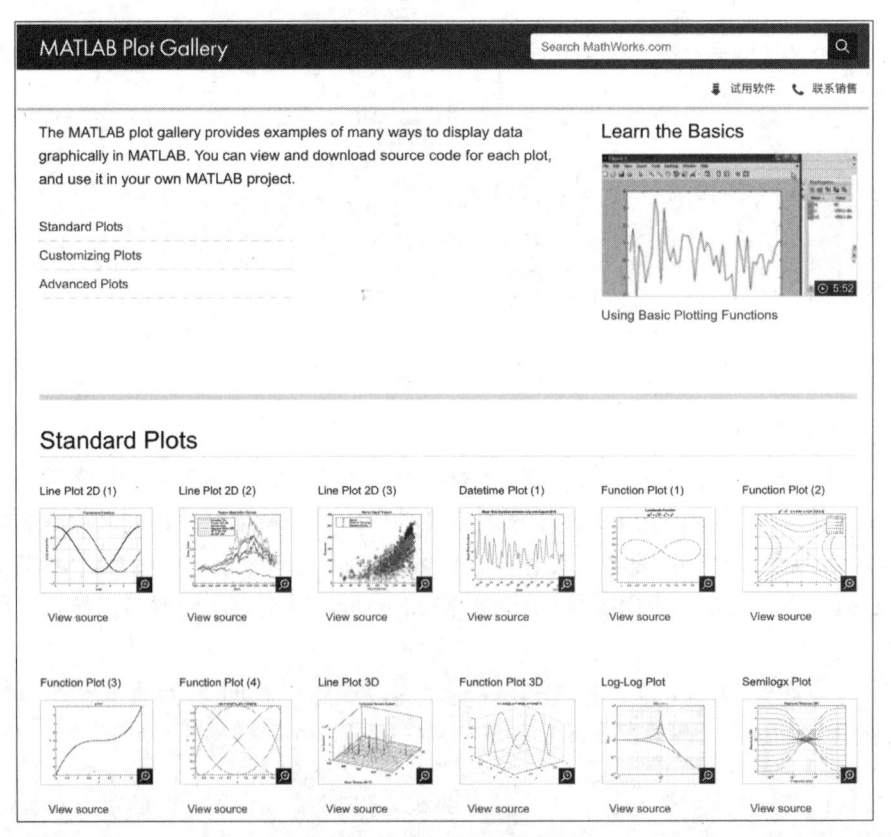

图 A.3　MATLAB 图片库

A.5.1 二维图

这里以官网的示例来说明一下二维图在绘制时的常用参数。

```
% 定义了需要可视化的数据 x、y1 和 y2
x = 0: .1 : 2*pi;
y1 = cos(x);
y2 = sin(x);
% Plot y1 vs. x (blue, solid) and y2 vs. x (red, dashed)
figure                          % 开启一个新的绘图窗口
plot(x, y1, 'b', x, y2, 'r-.', 'LineWidth', 2)    % 绘图,定义线
grid on                         % 开启网格线
axis([0 2*pi -1.5 1.5])         % 设置坐标范围
% 以下内容为添加图形及坐标名称
title('Trigonometric Functions')
xlabel('angle')
ylabel('sin(x) and cos(x)')
```

这段代码绘制出的二维图如图 A.4 所示。

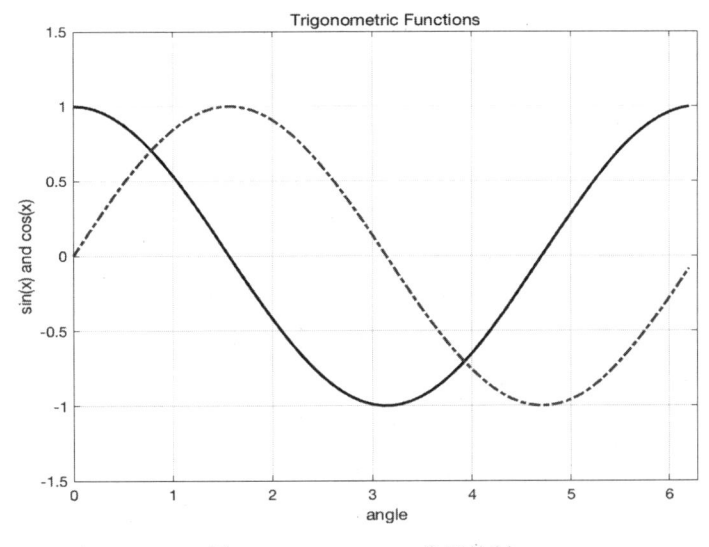

图 A.4　MATLAB 二维图绘制

plot 函数内的变量写入顺序是（x 轴数据,y 轴数据,附加项,…）。因为图中有两条曲线，所以出现了两次 x 轴数据的录入。这里的附加项指的是对曲线的线型和颜色的指定项，如果不加以指定，则程序默认会用不同颜色的实线来对不同数据加以区分。示例中

提到了'b'和'r-.'两个不同的附加项，分别绘制了蓝色曲线和红色点画线。除此之外，还有几种格式可以善加利用。

(1) 线型：-（实线）；:（虚线）；-.（点画线）；--（双画线）。

(2) 颜色：b（蓝色）；g（绿色）；r（红色）；c（青色）；m（品红）；y（黄色）；k（黑色）；w（白色）。

注意：线型的指定需要用半角英文字符，中文全角字符会报错。

同时，官方示例中没有提到的还有标记（Marker）的指定，例如，用字母 o 表示的圆圈标记，用来指明每个数据的具体坐标位置。

在指定完数据、线型和颜色之后，代码中还有"'LineWidth', 2"这一段追加描述。顾名思义，这个命令是用于指定所描画的曲线粗细的，这里指定线宽为 2 像素。注意：这个描述并非必需的，如果不写，则将默认线宽为 1 像素。

另外，如果想为数据追加图例，则可以使用 legend('图例 1','图例 2')命令来追加说明，这个说明可以用鼠标拖放来调整其位置。当然，MATLAB 还准备了很多更详细的设定命令，可以通过 help 或者 doc 命令来搜索相关的说明，这里就不一一赘述了。

A.5.2 三维图

MATLAB 近年来增添了一些三维图绘制的函数命令，函数名多是在已有二维函数后加上数字 3，很是方便理解、记忆。比如，针对 plot 的三维扩展就是 plot3。如果我们要绘制三维双曲线，就可以写成(x1, y1, z1, '选项 1', x2, y2, z2, '选项 2'，追加设定)。这里我们尝试着绘制一条三维空间曲线：x = cos(t), y = sin(t), z = sin(5*t)。代码如下：

```
t=[-pi:pi/50:pi];    %从-π到π，以π/50为等间距取值
x=cos(t);
y=sin(t);
z=sin(5*t);
plot3(x,y,z);
xlabel('x')
ylabel('y')
zlabel('z')
title('x = cos(t), y = sin(t), z = sin(5*t)')
```

这段代码绘制出的三维图如图 A.5 所示。

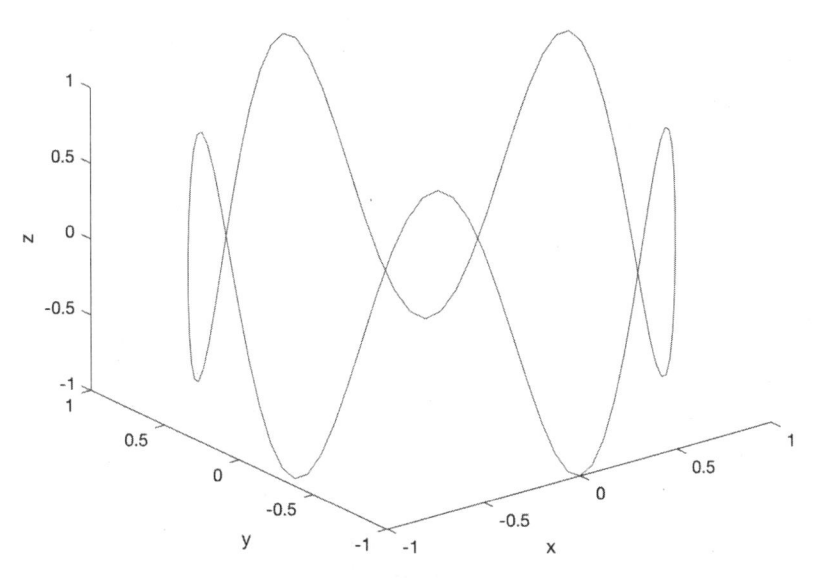

图 A.5　MATLAB 三维图绘制-1

在 R2016a 版本以后，MATLAB 还提供了另一种绘图思路，即利用函数（fplot3）绘图。这简化了我们对于自变量 t 的定义部分，可以将上述代码中的数据创建和绘图部分简化为以下的一行命令：

```
fplot3(@cos, @sin, @(t) sin(5*t), [-pi pi])
```

解释一下这行代码的内容：fplot3(计算变量 cos 值，计算变量 sin 值，对于自变量 t 计算其 sin(5*t)值，[变量最小值 变量最大值])。全代码如下：

```
fplot3(@cos, @sin, @(t) sin(5*t), [-pi pi])
xlabel('x')
ylabel('y')
zlabel('z')
title('x = cos(t), y = sin(t), z = sin(5*t)')
```

执行结果如图 A.6 所示。

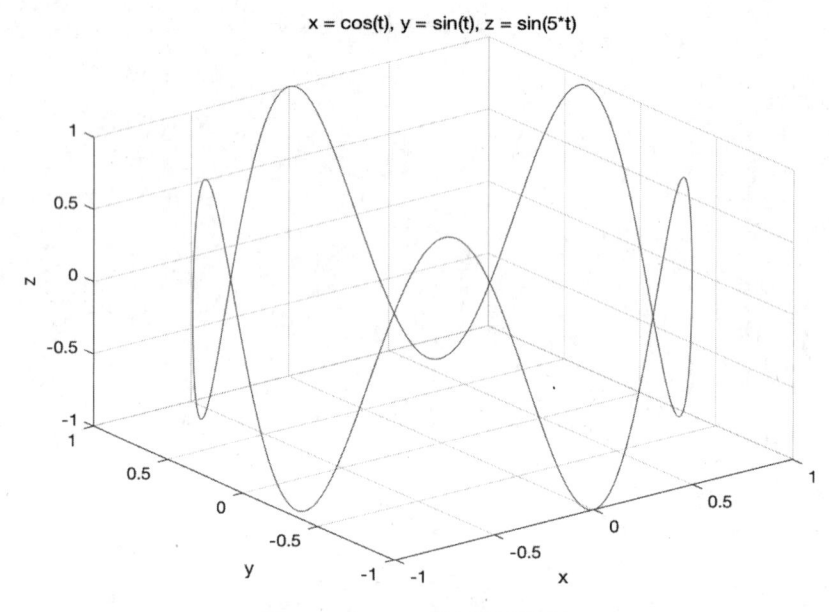

图 A.6　MATLAB 三维图绘制-2

可以看到，除去因参照点增多而自动开启的辅助线之外，这两种方法所绘制的三维图是完全一致的。

MATLAB 除曲线图外，也提供了曲面图、热力图、柱状图、分布图等常用绘图函数，并为每个函数都编写了详细的官方说明和使用文档，可以使用"help 函数名"命令调用基础使用说明，或者使用"doc 函数名"命令打开详细图文说明页，会极大地降低 MATLAB 的使用难度和学习负担。

```
help plot      % 调出对 plot 函数的说明
doc plot       % 打开函数浏览器查看 plot 函数的详细说明
```

A.6　MATLAB 程序设计方法

A.6.1　MATLAB 中的控制结构

1. 条件控制

条件控制的代码语句为 if、else、elseif 和 switch。前三者是一套语句，后者不如前者通用。我们先来看 if 语句的使用场景，如下：

```
if a<30
   disp('小于 30')
elseif a<80
   disp('小于 80 但大于 30')
else
   disp('大于 80')
end
```

可见，if 条件语句是最为基础的条件分歧控制方式，先通过 if 给定初始条件，再利用可选关键字 elseif 和 else 来实现备用条件的定义，最后通过 end 关键字来结束整个条件判定过程。

与 if 不同，switch 就如其英文释义一样，表示切换至多组条件语句中的某一项。比如，切换页面语言，可以抽象表述为以下的例子：

```
switch lang
   case 'Zh-cn'    % 如果 lang='Zh-cn'
      disp('简体中文')
   case 'Zh-tw'    % 如果 lang='Zh-tw'
      disp('繁体中文')
   case 'En-us'    % 如果 lang='En-us'
      disp('English')
   otherwise       % 如果 lang 的值是上述以外
      disp('Unknown')
end
```

简而言之，switch 不同于 if，它不会做出比较处理，只能对已知的确定条件做出不同的判别。

2. 循环控制

循环控制的常用语句是 for、while、continue 和 break。其中，for 表示按预先定义的次数重复执行内部命令，例如：

```
for n = 1:20
   m(n) = n*5;
end
```

而 while 表示在某一逻辑成立的条件下无限次重复内部命令。比如，同样实现上述 for 循环的结果，while 的实现如下：

```
n = 1;
while n<=20
```

```
      m(n) = n*5;
      n = n+1;
  end
```

continue 和 break 语句用来放置在 for 或者 while 循环中，分别用于跳过剩余命令进入下一轮迭代和从循环中退出。值得注意的是，循环结构可以以嵌套形式存在，在嵌套循环中，break 和 continue 仅从所属的循环层级退出或跳至下一轮迭代。

3. 向量化

上述的循环结构可以为编程提供很多便利，但 MATLAB 作为一门以向量计算优先而开发的语言，尽可能地使用向量或矩阵计算能大幅提升程序执行效率，同时精简代码长度，增强其可读性和易维护性。比如，当我们需要对向量 *x* 进行 log 计算时，for 语句的写法如下：

```
x = 0.1;
for n = 1:100
    y(n) = log10(x);
    x = x + 0.1;
end
```

而向量化的版本如下：

```
x = 0.1:0.1:10;
y = log10(x);
```

显而易见，向量化的版本更贴近于数值计算的记述方法，便于理解和纠错。当然，对于一些复杂算法，向量化的优势并不总这么明显。

4. 预分配

当面临无法向量化代码的情况时，可以通过预分配结果变量的内存来提高循环结构的运行速度。常见的是利用 zeros 函数来预分配存储位置，以此来避免每次循环都要为结果变量扩容所带来的额外运算量。比如，在上述循环版本的例子中，变量 y 在每次循环时都需要重新确定其变量尺寸，如果在进入循环之前先用 zeros(100,1) 预留出元素位置，那么代码整体执行速度便会得到提升。

A.6.2 MATLAB 中的 M 脚本文件和 M 函数文件

前文曾经提到，MATLAB 既可以在命令行中一次输入一条命令，也可以向某个文件写入一系列命令，按照执行任何 MATLAB 函数的相同方式来执行这些命令。使用

MATLAB 编辑器或任何其他文件编辑器可以创建用户自己的函数文件,按照调用任何其他 MATLAB 函数或命令的相同方式来调用这些函数。

这些文件的扩展名都是.m,所以在一些资料中也经常被称作 M 脚本文件和 M 函数文件。经过编写并保存在当前文件夹或者追加到参照路径中的这两类文件都可以在其他程序文件中得到调用。所以,在调用时请注意文件名的冲突,以免出现报错。

MATLAB 提供了两种程序文件。

1. 脚本

它不接收输入参数或返回输出参数。它负责处理工作区中的数据。

尽管脚本不会有返回参数,但脚本创建的变量依旧会保存在工作区中,为后续计算提供支持。同时,在脚本中可以使用 plot 等函数进行数据可视化操作。

2. 函数

它可以接收输入参数,并返回输出参数。内部变量是函数的局部变量。

与脚本不同,函数文件要以关键字 function 开头,并且函数名称和文件名必须相同。考虑到 MATLAB 的函数命名规则,该文件不能以数字开头。常见的函数文件开头写法如下:

```
function [output1, output2] = myfunction(input1,input2)
%MYFUNCTION 此处显示有关此函数的摘要
%   此处显示详细说明
```

函数编写成功后,在命令行中输入 help myfunction 时,上述第 2~3 行代码的注释内容会以帮助文本的形式显示。注意:函数文件内部定义的变量默认为局部变量,不会出现在工作区中。如果有需要后续使用的变量,则需要设定为输出参数,或者作为全局变量声明(非必需不推荐)。

参考文献

英文部分

[1] Abdellaoui, M. (2000). Parameter-free elicitation of utility and probability weighting functions. Management Science, 46(11):1497–1512.

[2] Abdellaoui, M., Han, B., and L'Haridor, O. (2008). A tractable method to measure utility and loss aversion under prospect theory. Journal of Risk and Uncertainty, 36(3):245.

[3] Abdellaoui, M., Han, B., and Paraschiv, C. (2007). Loss aversion under prospect theory: A parameter-free measurement. Management Science, 53(10):1659–1674.

[4] Abdellaoui, M., Vossmann, F., and Weber, M. (2005). Choice-based elicitation and decomposition of decision weights for gains and losses under uncertainty. Management Science, 51(9):1384–1399.

[5] Acerbi, C. and Tasche, D. (2002). On the coherence of expected shortfall. Journal of Banking and Finance, 26(7):1487–1503.

[6] Ågren, M. (2005). Myopic loss aversion, the equity premium puzzle, and GARCH. Working Paper.

[7] Ågren, M. (2006). Prospect theory and higher moments. Working Paper.

[8] Aguilar-Rivera, R., Valenzuela-Rendón, M., and Rodríguez-Ortiz, J. J. (2015). Genetic algorithms and darwinian approaches in financial applications: A survey. Expert Systems with Applications, 42(21):7684–7697.

[9] Aït-Sahalia, Y. and Brandt, M. W. (2001). Variable selection for portfolio choice. The Journal of Finance, 56(4):1297–1351.

[10] Akerlof, G. A. and Dickens, W. T. (1982). The economic consequences of cognitive dissonance. American Economic Review, 72(3):307–319.

[11] Albanese, C. (1997). Credit exposure, diversification risk and coherent VaR. Preprint, Department of Mathematics, University of Toronto.

[12] Alexander, G. J. and Baptista, A. M. (2002). Economic implications of using a mean- VaR model for portfolio selection: A comparison with mean-variance analysis. Journal of Economic Dynamics and Control, 26(7):1159–1193.

[13] Alexander, G. J. and Baptista, A. M. (2004a). A comparison of VaR and CVaR constraints on portfolio selection with the mean-variance model. Management Science, 50(9):1261–1273.

[14] Alexander, G. J. and Baptista, A. M. (2004b). A comparison of VaR and CVaR constraints on portfolio selection with the mean-variance model. Management Science, 50(9):1261–1273.

[15] Ali, M. M. (1977). Probability and utility estimates for racetrack bettors. Journal of Political Economy, 85(4):803–815.

[16] Allais, M. (1953). Le comportement de l'homme rationnel devant le risque: critique des postulats et axiomes de l'école américaine. Econometrica: Journal of the Econometric Society, pages 503–546.

[17] Allais, M. (1979). The so-called allais paradox and rational decisions under uncertainty. In Expected utility hypotheses and the Allais paradox, pages 437–681. Springer.

[18] Allen, E. J., Dechow, P. M., Pope, D. G., and Wu, G. (2014). Reference-dependent preferences: Evidence from marathon runners. Management Science, 63(6).

[19] Anderson, N. H. and Shanteau, J. C. (1970). Information integration in risky decision making. Journal of Experimental Psychology, 84(3):441.

[20] Andersson, O., Holm, H. J., Tyran, J. R., and Wengström, E. (2016). Deciding for others reduces loss aversion. Working Paper, volume 55(3):355–364.

[21] Andries, M. (2011). Consumption-based asset pricing with loss aversion. Ssrn Electronic Journal.

[22] Antonisse, J. (1989). A new interpretation of schema notation that overturns the binary encoding constraint. In International Conference on Genetic Algorithms, pages 86–91.

[23] Arditti, F. D. (1967). Risk and the required return on equity. Journal of Finance, 22(1):19–36.

[24] Arkes, H. R. and Blumer, C. (1985). The psychology of sunk cost. Organizational Behavior and Human Decision Processes, 35(1):124–140.

[25] Arkes, H. R., Hirshleifer, D., Jiang, D., and Lim, S. S. (2010). A cross-cultural study of reference point adaptation: Evidence from china, korea, and the us. Organizational Behavior and Human Decision Processes, 112(2):99–111.

[26] Arkes, H. R. and Hutzel, L. (2000). The role of probability of success estimates in the sunk cost effect. Journal of Behavioral Decision Making, 13(3):295–306.

[27] Arrow, K. (1954). Hurwicz. l.(1972), an optimality criterion for decision-making under ignorance. Uncertainty and Expectations in Economics. Oxford.

[28] Arrow, K. J. (1974). Essays in the theory of risk-bearing.

[29] Artzner, P., Delbaen, F., Eber, J.-M., and Heath, D. (1997). Thinking coherently: Generalised scenarios rather than var should be used when calculating regulatory capital. RISK-LONDONRISK MAGAZINE LIMITED-, 10:68–71.

[30] Artzner, P., Delbaen, F., Eber, J.-M., and Heath, D. (1999). Coherent measures of risk. Mathematical finance, 9(3):203–228.

[31] Bäck, T. (1994). Selective pressure in evolutionary algorithms: A characterization of selection mechanisms. In Evolutionary Computation, 1994. IEEE World Congress on Computational Intelligence., Proceedings of the First IEEE Conference on, pages 57–62. IEEE.

[32] Bäck, T. and Hoffmeister, F. (1991). Extended selection mechanisms in genetic algorithms. Pages 92–99.

[33] Baker, J. E. (1985). Adaptive selection methods for genetic algorithms. In Proceedings of an International Conference on Genetic Algorithms and their applications, pages 101–111. Hillsdale, New Jersey.

[34] Baker, J. E. (1987). Reducing bias and inefficiency in the selection algorithm. In International Conference on Genetic Algorithms on Genetic Algorithms and Their Application, pages 14–21.

[35] Bammann, K. (2006). Statistical models: Theory and practice. Biometrics, 62(3):943–943.

[36] Banz, R. W. (1981). The relationship between return and market value of common stocks. Journal of Financial Economics, 9(1):3–18.

[37] Barber, Brad, M., Odean, and Terrance (2006). The courage of misguided convictions. Financial Analysts Journal, 55(6):41–55.

[38] Barber, B. M. and Odean, T. (2001). The internet and the investor. Journal of Economic Perspectives, 15(1):41–54.

[39] Barberis, N. (2013). Thirty years of prospect theory in economics: a review and assessment. Social Science Electronic Publishing, 27(1), 173-195.

[40] Barberis, N. and Huang, M. (2008). Stocks as lotteries: The implications of probability weighting for security prices. The American Economic Review, 98(5):2066–2100.

[41] Barberis, N., Huang, M., and Santos, T. (2001). Prospect theory and asset prices. Quarterly Journal of Economics, 116(1):1–53.

[42] Barberis, N., Huang, M., and Thaler, R. H. (2003). Individual preferences, monetary gambles and the equity premium. NBER Working Paper.

[43] Barberis, N., Huang, M., and Thaler, R. H. (2006). Individual preferences, monetary gambles, and stock market participation: A case for narrow framing. The American economic review, 96(4):1069–1090.

[44] Barberis, N., Mukherjee, A., and Wang, B. (2016). Prospect theory and stock returns: An empirical test. Review of Financial Studies, 29(11):3068–3107.

[45] Barberis, N. and Xiong, W. (2009). What drives the disposition effect? an analysis of a longstanding preference-based explanation. Journal of Finance, 64(2):751–784.

[46] Barndorff-Nielsen, O. (1977). Exponentially decreasing distributions for the logarithm of particle size. Proceedings of the Royal Society of London, 353(1674):401–419.

[47] Barndorff-Nielsen, O. (1978). Hyperbolic distributions and distributions on hyperbolae. Scandinavian Journal of Statistics, 5(5):151–157.

[48] Barndorff-Nielsen, O. E. (1997). Normal inverse Gaussian distributions and stochastic volatility modelling. Scandinavian Journal of Statistics, 24(1):1–13.

[49] Barniv, R., Agarwal, A., and Leach, R. (2015). Predicting the outcome following bankruptcy filing: a three‐state classification using neural networks. Intelligent Systems in Accounting Finance and Management, 6(3):177–194.

[50] Barone-Adesi, G. (1997). VaR without correlations for nonlinear portfolios. Journal of Futures Markets.

[51] Basak, S. and Shapiro, A. (2001a). Value-at-risk-based risk management: Optimal policies and asset prices. The Review of Financial Studies, 14(2):371–405.

[52] Basak, S. and Shapiro, A. (2001b). Value-at-risk-based risk management: optimal policies and asset prices. Review of Financial studies, 14(2):371–405.

[53] Basu, S. (1977). Investment performance of common stocks in relation to their price-earnings ratios: A test of the efficient market hypothesis. Journal of Finance, 32(3):663–682.

[54] Baucells, M. and Sarin, R. K. (2010). Predicting utility under satiation and habit formation. Management Science, 56(56):286–301.

[55] Baucells, M., Weber, M., and Welfens, F. (2011). Reference-point formation and updating. Management Science, 57(3):506–519.

[56] Baumol, W. J. (1963). An expected gain-confidence limit criterion for portfolio selection. Management Science, 10(1):174–182.

[57] Bawa, Vijay S. (1975). "Optimal Rules for Ordering Uncertain Prospects". Journal of Financial Economics. 2 (1): 95–121.

[58] Bazaraa, M. S., Jarvis, J. J., and Sherali, H. D. (2011). Linear Programming and Network Flows, 3nd Edition. Wiley New York.

[59] Bazerman, M. H., M. A. N. (1991). Cognition and Rationality in Negotiation. Free Press, New York.

[60] Bazerman, M. H. (2008). Judgment in Managerial Decision Making. Wiley.

[61] Beach, S. L. (2007). Semivariance in asset allocations: Longer horizons can handle riskier holdings. Journal of Financial Planning.

[62] Beggan, J. K. (1992). On the social nature of nonsocial perception: The mere ownership effect. Journal of Personality and Social Psychology, 62(2):229–237.

[63] Bell, D. E. (1982). Regret in decision making under uncertainty. Operations Research, 30(5):961–981.

[64] Bell, D. E. (1983). Risk premiums for decision regret. Management Science, 29(10):1156–1166.

[65] Bell, D. E. (1985). Disappointment in decision making under uncertainty. Operations Research, 33(1):1–27.

[66] Bell, D. E. (1995a). A contextual uncertainty condition for behavior under risk. Management Science, 41(7):1145–1150.

[67] Bell, D. E. (1995b). Risk, return, and utility. Management science, 41(1):23–30.

[68] Bell, D. E. and Fishburn, P. C. (2000). Utility functions for wealth. Journal of Risk and Uncertainty, 20(1):5–44.

[69] Bell, D. E. and Fishburn, P. C. (2001). Strong one-switch utility. Management Science, 47(4):601–604.

[70] Bell, D. R. and Lattin, J. M. (2000). Looking for loss aversion in scanner panel data: The confounding effect of price response heterogeneity. Marketing Science, 19(2):185–200.

[71] Benartzi, S. and Thaler, R. H. (1995). Myopic loss aversion and the equity premium puzzle. The Quarterly Journal of Economics, 110:73–92.

[72] Benartzi, S. and Thaler, R. H. (1999). Risk aversion or myopia? choices in repeated gambles and retirement investments. Management science, 45(3):364–381.

[73] Benzion, U., Rapport, A., and Yagil, J. (1989). Discount rates inferred from decisions: An experimental study. Management Science, 35(3):270–284.

[74] Berck, P. and Hihn, J. M. (1982). Using the semivariance to estimate safety-first rules. American Journal of Agricultural Economics, 64(2):298–300.

[75] Berkelaar, A. B., Kouwenberg, R., and Post, T. (2004). Optimal portfolio choice under loss aversion. Review of Economics and Statistics, 86(4):973–987.

[76] Berkowitz, J. and O'Brien, J. (2002). How accurate are value-at-risk models at commercial banks? The Journal of Finance, 57(3):1093–1111.

[77] Bernard, C. and Ghossoub, M. (2010). Static portfolio choice under cumulative prospect theory. Mathematics and financial economics, 2(4):277–306.

[78] Bernoulli, D. (1954). Exposition of a new theory on the measurement of risk. Econometrica: Journal of the Econometric Society, pages 23–36.

[79] Bertrand, M., Mullainathan, S., and Shafir, E. (2004). A behavioral-economics view of poverty. American Economic Review, 94(2):419–423.

[80] Beyer, S. and Bowden, E. M. (1997). Gender differences in self-perceptions: Convergent evidence from three measures of accuracy and bias. Personality and Social Psychology Bulletin, 23(2):157–172.

[81] Bhandari, D., Murthy, C. A., and Pal, S. K. (2012). Variance as a stopping criterion for genetic algorithms with elitist model. Fundamenta Informaticae, 120(2):145–164.

[82] Bieker, R. F. (2002). Using simulation as a tool in selecting a retirement age under defined benefit pension plans. Journal of Economics and Finance, 26(3):334–343.

[83] Billot, A., Gilboa, I., Samet, D., and Schmeidler, D. (2005). Probabilities as similarity-weighted frequencies. Econometrica, 73(4):1125–1136.

[84] Birge, J. R. and Louveaux, F. (1997). Introduction to Stochastic Programming. Springer.

[85] Birnbaum, M. H. (2008). New paradoxes of risky decision making. Psychological review, 115(2):463.

[86] Birnbaum, M. H. and Chavez, A. (1997). Tests of theories of decision making: Violations of branch independence and distribution independence. Organizational Behavior and human decision Processes, 71(2):161–194.

[87] Birnbaum, M. H. and Mcintosh, W. R. (1996). Violations of branch independence in choices between gambles. Organizational Behavior and Human Decision Processes, 67(1):91–110.

[88] Birnbaum, M. H., Patton, J. N., and Lott, M. K. (1999). Evidence against rank-dependent utility theories: Tests of cumulative independence, interval independence, stochastic dominance, and transitivity. Organizational Behavior and Human Decision Processes, 77(1):44–83.

[89] Bishop, C. (2006). Pattern Recognition and Machine Learning. Springer.

[90] Black, F. (1976). Studies in stock price volatility. Proceedings of the Business Meeting of the Business and Economic Statistics.

[91] Black, F., Jensen, M. C., and Scholes, M. (1972). The capital asset pricing model: Some empirical tests. Studies in the Theory of Capital Markets, edited by M. C. Jensen. New York: Praeger.

[92] Black, F. and Scholes, M. (1973). The pricing of options and corporate liabilities. Journal of Political Economy, 81(3):637–654.

[93] Blavatskyy, P. R. (2005). Back to the st. petersburg paradox? Management Science, 51(4):677–678.

[94] Bleichrodt, H. and Pinto, J. L. (2000). A parameter-free elicitation of the probability weighting function in medical decision analysis. Management science, 46(11):1485–1496.

[95] Bleichrodt, H., Pinto, J. L., and Wakker, P. P. (2001). Making descriptive use of prospect theory to improve the prescriptive use of expected utility. Management science, 47(11):1498–1514.

[96] Blondel, S. (2002). Testing theories of choice under risk: Estimation of individual functionals. Journal of Risk and Uncertainty, 24(3):251–265.

[97] Boebel, R. B. and Taylor, L. (2000). The disposition effect: Do new zealand investors keep their mistakes. Department of Finance and Quantitative Analysis, University of Otago, New Zealand.

[98] Bohm, P. (1984). Revealing demand for an actual public good. Journal of Public Economics, 24(2):135–151.

[99] Boles, T. L. and Messick, D. M. (1995). A reverse outcome bias: The influence of multiple reference points on the evaluation of outcomes and decisions. Organizational Behavior and Human Decision Processes, 61(3):262–275.

[100] Bollerslev, T. (1986). Generalized autoregressive conditional heteroskedasticity. Journal of econometrics, 31(3):307–327.

[101] Bonner, S. E. and Pennington, N. (1991). Cognitive processes and knowledge as determinants of auditor expertise. Journal of Accounting Literature, 10:1–50.

[102] Boorman, E. D. and Sallet, J. (2009). Mean-variance or prospect theory? the nature of value representations in the human brain. Journal of Neuroscience the Official Journal of the Society for Neuroscience, 29(25):7945.

[103] Boser, B. E., Guyon, I. M., and Vapnik, V. N. (1992). Algorithm for optimal margin classifiers. In Computational Learning Theory.

[104] Boudt, K., Carl, P., and Peterson, B. G. (2013). Asset allocation with conditional value-at-risk budgets. Ssrn Electronic Journal, 15(3):39–68.

[105] Bowman, D., Minehart, D., and Rabin, M. (1999). Loss aversion in a consumption–savings model. Journal of Economic Behavior and Organization, 38(2):155–178.

[106] Box, J. and Jenkins, G. M. (1994). Reinsel. time series analysis, forecasting and control. Tercera. NJ: Prentice Hall, Englewood Cliffs, NJ, USA.

[107] Boyd, S. and Vandenberghe, L. (2004). Convex Optimization. Cambridge University Press.

[108] Boyle, P. P. (1977). Options: A monte carlo approach. Journal of Financial Economics, 4(3):323–338.

[109] Bradley, S. (2012). Dutch book arguments and imprecise probabilities. In Probabilities, Laws, and Structures, pages 3–17. Springer.

[110] Bradley, S. P. and Crane, D. B. (1972). A dynamic model for bond portfolio management. Management Science, 19:139–151.

[111] Brandstätter, E., Kühberger, A., and Schneider, F. (2002). A cognitive-emotional account of the shape of the probability weighting function. Journal of Behavioral Decision Making, 15(2):79–100.

[112] Brennan, M. J. (2001). Mental accounting, loss aversion, and individual stock returns: Discussion. Journal of Finance, 56(4):1292–1295.

[113] Brown, A. (2002). The unbearable lightness of cross-market risk. Wilmott, 2002(1):20–23.

[114] Budescu, D. V. and Weiss, W. (1987). Reflection of transitive and intransitive preferences: A test of prospect theory. Organizational Behavior and Human Decision Processes, 39(2):184–202.

[115] Bühlmann, P. and Künsch, H. R. (1995). The blockwise bootstrap for general parameters of a stationary time series. Scandinavian Journal of Statistics, pages 35–54.

[116] Buisson, F. (2016). Prospect theory and loss aversion in the housing market. Journal of Real Estate Research, 38.

[117] Burnham, K. P. and Anderson, D. R. (2002). Model selection and multimodel inference . Springer.

[118] Burns, P. (1985). Experience and decision making: A comparison of students and businessmen in a simulated progressive auction. Research in Experimental Economics, 3.

[119] Burrell, P. R. and Folarin, B. O. (1997). The impact of neural networks in finance. Neural Computing and Applications, 6(4):193–200.

[120] Butler, J. S. and Schachter, B. (1998). Estimating value-at-risk with a precision measure by combining kernel estimation with historical simulation. Review of Derivatives Research, 1(4):371–390.

[121] Camerer, C. (2005). Three cheers—psychological, theoretical, empirical—for loss aversion. Journal of Marketing Research, 42(2):129–133.

[122] Camerer, C., Babcock, L., Loewenstein, G., and Thaler, R. (1997). Labor supply of new York city cabdrivers: One day at a time. The Quarterly Journal of Economics, pages 407–441.

[123] Camerer, C. F. (2004). Prospect theory in the wild: Evidence from the field. Advances in behavioral economics, pages 148–161.

[124] Camerer, C. F., Blinder, A. S., Dan, A., and Frank, R. H. (2004). The behavioral challenge to economics: Understanding normal people. New England Economic Review, (1).

[125] Camerer, C. F. and Ho, T.-H. (1994a). Nonlinear weighting of probabilities and violations of the betweenness axiom. Journal of Risk and Uncertainty, 8:167–196.

[126] Camerer, C. F. and Ho, T.-H. (1994b). Violations of the betweenness axiom and nonlinearity in probability. Journal of risk and uncertainty, 8(2):167–196.

[127] Canner, N., Mankiw, N. G., and Weil, D. N. (1997). An asset allocation puzzle. American Economic Review, 87(1):181–191.

[128] Card, D. and Dahl, G. B. (2011). Family violence and football: The effect of unexpected emotional cues on violent behavior. The Quarterly Journal of Economics, 126(1):103–143.

[129] Carlstein, E. (1986). The use of subseries values for estimating the variance of a general statistic from a stationary sequence. The Annals of Statistics, pages 1171–1179.

[130] Carr, P., Geman, H., and Madan, D. B. (2001). Pricing and hedging in incomplete markets. Journal of financial economics, 62(1):131–167.

[131] Castro, P. A. L. D., Teodoro, A. R. B., Castro, L. I. D., and Parsons, S. (2016). Expected utility or prospect theory: Which better fits agent-based modeling of markets? Journal of Computational Science, 17:97–102.

[132] Chamberlin, E. H. (1948). An experimental imperfect market. Journal of Political Economy, 56(2):95–108.

[133] Chance, D. M. (2004). Introduction to derivatives and risk management. Harcourt College Publishers.

[134] Chang, O. H., Nichols, D. R., and Schultz, J. J. (1987). Taxpayer attitudes toward tax audit risk. Journal of Economic Psychology, 8(3):299–309.

[135] Chang, T. J., Yang, S. C., and Chang, K. J. (2009). Portfolio optimization problems in different risk measures using genetic algorithm. Expert Systems with Applications, 36(7):10529–10537.

[136] Chateauneuf, A. and Cohen, M. (1994). Risk seeking with diminishing marginal utility in a non-expected utility model. Journal of Risk and Uncertainty, 9(1):77–91.

[137] Chateauneuf, A., and Wakker, P. (1993). An axiomatization of cumulative prospect theory for decision under risk. Journal of Risk & Uncertainty, 7(2):147-175.

[138] Chen, C. H. (2002). Neural networks for financial market prediction. In IEEE International Conference on Neural Networks, 1994. IEEE World Congress on Computational Intelligence, pages 1199–1202 vol.2.

[139] Chen, F. (2012). An analysis of the applications of neural networks in finance management. Accounting and Finance.

[140] Cheng, R., Gen, M., and Tsujimura, Y. (1996). A tutorial survey of job-shop scheduling problems using genetic algorithms .1. representation. Computers and Industrial Engineering, 30(4):983–997.

[141] Choquet, G. (1953). Theory of capacities. Annales- Institut Fourier, 5:131–295.

[142] Christensenszalanski, J. J. and Beach, L. R. (1984). The citation bias: Fad and fashion in the judgment and decision literature. American Psychologist, 39(1):75–78.

[143] Clarke, R. G., Krase, S., and Statman, M. (2010). Tracking errors, regret, and tactical asset allocation.

Journal of Portfolio Management, 20(3):16–24.

[144] Coakley, J. R. and Brown, C. E. (2000). Artificial neural networks in accounting and finance: modeling issues. Intelligent Systems in Accounting Finance and Management, 9(2):119–144.

[145] Coelho, L. A. G. (2014). Portfolio selection optimization under cumulative prospect theory – a parameter sensibility analysis. CEFAGE-UE Working Papers.

[146] Coelho, L. A. G., Pires, C. M. P., & Dionísio, A. T. (2012). The impact of cap policy in farmer's behavior – a modeling approach using the cumulative prospect theory. Journal of Policy Modeling, 34(1):81–98.

[147] Cohen, M., Jaffray, J.-Y., and Said, T. (1987). Experimental comparison of individual behavior under risk and under uncertainty for gains and for losses. Organizational behavior and human decision processes, 39(1):1–22.

[148] Cohen, S. and Wills, T. A. (1985). Stress, social support, and the buffering hypothesis. Psychological Bulletin, 98(2):310.

[149] Company, M. (2012). McKinsey Working Papers on Risk. Number 32.

[150] Consiglio, A., Cocco, F., and Zenios, S. A. (2001). The value of integrative risk management for insurance products with guarantees. Journal of Risk Finance, 4:1–11.

[151] Coombs, C. H. (1974). Portfolio theory and the measurement of risk. University of Michigan, Department of Psychology.

[152] Cooper, I. and Kaplanis, E. (1994). Home bias in equity portfolios, inflation hedging, and international capital market equilibrium. Review of Financial Studies, 7(1):45–60.

[153] Core, J. E. and Guay, W. R. (2001). Stock option plans for non-executive employees. Journal of Financial Economics, 61(2):253–287.

[154] Courtault, J. M., Kabanov, Y., Bru, B., Crépel, P., Lebon, I., and Marchand, A. L. (2000). Louis bachelier on the centenary of théorie de la spéculation. Mathematical Finance, 10(3):339–353.

[155] Coval, J. D. and Shumway, T. (2005). Do behavioral biases affect prices? Journal of Finance, 60(1):1–34.

[156] Covring, V. M., Defond, M. L., and Hung, M. (2007). Home bias, foreign mutual fund holdings, and the voluntary adoption of international accounting standards. Journal of Accounting Research, 45(1):41–70.

[157] Cox, D. R. (1959). Corrigenda: The regression analysis of binary sequences. Journal of the Royal Statistical Society, 21(1):238–238.

[158] Crawford, V. P. and Meng, J. (2011a). New york city cab drivers' labor supply revisited: Reference-dependent preferences with rational-expectations targets for hours and income. American Economic Review, 101(5):1912–1932.

[159] Crawford, V. P. and Meng, J. (2011b). New york city cab drivers' labor supply revisited:

Reference-dependent preferences with rational-expectations targets for hours and income. The American Economic Review, 101(5):1912–1932.

[160] Crow, J. F. and Kimura, M. (1979). Efficiency of truncation selection. Proceedings of the National Academy of Sciences, 76(1):396–399.

[161] Cumming, G. (2011). Understanding the new statistics: Effect sizes, confidence intervals, and meta-analysis.. Understanding the new statistics : effect sizes, confidence intervals, and meta-analysis. Routledge.

[162] Currim, I. S. and Sarin, R. K. (1989). Prospect versus utility. Management science, 35(1):22–41.

[163] Cybenko, G. (1993). Approximation by superpositions of a sigmoidal function. math cont sig syst(mcss) 2:303-314. Approximation Theory and Its Applications, 9(3):17–28.

[164] Dahlquist, M., Pinkowitz, L., Stulz, R. M., and Williamson, R. (2003). Corporate governance and the home bias. Journal of Financial and Quantitative Analysis, 38(1):87–110.

[165] Dakin, S. and Arrowood, A. J. (1981). The social comparison of ability. Human Relations, 34(2):89–109.

[166] Daniel, K. D., Hirshleifer, D., and Subrahmanyam, A. (2001). Overconfidence, arbitrage, and equilibrium asset pricing. Journal of Finance, 56(3):921–965.

[167] Danielsson, J., Embrechts, P., Goodhart, C., Keating, C., Muennich, F., Renault, O., Shin, H. S., et al. (2001). An academic response to basel ii. Special Paper-LSE Financial Markets Group.

[168] Danielsson, J. and Zigrand, J. P. (2001). What happens when you regulate risk? evidence from a simple equilibrium model. Lse Research Online Documents on Economics.

[169] D'Aveni, R. A. (1989). Dependability and organizational bankruptcy: An application of agency and prospect theory. Management Science, 35(9):1120–1138.

[170] Davidson, D., Suppes, P., and Siegel, S. (1957). Decision making; an experimental approach.

[171] Davies, G. B. and Satchell, S. E. (2003). Continuous cumulative prospect theory and individual asset allocation. Cambridge Working Papers in Economics.

[172] Davis, L. (1987). Genetic Algorithms and Simulated Annealing. Morgan Kaufmann Publishers.

[173] Davis, L. (1989). Adapting operator probabilities in genetic algorithms. In International Conference on Genetic Algorithms, pages 61–69.

[174] Davis, L. (1991). Handbook of genetic algorithms. Van Nostrand Reinhold, New York.

[175] De Finetti, B. (1937). Foresight: Its logical laws, in subjective sources. New York: J. Wiley and Sons.

[176] De Finetti, B. (1970). Logical foundations and measurement of subjective probability. Acta Psychologica, 34:129–145.

[177] De Giorgi, E., Hens, T., and Levy, H. (2004). Existence of CAPM equilibria with prospect theory preferences. NCCR-Finrisk Working Paper, (85).

[178] De Giorgi, E., Hens, T., and Mayer, J. (2007). Computational aspects of prospect theory with asset

pricing applications. Computational Economics, 29(3):267–281.

[179] De Giorgi, E. G. (2005). A note on portfolio selection under various risk measures. IEW – Working Papers.

[180] De Giorgi, E. G., Hens, T., and Levy, H. (2011). Capm equilibria with prospect theory preferences. Ssrn Electronic Journal.

[181] De Giorgi, E. G., Hens, T., and Mayer, J. (2008). A behavioral foundation of reward-risk portfolio selection and the asset allocation puzzle. Social Science Electronic Publishing.

[182] Deep, K. and Thakur, M. (2007). A new crossover operator for real coded genetic algorithms. Applied mathematics and computation, 188(1):895–911.

[183] Delquié, P. and Cillo, A. (2006). Disappointment without prior expectation: a unifying perspective on decision under risk. Journal of Risk and Uncertainty, 33(3):197–215.

[184] Diecidue, E. and Wakker, P. P. (2001). On the intuition of rank-dependent utility. Journal of Risk and Uncertainty, 23(3):281–298.

[185] Dörrie, H. (1965). 100 great problems of elementary mathematics; Their History and Solution. Dover Publications, New York.

[186] Dowd, K. (2003). An introduction to market risk measurement. John Wiley and Sons.

[187] Dowd, K. (2005). Measuring market risk, 2nd edition. Cato Journal, 31(2):389–391.

[188] Dowd, K. K. (2002). An introduction to market risk measurement /. J. Wiley.

[189] Dreman, D. (2012). Contrarian Investment Strategies: The Psychological Edge. Free Press.

[190] Eckhardt, R. (1983). Stan ulam, john von neumann, and the monte carlo method. Los Alamos Science Special Issue, (15Special):131–137.

[191] Edwards, W. (1954). The theory of decision making. Psychological bulletin, 51(4):380.

[192] Edwards, W. (1955). The prediction of decisions among bets. Journal of Experimental Psychology, 50(3):201.

[193] Edwards, W. (1962a). Subjective probabilities inferred from decisions. Psychological review, 69(2):109.

[194] Edwards, W. (1962b). Utility, subjective probability, their interaction, and variance preferences. Journal of Conflict Resolution, 6(1):42–51.

[195] Efron, B. (1979). Bootstrap methods: Another look at the jackknife. The Annals of Statistics, 7(1):1–26.

[196] Efron, B. and Tibshirani, R. J. (1993). An Introduction to the Bootstrap. New York Chapman Hall.

[197] Eid, M. and Diener, E. (2001). Norms for experiencing emotions in different cultures: Inter- and intranational differences. journal of personality and social psychology, 81, 869-885. Journal of Personality and Social Psychology, 81(5):869–885.

[198] Einhorn, H. J. and Hogarth, R. M. (1985). Ambiguity and uncertainty in probabilistic inference.

Psychological Review, 92(4):433–461.

[199] Ellsberg, D. (1961). Risk, ambiguity, and the savage axioms. The quarterly journal of economics, pages 643–669.

[200] Engle, R. F. (1982). Autoregressive conditional heteroscedasticity with estimates of the variance of united kingdom inflation. Econometrica: Journal of the Econometric Society, pages 987–1007.

[201] Epley, N. and Gilovich, T. (2001). Putting adjustment back in the anchoring and adjustment heuristic: Differential processing of self-generated and experimenter-provided anchors. Psychological Science, 12(5):391.

[202] Epley, N. and Gilovich, T. (2005). When effortful thinking influences judgmental anchoring: differential effects of forewarning and incentives on self‐generated and externally provided anchors. Journal of Behavioral Decision Making, 18(3):199–212.

[203] Epstein, L. G. and Zin, S. E. (1990). 'first-order' risk aversion and the equity premium puzzle. Journal of Monetary Economics, 26(3):387–407.

[204] Ert, E. and Erev, I. (2013). On the descriptive value of loss aversion in decisions under risk: Six clarifications. Judgment and Decision Making, 8(3):214–235.

[205] Eshelman, B. L. J. (1993). Real-coded genetic algorithms and interval schemata, in: L.d. whitley (ed.), foundations of genetic algorithms 2. In O. Cordón et al. / Image and Vision Computing.

[206] Eshelman, L. J., Mathias, K. E., and Schaffer, J. D. (1996). Convergence controlled variation. In The Workshop on Foundations of Genetic Algorithms San Diego, pages 203–224.

[207] Everitt B.S., S. A. (2010). The Cambridge Dictionary of Statistics. Cambridge University Press.

[208] Fabozzi, F. J., Kolm, P. N., Pachamanova, D. A., and Focardi, S. M. (2007). Robust portfolio optimization - recent trends and future directions. Journal of Portfolio Management, 33(3).

[209] Fadlalla, A. and Lin, C. H. (2001). An Analysis of the Applications of Neural Networks in Finance. INFORMS.

[210] Fagley, N. and Miller, P. M. (1990). The effect of framing on choice interactions with risk-taking propensity, cognitive style, and sex. Personality and Social Psychology Bulletin, 16(3):496–510.

[211] Fagley, N. S. and Miller, P. M. (1987). The effects of decision framing on choice of risky vs certain options. Organizational Behavior and Human Decision Processes, 39(2):264–277.

[212] Fama, E. F. (1965). Random walks in stock market prices. Financial Analysts Journal, 21(5):55–59.

[213] Fama, E. F. (1970). Efficient capital markets: A review of theory and empirical work. Journal of Finance, 25(2):383–417.

[214] Farley, B. and Clark, W. (1954). Simulation of self-organizing systems by digital computer. Transactions of the Ire Professional Group on Information Theory, 4(4):76–84.

[215] Fehr, E. and Goette, L. (2005). Do workers work more if wages are high? evidence from a randomized field experiment. American Economic Review, 97(1):298–317.

[216] Fehrduda, H. (2006). What determines the shape of the probability weighting function? Ssrn Electronic Journal.

[217] Fehrduda, H., Gennaro, M. D., and Schubert, R. (2006). Gender, financial risk, and probability weights. Theory and Decision, 60(2):283–313.

[218] Fellner, W. (1965). Probability and profit: a study of economic behavior along Bayesian lines. Irwin.

[219] Feng, L. and Seasholes, M. S. (2009). Do investor sophistication and trading experience eliminate behavioral biases in financial markets? Review of Finance, 9(3):305–351.

[220] Fennema, H. and Wakker, P. (1997). Original and cumulative prospect theory: A discussion of empirical differences. Journal of Behavioral Decision Making, 10:53–64.

[221] Fernandez, A. and Gomez, S. (2007). Portfolio selection using neural networks. Computers and Operations Research, 34(4):1177–1191.

[222] Festinger, L. (1954). A theory of social comparison processes. Human Relations, 7(7):117–140.

[223] Fiegenbaum, A. (1990). Prospect theory and the risk-return association: An empirical examination in 85 industries. Journal of Economic Behavior and Organization, 14(2):187–203.

[224] Fishburn, P. C. (1977). Mean-risk analysis with risk associated with below-target returns. The American Economic Review, pages 116–126.

[225] Fishburn, P. C. (1978). On handa's " new theory of cardinal utility" and the maximization of expected return. The Journal of Political Economy, pages 321–324.

[226] Fishburn, P. C. (1980). Stochastic dominance and moments of distributions. Mathematics of Operations Research, 5(1), 94-100.

[227] Fishburn, P. C. and Kochenberger, G. A. (1979). Two-piece von neumann-morgenstern utility functions. Decision Sciences, 10(4):503–518.

[228] Fisher, I. (1928). The Money Illusion. New York: Adelphi Company.

[229] Fisher and RonaldAylmer (1934). Statistical methods for research workers. Oliver and Boyd.

[230] Flach, P. (2012). Machine Learning: The Art and Science of Algorithms that Make Sense of Data. Cambridge University Press.

[231] Fletcher, Reeves, and C.M (1964). Function minimization by conjugate gradients. Computer Journal, 7(2):149–154.

[232] Forgas, J. P. (1995). Mood and judgment: the affect infusion model (aim). Psychological Bulletin, 117(1):39–66.

[233] Forsberg, L., Ghysels, E., and Eriksson, A. (2005). Approximating the probability distribution of functions of random variables: A new approach. Cirano Working Papers.

[234] Fortin, I. and Hlouskova, J. (2015). Downside loss aversion: Winner or loser? Mathematical Methods of Operations Research, 81(2):181–233.

[235] Fox, C. R., Rogers, B. A., and Tversky, A. (1996). Options traders exhibit subadditive decision weights. Journal of Risk and Uncertainty, 13(1):5–17.

[236] Franke, J., Neumann, M. H., and Stockis, J.-P. (2004). Bootstrapping nonparametric estimators of the volatility function. Journal of Econometrics, 118(1):189–218.

[237] Frazzini, A. (2006). The disposition effect and underreaction to news. Journal of Finance, 61(4):2017–2046.

[238] Frederick, D. M. and Libby, R. (1986). Expertise and auditors' judgments of conjunctive events. Journal of Accounting Research, 24(2):270–290.

[239] Frederick, S., Loewenstein, G., and O'Donoghue, T. (2002). Time discounting: A critical review. Journal of Economic Literature, pages 351–401.

[240] French, K. R. and Poterba, J. M. (1991). Investor diversification and international equity markets. American Economic Review, 81(2):222–226.

[241] Frey, R. and McNeil, A. J. (2001). Modelling dependent defaults. ETH, Eidgenössische Technische Hochschule Zürich, Department of Mathematics.

[242] Frey, R. and McNeil, A. J. (2002). VaR and expected shortfall in portfolios of dependent credit risks: conceptual and practical insights. Journal of Banking and Finance, 26(7):1317–1334.

[243] Friedman, D. (1984). On the efficiency of experimental double auction markets. American Economic Review, 74(1):60–72.

[244] Friedman, D. and Sunder, S. (1994). Experimental Methods: A Primer for Economists. Cambridge: Cambridge University Press.

[245] Friedman, M. and Savage, L. J. (1948). The utility analysis of choices involving risk. The journal of political economy, pages 279–304.

[246] Friend, I., Blume, Marshall, and Crockett, J. (1970). Mutual Funds and Other Institutional Investors. New York: McGraw Hill.

[247] Frittelli, M. and Gianin, E. R. (2002). Putting order in risk measures. Journal of Banking and Finance, 26(7):1473–1486.

[248] Furnham, A. and Hua, C. B. (2011). A literature review of the anchoring effect. The Journal of Socio-Economics, 40(1):35–42.

[249] Gächter, S., Johnson, E. J., and Herrmann, A. (2007). Individual-level loss aversion in riskless and risky choices. Social Science Electronic Publishing, 1(2):37–39.

[250] Gaivoronski, A. A. and Pflug, G. (1999). Finding optimal portfolios with constraints on value at risk. In Proceedings III Stockholm seminar on risk behavior and risk management.

[251] Gal, D. (2006). A psychological law of inertia and the illusion of loss aversion. Judgment and Decision Making, 1(1):23–32.

[252] Galanter, E. and Pliner, P. (1974). Cross-modality matching of money against other continua. Springer.

[253] Garland, H. and Newport, S. (1991). Effects of absolute and relative sunk costs on the decision to persist with a course of action. Organizational Behavior and Human Decision Processes, 48(1):55–69.

[254] Gen, M. and Cheng, R. (1996). A survey of penalty techniques in genetic algorithms. In IEEE International Conference on Evolutionary Computation, pages 804–809.

[255] Gervais, S. and Odean, T. (2001). Learning to be overconfident. Review of Financial Studies, 14(1):1–27.

[256] Ghiassi, M., Saidane, H., and Zimbra, D. K. (2005). A dynamic artificial neural network model for forecasting time series events. International Journal of Forecasting, 21(2):341–362.

[257] Gilboa, I. (1987). Expected utility with purely subjective non-additive probabilities. Journal of mathematical Economics, 16(1):65–88.

[258] Gilboa, I. and Schmeidler, D. (1994). Additive representations of non-additive measures and the choquet integral. Annals of Operations Research, 52(1):43–65.

[259] Gill, D. and Prowse, V. (2012). A structural analysis of disappointment aversion in a real effort competition. American Economic Review, 102(1):469–503.

[260] Gilson, R. J. and Kraakman, R. (2003). The mechanisms of market efficiency twenty years later: The hindsight bias. Journal of Corporation Law, 28.

[261] Giorgi, E. D. and Hens, T. (2006). Making prospect theory fit for finance. Financial Markets and Portfolio Management, 20(3):339–360.

[262] Giorgi, E. D. and Hens, T. (2009). Prospect theory and mean-variance analysis: Does it make a difference in wealth management? Investment Management and Financial Innovations, 6(1):247–53.

[263] Giorgi, E. D., Hens, T., and Rieger, M. O. (2010). Financial market equilibria with cumulative prospect theory. Journal of Mathematical Economics, 46(5):633–651.

[264] Giorgi, E. G. D. and Post, T. (2011). Loss aversion with a state-dependent reference point. Management Science, 57(6):1094–1110.

[265] Gneezy, U., Kapteyn, A., and Potters, J. (2003). Evaluation periods and asset prices in a market experiment. Journal of Finance, 58(2):821–838.

[266] Gneezy, U. and Potters, J. (1996). An experiment on risk taking and evaluation periods. Quarterly Journal of Economics, 112(2):631–645.

[267] Goldberg, D. E. (1989). Genetic algorithms in search, optimization and machine learning. xiii(7):2104–2116.

[268] Goldberg, D. E. (1991). Real-coded genetic algorithms, virtual alphabets and blocking. Complex Systems, 5(2):139–167.

[269] Goldberg, D. E. and Deb, K. (1991a). A comparative analysis of selection schemes used in genetic algorithms. Foundations of Genetic Algorithms, 1:69–93.

[270] Goldberg, D. E. and Deb, K. (1991b). A comparative analysis of selection schemes used in genetic algorithms. Foundations of genetic algorithms, 1:69–93.

[271] Goldberg, D. E., Korb, B., and Deb, K. (1989). Messy genetic algorithms: Motivation, analysis, and first results. Complex Systems, 3(3):493–530.

[272] Goldberg, D. E. and Richardson, J. (1987). Genetic algorithms with sharing for multimodal function optimization. In International Conference on Genetic Algorithms on Genetic Algorithms and Their Application, pages 41–49.

[273] Goldstein, W. M. and Einhorn, H. J. (1987). Expression theory and the preference reversal phenomena. Psychological review, 94(2):236.

[274] Gomes, F. J. (2005). Portfolio choice and trading volume with loss-averse investors. The Journal of Business, 78(2):675–706.

[275] Gong, C. (2017). Portfolio Selection based on Cumulative Prospect Theory. (Unpublished doctoral dissertation). PhD thesis, Chiba Institute of Technology, Tsudanuma,Narashino, Chiba, JAPAN.

[276] Gong, C., Xu, C., Ando, M., and Xi, X. (2018). A new method of portfolio optimization under cumulative prospect theory. TSINGHUA SCIENCE AND TECHNOLOGY, forthcoming.

[277] Gong, C., Xu, C., and Wang, J. (2017). An efficient adaptive real coded genetic algorithm to solve the portfolio choice problem under cumulative prospect theory. Computational Economics, (21):1–26.

[278] Gonzalez, R. and Wu, G. (1999). On the shape of the probability weighting function. Cognitive psychology, 38(1):129–166.

[279] Goodfellow, L., Bengio, Y., and Courville, A. (2016). Deep Learning. The MIT Press.

[280] Gourville, J. T. and Soman, D. (1998). Payment depreciation: The behavioral effects of temporally separating payments from consumption. Journal of Consumer Research, 25(2):160–174.

[281] Graham, J. R., Harvey, C. R., and Huang, H. (2009). Investor competence, trading frequency, and home bias. Management Science, 55(7):1094–1106.

[282] Graham, R. L., Knuth, D. E., and Patashnik, O. (1994). Concrete math. a foundation for computer science.

[283] Green, J. R. and Jullien, B. (1988). Ordinal independence in nonlinear utility theory. Journal of Risk and Uncertainty, 1(4):355–387.

[284] Grefenstette, J. J. (1986). Optimization of control parameters for genetic algorithms. IEEE Trans. Syst. Man Cybern., 16(1):122–128.

[285] Grefenstette, J. J. (1987). Incorporating Problem Specific Knowledge into Genetic Algorithms. Pitman.

[286] Grefenstette, J. J. and Baker, J. E. (1989). How genetic algorithms work: a critical look at implicit parallelism. In International Conference on Genetic Algorithms, pages 20–27.

[287] Grigoryan, H. (2015). Stock market prediction using artificial neural networks. case study of tal1t, nasdaq omx baltic stock. Database Systems Journal, VI(2).

[288] Grinblatt, M. and Keloharju, M. (2001). What makes investors trade? The Journal of Finance, 56(2):589–616.

[289] Grishina and Nina (2014). A behavioural approach to financial portfolio selection problem : an empirical study using heuristics. PhD thesis, School of Information Systems, Computing and Mathematics Brunel University, Kingston Lane, Uxbridge Middlesex UB8 3PH, United Kingdom.

[290] Grishina, N., Lucas, C., and Date, P. (2017). Prospect theory–based portfolio optimization: an empirical study and analysis using intelligent algorithms. Quantitative Finance, 17(3):353–367.

[291] Grüne, L. and Semmler, W. (2008). Asset pricing with loss aversion. Journal of Economic Dynamics and Control, 32(10):3253–3274.

[292] Guastaroba, G., Mansini, R., and Speranza, M. G. (2009). On the effectiveness of scenario generation techniques in single-period portfolio optimization. European Journal of Operational Research, 192(2):500–511.

[293] Gul, F. (1991). A theory of disappointment aversion. Econometrica, 59(3):667–686.

[294] Gupta, P. and Mittal, G. (2012). Asset portfolio optimization using support vector machines and real-coded genetic algorithm. Journal of Global Optimization, 53(2):297–315.

[295] Gurevich, G., Kliger, D., and Levy, O. (2009). Decision-making under uncertainty – A field study of cumulative prospect theory. Journal of Banking and Finance, 33(7):1221–1229.

[296] Hadar, J. and Russell, W. R. (1969). Rules for ordering uncertain prospects. The American Economic Review, 59(1):25–34.

[297] Haigh, M. S. and List, J. A. (2005). Do professional traders exhibit myopic loss aversion? An experimental analysis. Journal of Finance, 60(1):523–534.

[298] Hainaut, D. (2009). Dynamic asset allocation under VaR constraint with stochastic interest rates. Annals of Operations Research, 172(1):97–117.

[299] Hall, P. (1985). Resampling a coverage pattern. Stochastic processes and their applications, 20(2):231–246.

[300] Hamelin, A. and Pfiffelmann, M. (2015). The private equity premium puzzle: A behavioural finance approach. International Journal of Entrepreneurship and Small Business, 24(3):335.

[301] Hancock, P. (1994a). An empirical comparison of selection methods in evolutionary algorithms. Evolutionary Computing, pages 80–94.

[302] Hancock, P. J. B. (1994b). An empirical comparison of selection methods in evolutionary algorithms. Lecture Notes in Computer Science, 865(15):80–94.

[303] Handa, J. (1977). Risk, probabilities, and a new theory of cardinal utility. The Journal of Political Economy, 85(1):97–122.

[304] Hanlon, P. E. (2000). A retirement planning model using monte carlo simulation. Thesis Collection.

[305] Hanoch, G. and Levy, H. (1969). The efficiency analysis of choices involving risk. Review of Economic Studies, 36:335–346.

[306] Hansson, B. (1975). The appropriateness of the expected utility model. Erkenntnis, 9(2):175–193.

[307] Harbaugh, W. T., Krause, K., and Vesterlund, L. (2001). Are adults better behaved than children? age, experience, and the endowment effect. Economics Letters, 70(2):175–181.

[308] Hardie, B. G., Johnson, E. J., and Fader, P. S. (1993). Modeling loss aversion and reference dependence effects on brand choice. Marketing science, 12(4):378–394.

[309] Härdle, W., Müller, M., Sperlich, S., and Werwatz, A. (2012). Nonparametric and semiparametric models. Springer Science and Business Media.

[310] Hardy, G., Littlewood, J., and Pólya, G. (1934). Inequalities. 1952. Cambridge Univ Pr.

[311] Harp, S. A., Samad, T., and Guha, A. (1989). Towards the genetic synthesisof neural networks. In International Conference on Genetic Algorithms, George Mason University, Fairfax, Virginia, Usa, June, pages 360–369.

[312] Hastie, T., Tibshirani, R., Friedman, J. H., and Franklin, J. (2009). The elements of statistical learning, second edition: Data mining, inference, and prediction. Mathematical Intelligencer, 27(2):83–85.

[313] He, X. D. and Zhou, X. Y. (2011). Portfolio choice under cumulative prospect theory: An analytical treatment. Management Science, 57(2):315–331.

[314] He, X. D. and Zhou, X. Y. (2014). Myopic loss aversion, reference point, and money illusion. Quantitative Finance, 14(9):1541–1554.

[315] Heath, C., Huddart, S., and Lang, M. (1999). Psychological factors and stock option exercise. Quarterly Journal of Economics, 114(2):601–627.

[316] Hebb, D. O. (1949). The organization of behavior: A neuropsychological approach. Journal of the American Medical Association, 143(1):74–76.

[317] Heffetz, O. and List, J. A. (2014). Is the endowment effect an expectations effect? Journal of the European Economic Association, 12(5):1396–1422.

[318] Heidhues, P. and Kőszegi, B. (2008). Competition and price variation when consumers are loss averse. American Economic Review, 98(4):1245–1268.

[319] Heidhues, P. and Koszegi, B. (2014). Regular prices and sales. Theoretical Economics, 9(1):217–251.

[320] Helson, H. (1964). Adaption Level Theory: An Experimental and Systematic Approach to Behavior. Harper and Row, New York.

[321] Henderson, R. K. (2013). Bounded monte carlo simulation of critical information related to retirement planning. Journal of Asset Management, 14(4):236–254.

[322] Hens, T. and Bachmann, K. (2008). Behavioural finance for private banking. Wiley.

[323] Hens, T. and Mayer, J. (2014). Cumulative prospect theory and mean variance analysis: A rigorous comparison. Social Science Electronic Publishing.

[324] Hershey, J. C. and Schoemaker, P. J. (1980). Prospect theory's reflection hypothesis: A critical examination. Organizational behavior and human performance, 25(3):395–418.

[325] Hertz, D. B. (1964). Risk-analysis in capital investment. Harvard Business Review, 57(5):169–181.

[326] Herweg, F., Müller, D., and Weinschenk, P. (2010). Binary payment schemes: Moral hazard and loss aversion. American Economic Review, 100(5):2451–2477.

[327] Hertwig R, Ortmann A (2001) Experimental practices in economics: A methodological challenge for psychologists. Behavioral and Brain Sciences 24(3):383–403

[328] Hestenes, M. R. and Stiefel, E. (1952). Methods of conjugate gradients for solving linear systems. Journal of Research of the National Bureau of Standards, 49(6):409–436.

[329] Hey, J. D. and Orme, C. (1994). Investigating generalizations of expected utility theory using experimental data. Econometrica: Journal of the Econometric Society, pages 1291–1326.

[330] Hirshleifer, D. and Shumway, T. (2003). Good day sunshine: Stock returns and the weather. Journal of Finance, 58(3):1009–1032.

[331] Hoffmeister, F. and Bäck, T. (1991). Genetic Algorithms and evolution strategies: Similarities and differences. Springer Berlin Heidelberg.

[332] Hogg, R. V. and Craig, A. T. (1995). Introduction to mathematical statistics. Upper Saddle River, New Jersey: Prentice Hall.

[333] Holland, J. H. (1975). Adaptation in natural and artificial systems. MIT Press.

[334] Holland, J. H. (1992). Adaptation in natural and artificial systems. MIT Press.

[335] Hong, C. S., Karni, E., and Safra, Z. (1987). Risk aversion in the theory of expected utility with rank dependent probabilities. Journal of Economic theory, 42(2):370–381.

[336] Hornik, K., Stinchcombe, M., and White, H. (1989). Multilayer feedforward networks are universal approxmations neural networks 2 no 5, 359-366. Neural Networks, 2(5):359–366.

[337] Horst, R. (2002). Introduction to Global Optimization (Nonconvex Optimization and Its Applications). Springer-Verlag New York, Inc.

[338] Hossain, T. and List, J. A. (2012). The behavioralist visits the factory: Increasing productivity using simple framing manipulations. Management Science, 58(12):2151–2167.

[339] Hsee, C. K. and Weber, E. U. (1999). Cross-national differences in risk preference and lay predictions. Journal of Behavioral Decision Making, 12(2):165–179.

[340] Hu, W. (2005). Calibration of multivariate generalized hyperbolic distributions using the em algorithm, with applications in risk management, portfolio optimization and portfolio credit risk.

[341] Hu, W. and Kercheval, A. N. (2010). Portfolio optimization for student t and skewed t returns. Quantitative Finance, 10(1):91–105.

[342] Huang, C. and Litzenberger, R. H. (1988). Foundations of financial economics. North-Holland Publishing Co., New York.

[343] Huberman, G. (2001). Familiarity breeds investment. Review of Financial Studies, 14(3):659–680.

[344] Hull, J. C. (2008). Options, futures, and other derivatandes. Pearson Prentice Hall, Upper Saddle

[344] River, NJ. Ibrahim, A. A. K. K. (2007). Mean-absolute deviation portfolio optimization problem. Journal of Information and Optimization Sciences, 28(6):935–944.

[345] Ingersoll, J. E. (2016). Cumulative prospect theory, aggregation, and pricing. Critical Finance Review, 5.

[346] Ivakhnenko, A. G. and Lapa, V. G. (1966). Cybernetic predicting devices,. Transdex.

[347] Ivakhnenko, A. G., Lapa, V. G., Scripta Technica, I., and Mcdonough, R. N. (1967). Cybernetics and forecasting techniques. American Elsevier.

[348] Jamal, K. and Sunder, S. (1991). Money vs gaming: Effects of salient monetary payments in double oral auctions. Organizational Behavior and Human Decision Processes, 49(1):151–166.

[349] James, G., Witten, D., Hastie, T., and Tibshirani, R. (2013). An introduction to statistical learning. Economica, 103(2):78–129.

[350] James, W. (1884). What is an emotion? Mind, 9(34):188–205.

[351] Jensen, M. C. (1978). Some anomalous evidence regarding market efficiency. Journal of Financial Economics, 6(6):95–101.

[352] Jia, J. and Dyer, J. S. (1996). A standard measure of risk and risk-value models. Management Science, 42(12):1691–1705.

[353] Jin, H. and Yu Zhou, X. (2008). Behavioral portfolio selection in continuous time. Mathematical Finance, 18(3):385–426.

[354] Jin, H. and Zhou, X. Y. (2010). Erratum to "behavioral portfolio selection in continuous time". Mathematical Finance, 20(3):385–426.

[355] Johannes Abeler, Armin Falk, L. G. and Huffman, D. (2011). Reference points and effort provision. American Economic Review, 101(2):470–492.

[356] Johnson, J. D. and Whinston, A. B. (1994). Advances in artificial intelligence in economics, finance, and management. JAI Press.

[357] Jong, K. A. D. (1975). Analysis of the behavior of a class of genetic adaptive systems. Ph.d.thesis University of Michigan.

[358] Jorion, P. (2000). Value at risk : the new benchmark for managing financial risk / 2nd. ed. McGraw-Hill.

[359] Jorion, P. (2006). Value at risk, 3rd ed.: The new benchmark for managing financial risk. McGraw-Hill Education.

[360] JPMorgan (1994). Introduction to riskmetrics. New York: JP Morgan.

[361] JPMorgan (1997). Creditmetrics-technical document. JP Morgan, New York.

[362] Jr, M. C., Schweitzer, P. J., and White, T. W. (1972). Problem decomposition and data reorganization by a clustering technique. Operations Research, 20(5):993–1009.

[363] Jullien, B. and Salanié, B. (2000). Estimating preferences under risk: The case of racetrack bettors. Working Papers, 108(3):503–530.

[364] Kaelo, P. and Ali, M. (2007). Integrated crossover rules in real coded genetic algorithms. European Journal of Operational Research, 176(1):60–76.

[365] Kahneman, D. (2011). Thinking, fast and slow. Penguin.

[366] Kahneman, D. and Dan, L. (1993). Timid choices and bold forecasts: A cognitive perspective on risk taking. Management Science, 39(1):17–31.

[367] Kahneman, D., Knetsch, J. L., and Thaler, R. H. (1990). Experimental tests of the endowment effect and the coase theorem. Journal of political Economy, pages 1325–1348.

[368] Kahneman, D., Knetsch, J. L., and Thaler, R. H. (1991). Anomalies: The endowment effect, loss aversion, and status quo bias. The Journal of Economic Perspectives, 5(1):193–206.

[369] Kahneman, D. and Tversky, A. (1979). Prospect theory: An analysis of decision under risk. Econometrica: Journal of the econometric society, pages 263–291.

[370] Kahneman, D., Wakker, P. P., and Sarin, R. (1997). Back to bentham? explorations of experienced utility. The quarterly journal of economics, pages 375–405.

[371] Kameda, T. and Davis, J. H. (1990). The function of the reference point in individual and group risk decision making. Organizational Behavior and Human Decision Processes, 46(1):55–76.

[372] Kang, J. K. and Stulz, R. (1997). Why is there a home bias? an analysis of foreign portfolio equity ownership in japan. Journal of Financial Economics, 46(1):3–28.

[373] Karamata, J. (1932). Sur une inégalité relative aux fonctions convexes. Publications de l'Institut mathematique, 1(1):145–147.

[374] Karmarkar, U. S. (1978). Subjectively weighted utility: A descriptive extension of the expected utility model. Organizational behavior and human performance, 21(1): 61–72.

[375] Karmarkar, U. S. (1979). Subjectively weighted utility and the allais paradox. Organizational Behavior and Human Performance, 24(1):67–72.

[376] Keeney, R. L. and Raiffa, H. (1993). Decisions with multiple objectives: preferences and value trade-offs. Cambridge university press.

[377] Kelsey, D. and Quiggin, J. (1992). Theories of choice under ignorance and uncertainty. Journal of Economic Surveys, 6(2):133–153.

[378] Keren, G. and Roelofsma, P. (1995). Immediacy and certainty in intertemporal choice. Organizational Behavior and Human Decision Processes, 63(3):287–297.

[379] Keynes, J. M. (1936). The General Theory of Employment, Interest and Money. London: Macmillan.

[380] Keynes, J. M. (1973). A treatise on probability. the collected writings of john maynard keynes, vol. viii.

[381] Kilka, M. and Weber, M. (2000). Home bias in international stock return expectations. Journal of Psychology and Financial Markets, 1(3-4):176–192.

[382] Kilka, M. and Weber, M. (2001). What determines the shape of the probability weighting function under uncertainty? Management Science, 47(12):1712–1726.

[383] Kim, K. J. and Lee, W. B. (2004). Stock market prediction using artificial neural networks with optimal feature transformation. Neural Computing and Applications, 13(3):255–260.

[384] Kimoto, T., Asakawa, K., Yoda, M., and Takeoka, M. (1990). Stock market prediction system with modular neural networks. In IJCNN International Joint Conference on Neural Networks, pages 1–6 vol.1.

[385] Kirkpatrick, S., Gelatt, C. D., Vecchi, M. P., et al. (1983). Optimization by simulated annealing. science, 220(4598):671–680.

[386] Kitayama, S., Markus, H. R., and Kurokawa, M. (2000). Culture, emotion, and well-being: Good feelings in japan and the united states. Cognition and Emotion, 14(1):93–124.

[387] Kleindorfer, P. R. and Li, L. (2005). Multi-period VaR-constrained portfolio optimization with applications to the electric power sector. The Energy Journal, pages 1–26.

[388] Kliger, D. and Tsur, I. (2011). Prospect theory and risk-seeking behavior by troubled firms. Journal of Behavioral Finance, 12(1):29–40.

[389] Klüppelberg, C., Straub, D., and Welpe, I. M. (2014). Risk–a multidisciplinary.

[390] Knight, F. H. (1921). Risk, Uncertainty and Profit. Houghton Mifflin Company.

[391] Knight, F. H. (2012). Risk, Uncertainty and Profit. Courier Corporation.

[392] Köbberling, V. and Wakker, P. P. (2005). An index of loss aversion. Journal of Economic Theory, 122(1):119–131.

[393] Kolm, P. N., Tütüncü, R., and Fabozzi, F. J. (2014). 60 Years of portfolio optimization: Practical challenges and current trends. European Journal of Operational Research, 234(2):356–371.

[394] Konno, H. and Wijayanayake, A. (2017). Mean-absolute deviation portfolio optimization model under transaction costs. Journal of the Operations Research Society of Japan, 42(42):422–435.

[395] Konno, H. and Yamazaki, H. (1991). Mean-absolute deviation portfolio optimization model and its applications to tokyo stock market. Management Science, 37(5):519–531.

[396] Köszegi, B. and Rabin, M. (2006). A model of reference-dependent preferences. Quarterly Journal of Economics, 121(4):1133–1165.

[397] Köszegi, B. and Rabin, M. (2007). Reference-dependent risk attitudes. American Economic Review, 97(4):1047–1073.

[398] Köszegi, B. and Rabin, M. (2009). Reference-dependent consumption plans. American Economic Review, 99(3):909–936.

[399] Kothiyal, A., Spinu, V., and Wakker, P. P. (2011). Prospect theory for continuous distributions: A preference foundation. Journal of Risk and Uncertainty, 42(3): 195–210.

[400] Kotonya, G., Lock, S., and Mariani, J. (2012). Loss aversion and consumption choice: Theory and experimental evidence *. American Economic Journal Microeconomics, 7(2):101–120.

[401] Kouwenberg, R. and Zenios, S. A. (2006). Stochastic programming models for asset liability management. Handbook of asset and liability management, 1:253–303.

[402] Kraus, A. and Litzenberger, R. H. (1976). Skewness preference and the valuation of risk assets. Journal of Finance, 31(4):1085–1100.

[403] Kreiss, J.-P. and Lahiri, S. (2012). Bootstrap methods for time series. Handbook of Statistics: Time Series Analysis: Methods and Applications, 30(1).

[404] Kroese, D. P., Brereton, T., Taimre, T., and Botev, Z. I. (2014). Why the monte carlo method is so important today. Wires Computational Statistics, 6(6):386–392.

[405] Krokhmal, P., Palmquist, J., and Uryasev, S. (2002). Portfolio optimization with conditional value-at-risk objective and constraints. Journal of risk, 4:43–68.

[406] Kuhn, H. W. and Tucker, A. W. (1951). Nonlinear programming. Proceedings of 2nd Berkeley Symposium. Berkeley: University of California Press, pages 481–492.

[407] Kuhn, T. S. (1963). The Structure of scientific revolution / Thomas S. Kuhn. University of Chicago Press.

[408] Kunsch, H. R. (1989). The jackknife and the bootstrap for general stationary observations. The annals of Statistics, pages 1217–1241.

[409] Lahiri, S. N. (1999). Theoretical comparisons of block bootstrap methods. Annals of Statistics, pages 386–404.

[410] Lakatos, I. (1970). The methodology of scientific research programmes. Philosophical Papers, 1(3):384–386.

[411] Lakonishok, J., Shleifer, A., and Vishny, R. W. (1994). Contrarian investment, extrapolation, and risk. The Journal of Finance, 49(5):1541–1578.

[412] Landsman, Z. and Sherris, M. (2001). Risk measures and insurance premium principles. Insurance: Mathematics and Economics, 29(1):103–115.

[413] Langer, E. J. (1975). The illusion of control. Journal of Personality and Social Psychology, 32(2):311–328.

[414] Lant, T. K. (1992). Aspiration level adaptation: An empirical exploration. Management Science, 38(5):623–644.

[415] Lattimore, P. K., Baker, J. R., and Witte, A. D. (1992). The influence of probability on risky choice: A parametric examination. Journal of economic behavior and organization, 17(3):377–400.

[416] Lattin, J. M. and Bucklin, R. E. (1989). Reference effects of price and promotion on brand choice behavior. Journal of Marketing Research, 26(3):299–310.

[417] Lee, T. S. and Chen, I. F. (1995). Forecasting exchange rates using feedforward and recurrent neural networks. Journal of Applied Econometrics, 10(4):347–364.

[418] Lehmann, E. L. (1955). Ordered families of distributions. The Annals of Mathematical Statistics, pages 399–419.

[419] Leshno, M., Lin, V. Y., Pinkus, A., and Schocken, S. (1993). Multilayer feedforward networks with a nonpolynomial activation function can approximate any function. Neural Networks, 6(6):861–867.

[420] Levy, H. (1992). Stochastic dominance and expected utility: survey and analysis. Management Science, 38(4):555–593.

[421] Levy, H., De Giorgi, E. G., and Hens, T. (2012). Two paradigms and nobel prizes in economics: A contradiction or coexistence? European Financial Management, 18(2): 163–182.

[422] Levy, H., Giorgi, E. D., and Hens, T. (2003). Prospect theory and the capm: A contradiction or coexistence? IEW - Working Papers.

[423] Levy, H. and Levy, M. (2004). Prospect theory and mean-variance analysis. Review of Financial Studies, 17(4):1015–1041.

[424] Levy, H. and Markowitz, H. M. (1979). Approximating expected utility by a function of mean and variance. The American Economic Review, pages 308–317.

[425] Levy, H. and Wiener, Z. (1998). Stochastic dominance and prospect dominance with subjective weighting functions. Journal of Risk and Uncertainty, 16(2):147–163.

[426] Levy, H. and Wiener, Z. (2013). Prospect theory and utility theory: Temporary versus permanent attitude toward risk. Journal of Economics and Business, 68(368):1–23.

[427] Lewin, K., Dembo, T., Festinger, L., and Sears, P. S. (1944). Level of aspiration. J Mchunt Personality and the Behavior Disorders, 70(70):333–378.

[428] Lewin, S. B. (1996). Economics and psychology: Lessons for our own day from the early twentieth century. Journal of Economic Literature, 34(3):1293–1323.

[429] Li, S. (1995). Is there a decision weight? Journal of Economic Behavior and Organization, 27(3):453–463.

[430] Liang, Z., Li, S., and Xu, J. (2007). The deduction of a decision weight: controversies, questions, and answers. Mathematics in Economics, 4.

[431] Lichtenstein, S., Fischhoff, B., and Phillips, L. D. (1977). Calibration of Probabilities: The State of the Art. Springer Netherlands.

[432] Lichtenstein, S. and Slovic, P. (1971). Reversals of preference between bids and choices in gambling decisions. Journal of experimental psychology, 89(1):46.

[433] Lim, S. S. (2006). Do investors integrate losses and segregate gains? mental accounting and investor trading decisions. Journal of Business, 79(5):2539–2573.

[434] Lin, M. and Viswanathan, S. (2016). Home bias in online investments: An empirical study of an online crowdfunding market. Management Science, 62.

[435] Lin, W.-Y., Lee, W.-Y., and Hong, T.-P. (2003). Adapting crossover and mutation rates in genetic algorithms. J. Inf. Sci. Eng., 19(5):889–903.

[436] Lindman, H. R. (1971). Inconsistent preferences among gambles. Journal of Experimental Psychology, 89(2):390–397.

[437] Linsmeier, T. J. and Pearson, N. D. (1996). Risk measurement: An introduction to value at risk. Ace Reports.

[438] Linsmeier, T. J. and Pearson, N. D. (2000). Value at risk. Financial Analysts Journal, pages 47–67.

[439] Lintner, J. (1965). The valuation of risk assets and the selection of risky investments in stock portfolios and capital budgets. The review of economics and statistics, pages 13–37.

[440] Lippmann, R. P. (1988). An Introduction to Computing with Neural Nets. ACM.

[441] Littell, J., JacquelineCorcoran, and VijayanPillai (2008). Systematic reviews and meta-analysis. Oxford University Press.

[442] Liu, Wei, Song, Wu, and Cheng (2013). Single-period inventory model with discrete stochastic demand based on prospect theory. Journal of Industrial and Management Optimization, 8(3):577–590.

[443] Liu, R. Y. and Singh, K. (1992). Moving blocks jackknife and bootstrap capture weak dependence. Exploring the limits of bootstrap, 225:248.

[444] Locke, P. R. and Mann, S. C. (2005). Professional trader discipline and trade disposition. Journal of Financial Economics, 76(2):401–444.

[445] Loewenstein, G. and Lerner, J. S. (2003). The role of affect in decision making. Handbook of Affective Sciences. Oxford University Press.

[446] Loewenstein, G. F. (1988). Frames of mind in intertemporal choice. Management Science, 34(2):200–214.

[447] Loewenstein, G. (1999). Experimental economics from the vantage - point of behavioural economics. Economic Journal, 109(453), 25-34.

[448] Loomes, G., Moffatt, P. G., and Sugden, R. (2002). A microeconometric test of alternative stochastic theories of risky choice. Journal of Risk and Uncertainty, 24(2):103–130.

[449] Loomes, G., Starmer, C., and Sugden, R. (1989). Preference reversal: Information- processing effect or rational non-transitive choice? Economic Journal, 99(395): 140–151.

[450] Loomes, G. and Sugden, R. (1982). Regret theory: An alternative theory of rational choice under uncertainty. The economic journal, pages 805–824.

[451] Loomes, G. and Sugden, R. (1983). A rationale for preference reversal. American Economic Review, 73(3):428–432.

[452] Loomes, G. and Sugden, R. (1986). Disappointment and dynamic consistency in choice under uncertainty. Review of Economic Studies, 53(2):271–282.

[453] Looney, C. A. and Hardin, A. M. (2009). Decision support for retirement portfolio management: Overcoming myopic loss aversion via technology design. Management Science, 55(10):1688–1703.

[454] Lopes, L. L. (1987). Between hope and fear: The psychology of risk. Advances in experimental social psychology, 20:255–295.

[455] Lucas, A. (2000). A note on optimal estimation from a risk-management perspective under possibly misspecified tail behavior. Serie Research Memoranda, 18(1):31–39.

[456] Lucas, R. E. (1978). Asset prices in an exchange economy. Econometrica, 46(6):1429–1445.

[457] Lucasius, C. B. and Kateman, G. (1989). Application of genetic algorithms in chemometrics. In International Conference on Genetic Algorithms, George Mason University, Fairfax, Virginia, USA, June, pages 170–176.

[458] Luce, R. D. (1990). Rational versus plausible accounting equivalences in preference judgments. Psychological Science, 1(4):225–234.

[459] Luce, R. D. (1991). Rank-and sign-dependent linear utility models for binary gambles. Journal of Economic Theory, 53(1):75–100.

[460] Luce, R. D. (2001). Reduction invariance and prelec's weighting functions. Journal of Mathematical Psychology, 45(1):167–179.

[461] Luce, R. D. et al. (2014). Utility of gains and losses: Measurement-theoretical and experimental approaches. Psychology Press.

[462] Luce, R. D. and Fishburn, P. C. (1991). Rank-and sign-dependent linear utility models for finite first-order gambles. Journal of risk and Uncertainty, 4(1):29–59.

[463] Luce, R. D. and Fishburn, P. C. (1995). A note on deriving rank-dependent utility using additive joint receipts. Journal of Risk and Uncertainty, 11(1):5–16.

[464] Ludvig, J., Hesser, J., and Männer, R. (1997). Tackling the representation problem by stochastic averaging. In International Conference on Genetic Algorithms, East Lansing, Mi, Usa, July, pages 196–203.

[465] Lwin, K. T., Qu, R., and Maccarthy, B. L. (2017). Mean-var portfolio optimization: A nonparametric approach. European Journal of Operational Research, 260.

[466] MacCrimmon, K. and Larsson, S. (1979). Utility theory: Axioms versus "paradoxes", in "expected utility hypotheses and the allais paradox" (m. allais and o. hagen, eds.). Reidel, Dordrecht.

[467] Machina, M. J. (1982). Expected utility analysis without the independence axiom. Econometrica, pages 277–323.

[468] Machina, M. J. (1992). Choice under uncertainty: Problems solved and unsolved. In Foundations of Insurance Economics, pages 49–82. Springer.

[469] Machina, M. J. (1994). Review of generalized expected utility theory: The rank- dependent model. Journal of Economic Literature, pages 1237–1238.

[470] Maddux, W. W., Yang, H., Falk, C., Adam, H., Adair, W., Endo, Y., Carmon, Z., and Heine, S. J. (2010). For whom is parting with possessions more painful? cultural differences in the endowment effect. Psychol Sci, 21(12):1910–1917.

[471] Mahesh Nagarajan, Steven Shechter (2013) Prospect Theory and the Newsvendor Problem. Management Science

[472] Malkiel, B. G. (2003). The efficient market hypothesis and its critics. Journal of Economic Perspectives, 17(1):59–82.

[473] Manchein, C., Beims, M. W., and Rost, J. M. (2000). Home bias in international stock return expectation. Journal of Behavioral Finance, 1(3-4):176–192.

[474] March, J. G. (1988). Variable risk preferences and adaptive aspirations. Journal of Economic Behavior and Organization, 9(1):5–24.

[475] March, J. G. and Shapira, Z. (1992). Variable risk preferences and the focus of attention. Psychological Review, 99(99):172–183.

[476] Markovich, N. (2007). Nonparametric analysis of univariate heavy-tailed data. John Wiley and Sons.

[477] Markowitz, H. (1952a). Portfolio selection*. The journal of finance, 7(1):77–91.

[478] Markowitz, H. (1952b). The utility of wealth. The Journal of Political Economy, pages 151–158.

[479] Markowitz, H. (1959). Portfolio selection: efficient diversification of investments. Cowies Foundation Monograph, (16).

[480] Markowitz, H. (2014). Mean–variance approximations to expected utility. European Journal of Operational Research, 234(2):346–355.

[481] Martino, B. D., Camerer, C. F., and Adolphs, R. (2010). Amygdala damage eliminates monetary loss aversion. Proceedings of the National Academy of Sciences of the United States of America, 107(8):3788–92.

[482] Marzilli Ericson, K. M. and Fuster, A. (2011). Expectations as endowments: Evidence on reference-dependent preferences from exchange and valuation experiments. Quarterly Journal of Economics, 126(4):1879–1907.

[483] Masatlioglu, Y. and Raymond, C. (2016). A behavioral analysis of stochastic reference dependence. American Economic Review, 106(9):2760–2782.

[484] Matsumoto, D., Yoo, S. H., and Nakagawa, S. (2008). Culture, emotion regulation, and adjustment. Journal of Personality and Social Psychology, 94(6):925.

[485] Mausser, H. and Dan, R. (2000). Efficient risk/return frontiers for credit risk. Journal of Risk Finance, 2(1):82–85.

[486] Mausser, H. and Rosen, D. (1999). Beyond VaR: from measuring risk to managing risk. In Computational Intelligence for Financial Engineering, pages 163–178.

[487] Maymin, P. (2009). Prospect theory and fat tails. Risk and Decision Analysis, 1(3):187–195.

[488] Mcafee, R. P., Mialon, H. M., and †, S. H. M. (2010). Do sunk costs matter? Economic Inquiry, 48(2):323–336.

[489] Mcculloch, W. S. and Pitts, W. H. (1943). A logical calculus of ideas imminent in nervous activity. Bulletin of Mathematical Biophysics, 5(4):115–133.

[490] Mcdonnell, J., Reynolds, R., and Fogel, D. (1995). A Survey of Constraint Handling Techniques in Evolutionary Computation Methods. MIT Press.

[491] Mcneil, B. J., Pauker, S. G., Sox, H. C., and Tversky, A. (1982). On the elicitation of preference for alternative therapies. New England Journal of Medicine, 306(21): 1259–62.

[492] Mehra and Rajnish (2008). Handbook of the Equity Risk Premium. Elsevier.

[493] Mehra, R. (2015). The equity premium puzzle: A review. Social Science Electronic Publishing, 2(1):1–81.

[494] Mehra, R. and Prescott, E. C. (1985). The equity premium: A puzzle. Journal of monetary Economics, 15(2):145–161.

[495] Mellers, B. A., Chang, S.-j., Birnbaum, M. H., and Ordonez, L. D. (1992). Preferences, prices, and ratings in risky decision making. Journal of Experimental Psychology: Human Perception and Performance, 18(2):347.

[496] Meng, J. and Weng, X. (2017). Can prospect theory explain the disposition effect? a new perspective on reference points. Management Science, pages 1–21.

[497] Merton, R. C. (1973). An intertemporal capital asset pricing model. Econometrica, 41(5):867–887.

[498] Metropolis, N. (1987). The beginning of the monte-carlo method. Los Alamos Science, (15Special):125–130.

[499] Meyer, R. J. and Assuncao, J. (1990). The optimality of consumer stockpiling strategies. Marketing Science, 9(1):18–41.

[500] Michalewicz, Z. (1994). Genetic algorithms+ data structures= evolution programs. Computational Statistics and Data Analysis, 24(3):372–373.

[501] Miller, G. A. (1994). The magical number seven plus or minus two: some limits on our capacity for processing information. Psychological Review, 101(2):343.

[502] Minsky, M. and Papert, S. (1969). Perceptrons. American Journal of Psychology, 84(3):449–452.

[503] Mitsuo Gen, R. C. (2007). Genetic Algorithms and Engineering Optimization. Online.

[504] Miyamoto, Y. and Ma, X. (2011). Dampening or savoring positive emotions: a dialectical cultural script guides emotion regulation. Emotion, 11(6):1346–57.

[505] Miyamoto, Y., Ma, X., and Petermann, A. G. (2014). Cultural differences in hedonic emotion regulation after a negative event. Emotion, 14(4):804.

[506] Moon, Y. and Yao, T. (2011). A robust mean absolute deviation model for portfolio optimization. Computers and Operations Research, 38(9):1251–1258.

[507] Morewedge, Carey, K., Giblin, and Colleen, E. (2015). Explanations of the endowment effect: an integrative review. Trends in Cognitive Sciences, 19(6):339.

[508] Morewedge, C. K., Shu, L. L., Gilbert, D. T., and Wilson, T. D. (2009). Bad riddance or good rubbish? ownership and not loss aversion causes the endowment effect. Journal of Experimental Social Psychology, 45(4):947–951.

[509] Mossin, J. (1966). Equilibrium in a capital asset market. Econometrica: Journal of the econometric society, pages 768–783.

[510] Mosteller, F. and Nogee, P. (1951). An experimental measurement of utility. Journal of Political Economy, 59(5):371–404.

[511] Mouna, A., Ii, M. B. E., and Boujelbene, Y. (2012). Equity premium puzzle, prospect theory and subprime crisis. Iup Journal of Applied Finance, 18:19–36.

[512] Mühlenbein, H. and Schlierkamp-Voosen, D. (1993). Predictive models for the breeder genetic algorithm i. continuous parameter optimization. Evolutionary Computation, 1(1):25–49.

[513] Mulvey, J. M. and Vladimirou, H. (1992). Stochastic network programming for financial planning problems. Management Science, 38(11):1642–1664.

[514] Mumini, O. O., Adebisi, F. M., Edward, O. O., and Abidemi, A. S. (2016). Simulation of stock prediction system using artificial neural networks. 3(3):25–44.

[515] Mussweiler, T. and Strack, F. (1999). Hypothesis-consistent testing and semantic priming in the anchoring paradigm: A selective accessibility model. Journal of Experimental Social Psychology, 35(2):136–164.

[516] N.Against, T. (1997). Against VaR. Derivatives Strategy, 4:21–26.

[517] Nakamura, Y. (1990). Subjective expected utility with non-additive probabilities on finite state spaces. Journal of Economic Theory, 51(2):346–366.

[518] Nantell, T. J. and Price, B. (1979). An analytical comparison of variance and semivariance capital market theories. Journal of Financial and Quantitative Analysis, 14(2):221–242.

[519] Narazaki, N. and Shiraishi, Y. (1998). Neural network application in finance: A review and analysis of literature. Information and Management, 34(3):129–139.

[520] Nau, R. F. (2001). De finetti was right: probability does not exist. Theory and Decision, 51(2-4):89–124.

[521] Neave, E. H., Ross, M. N., and Yang, J. (2013). Distinguishing upside potential from downside risk. Management Research News, 32(1):26–36.

[522] Neilson, W. S. (1998). Reference wealth effects in sequential choice. Journal of Risk and Uncertainty,17(1):27–48.

[523] Neilson, W. S. (2002). Comparative risk sensitivity with reference-dependent preferences. Journal of Risk and Uncertainty, 24(2):131–142.

[524] Nelson, D. B. (1991). Conditional heteroskedasticity in asset returns: A new approach. Econometrica: Journal of the Econometric Society, pages 347–370.

[525] Nering, E. and Tucker, A. (1993). Linear Programs and Related Problems. Academic Press.

[526] Neumann, J. v., Morgenstern, O., et al. (1944). Theory of games and economic behavior, volume 60. Princeton university press Princeton.

[527] Nielsen, S. S. and Zenios, S. A. (1996). A stochastic programming model for funding single premium deferred annuities. Mathematical Programming, 75(2):177–200.

[528] Nisbett, R. and Ross, L. (1980). Human Inference: Strategies and Shortcomings of Social Judgment. Prentice Hall.

[529] Nisbett, R. E. (2004). The geography of thought: How asians and westerners think differently and why. Brock Education A Journal of Educational Research and Practice, 13(2):156–156.

[530] Nofsinger, J. R. (2001). The impact of public information on investors. Journal of Banking and Finance, 25(7):1339–1366.

[531] Nofsinger, J. R. (2005). The Psychology of Investing (2nd Edition). Prentice Hall.

[532] Novak, S. Y. (2011). Extreme value methods with applications to finance. Crc Press Chapman and Hall.

[533] Novemsky, N. and Schweitzer, M. E. (2004). What makes negotiators happy? the differential effects of internal and external social comparisons on negotiator satisfaction. Organizational Behavior and Human Decision Processes, 95(2):186–197.

[534] Nylund, S. (2001). Value-at-risk analysis for heavy-tailed financial returns. Helsinki University of Technology, Department of Engineering Physics and Mathematic.

[535] Odean, T. (1998). Are investors reluctant to realize their losses? Journal of Finance, 53(5):1775–1798.

[536] Odean, T. (1999). Do investors trade too much? The American Economic Review, 89(5):1279–1298.

[537] Odom, M. and Sharda, R. (2012). A neural network model for bankruptcy prediction. Proceedings of the IEEE International Conference on Neural Networks, San Diego, California, pages 163–168.

[538] Oh, K. J., Kim, T. Y., and Min, S. (2005). Using genetic algorithm to support portfolio optimization for index fund management. Expert Systems with Applications, 28(2):371–379.

[539] O'Leary, D. E. (1998). Using neural networks to predict corporate failure. Intelligent Systems in Accounting Finance and Management, 7(3):187–197.

[540] Olson, D. and Mossman, C. (2003). Neural network forecasts of Canadian stock returns using accounting ratios. International Journal of Forecasting, 19(3):453–465.

[541] Orito, Y., Yamamoto, H., and Yamazaki, G. (2003). Index fund selections with genetic algorithms and heuristic classifications . Computers and Industrial Engineering, 45(1):97–109.

[542] Osborne, M. F. M. (1959). Brownian motion in the stock market. Operations Research, 7(2):145–173.

[543] Ottaviani, M. and Sørensen, P. (2000). Herd behavior and investment: Comment. American Economic Review, 90(3):695–704.

[544] Payne, J. W., Bettman, J. R., and Johnson, E. J. (1993). The adaptive decision maker. Cambridge University Press.

[545] Payne, J. W., Laughhunn, D. J., and Crum, R. (1984). Multiattribute risky choice behavior: The editing of complex prospects. Management Science, 30(11):1350–1361.

[546] Pdf, L. (2008). Explaining the equity premium puzzle using myopic loss aversion.

[547] Pennings, J. M. and Smidts, A. (2003). The shape of utility functions and organizational behavior. Management Science, 49(9):1251–1263.

[548] Peterson, D. K. and Pitz, G. F. (1988). Confidence, uncertainty, and the use of information. Journal of Experimental Psychology: Learning, Memory, and Cognition, 14(1):85–92.

[549] Pfiffelmann, M. (2011). Solving the St. Petersburg paradox in cumulative prospect theory: the right amount of probability weighting. Theory and Decision, 71(3):325–341.

[550] Pflug, G. C. (2000). Some remarks on the value-at-risk and the conditional value-at-risk. In Probabilistic constrained optimization, pages 272–281. Springer.

[551] Philippe, F. (2000). Cumulative prospect theory and imprecise risk. Mathematical Social Sciences, 40(3):237–263.

[552] Pirvu, T. A. and Schulze, K. (2012). Multi-stock portfolio optimization under prospect theory. Mathematics and financial economics, 6(4):337–362.

[553] Plott, C. R. (1982). Industrial organization theory and experimental economics. Journal of Economic Literature, 20(4):1485–1527.

[554] Plott, C. R. (1986). Dimensions of parallelism: Some policy applications of experimental methods. Working Papers.

[555] Plott, C. R. and Sunder, S. (1982). Efficiency of experimental security markets with insider information: An application of rational-expectations models. Journal of Political Economy, 90(4):663–698.

[556] Pohar, M., Blas, M., and Turk, S. (2004). Comparison of logistic regression and linear. Discriminant analysis: A simulation study. Metodoloski Zvezki, 1(1):143–161.

[557] Poletiek, Fenna H. (2001). "Formal theories of testing". Hypothesis-testing Behaviour. Essays in Cognitive Psychology (1st ed.). East Sussex, United Kingdom: Psychology Press. pp.29–48.

[558] Pommerehne, W. W. (1982). Economic theory of choice and the preference reversal phenomenon: A reexamination. American Economic Review, 72(3):569–574.

[559] Pope, D. G. and Schweitzer, M. E. (2011). Is tiger woods loss averse? persistent bias in the face of experience, competition, and high stakes. American Economic Review, 101(1):129–157.

[560] Post, T., Assem, M. J. V. D., Baltussen, G., and Thaler, R. H. (2008). Deal or no deal? Decision making under risk in a large-payoff game show. American Economic Review, 98(1):38–71.

[561] Pownall, G., Vulcheva, M., and Wang, X. (2014). The ability of global stock exchange mechanisms to mitigate home bias: Evidence from euronext. Management Science, 60(7):1655–1676.

[562] Prashanth, L. A., Jie, C., Fu, M., and Marcus, S. (2015). Cumulative prospect theory meets reinforcement learning: Prediction and control. Mathematics.

[563] Prelec, D. (1998). The probability weighting function. Econometrica, pages 497–527.

[564] Prelec, D. and Loewenstein, G. (1998). The red and the black: Mental accounting of savings and debt. Marketing Science, 17(1):4–28.

[565] Preston, M. G. and Baratta, P. (1948). An experimental study of the auction-value of an uncertain outcome. The American journal of psychology, pages 183–193.

[566] Prince, M. (1993). Women, men, and money styles. Journal of Economic Psychology, 14(1):175–182.

[567] Pritsker, M. (2006). The hidden dangers of historical simulation. Journal of Banking and Finance, 30(2):561–582.

[568] Putler, D. S. (1992). Incorporating reference price effects into a theory of consumer choice. Marketing Science, 11(3):287–309.

[569] Quaranta, A. G. and Zaffaroni, A. (2008). Robust optimization of conditional value at risk and portfolio selection. Journal of Banking and Finance, 32(10):2046–2056.

[570] Quiggin, J. (1981). Risk perception and risk aversion among Australian farmers. Journal of Agricultural Economics, 250:160–169.

[571] Quiggin, J. (1982). A theory of anticipated utility. Journal of Economic Behavior and Organization, 3(4):323–343.

[572] Quiggin, J. (1993). Generalized Expected Utility Theory. Springer Netherlands.

[573] Quiggin, J. and Wakker, P. (1994). The axiomatic basis of anticipated utility: A clarification. Journal of Economic Theory, 64(2):486–499.

[574] Quinn, Geoffrey R.; Keough, Michael J. (2002). Experimental Design and Data Analysis for Biologists (1st ed.). Cambridge, UK: Cambridge University Press. pp. 46–69.

[575] Quirk, J. P. and Saposnik, R. (1962). Admissibility and measurable utility functions. The Review of Economic Studies, 29(2):140–146.

[576] Rabin, M. (2000). Risk aversion and expected-utility theory: A calibration theorem. Econometrica, 68(5):1281–1292.

[577] Radcliffe, N. J. (1991). Equivalence class analysis of genetic algorithms. Complex Systems, 5(2):183–205.

[578] Radcliffe, N. J. (1992). Non-linear genetic representations. Parallel Problem Solving from Nature 2, 2:259–268.

[579] Rajendran, K. N. and Tellis, G. J. (1994). Contextual and temporal components of reference price. Journal of Marketing, 58(1):22–34.

[580] Ramsey, F. P. (1931). Truth and probability (1926). The foundations of mathematics and other logical essays, pages 156–198.

[581] Ranković, V., Drenovak, M., Stojanović, B., Kalinić, Z., and Arsovski, Z. (2014). The mean-value at risk static portfolio optimization using genetic algorithm. Computer Science and Information Systems, 11(1):89–109.

[582] Rasiel, E. B., Weinfurt, K. P., and Schulman, K. A. (2005). Can prospect theory explain riskseeking behavior by terminally ill patients? Medical Decision Making, 25(6):609–613.

[583] Rechenberg, I. (1971). Evolutionstrategie: Optimierung technisher systeme nach prinzipien des biologischen evolution. 15.

[584] Reichlin, C. (2013). Behavioral portfolio selection: Asymptotics and stability along a sequence of models. Mathematical Finance, 26(1):51–85.

[585] Reilly, R. J. (1982). Preference reversal: Further evidence and some suggested modifications in experimental design. American Economic Review, 72(72):576–584.

[586] Rick, S. (2011). Losses, gains, and brains: Neuroeconomics can help to answer open questions about loss aversion. Journal of Consumer Psychology, 21(4):453–463.

[587] Rieger, M. O. and Bui, T. (2011). Too risk-averse for prospect theory? Modern Economy, 2(4):691–700.

[588] Rieger, M. O. and Wang, M. (2006). Cumulative prospect theory and the St. Petersburg paradox. Economic Theory, 28(3):665–679.

[589] Rieger, M. O. and Wang, M. (2008). Prospect theory for continuous distributions. Journal of Risk and Uncertainty, 36(1):83–102.

[590] Roberts, H. V. (1959). Stock-market "patterns" and financial analysis: Methodological suggestions. The Journal of Finance, 14(1):1–10.

[591] Rochester, N., Holland, J. H., Haibt, L. H., and Duda, W. L. (1956). Tests on a cell assembly theory of the action of the brain, using a large digital computer. ire trans 2:80-93. Information Theory Ire Transactions on, 2(3):80–93.

[592] Rockafellar, R. and Uryasev, S. (2002a). Conditional value-at-risk for general loss distributions. Journal of Banking and Finance, 26(7):1443–1471.

[593] Rockafellar, R. T. (2007). Coherent approaches to risk in optimization under uncertainty. In OR Tools and Applications: Glimpses of Future Technologies, pages 38–61. Informs.

[594] Rockafellar, R. T. and Uryasev, S. (2000). Optimization of conditional value-at-risk. Journal of risk, 2:21–42.

[595] Rockafellar, R. T. and Uryasev, S. (2002b). Conditional value-at-risk for general loss distributions. Journal of banking and finance, 26(7):1443–1471.

[596] Rockafellar, R. T., Uryasev, S., and Zabarankin, M. (2006). Generalized deviations in risk analysis. Finance and Stochastics, 10(1):51–74.

[597] Rosenblatt (1958a). The perception: a probabilistic model for information storage and organization in the brain. Psychological Review, 65(6):386.

[598] Rosenblatt, F. (1958b). Two theorems of statistical separability in the perceptron. In Mechanisation of Thought Processes, Vol.1. London:H.M. Stationery Office.

[599] Rosenblatt, F. (1960). Perceptrons and the theory of brain mechanisms. Cornell Aeronautical Laboratory Report No.

[600] Ross, S. A. (1976). The arbitrage theory of capital asset pricing. Journal of Economic Theory, 13(3):341–360.

[601] Ross, S. M. (2013). An elementary introduction to mathematical finance | mathematical finance. Mathematics Teaching in the Middle School, 19(4):230–236.

[602] Roth, A. E. (1983). Toward a theory of bargaining: An experimental study in economics. Science, 220(4598):687–91.

[603] Roth, A. E. (1995). Introduction to experimental economics. Handbook of Experimental Economics Results, pages 3–109.

[604] Rothschild, M. and Stiglitz, J. E. (1970). Increasing risk: I. a definition. Journal of Economic theory, 2(3):225–243.

[605] Roy, A. D. (1952). Safety first and the holding of assets. Econometrica: Journal of the Econometric Society, pages 431–449.

[606] Rubinstein, M. (2002). Markowitz's "portfolio selection": A fifty-year retrospective. The Journal of finance, 57(3):1041–1045.

[607] Rumelhart, D. E., Hinton, G. E., and Williams, R. J. (1988). Learning internal representations by error propagation. Readings in Cognitive Science, 1(2):399–421.

[608] Safe, M., Carballido, J., Ponzoni, I., and Brignole, N. (2004). On stopping criteria for genetic algorithms. Lecture Notes in Computer Science, 3171:405–413.

[609] Slater, L. (2005). Opening Skinner's Box: Great Psychological Experiments of the Twentieth Centuryby; New York, W. W. Norton and Company.

[610] Samuel, A. L. (1959). Some studies in machine learning using the game of checkers. IBM Journal on Research and Development, 3(1.2):206–226.

[611] Samuelson, P. A. (1938). A note on the pure theory of consumer's behaviour. Economica, 5(17):61–71.

[612] Samuelson, P. A. (1963). Risk and uncertainty: A fallacy of large numbers. Scientia, 98:108–113.

[613] Samuelson, P. A. (1965a). Proof that properly anticipated prices fluctuate randomly. Industrial Management Review, 6:41–49.

[614] Samuelson, P. A. (1965b). Rational theory of warrant pricing. Industrial Management Review, 6:13–31.

[615] Samuelson, P. A. (1977). St. petersburg paradoxes: Defanged, dissected, and historically described. Journal of Economic Literature, 15(1):24–55.

[616] Samuelson, P. A. and Nordhaus, W. D. (1985). Economics, 12thed. New York: McGraw-Hill.

[617] Samuelson, W. and Zeckhauser, R. (1988). Status quo bias in decision making. Journal of risk and uncertainty, 1(1):7–59.

[618] Sarykalin, S., Serraino, G., and Uryasev, S. (2008). Value-at-risk vs. conditional value-at-risk in risk management and optimization. Tutorials in Operations Research. INFORMS, Hanover, MD, pages 270–294.

[619] Savage, L. J. (1954). The Foundations of Statistics. Wiley, New York.

[620] Savage, L. J. (1971). Elicitation of personal probabilities and expectations. Journal of the American Statistical Association, 66(336):783–801.

[621] Savage, L. J. (1972). The foundations of statistics. Courier Corporation.

[622] Scharfstein, D. S. and Stein, J. C. (1990). Herd behavior and investment. American Economic Review, 80(3):465–479.

[623] Schmeidler, D. (1989). Subjective probability and expected utility without additivity. Econometrica: Journal of the Econometric Society, pages 571–587.

[624] Schmidhuber, J. (2015). Deep learning in neural networks: an overview. Neural Networks the Official Journal of the International Neural Network Society, 61:85.

[625] Schmidt, U. (2003). Reference dependence in cumulative prospect theory. Journal of Mathematical Psychology, 47(2):122–131.

[626] Schmidt, U., Starmer, C., and Sugden, R. (2008). Third-generation prospect theory. Journal of Risk and Uncertainty, 36(3):203.

[627] Schmidt, U. and Traub, S. (2002). An experimental test of loss aversion. Journal of Risk and Uncertainty, 25(3):233–249.

[628] Schmidt, U. and Zank, H. (2005). What is loss aversion? Journal of Risk and Uncertainty, 30(2):157–167.

[629] Schmidt, U. and Zank, H. (2007). Linear cumulative prospect theory with applications to portfolio selection and insurance demand. Decisions in Economics and Finance, 30(1):1–18.

[630] Schmidt, U. and Zank, H. (2008). Risk aversion in cumulative prospect theory. Management Science, 54(1):208–216.

[631] Schmidt, U. and Zank, H. (2009). A simple model of cumulative prospect theory. Journal of Mathematical Economics, 45(3):308–319.

[632] Schneider, S. L. and Lopes, L. L. (1986). Reflection in preferences under risk: Who and when may suggest why. Journal of Experimental Psychology: Human Perception and Performance, 12(4):535.

[633] Schoemaker, P. J. and Kunreuther, H. C. (1979). An experimental study of insurance decisions. Journal of Risk and Insurance, pages 603–618.

[634] Schoemaker, P. J. H. (1982). The expected utility model: Its variants, purposes, evidence and limitations. Journal of Economic Literature, 20(2):529–563.

[635] Schölkopf, B., Tsuda, K., and Vert, J. (2004). Support Vector Machine Applications in Computational Biology. MIT Press.

[636] Schöneburg, E. (1990). Stock price prediction using neural networks: A project report. Neurocomputing, 2(1):17–27.

[637] Schultz, A. C. and Grefenstette, J. J. (1990). Improving tactical plans with genetic algorithms. In

International IEEE Conference on TOOLS for Artificial Intelligence, pages 328–334.

[638] Segal, U. (1989). Axiomatic representation of expected utility with rank-dependent probabilities. Annals of Operations Research, 19:359–373.

[639] Segal, U. and Spivak, A. (1990). First order versus second order risk aversion. Journal of Economic Theory, 51(1):111–125.

[640] Shafir, E., Diamond, P., and Tversky, A. (1997). Money illusion. Quarterly Journal of Economics, 112(2):341–374.

[641] Shalev, J. (2000). Loss aversion equilibrium. International Journal of Game Theory, 29(2):269–287.

[642] Shapiro, A. (2003). Monte carlo sampling methods. Handbooks in Operations Research and Management Science, 10(03):353–425.

[643] Shapiro, A. F. (2008). Capital market applications of neural networks, fuzzy logic and genetic algorithms. Proceedings of International Afir Colloquium, 31(1):115–131.

[644] Sharpe, W. F. (1964). Capital asset prices: A theory of market equilibrium under conditions of risk. The journal of finance, 19(3):425–442.

[645] Sharpe, W. F. (1966). Mutual fund performance. The Journal of business, 39(1): 119–138.

[646] Shawe-Taylor, J. and Cristianini, N. (2004). Kernel methods for pattern analysis. Journal of the American Statistical Association, 101(476):1730–1730.

[647] Shefrin, H. (1999). Irrational exuberance and option smiles. Financial Analysts Journal, 55(6):91–103.

[648] Shefrin, H. (2002). Beyond Greed and Fear: Understanding Behavioral Finance and the Psychology of Investing. Oxford University Press.

[649] Shefrin, H. and Statman, M. (1985). The disposition to sell winners too early and ride losers too long: Theory and evidence. Journal of Finance, 40(3):791–792.

[650] Shefrin, H. and Statman, M. (2000). Behavioral portfolio theory. Journal of financial and quantitative analysis, 35(02):127–151.

[651] Shefrin, H. M. and Thaler, R. H. (1988). The behavioral life‐cycle hypothesis. Economic Inquiry, 26(4):609–643.

[652] Sheng, Z., Benshan, S., and Zhongping, W. (2012). Analysis of mean-VaR model for financial risk control. Systems Engineering Procedia, 4:40–45.

[653] Sherman, S. (1951). On a theorem of hardy, littlewood, polya, and blackwell. Proceedings of the National Academy of Sciences, 37(12):826–831.

[654] Shiller, R. J. (2003). From efficient markets theory to behavioral finance. Journal of Economic Perspectives, 17(17):83–104.

[655] Siegel, J. J. (1998). Stocks for the Long Run. McGraw-Hill Professional.

[656] Siegel, S. (1957). Level of aspiration and decision making. Psychological Review, 64(4):253–262.

[657] Silva, L. P. D., Alem, D., and Carvalho, F. L. D. (2017). Portfolio optimization using mean absolute deviation (mad) and conditional value-at-risk (CVaR). 27.

[658] Simon, H. A. (1986). Rationality in psychology and economics. Journal of Business, 59(4), S209-S224.

[659] Singh, K. (1981). On the asymptotic accuracy of efron's bootstrap. The Annals of Statistics, pages 1187–1195.

[660] Slovic, P. (1995). The construction of preference. American Psychologist, 50(5): 364–371.

[661] Slovic, P. and Lichtenstein, S. (1983). Preference reversals: A broader perspective. The American Economic Review, 73(4):596–605.

[662] Slovic, P. and Tversky, A. (1974). Who accepts savage's axiom? Behavioral science, 19(6):368–373.

[663] Smidts, A. (1997). The relationship between risk attitude and strength of preference: A test of intrinsic risk attitude. Management Science, 43(3):357–370.

[664] Smith, K. A. (1999). Neural networks for combinatorial optimization: A review of more than a decade of research. Informs Journal on Computing, 11(11):15–34.

[665] Smith, V. L. (1982a). Markets as economizers of information: Experimental examination of the "hayek hypothesis". Economic Inquiry, 20(2):165–179.

[666] Smith, V. L. (1982b). Microeconomic systems as an experimental science. American Economic Review, 72(5):923–955.

[667] Smith, V. L. and Walker, J. M. (2010). Rewards, experience and decision costs in first price auctions. Economic Inquiry, 31(2):237–244.

[668] Sobel, R. (1965). The Big Board: A History of the New York Stock Market. New York: The Free Press.

[669] Sokol-Hessner, P., Ming, H., Curley, N. G., Delgado, M. R., Camerer, C. F., Phelps, E. A., and Smith, E. E. (2009). Thinking like a trader selectively reduces individuals' loss aversion.

[670] Proceedings of the National Academy of Sciences of the United States of America, 106(13):5035.

[671] Sokolhessner, P., Camerer, C. F., and Phelps, E. A. (2013). Emotion regulation reduces loss aversion and decreases amygdala responses to losses. Social Cognitive and Affective Neuroscience, 8(3):341.

[672] Solt, M. E. and Statman, M. (2009). Good companies, bad stocks. Journal of Portfolio Management, 15(4):39–44.

[673] Song, C. (2015). An experiment on reference points and expectations. Social Science Electronic Publishing.

[674] Song, C. (2016). An experiment on reference points and expectations. Working Paper, National University of Singapore, Singapore.

[675] Spall, J. C. (2005). Introduction to stochastic search and optimization: estimation, simulation, and control, volume 65. John Wiley and Sons.

[676] Spanier, J. and Oldham, K. B. (1987). An atlas of functions. Taylor and Francis/Hemisphere.

[677] Spence, S. (1995). Descartes' error: Emotion, reason and the human brain. Bmj Clinical Research, 310(6988):1213–1213.

[678] Sprenger, C. (2016). An endowment effect for risk: Experimental tests of stochastic reference points. Journal of Political Economy, 123(6).

[679] Srinivas, M. and Patnaik, L. M. (1994). Adaptive probabilities of crossover and mutation in genetic algorithms. IEEE Transactions on Systems, Man, and Cybernetics, 24(4):656–667.

[680] Starmer, C. (2000). Developments in non-expected utility theory: The hunt for a descriptive theory of choice under risk. Journal of economic literature, pages 332–382.

[681] Starmer, C. and Sugden, R. (1989a). Probability and juxtaposition effects: An experimental investigation of the common ratio effect. Journal of Risk and Uncertainty, 2(2):159–178.

[682] Starmer, C. and Sugden, R. (1989b). Violations of the independence axion in common ratio problems: An experimental test of some competing hypotheses. Annals of Operations Research, 19(1):79–102.

[683] Stearns, S. C. (2000). Daniel bernoulli (1738): evolution and economics under risk. Journal of biosciences, 25(3):221–228.

[684] Stein, D. M. (2009). Equity portfolio structure and design in the presence of taxes. Journal of Wealth Management, 4(2):37–42.

[685] Stigler, G. J. (1950a). The development of utility theory. i. Journal of Political Economy, 58(4):307–327.

[686] Stigler, G. J. (1950b). The development of utility theory. ii. Journal of political economy, 58(5):373–396.

[687] Stott, H. P. (2006). Cumulative prospect theory's functional menagerie. Journal of Risk and Uncertainty, 32(2):101–130.

[688] Stracca, L. (2002a). Can prospect theory explain it? home bias phenomena and the notion of risk. (unpublished).

[689] Stracca, L. (2002b). The optimal allocation of risks under prospect theory. Social Science Electronic Publishing, 27(2):697–711.

[690] Strack, F. and Mussweiler, T. (1997). Explaining the enigmatic anchoring effect: Mechanisms of selective accessibility. Journal of Personality and Social Psychology, 73(3):437–446.

[691] Sugden, R. (2003). Reference-dependent subjective expected utility. Journal of Economic Theory, 111(2):172–191.

[692] Suh, E., Diener, E., Oishi, S., and Triandis, H. C. (1998). The shifting basis of life satisfaction judgments across cultures: Emotions versus norms. 74(2):482–493.

[693] Sun, L. (2009). Loss aversion in prospect theory.

[694] Sydnor, J. (2010). (Over)insuring modest risks. American Economic Journal Applied Economics, 2(4):177–199.

[695] Szegö, G. (1993). Pseudo risk-adjusted capital requirements: many thorns and little flowers. In Seminar at Harvard University, May, volume 21.

[696] Szegö, G. (1999a). Corporate governance and the role of capital in the banking industry.

[697] Szegö, G. (1999b). A critique of the basel regulations, or how to enhance (im) moral hazards. In Risk Management and Regulation in Banking, pages 147–158. Springer.

[698] Szegö, G. (2002). Measures of risk. Journal of Banking and Finance, 26(7):1253–1272.

[699] Taleb, N. N. (2006). The Black Swan: The Impact of the Highly Improbable (1st Edition)). Random House.

[700] Terrell, D. (1994). A test of the gambler's fallacy: Evidence from pari-mutuel games. Journal of Risk and Uncertainty, 8(3):309–317.

[701] Tesar, L. L. and Werner, I. M. (1995). Home bias and high turnover. Journal of International Money and Finance, 14(4):467–492.

[702] Thaler, R. (1980). Toward a positive theory of consumer choice. Journal of Economic Behavior and Organization, 1(1):39–60.

[703] Thaler, R. (1985). Mental accounting and consumer choice. Marketing Science, 4(3):199–214.

[704] Thaler, R. H. and Johnson, E. J. (1990). Gambling with the house money and trying to break even: The effects of prior outcomes on risky choice. Management science, 36(6):643–660.

[705] Thaler, R. H., Tversky, A., Kahneman, D., and Schwartz, A. (1997). The effect of myopia and loss aversion on risk taking: An experimental test. Quarterly Journal of Economics, 112(2):647–661.

[706] Thaler, R. H. and Ziemba, W. T. (1988). Anomalies: Parimutuel betting markets: Racetracks and lotteries. Journal of Economic Perspectives, 2(2):161–174.

[707] Thierens, D. and Goldberg, D. (1994). Convergence models of genetic algorithm selection schemes. Parallel problem solving from nature—PPSN III, pages 119–129.

[708] Thoits, P. A. (1995). Stress, coping, and social support processes: Where are we? what next? Journal of Health and Social Behavior, Spec No(1):53–79.

[709] Tian, R., Cox, S. H., Lin, Y., and Zuluaga, L. F. (2010). Portfolio risk management with CVaR-like constraints. North American Actuarial Journal, 14(1):86–106.

[710] Tobin, J. (1958). Liquidity preference as behavior towards risk. The review of economic studies, pages 65–86.

[711] Tom, S. M., Fox, C. R., Trepel, C., and Poldrack, R. A. (2007). The neural basis of loss aversion in decision-making under risk. Science, 315(5811):515–8.

[712] Topaloglou, N., Vladimirou, H., and Zenios, S. A. (2002). CVaR models with selective hedging for international asset allocation. Journal of Banking and Finance, 26(7):1535–1561.

[713] Treynor, J. L. (1961a). Market value, time, and risk. Unpublished.

[714] Treynor, J. L. (1961b). Toward a theory of market value of risky assets. Unpublished.

[715] Trippi, R. R. and Turban, E. (1992). Neural networks in finance and investing. Porbus Publishing Company, Chicago, Illinois.

[716] Trueman, B. (1994). Analyst forecasts and herding behavior. Review of Financial Studies, 7(1):97–124.

[717] Tsao, C. (2010). Portfolio selection based on the mean–VaR efficient frontier. Quantitative Finance, 10(8):931–945.

[718] Tsay, R. S. (2005). Analysis of financial time series, volume 543. John Wiley and Sons.

[719] Tversky, A. (1967). Additivity, utility, and subjective probability. Journal of Mathematical psychology, 4(2):175–201.

[720] Tversky, A. (1972). Elimination by aspects: A theory of choice. psychological review79: 28199. Technical report, TR.

[721] Tversky, A. (1974). Judgments under uncertainty: Heuristics and biases. Science, 185(4):1124–1311.

[722] Tversky, A. and Fox, C. R. (1995). Weighing risk and uncertainty. Psychological review, 102(2):269.

[723] Tversky, A. and Kahneman, D. (1981). The framing of decisions and the psychology of choice. Science, 211(4481):453–458.

[724] Tversky, A. and Kahneman, D. (1982). Judgment under uncertainty: Heuristics and biases. Science Science Science, 185(4157):1124–1131.

[725] Tversky, A. and Kahneman, D. (1986). Rational choice and the framing of decisions. Journal of business, 59:251–278.

[726] Tversky, A. and Kahneman, D. (1991). Loss aversion in riskless choice: A reference-dependent model. The quarterly journal of economics, pages 1039–1061.

[727] Tversky, A. and Kahneman, D. (1992). Advances in prospect theory: Cumulative representation of uncertainty. Journal of Risk and uncertainty, 5(4):297–323.

[728] Tversky, A., Slovic, P., and Kahneman, D. (1990a). The causes of preference reversal. American Economic Review, 80(1):204–217.

[729] Tversky, A., Slovic, P., and Kahneman, D. (1990b). The causes of preference reversal. American Economic Review, 80(1):204–217.

[730] Tversky, A. and Wakker, P. (1995). Risk attitudes and decision weights. Econometrica: Journal of the Econometric Society, pages 1255–1280.

[731] Van Dam, C. (1975). Another look at inconsistency in financial decision-making. In Seminar on Recent Research in Finance and Monetary Economics, Cergy-Pontoise.

[732] Vapnik, V. N. (2000). The Nature of Statistic Learning Theory.

[733] Vapnik, V. N. and Chervonenkis, A. Y. (1974). Teoriya raspoznavaniya obrazov. Statisticheskie problemy obucheniya. Izdat Nauka Moscow.

[734] Vapnik, V. N. and Lerner, A. Y. (1963). Pattern recognition using generalized portrait method. Automation and Remote Control, 24:774–780.

[735] Varghade, P., Tech, M. I., Year, and Sheikh, R. (2011). Financial forecasting using neural networks: A review.

[736] Varian, H. R. (1992). Microeconomic Analysis, Third Edition. Norton,.

[737] Vellido, A., Lisboa, P. J. G., and Vaughan, J. (1999). Neural networks in business: a survey of applications (1992–1998). Expert Systems with Applications, 17(1):51–70.

[738] Venkat, L., Keith, C. M., and Santos, L. R. (2008). Endowment effect in capuchin monkeys. Philosophical Transactions of the Royal Society of London, 363(1511):3837–44.

[739] Wakkar, P. P. (2004). On the composition of risk preference and belief. Psychological Review, 111(1):236–241.

[740] Wakker, P. (1989). Continuous subjective expected utility with non-additive probabilities. Journal of Mathematical Economics, 18(1):1–27.

[741] Wakker, P. (1993). Unbounded utility for savage's "foundations of statistics," and other models. Mathematics of Operations Research, 18:446–485.

[742] Wakker, P. (1994). Separating marginal utility and probabilistic risk aversion. Theory and decision, 36(1):1–44.

[743] Wakker, P., Erev, I., and Weber, E. U. (1994). Comonotonic independence: The critical test between classical and rank-dependent utility theories. Journal of Risk and Uncertainty, 9(3):195–230.

[744] Wakker, P. and Tversky, A. (1993a). An axiomatization of cumulative prospect theory. Journal of Risk and Uncertainty, 7(2):147–175.

[745] Wakker, P. and Tversky, A. (1993b). An axiomatization of cumulative prospect theory. Journal of risk and uncertainty, 7(2):147–175.

[746] Wakker, P. P. (2010). Prospect Theory: For Risk and Ambiguity. Cambridge university press.

[747] Walasek, L. and Stewart, N. (2015). How to make loss aversion disappear and reverse: tests of the decision by sampling origin of loss aversion. Journal of Experimental Psychology, 144(1):7–11.

[748] Walker, E., Hernandez, A. V., and Kattan, M. W. (2008). Meta-analysis: Its strengths and limitations. Cleveland Clinic Journal of Medicine, 75(6):431.

[749] Walker, S. H. and Duncan, D. B. (1967). Estimation of the probability of an event as a function of several independent variables. Biometrika, 54(1):167.

[750] Walters, G. A. and Smith, D. K. (1995). Evolutionary design algorithm for optimal layout of tree networks. Engineering Optimization, 24(4):261–281.

[751] Wang, M., Rieger, M. O., and Hens, T. (2017). The impact of culture on loss aversion. Journal of Behavioral Decision Making, 30:270–281.

[752] Wathieu, L. (1997). Habits and the anomalies in intertemporal choice. Management Science, 43(11):1552–1563.

[753] Weber, M. and Camerer, C. F. (1998). The disposition effect in securities trading: an experimental analysis. Journal of Economic Behavior and Organization, 33(2): 167–184.

[754] Wehrung, D. A. (1989). Risk taking over gains and losses: A study of oil executives. Annals of Operations Research, 19(1):115–139.

[755] Werbos, P. (1974). Beyond regression: New tools for prediction and analysis in the behavioral science. Ph.d.dissertation Harvard University, 29(18):65–78.

[756] Weymark, J. A. (1981). Generalized Gini inequality indices. Mathematical Social Sciences, 1(4):409–430.

[757] White, H. (1988). Economic prediction using neural networks: the case of IBM daily stock returns. In IEEE International Conference on Neural Networks, pages 451–458 vol.2.

[758] Whitley, L. D. et al. (1989). The genitor algorithm and selection pressure: Why rank-based allocation of reproductive trials is best. In ICGA, volume 89, pages 116–123.

[759] Whitmore, G. A. (1970). Third-degree stochastic dominance. The American Economic Review, 60(3):457–459.

[760] Williams, C. A. (1966). Attitudes toward speculative risks as an indicator of attitudes toward pure risks. The Journal of Risk and Insurance, 33(4):577–586.

[761] Wong, F. S. (1991). A 3d neural network for business forecasting. In Twenty-Fourth Hawaii International Conference on System Sciences, pages 113–123 vol.4.

[762] Wright, A. H. (1991). Genetic algorithms for real parameter optimization. Foundations of Genetic Algorithms, G. Rawlins, Ed.，Morgan Kaufmann, San Mateo, Calif, USA, pages 205–218.

[763] Wu, G. and Gonzalez, R. (1996). Curvature of the probability weighting function. Management Science, 42(12):1676–1690.

[764] Wu, S. (2006). Comparison of support-vector machines and back propagation neural networks in forecasting the six major Asian stock markets. Inderscience Publishers.

[765] Wyer, R. S. (1973). Category ratings as "subjective expected values": implications for attitude formation and change. Psychological Review, 80(6), 446-467.

[766] Xi, X., Gong, C., Xu, C., and Wang, S. (2018). Efficient optimization for portfolio selections under prospect theory. Asian Journal of Management Science and Applications, forthcoming.

[767] Xia, Y., Liu, B., Wang, S., and Lai, K. K. (2000). A model for portfolio selection with order of expected returns. Computers and Operations Research, 27(5):409–422.

[768] Xiaoyang Long, Javad Nasiry (2014) Prospect Theory Explains Newsvendor Behavior: The Role of Reference Points. Management Science

[769] Xu, H., Zhou, J., & Xu, W. (2011). A decision-making rule for modeling travelers' route choice behavior based on cumulative prospect theory. Transportation Research Part C Emerging Technologies, 19(2), 218-228.

[770] Yaari, M. E. (1987). The dual theory of choice under risk. Econometrica, 55(5): 95–115.

[771] Yamai, Y. and Yoshiba, T. (2005). Value-at-risk versus expected shortfall: A practical perspective. Journal of Banking and Finance, 29(4):997–1015.

[772] Yi, K. M. (2010). Can multistage production explain the home bias in trade? American Economic Review, 100(1):364–393.

[773] Yiu, K.-F. C. (2004). Optimal portfolios under a value-at-risk constraint. Journal of Economic Dynamics and Control, 28(7):1317–1334.

[774] Yufei Ren, Rachel Croson (2013) Overconfidence in Newsvendor Orders: An Experimental Study. Management Science 59(11):2502-2517

[775] Zakamouline, V. and Koekebakker, S. (2009). A generalisation of the mean-variance analysis. European Financial Management, 15(5):934–970.

[776] Zank, H. (2001). Cumulative prospect theory for parametric and multiattribute utilities. Mathematics of Operations Research, 26(1):67–81.

[777] Zank, H. (2010). On probabilities and loss aversion. Theory and Decision, 68(3): 243–261.

中文部分

[778] 王洪霞．基于集值 choquet 积分的风险度量方法．模糊系统与数学，2015，29（4）：62-70．

[779] 李喜华．基于累积前景理论和 choquet 积分的直觉梯形模糊多属性决策．计算机应用研究，2013，30（8）：2422-2425．

[780] 王增武．金融经济领域中的不确定性研究综述．金融评论，2012，(2)：85-95．

[781] 张松．行为金融学中的资产组合选择（博士论文）．北京：北京大学数学科学学院，2011．

[782] 曾建敏．实验检验累积前景理论．暨南大学学报（自然科学与医学版），2007，28（1）：44-47．

[783] 周志华．机器学习[M]．北京：清华大学出版社，2016．

[784] 盛骤，谢式千，潘承毅．概率论与数理统计（第四版）[M]．北京：高等教育出版社，2008．

[785] 史树中．金融经济学十讲[M]．上海：上海人民出版社，2004

[786] 伍胜健．数学分析（第一册）[M]．北京：北京大学出版社，2009．

[787] 伍胜健．数学分析（第二册）[M]．北京：北京大学出版社，2010．

[788] 伍胜健．数学分析（第三册）[M]．北京：北京大学出版社，2010．

[789] 何书元．应用时间序列分析[M]．北京：北京大学出版社，2003．

[790] 陈宝林．最优化理论与算法（第 2 版）[M]．北京：清华大学出版社，2005．

[791] 董志勇．行为经济学[M]．北京：北京大学出版社，2005．

[792] 董志勇．生活中的行为经济学（上）——消费行为的非理性陷阱．北京：北京大学出版社，2010．

[793] 董志勇．生活中的行为经济学（下）——投资行为的非理性陷阱．北京：北京大学出版社，2010．

[794] 丹·艾瑞里．怪诞行为学[M]．北京：中信出版社，2008．

[795] 程士宏．测度论与概率论基础[M]．北京：北京大学出版社，2004．

[796] 赵新顺．行为金融与投资行为[M]．北京：社会科学文献出版社，2004．

[797] 崔巍．行为金融学案例[M]．北京：中国发展出版社，2013．

[798] 理查德·H·泰勒. 行为金融学新进展（Ⅱ）[M]. 北京：中国人民大学出版社，2014.
[799] 科林·F·凯莫勒，乔治·罗文斯坦，马修·拉宾. 行为经济学新进展[M]. 北京：中国人民大学出版社，2010.
[800] 刘力，张圣平，张峥，等. 信念、偏好与行为金融学[M]. 北京：北京大学出版社，2007.
[801] 丹尼尔·卡尼曼，保罗·斯洛维奇，阿莫斯·特沃斯基. 不确定状况下的判断：启发式和偏差[M]. 北京：中国人民大学出版社，2013.
[802] 汪丁丁. 行为经济学讲义：演化论视角[M]. 北京：北京大学出版社，2011.
[803] 丹尼尔·卡尼曼. 思考，快与慢[M]. 北京：中信出版社，2012.
[804] 雷德·海斯蒂，罗宾·道斯. 不确定世界的理性选择——判断与决策心理学（第2版）[M]. 北京：人民邮电出版社，2013.

日文部分

[805] 依田高典（2010）「行動経済学－感情に揺れる経済心理」、中公新書
[806] 真壁昭夫（2009）「実戦！行動ファイナンス入門」、アスキー新書
[807] 友野典男（2006）「行動経済学－経済は「感情」で動いている」、光文社新書
[808] 角田康夫（2009）「行動ファイナンス入門」、PHPビジネス新書
[809] 山田哲也（2010）「行動ファイナンスの新展開：不確実性下における投資理論を中心として」、日本銀行金融研究所ディスカッション・ペーパー No.2010-J-19
[810] 高木英至（2007）「意思決定の適応モデル：進化的計算による視点」、埼玉大学紀要（教養学部）第43巻第2号
[811] 岡敏弘（2013）「期待効用理論の批判的評価」、進化経済学会（中央大学）
[812] 金融広報中央委員会（2012）「行動経済学の金融教育への応用の重要性」

反侵权盗版声明

电子工业出版社依法对本作品享有专有出版权。任何未经权利人书面许可,复制、销售或通过信息网络传播本作品的行为;歪曲、篡改、剽窃本作品的行为,均违反《中华人民共和国著作权法》,其行为人应承担相应的民事责任和行政责任,构成犯罪的,将被依法追究刑事责任。

为了维护市场秩序,保护权利人的合法权益,我社将依法查处和打击侵权盗版的单位和个人。欢迎社会各界人士积极举报侵权盗版行为,本社将奖励举报有功人员,并保证举报人的信息不被泄露。

举报电话:(010)88254396;(010)88258888

传　　真:(010)88254397

E-mail:dbqq@phei.com.cn

通信地址:北京市万寿路173信箱　电子工业出版社总编办公室

邮　　编:100036